# 质量强企

## 电网企业全面质量
## 管理的实践与创新

肖福利　著

中国电力出版社
CHINA ELECTRIC POWER PRESS

**图书在版编目（CIP）数据**

质量强企：电网企业全面质量管理的实践与创新 /
肖福利著 . -- 北京：中国电力出版社，2025. 6.
ISBN 978-7-5239-0023-9

Ⅰ . F426.61

中国国家版本馆 CIP 数据核字第 2025VK5875 号

出版发行：中国电力出版社
地　　址：北京市东城区北京站西街 19 号（邮政编码 100005）
网　　址：http：//www.cepp.sgcc.com.cn
责任编辑：莫冰莹（010-63412526）　田丽娜
责任校对：黄　蓓　常燕昆
装帧设计：张俊霞
责任印制：杨晓东

印　　刷：北京雁林吉兆印刷有限公司
版　　次：2025 年 6 月第一版
印　　次：2025 年 6 月北京第一次印刷
开　　本：787 毫米 ×1092 毫米　16 开本
印　　张：24.25
字　　数：457 千字
定　　价：98.00 元

# 前言
## PREFACE

在当今全球化、信息化的时代背景下，质量已成为国家核心竞争力的关键构成要素，也是决定一个企业生命力与可持续发展的核心要素。2023 年 2 月，中共中央、国务院印发了《质量强国建设纲要》（中发〔2022〕30 号），这是我国全方位推动质量强国建设的总体部署，为我国推进中国式现代化提供了基本遵循和战略指引。习近平总书记在多个场合提到推动"高质量发展"的重要性，强调"必须更好统筹质的有效提升和量的合理增长，始终坚持质量第一、效益优先，大力增强质量意识，视质量为生命，以高质量为追求"。由此可见，高质量发展是强国之策、立业之本，是我国实现社会主义现代化的关键要素和必要条件。

质量管理（quality management）是指在组织内部建立并实施一系列系统性的活动、过程和方法，旨在确保产品、服务或过程满足既定的质量标准、顾客或其他相关方的需求与期望。它涉及质量方针、目标和职责，以及通过质量策划、质量控制、质量保证和质量改进来实现这些目标的全部活动。全面质量管理（total quality management，TQM）是一种综合性的质量管理理念，它是在传统质量管理的基础上，基于卓越绩效的相关理念，应用精益管理等多元化的工具方法，实现"全员、全过程、全企业"的质量管理，以满足客户、股东、员工等相关方的需求，引导企业追求卓越，提升经营绩效。自 20 世纪末以来，全面质量管理的理念风靡全球，各行各业通过开展全面质量管理，提升了产品和服务质量，降低了企业成本，推动了企业管理水平的提升。

电力行业是保障国家能源安全、推动经济社会发展的"压舱石"，对国家经济发展和民众日常生活具有极其重要的作用，是现代社会运行不可或缺的中坚力量。进入 21 世纪以来，我国电力行业在技术和装备水平上取得了显著进步，特别是在特高压输电技术、可再生能源利用等方面已达到世界领先水平。电力行业中负责输电、配电、售电业务的电网企业，更是我国电力行业极为关键的一环。电网企业作为资本和技术密集性企业，对政策和技术的依赖性强，电力产品和服务受到政府严格监管。由于电能不能大量储存，客户对电力相关产品服务的实时性、可靠性要求极高，电力服务直接影响公共安全和民生，因此社会大众对供电质量、电网安全稳定运行有极高的要求，这也要求电网企业必须建立更为严格的质量管理和安全保障体系。近年来，随着基础设施的不断完善和企业管理水平的提升，我国电力供应的质量、可靠性、客户服务水平也在不断提高。国家电网有限公司（简称国家电网）和中国南方电网有限责任公司（简称南方电网）作为头部央企，构建了一套从顶层规划到具体实施、从人员培训到技术监督、从制度建设到现场管理的全方位质量管理体系，确保了电力供应的安全可靠，支撑了经济社会的高质量发展。两家企业的相关质量管理活动也一直在有序开展，包括质量控制（quality control，QC）项目的大力开展、精益六西格玛管理项目的推广、卓越绩效模式的实施、质量奖申报、管理创新项目的评选及其他质量管理活动，这些质量管理工作为我国其他大型企业树立了良好示范。由于卓越的质量表现，国家电网和南方电网的多个单位也先后获得中国质量奖和全国质量奖等相关奖项。

　　笔者自 2009 年以来，作为管理咨询顾问，一直从事我国电力行业的质量管理咨询工作，先后辅导过十几家省级企业开展精益管理、质量控制小组、卓越绩效的导入和诊断、全面质量管理等质量管理工作，有幸见证了我国电力行业近 10 年的飞速发展和质量管理水平的大幅提升。与此同时，笔者作为第三方顾问，也看到了我国多数电力企业目前普遍存在的问题，如质量管理组织机构的缺失、质量管理办法/制度的不完善、质量评价指标体系不完善、各部门间质量管理工作的不协同等问题，这些问题或多或少都给企业的整体质量管理工作带来了一些影响。

　　《质量强企：电网企业全面质量管理的实践与创新》一书，正是以此为背景，基于笔者及其团队的咨询经验，通过详实的理论和案例研究，深入剖析了企业在全面质量管理道路上的探索与实践，揭示了企业在应对复杂环境挑战下，如何落实高质量发展的要求、如何进一步提升产品和服务质量的管理策略。

　　本书共十四章。前七章包括质量管理的历史与发展、质量管理核心理论、质量管理体系建设、卓越绩效模式与质量奖、全面质量管理的实施路径、全面质量管理技术与工具、质量文化与变革，详细阐述了质量管理的概念和发展、全面质量管理及卓越绩效模式的由来、企业如何推进全面质量管理，以及相关的工具和方法。前七章适用于各行业的所有企业。如果读者想了解质量管理的一些经典理论和方法，如朱兰质量三部曲、零缺陷、精益六西格玛管理、QC 小组活动等，可以重点阅读第二章的质量管理核心理论；如果读者想了解如何构建 ISO 等质量管理体系，可以重点阅读第三章的质量管理体系建设；如果读者想了解企业如何推进全面质量管理，可以重点阅读

第五章的全面质量管理的实施路径；如果读者想了解如何打造企业的质量文化，可以重点阅读第七章的质量文化与变革。

后七章包括：国家电网质量管理实践、南方电网质量管理实践、国内电网企业核心业务质量管理实践、国外电力企业质量管理实践、电网企业开展全面质量管理的问题和建议、电网企业质量管理未来面临的挑战、电网企业质量管理未来的发展方向，详细阐述了国内外电网企业开展全面质量管理的领先实践、笔者的一些思考和建议，以及未来电网企业质量管理的挑战和发展方向。如果读者想了解电网企业的各个核心业务条线如何开展全面质量管理，可以重点阅读第十章的国内电网企业核心业务质量管理实践，这个章节也是本书的核心章节之一。在第十二章的电网企业开展全面质量管理的问题和建议中，笔者结合自己多年的咨询经验，抛砖引玉，对电网企业的一些现实问题提出了若干建议。在第十三章和第十四章中，笔者探讨了新技术、新理念、可持续发展，以及相关方需求的变化给电网企业质量管理带来的挑战及与之相应的发展方向。

本书适用对象广泛，既适用于电力行业的企业管理人员、质量管理人员、技术人员，也适用于对质量管理有浓厚兴趣和研究需求的专家学者、高校师生，以及关心我国电力行业发展和企业质量管理的社会各界人士。因为时间和能力有限，本书难免有不当之处，敬请各位领导、学者、同行不吝赐教，并可通过本人的邮箱提出指正，万分感激！

一路走来，感谢家人们的陪伴、支持，感谢在我成长道路上给过我指点的各位前辈和老师，感谢国家电网和南方电网相关领导和同事们的信任和支持，特别感谢上海市质量专家吴晨老师对本书和我个人工作的指导和帮助。

我要感谢在本书写作过程中，科森咨询同事们的协助，感谢吴界朋、刘金生、单品源、翟炼、吴崇霖、万松、杨丽娜、于凌等兄弟姐妹们。在全面质量管理实践与创新的道路上，我们作为管理咨询顾问，是见证者、更是参与者，我们一同前行，分享智慧、创造价值，一起书写了电力咨询行业的美好篇章。

最后，我还要感谢上海市电力行业协会副秘书长蒋晓云、国网上海市电力公司的顾炜程、中国电力出版社的曹荣主任、莫冰莹编辑的协助，感谢中国电力出版社同事们的辛苦工作，没有你们也不会有本书的顺利出版。

科森咨询　肖福利

2025 年 5 月　于上海

作者邮箱：48283682@qq.com

# 目录
CONTENTS

"　高质量发展，就是能够很好满足人民日益增长的美好生活需要的发展，是体现新发展理念的发展，是创新成为第一动力、协调成为内生特点、绿色成为普遍形态、开放成为必由之路、共享成为根本目的的发展。"

——2017 年 12 月 18 日，习近平在中央经济工作会议上的讲话

第一章 ▼

# 质量管理的历史与发展

## 》 **本章重点**

- 质量管理概念和内涵

- 质量管理在企业经营管理中的重要性

- 近现代质量管理的五个演进历程和特征

- 国内外四个典型的现代质量管理实践案例

- 我国当前高质量发展的宏观政策要求

# 第一节　质量管理概念

## 一、质量的定义

质量，在有些场合也被称作"品质"，它不同于物理学中的质量概念，也并非哲学意义上的"质"与"量"的组合。那么，质量的含义是什么呢？

质量者，"质"之"量"也。《辞海》对"质量"的解释是：①量度物体惯性大小和引力作用强弱的物理量；②指优劣程度。第一个释义与本书的研究无关，故不做讨论。《辞海》的第二个释义就是评价产品质量的好坏，但也只是对产品质量的简单评价，是一种简单的语义性解释。随着现代社会产品复杂性的增加，人们对美好事物的追求有所提高，对质量的解释也需要进一步深入分析。

从对质量管理学科产生重大影响的质量界巨匠对质量的论断中，可以将质量的定义大致分为两类：

（1）产品和服务的特性符合给定的规格要求，通常是定量化要求。

（2）产品和服务满足顾客期望。❶

第一类定义的代表人物有菲利浦·克罗斯比（P.B.Crosby）❷和田口玄一（Taguchi Gen'ichi）❸。克罗斯比认为，质量就是符合规定要求。田口玄一则认为，质量就是产品出厂后避免对社会造成损失的特性。第二类定义的代表人物有沃特·阿曼德·休哈特（Walter A.Schewhart）❹、约瑟夫·M·朱兰（J.M.Juran）❺、威廉·爱德华兹·戴

---

❶ 温德成.质量管理学［M］.第3版.北京：机械工业出版社，2020.

❷ 菲利浦·克罗斯比（Philip B. Crosby）（1926—2001），美国质量管理学家，被誉为当代伟大的管理思想家、零缺陷之父、世界质量先生。

❸ 田口玄一（Taguchi Gen'ichi）（1924—2012），日本著名统计学家和工程管理专家，被誉为田口方法（Taguchi Method）的奠基者，为品质工程领域作出了重大贡献。

❹ 沃特·阿曼德·休哈特（Walter A.Shewhart）（1891—1967），美国著名的物理学家、工程师和统计学家，被誉为统计质量控制之父。在质量管理领域具有深远影响，特别是他设计的管制图和田口方法。

❺ 约瑟夫·M·朱兰（Joseph Moses Juran）（1904—2008），美国著名质量管理专家和顾问，他对品质管理理论的贡献被广泛认可，提出了许多质量管理原则和方法，其中包括质量三角（quality triangle）概念和朱兰三步质量改进模型，对全球质量管理实践产生了深远影响。

明（W.E.Deming）❶、阿曼德·费根堡姆（Armand V.Feigenbaum）❷ 和石川馨（Ishikawa Kaoru）❸，其中，朱兰的适用性质量定义被广为传播。朱兰认为，产品质量就是指产品的适用性，即适合使用的特性。其实，休哈特早在 20 世纪 20 年代就对质量有过精辟的表述。他认为，质量兼有主观性的一面（顾客所期望的）和客观性的一面（独立于顾客期望的产品属性）；质量的一个重要度量指标是一定售价下的价值——质量必须由可测量的量化特性来反映，必须把潜在顾客的需求转化为特定产品和服务的可度量特性，以满足市场需要。正是由于主观性的一面，质量的内涵是非常丰富的，而且随着顾客对需求的变化而不断变化；同样，正是由于质量的客观性，才有可能对质量进行科学的管理。

随着 ISO 9000 标准在企业的广泛应用，ISO 9000 关于质量的定义逐渐为越来越多的人所接受。在 ISO 9000：2015 中，质量的定义为："客体的一组固有特性满足要求的程度"❹。根据 ISO 9000 标准中的内容，企业应重视质量管理，满足消费者和各相关方的需求和期望，促进员工不断改进其工作行为、服务态度，优化活动和工作过程，不断创造价值。随着质量概念的引入，企业内员工对产品和服务质量的认知能力得到了有效提升。通过具体的行动改进产品和服务质量，能够满足消费者和各相关方的预期功能和性能，让消费者在消费过程中感知质量的价值和质量获得感。

## 二、质量管理的内涵

### （一）质量管理的定义

质量管理是有意识、有目的的活动，旨在通过制定质量标准、确定质量方针和目标，并采用科学方法对产品或服务的生产制造和服务过程进行计划、评价和控制，以满足消费者需求并持续改进质量。

质量管理专家对这一概念有不同的解读，朱兰强调适用性和市场化，认为质量管

---

❶ 威廉·爱德华兹·戴明（William Edwards Deming）（1900—1993），美国著名管理学家，20 世纪最杰出的质量管理专家之一，对于日本工业的重建和全球质量管理实践的发展产生了深远影响，提出了许多质量管理原则，其中包括 PDCA 循环（plan-do-check-act），以及强调管理者责任和员工参与的系统观念。

❷ 阿曼德·费根堡姆（Armand V.Feigenbaum）（1920—2014），出生于美国纽约，全面质量控制之父、质量大师，以及《全面质量控制》一书的作者，创造"全面质量控制"理论。

❸ 石川馨（Ishikawa Kaoru）（1915—1989），QCC 之父、日本式质量管理的集大成者。《质量控制》（*Quality Control*）一书获"戴明奖""日本 Keizai 新闻奖"和"工业标准化奖"。

❹ ISO 9000：Geometric Product Specifications（GPS）–Quality management systems–Fundamentals and Vocabulary.2015.

理应使产品或服务质量适用于相应的情境；费根堡姆则将其视为一个体系，基于成本最低原则，从市场前端研究、设计、生产过程到后期售后服务都需要加强质量管理；而克罗斯比则提倡"零缺陷"理念，认为质量管理必须符合要求，重视预防而非事后检验。

ISO 9000：2015 关于质量管理的定义为："质量管理可包括制定质量方针和质量目标，以及通过质量策划、质量保证、质量控制和质量改进实现这些质量目标的过程。"[❶] 其核心内涵涉及生产质量管理、产品质量管理和组织质量管理三个层面，强调从设计到服务的全过程质量控制，以确保产品或服务满足顾客和相关方的需求与期望，提升组织运行效率。通过组织成员对质量管理术语和定义的理解与实践，不断完善质量管理原则，持续改进质量管理能力，从而实现组织的高效运行和满足相关方的需求。

### （二）质量管理的相关概念

质量管理的相关概念详见表 1-1。

表 1-1　　　　　　　　　　　　质量管理的相关概念

| 相关概念 | 描述 |
| --- | --- |
| 质量方针<br>（quality policy） | 指由组织的最高管理者正式发布的该组织总的质量宗旨和方向。通常与组织的总方针相一致，并为制定质量目标提供框架。2015 版 ISO 9000 标准提出的七项质量管理原则可以作为基础 |
| 质量目标<br>（quality objective） | 在质量方面所追求的目标，通常依据组织的质量方针制定，并被分解到组织的各相关职能和层次 |
| 质量策划<br>（quality planning） | 质量管理的一部分，致力于制定质量目标，并规定必要的运行过程和相关资源以实现这些目标，编制质量计划可以是其中一部分 |
| 质量保证<br>（quality assurance） | 质量管理的一部分，通过规划、控制和改进活动，确保质量要求得到满足，以增强相关方的信任 |
| 质量控制<br>（quality control） | 质量管理的一部分，致力于满足质量要求 |
| 质量改进<br>（quality improvement） | 质量管理的一部分，致力于增强满足质量要求的能力，涉及有效性、效率或可追溯性的提升 |
| 质量管理体系<br>（quality management system） | 组织建立的质量方针和质量目标，以及实现这些目标的过程的相互关联或相互作用的一组要素 |

---

❶ 中华人民共和国国家质量监督检验检疫局，中国国家标准化管理委员会. GB/T 19000—2015 质量管理体系　基础和术语［S］. 北京：中国标准出版社，2015.

### （三）质量管理的基本原则

1. 以顾客为中心

我们的顾客是谁？英语中的"customer"可以译为顾客、客户、用户、买主等。根据《质量管理体系 基础和术语》（GB/T 19000—2016）的定义，顾客是指"接收产品的组织或个人"，既包括组织外部的，也包括组织内部的。因此，顾客不仅存在于组织外部，也存在于组织内部。在全面质量管理的观点中，"下一道过程"就是"上一道过程"的顾客。"以顾客为中心"的本质是以顾客的"需求"为关注焦点。企业需了解自己的产品针对的是顾客的哪个层次、哪个方面的需求，是当前的需求还是未来的需求。而从部门的角度来看，需求是指其他部门在产品或服务价值链上对本部门职能的协同要求，质量管理眼中的顾客如图1-1所示。

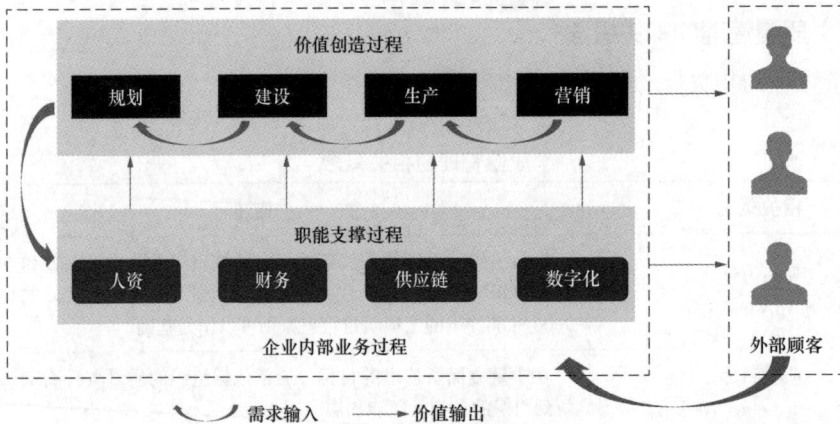

图1-1 质量管理眼中的顾客

组织应以顾客需求为关注焦点。体现在以下几个方面：首先，领导层在思想和方针战略上高度重视顾客需求；其次，全体员工普遍理解和接受这一原则，使各项工作体现顾客需求的重要性；再次，质量管理体系的所有环节均以顾客需求为出发点；此外，建立了与顾客沟通的渠道和需求调查制度，确保及时收集内部沟通顾客的反馈；同时，顾客需求关注点被纳入管理评审、定期评估改进；最后，通过持续改进和新举措，顾客满意度不断提升，取得了显著成效。

2. 发挥领导作用

在汉语中，领导有两种词性，含义不同：一是动词，指领导的行为；二是名词，指担任领导的人。在ISO 9000：2015中有"最高管理者"术语。最高管理者是指"在最高层指挥和控制组织的一个人或一组人"。显然，最高管理者是领导，而领导也不仅是"最高管理者"。领导的职责主要分为六类，如图1-2所示。

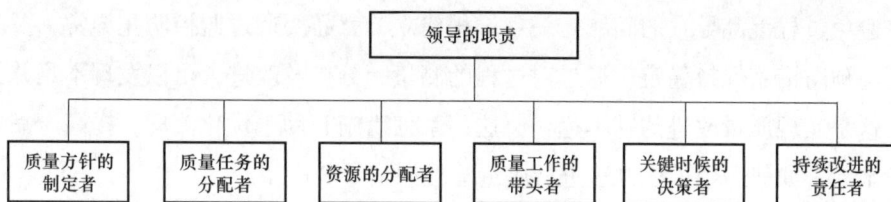

图 1-2 领导的职责分类

领导在质量管理体系中起着核心作用，不仅是质量方针的制定者，更是质量任务的分配者、示范作用的引导者、关键决策的主导者及持续改进的推动者。他们通过坚定的质量信念和以顾客为中心的理念，确保质量方针的落实；通过合理分配任务和职责，避免职责不清和协调困难；通过自身行为为员工树立榜样，推动组织内质量文化的形成；在质量与数量、进度等矛盾时，以质量方针为指导作出正确决策；最后，通过推动持续改进，创造适宜的管理环境，确保组织在竞争中保持优势。领导者是组织质量管理体系成功运行的关键，其在营造全员参与、实现组织目标的人文环境中扮演着不可替代的角色。

有良好质量分歧的组织，其质量管理体系才能正常运行。良好质量风气的形成，最重要的还是依赖组织领导的管理能力。

3. 全员积极参与

调动全员积极性和创造性，提高员工素质，实现人人关心质量、人人做好本职工作，是质量管理的关键。全员参与不仅降低了质量损失，提升了组织效益，还增强了员工对组织的认同感和凝聚力，营造了良好的组织文化。为了有效推动全员参与，组织需正确对待员工，将员工视为宝贵资源，明确员工参与范围和方式，建立有效的沟通渠道，提供多样化的参与机会，如质量改进课题、群众性质量管理活动等，并通过针对性培训强化质量意识和参与能力。这些措施共同提升了组织的质量管理水平，推动了组织持续发展。

4. 注重过程方法

过程是将输入转化为输出的一系列相互关联或作用的活动，而产品则是这些过程的结果。过程大小不一，既可细分为更小的过程，也可组合成更大的过程，不同角色的员工所涉及的过程各不相同，从简单的螺钉装配到复杂的资本运作。过程具有分合性，其分解和组合应根据具体情况调整，确保每个过程的输出成为下一个过程的输入，形成连贯的过程链。识别过程包括将大过程分解为子过程，并对现有过程进行定义和分辨。组织的过程网络复杂，需重点控制关键过程并简化过于复杂或不必要的过程，以便资源集中于重要环节。为保证过程输出满足质量要求，必须制定并执行相应程序，避免过程混乱导致的问题。一旦过程建立，就需要通过监控防止异常，及时采取纠正与预防措施保持稳定。通过对过程的测量、分析及改进，可以发现不足并提升效率，这是实现质量改进的基本途径。这一系列措施有助于优化流程，提高产品质量和服务水平。如何运用过程方法进行质量管理如图1-3所示。

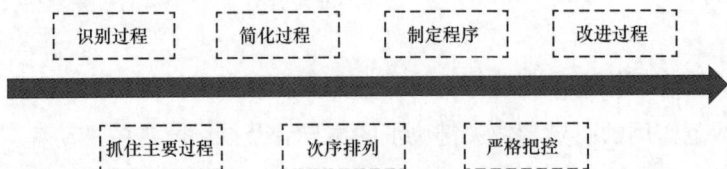

**图1-3　如何运用过程方法进行质量管理**

5. 持续改进

持续改进的目的：持续的质量改进是全面质量管理（TQM）的核心内容之一。持续改进的根本目的是提高过程的效率或效果，以满足内部和外部顾客的需要；是针对过程进行的一种持续的、不间断的、全员参与的活动。根据改进对象，持续改进可以在不同的层次、范围、阶段、时间和人员之中进行，例如，战略改进、质量目标改进、流程改进、工作方法改进等。持续改进应建立在数据分析的基础上，不断寻求改进机会，而不是等出现问题再去寻找机会。

持续改进的组织管理：最高管理者通常会授权某一部门（通常是质量管理部门）负责质量改进管理工作。对于庞大的组织，也可以设立专门的质量改进管理机构。负责持续改进的部门应提出方针、策略、质量改进方案目标和总的指导思想，以支持和广泛协调组织的质量改进活动。同时，需要明确持续改进的需求和目标，制订质量改进计划，由组织的相关小组或个人实施。在实施过程中，需要监督并提供资源支持和帮助，协调相关事项。最后，必须对持续改进进行测量、评价和奖励。

6. 循证决策

用事实和数据说话：全面质量管理（TQM）是从统计质量管理发展而来的，它要求尊重客观事实，尽量用数据说话。真实的数据既可以定性反映客观事实，又可以定量描述客观事实，给人以清晰明确的数量概念，这样就可以更好地分析问题、解决问题，纠正那种凭感觉、靠经验、"拍脑袋"的工作方法。组织在管理中应当采取一定手段，保证循证决策的有效性，如加强信息管理、灵活运用统计技术、加强质量记录的管理及加强计量工作等。

基于事实的决策方法：领导的主要职责是作出决策，即在面对多种选择方案时，选择最合适的方案。为了作出正确的决策，需要深入调研，不过分依赖个人感受和经验，同时，确保获取可靠的信息和数据。在收集和分析数据时，要保持正确的态度，综合考虑各种因素。除了依靠数据，还需要掌握各种决策方法，特别是在多个方案中选择最佳方案时。决策实施后，应当收集反馈信息，评估决策的效果，并及时调整以解决新出现的问题。

7. 注重关系管理

组织需要有效管理与相关方的关系：随着生产社会化的发展，企业的生产活动越来越专业化，通常需要通过与供应商或合作伙伴的合作来完成产品制造。这种合作对产品质量有直接影响，因此企业与供应商之间的合作至关重要。通过与供应商的合作，企业能够优化资源，快速响应市场需求，实现双方的共赢。除了供应商，企业还需关注与顾客、员工、学校、社区、政府和行业协会等相关方的关系，以树立良好的社会形象，营造良好的经营环境。

### 三、质量管理在企业经营管理中的价值

在市场经济体制下，企业间的竞争越来越激烈，企业想要获得较好的发展，必须要不断提升自身的核心竞争力，才能在激烈的市场竞争中站稳脚跟。企业经营管理是提升核心竞争力的重要手段，也是增强企业综合实力的主要途径。而在企业经营管理中质量管理是重要环节，在企业的生产经营过程中发挥着非常重要的作用。企业在进行经营管理过程中，要把质量管理放在首位，通过质量管理可以实现对企业各个环节的有效控制，可以保证产品的质量，提高企业产品的竞争力，促进企业可持续发展。具体来说，质量管理具有以下几个方面的价值：

质量管理在企业运营中具有深远意义，不仅能提高顾客满意度，减少浪费和缺陷，降低运营成本，还能帮助企业增强市场竞争力，提升品牌形象。通过持续改进和优化，质量管理推动企业适应市场变化，保持产品和服务的相关性。同时，合规性和标准化的操作流程为顾客提供稳定可靠的产品体验，而良好的质量管理体系还能促进跨部门协作，提升团队士气和工作满意度。可以说，质量管理是企业提升整体竞争力、实现可持续发展的关键策略，也是在激烈的市场竞争中稳固地位、实现长期稳定发展的基本要求。

## 第二节 近现代质量管理的历史与发展

人类社会质量管理历史最早可以追溯到旧石器时代，但开展科学质量管理活动则是从 20 世纪初开始的，并随着工业的发展而不断改进和完善。质量管理的发展经历了多个阶段，每个阶段都基于前一阶段的理论和实践基础上进行补充和完善。从 20

世纪 50 年代起，全面质量管理模式开始兴起，强调全员参与和系统性方法。随后，在 20 世纪 80 年代，精益质量管理的引入，进一步提升了效率和减少了浪费。进入 21 世纪 10 年代，数字化和生态化质量管理应运而生，结合现代技术与可持续发展理念。这些阶段并非完全替代，而是并存发展，共同推动质量管理理论与实践的进步。

## 一、近现代质量管理的演进

近现代质量管理演进如图 1-4 所示。

图 1-4　近现代质量管理演进

### （一）质量检验管理阶段：20 世纪初至 20 世纪 30 年代末 [1]

手工业时代，产品质量凭借手工业劳动者的经验和技能控制。第一次工业革命初期，尽管工业化机器被广泛采用，但产品质量仍然靠厂内熟练工人的手艺和经验进行检测和控制。这样的质量管理使得产品质量非常不稳定。进入 20 世纪后，工业化进一步发展，一些企业的规模不断扩大，企业内分工更加细致和专业化，单纯依靠经验和手艺控制产品质量已经不能适应大规模及专业化生产的要求。弗雷德里克·温斯洛·泰勒（Frederick Winslow Taylor）开展科学管理实验获得巨大的成功后，专业的质量检验岗位被单独设置出来。质量检验人员"事后把关"，从成品中挑出废次品，通过最终环节的产品质量检验，在一定程度上有效地提高了产品质量。但随着生产环节的复杂化，产品的复杂性增加，越来越多的质量管理人员发现，这种"最终检验"的质量管理通常费时、费力，而且不经济。

### （二）统计质量控制阶段：20 世纪 20 年代至 20 世纪 50 年代末

这个时期，质量管理的重点是确保产品质量符合规格和标准。20 世纪 20 年代，美国著名统计学家沃特·阿曼德·休哈特（Walter A. Shewhart）深入企业调研后发现，

---

[1]　蒋明琳.质量管理思想史［M］.北京：企业管理出版社，2022.

企业产品质量统计具有一定的规律，他将统计学方法引入质量控制，发明了产品质量控制图、统计过程控制等方法，结合他的前期成果，在 1931 年出版了著名的《工业产品质量的经济控制》一书。同时期，美国贝尔实验室的哈罗德 F·道奇（Harold F.Dodge）和哈里·罗米格（H.G.Romig）将抽样检验的方法应用到产品质量检验中，完善了产品质量抽样方案，于 1944 年发表了"道奇—罗米格抽样表"（Dodge-Romig sampling inspection tables）。20 世纪 30 年代，英国的皮尔森（Karl Pearson）专注于工业标准化及质量控制中的统计学问题，把这些方法汇总并发表。这些统计学家将产品质量控制与统计学方法相结合，关注生产过程中扰动质量水平的因素，监测产品生产过程中的质量问题，促进了产品质量水平的提高。由于数理统计方法在质量管理中的广泛应用，这一时期的质量管理被称为"统计质量控制"，质量管理实践从关注成品"最后一点"的控制，发展为对整个产品生产过程"一条线"的控制。统计质量控制局限于制造和检验部门，忽视了其他部门的工作对质量的影响，但由于数理统计方法不断改进，统计质量控制管理方法实际上也在不断更新，并与新兴质量管理方法结合使用。

### （三）全面质量管理阶段：始自 20 世纪 50 年代

为进一步探究提升质量的深层次因素，20 世纪 50 年代，美国贝尔实验室进行了名为"全面质量保证计划"（overall quality assurance plan，OQAP）的科学实验，旨在探索从生产前端到生产后端都开展质量管理对整个生产绩效的影响。1961 年，美国的菲根堡姆写了《全面质量控制》（*Total Quality Control*）一书，第一次从理论上正式提出了全面质量控制（total quality control，TQC）的概念。随着全面质量管理思想和方法的传播，到 20 世纪 50 年代后期，美国许多行业都开展全面质量管理活动并取得了较好的效果。此后，全面质量管理思想也传到了其他国家，特别是在日本被发扬光大。爱德华兹·戴明博士在帮助日本的过程中，不仅把全面质量控制的基本思想引入日本，更提出了质量管理十四要点、戴明环等方法，推动全面质量管理思想的发展。日本通过学习、引进、创新全面质量管理方法，涌现了石川馨、田口玄一等质量管理专家，日本工业制造能力、质量管理能力大为提高，一跃成为世界先进制造业的代表。20 世纪 60 年代，菲利浦·克罗斯比提出了"零缺陷"理论，他指出不允许出现任何的生产质量问题，强调"第一次就把事情做好"，要做到零缺陷，可以消除生产中的损失，丰富全面质量管理内涵。到 20 世纪 70 年代后期，全面质量管理思想进一步深化，由全面质量控制（TQC）演化为全面质量管理（TQM），强调以质量为中心、关注消费者需求、利用事实和数据开展全面质量管理活动，包括企业的全部生产活动、全部的服务事项，全部岗位的工作人员都需要参与质量管理，形成全面质量管理。当前，全面质量管理方法依然是一些企业重要的管理方法。

### （四）精益质量管理阶段：始自 20 世纪 80 年代

精益质量管理由精益生产方式发展而来。20 世纪 80 年代，美国麻省理工学院开展了"国际汽车计划"项目研究，对比全球 14 个国家 90 多个汽车生产企业，肯定了丰田生产方式的优异性，首次定义丰田生产方式为精益生产方式，并在 20 世纪 90 年代出版了《精益思想》一书，进一步完善了丰田生产理论体系。精益管理和质量管理相结合，其核心思想是使企业与顾客都满意，成本最优、质量最高、消除浪费、创造价值。20 世纪 90 年代末，美国联合技术公司研究优化企业内部生产流程，提升产品质量水平，获取持续的竞争优势，开展获取竞争优势（achieving competitive excellence，ACE）管理。如今，精益质量管理思想仍被广泛应用，并随着企业环境的改变而不断地发展演变。

### （五）数字化、生态化质量管理阶段：始自 21 世纪 10 年代

进入 2010 年，数字化和生态化成为企业发展的重要方向。数字化、生态化质量管理结合现代信息技术与可持续发展理念，通过大数据、云计算等技术实现对质量管理的实时监控和优化，提高质量、降低成本，同时注重环境保护和绿色发展。这一理念涵盖产品全生命周期，要求企业建立跨部门协作机制，并获得政府、行业和消费者的支持，共同推动质量管理体系向智能、绿色和可持续的方向发展。在这一背景下，汪应洛教授作为中国著名的质量管理专家，其提出的理念强调企业在质量管理和持续改进中的系统性、科学性和全员参与，尤其与数字化和生态化质量管理的理念相契合。汪教授的理论为企业提供了重要的指导和实践框架，尤其是在利用信息技术提升质量管理效率和推动绿色可持续发展方面，为企业应对现代市场挑战提供了清晰的思路和方向。

## 二、近现代质量管理特征

### （一）先进技术在质量管理中广泛应用

企业积极采用自动化、大数据分析、物联网等先进技术，以提高生产效率、实时监控生产过程，并确保产品符合高质量标准。智能制造和数字化技术不仅使企业能更精准地检测和纠正潜在问题，还为质量管理提供了更全面的数据洞察。先进技术的运用不仅有助于提升产品一致性和可追溯性，还加强了质量控制的实时性和准确性。这种趋势体现了企业在不断追求卓越质量的同时，积极借助科技手段提升质量管理的效能。

### （二）企业质量管理工作广泛开展

越来越多的企业认识到质量管理对于业务成功的关键性作用，因此积极投入并开

展质量管理工作。这涉及设定明确的质量标准、建立全面的管理体系，以及不断改进生产流程和技术手段。企业通过员工培训强调每个员工对产品质量的责任，同时应用现代技术和数据分析手段，提高生产效率和产品一致性。与此同时，供应链管理的加强、客户满意度的关注，以及对潜在风险的有效管理，都成为质量管理的重要组成部分。这一趋势反映了企业对卓越质量的追求，旨在提升市场竞争力并满足不断提高的消费者期望。

### （三）社会对企业质量管理重视度提升

随着消费者对产品和服务质量的要求提高，企业逐渐认识到卓越的质量是维护客户满意度和品牌声誉的关键。社会媒体的普及使得消费者能够更迅速地分享使用体验，质量问题可能引发的负面影响也更为显著。因此，企业正积极响应这一趋势，加大对质量管理的投入，以确保产品符合高标准，并通过不断改进流程来提升整体质量水平。这一社会对质量管理日益重视的态势不仅推动了企业的自我提升，也促进了行业和市场的整体发展。

### （四）质量管理工作与社会需求相适应

随着社会对产品和服务质量的期望不断提高，企业质量管理不仅关注产品的物理性能，还更加注重顾客体验、可持续性和社会责任等方面。企业逐渐整合社会的可持续发展目标，将环保、可再生能源等因素融入质量管理策略中。同时，消费者对透明度和道德责任的关注促使企业更加关注供应链的可追溯性和道德经营。这表明质量管理不仅是满足技术要求，更是符合社会期望，致力于建立可信赖、持续改进的业务模式。

## 三、现代质量管理的典型实践

### （一）丰田汽车的生产实践——精益质量管理的实践典范

日本汽车行业以其卓越的质量管理而闻名于世，其成功案例提供了许多宝贵的经验。

以产品为龙头，1955 年 5 月 1 日丰田极力精心打造的皇冠轿车下线，其魅力使德国大众甲壳虫相形逊色，受到美国消费者的青睐并风靡全球。1962 年，丰田汽车首次突破 100 万辆。1982 年，丰田汽车工业株式会社与丰田汽车销售公司合并，正式成立丰田汽车工业公司（Toyota Motor Corporation），从此登上高速发展的大道。

丰田的爆发力之一来自以人为核心的创造价值和人才培育的理念，体现在企业的综合素质的提升和无尽的追求。一般企业往往只以追求即时回报的方式改善效益，而丰田却奉行"持续改善生产系统，更着重于高瞻远瞩地在整个过程中培养和造就人才"信念，使整个生产体系的运作和全体员工的素养达到新的境界。这样，树立追求世界标准的两难目标，即产品既要高质量又要低成本，打造出科学的、领先世界的丰田式生产体系（toyota production system，TPS），形成无可比拟的核心价值和竞争能力。它的目标设定为：生产流程中摒除微小的浪费，追求高超质量和在实施改善过程中培育人才。人才是 TPS 核心价值的体现和主要追求。因此，丰田生产体系在生产系统持续改造进步的同时，培育出各个岗位所需的敬业和善任的各种优秀人才。

将 TPS 用房屋结构来比喻的话，平衡化和标准化就是地基，即时化和自动化就是两大支柱，通过质量、交期、成本、安全、士气等全方位的改善，生产出成本低、质量高的适销对路的产品。

平衡化：能使生产系统实现各种产品小批量平均化的生产，人员、设备充分利用，投资最小，求得成本最低化。

标准化：指对生产加工过程中每一个环节的时间衡量，不断改善，在高水平的重复生产中保证整个作业的质量和效能。

即时化：这是丰田管理的全新生产方式，后演绎成为今天的"看板方式"，在装配线的各道工序，即时到位准确数量的零件，实现快速稳定地生产，保证交货期，减少浪费。

自动化：提高效率，确保质量，人机分离，降低人为的干扰和影响，在保持质量第一的同时，使生产能及时反映市场的变化和需求。

在奠定房屋基础和架构的理念后，还应持续改善，追求生产领域新的境界，而这"四化"的追求目标体现在五个方面，即品质 Q（quality）、交期 D（delivery）、成本 C（cost）、安全 S（safety）、士气 M（morale）的提升。

丰田式生产体系就技术层面而言，是科学化的管理系统，源于工业工程（industrial engineering，IE）研究，进而形成流程管理工具。其间，丰田成立管理品管学院等培养机构，为实现这一目标源源不断地输送人才。

丰田企业为了三年追上美国，彻底排除浪费（人员、设备、时间）：一是不断追求，持续改善，要求员工时时扪心自问"有无世界水平的感觉"；二是防止异常事件重复发生，"多问几个为什么"，树立"为之于未有，治之于未乱"的防患于未然的习惯，使问题于未萌芽的状态根除；三是高屋建瓴地提出"自我挑战，自我淘汰"的口号，倡导"追求唯一而非第一"，不但希望客户在购车时丰田汽车是其唯一的选择，而且是客户的儿子、孙子的唯一选择。

### （二）华为的质量管理实践——国内全面质量管理的领先实践者

华为技术有限公司（简称华为）的质量管理体系总宗旨就是进行"零缺陷"管理，其早在 2000 年产品质量大会中就把质量作为核心战略，公司也在其唯一核心价值观中提到要"为客户服务"更进一步，其品质管理战略的核心发展理念就是认为品质为最重要的基础，曾在 2016 年我国产品质量应用领域最高级别奖项'中国质量奖'上获得一等奖。其质量管理系统主要分为两个部分：跟着客户成长起来的正向质量管理系统及源于客户的逆向质量管理体系。

1. 跟着客户成长起来的正向质量管理系统

伴随着客户需求的成长，华为的质量管理经历了四个阶段：1987—2000 年的起步阶段，华为基于流程来抓质量；2000—2010 年的突破阶段，华为基于标准来抓质量；2010—2015 年的体系化阶段，华为基于文化来抓质量；2015 年至今的文化根植阶段，华为构建了基于客户体验的闭环质量管理体系。

2. 源于客户的逆向质量管理体系

这种逆向管理主要是基于华为的"大质量观"。例如，运营商的业务部门，每年都要举行用户会议，邀请全国一百多家主要客户的电商企业首席惊喜官（CXO）走进华为。会议历时三天，分不同话题展开讨论，研讨的主要目的是让用户提意见，让华为总结出一张需要改善的重点项目列表。华为根据重点项目列表的每一条内容，与对应用户结对合作，并成立质量改善团队来针对性地改善主要难题。在次年的会议举行后，第一件事情便是汇总上一年度的前十项重点项目改善情况，并由用户投票。华为所认为的品质不仅是一般大众所通常理解的耐用、结实，更是一个强大质量体系，包含了服务品质和消费者感受，不但要把产品质量做好，还要继续不断地改善用户的购物体验、应用体验、服务体验，将在生产、零售、渠道、售后服务、端云协同，以及端到终端每一个用户所感受和了解的方面都做好。

华为的质量管理过程，具体来说是把"一次性把工作做对"和"连续改善"有机结合，在"一次性把工作做对"的基础上"连续改善"，不断反思，进一步建立自己的品质管理系统，形成正向革新和逆向反思的闭环。通过对品质文化的构建、价值观的引导等作用，使华为的品质理念与企业的发展壮大不可分割，使品质文化的构建更深入华为的文化血脉，并成了其内部管理改革的基本要义。

### （三）隆基绿能的质量管理实践——国内数字化、生态化质量管理的初步尝试

隆基绿能科技股份有限公司（简称隆基绿能）以卓越的品牌质量、极致的用户体验、行业第一的客户满意度为目标，制定"三步走"集团质量战略，通过"质量共建"向"质量内生"和"质量共生"转变，达成满意质量、品牌质量至卓越质量的

提升。经过持续整合及改进，隆基绿能通过数字化不断完善体系建设及业务流程优化，夯实质量大数据底座，结合人工智能（AI）算法，产品直通率提升4.9%，产品不良率降低30%，人工提效10%，零部件不良率降低10%。该公司的"智能在线检测""设备故障诊断与预测""质量精准追溯"三项数字化应用实践，获评工信部2022年度智能制造优秀场景。

隆基绿能聚焦全生命周期数据驱动、数据分析的质量数字化管理，建立"1+7+1"质量数字化管理模式，构建端到端的基于质量大数据全生命周期智能质量数字化平台。第一个"1"代表质量数字化管理原点，即大质量管理体系；"7"代表七大质量管理业务模块，分别为质量体系管理、研发质量管理、可靠性管理、供应链质量管理、过程质量管理、客户满意管理、持续改进管理；最后一个"1"代表质量大数据中心，实现端到端质量全流程数字化管理。

隆基绿能基于"1+7+1"质量数字化管理模式，以质量大数据为底座，数据驱动质量数字化，全面分析全流程质量数据，实现"5横1纵"数字化管理方式。5条横向数字化管理方法分别为：大质量管理体系贯穿全流程质量管理端到端；从质量体系管理、研发质量管理、可靠性管理、供应链质量管理、过程质量管理、客户满意管理到持续改进管理，打破业务断点，实现质量控制端到端有效拉通；描述性分析、诊断性分析、预测性分析、规范性分析4类分析方法应用，形成质量分析端到端；零部件数据主线、供应商数据主线、产品数据主线及客户主线四大数据主线为牵引的一件一档、一供一档、一品一档及一客一档，建立质量追溯端到端的全生命周期质量数据追溯链；从质量体系管理、研发质量管理、可靠性管理、供应链质量管理、过程质量管理、客户满意管理、持续改进管理各个质量领域对质量数据进行标准化、指标化，建立质量数据端到端的质量数据湖。1条纵向数字化管理方法，从数据觉察、数据探察、数据洞察，到数据应用，并反哺质量大数据，进行算法回归，纵向打通数据的垂直链路，最终赋能研发质量管理、可靠性管理、过程质量管理、客户满意管理、供应链质量管理及持续改进管理的质量数字化应用。

**（四）犀牛智造质量管理实践——我国企业数字化、生态化质量管理之路**

犀牛智造成立于2018年，是淘宝天猫商业集团（简称淘天集团）全资子公司。2020年9月，作为阿里巴巴新制造（制造业数字化）一号工程，首家犀牛智造工厂在杭州揭幕并投产。犀牛智造的使命是让时尚应需而造，愿景是成为全球领先的数字化柔性制造服务提供商。经过多年的持续探索与实践，犀牛智造现已落地浙江、安徽、山东三省，在服装制造行业技术领域获得50余项专利。

犀牛智造作为数字化柔性制造服务提供商，基于《企业系统集成》（IEC/ISO

62264）系列标准的理论框架，探索并实践了覆盖纺织服装产业制造企业的全流程的数字化产品体系，以数据驱动产品开发、计划排产、生产运营、质量管控、到持续闭环改善等多个模块。在质量管理方面，犀牛智造通过生产的全过程践行"可靠质量造出来"，包括产品研发阶段面向质量的工艺技术设计、大货生产阶段生产过程质量保障、检验阶段成品质量管控三大部分，犀牛智造质量管理框架如图 1-5 所示。

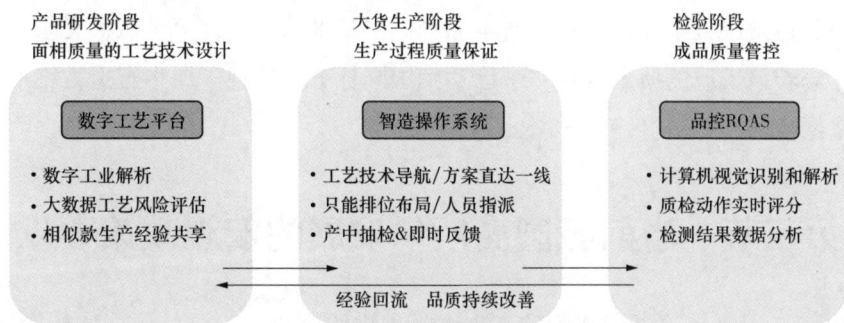

图 1-5　犀牛智造质量管理框架

1. 产品研发阶段：面向质量的工艺技术设计（保质设计）

首先，犀牛智造会综合评估产品的原材料的材质、特征、款式工艺、做法等设计要素，综合评估判断产品潜在的生产质量风险。然后，综合历史相似款式工艺、相似原材料材质的生产品质数据，基于工艺技术方案经验形成的数字档案（简称数字工艺平台），根据新产品的需求特点，调整形成对应的产品工艺、生产技术、设备规格参数等可落地的生产技术方案。"数字工艺平台"通过大数据分析，将来自各个工厂之间的生产技术经验共享，可以高效地提取相似款式、面料的生产经验，方便操作者进行比对，并通过综合分析推荐最优生产技术方案，这一数字技术辅助生产决策的方式，可以最大范围地汲取生产相似产品的质量保障经验，指导形成最优的量产生产决策。

2. 大货生产阶段：生产过程质量保障

犀牛智造在生产过程中采用多种措施确保"可靠质量造出来"。首先，提供详细的"工艺技术导航"，使现场操作工人能够即时获得针对特定工序的生产技术指导，以确保工艺技术方案中的产品品质得以实现。其次，智造操作系统基于对历史数据的分析，评估工人的经验、效率和产品质量等指标，挑选最适合新产品的面料和工艺操作的工人，并优化生产线上的人员布局，最大化生产线效能。最后，在过程品控方面，系统根据订单关键点进行质检抽检和返工调度，及时将结果反馈给操作人员并作出相应调整，有效避免批量质量问题的发生。这些措施共同作用，保障了最终产品的高品质输出。

### 3. 检验阶段：成品质量管控

犀牛智造的"品控 RQAS"系统引入了多媒体监控技术，实现了生产过程中质量数据的采集与分析，并通过视频分析算法提升质量控制精度和问题预警能力，推动全程无人化质量管理。该系统通过摄像记录质检过程，利用计算机视觉识别技术确保质检操作标准到位，并实时评估质检人员表现，提醒漏检情况。数据分析结果用于分类质量问题，助力企业针对性地提升质量改进工艺。一家为日本品牌代工成衣的工厂在采用犀牛智造解决方案后，获得了日本品牌商的高度认可，甚至被认为无须第三方检品，这标志着该工厂的质量管理水平已达到国际标准，体现了犀牛智造方案的有效性和高质量保证。

## 第三节　当前我国高质量发展的宏观政策要求

2022 年，习近平总书记在党的二十大报告中明确指出，要加快构建新发展格局，着力推动高质量发展，强调"高质量发展是全面建设社会主义现代化国家的首要任务""要坚持以推动高质量发展为主题"。完整、准确、全面贯彻新发展理念，就要着力把握好这个"首要任务"和"主题"，推动中国经济再上新台阶。

2023 年，中共中央　国务院印发《质量强国建设纲要》。《质量强国建设纲要》以习近平新时代中国特色社会主义思想为指导，立足新发展阶段，完整、准确、全面贯彻新发展理念，构建新发展格局，统筹发展和安全，以推动高质量发展为主题，以提高供给质量为主攻方向，以改革创新为根本动力，以满足人民日益增长的美好生活需要为根本目的，深入实施质量强国战略，牢固树立质量第一意识，健全质量政策，加强全面质量管理，促进质量变革创新，着力提升产品、工程、服务质量，着力推动品牌建设，着力增强产业质量竞争力，着力提高经济发展质量效益，着力提高全民质量素养，积极对接国际先进技术、规则、标准，全方位建设质量强国，为全面建设社会主义现代化国家、实现中华民族伟大复兴的中国梦提供质量支撑。

2024 年，习近平总书记在中共中央政治局第十一次集体学习时强调，加快发展新质生产力，扎实推进高质量发展。习近平总书记讲话强调，发展新质生产力是推动高质量发展的内在要求和重要着力点，必须牢记高质量发展是新时代的硬道理，全面贯彻新发展理念，落实加快建设现代化经济体系、推进高水平科技自立自强等战略任务，并完善推动高质量发展的考核评价体系，为推动高质量发展打牢基础。

高质量发展是全面建设社会主义现代化国家的首要任务，同时，也是新时代、新征程中央企发展的鲜明特征。国务院国有资产监督管理委员会（简称国务院国资委）

指导中央企业牢牢把握高质量发展首要任务，坚持效益和效率相统一、突出价值创造能力，既要做大，更要鼓励央企做强做优，在推动实现经济质的有效提升和量的合理增长上勇挑大梁。在目标导向上，国务院国资委要求企业全面贯彻落实党的二十大精神，对考核管理体系进一步优化，围绕高质量发展，围绕推动企业进一步提高核心竞争力，围绕推动央企进一步打造世界一流企业，确立了"一利五率"目标管理体系。所谓"一利"，就是突出对利润指标的考核，充分体现企业对社会创造价值的能力。"五率"，即净资产收益率、全员劳动生产率、研发经费投入强度、营业现金比率、资产负债率。

为响应党中央和国务院国资委关于高质量发展的相关要求，国家电网提出了高质量可持续发展"55686"总体要求，明确了以"一体四翼"发展全面推进具有中国特色国际领先的能源互联网企业建设、为中国式现代化赋动能作贡献的中心任务，标定了新时代、新征程公司的新方位、新使命。随着这一战略的深入实施，国家电网通过多项创新举措，为中国式现代化注入强大动能。国家电网不仅在电网基础设施建设上持续加大投入，确保电力供应的稳定可靠，还在智能化、数字化方面取得了一系列突破，推动了能源互联网的建设和发展，使电网运行更加高效、安全、环保。国家电网将继续以高质量发展为引领，坚持创新驱动、结构优化和环保发展，为实现中国式现代化作出更大的贡献。

南方电网始终牢记"国之大者"，面向国家重大战略需求，全面优化科技创新布局、建强科技创新体系，加强核心技术攻关，打造原创技术策源地，充分发挥创新链、产业链、资金链、人才链优势，加快布局和发展战略性新兴产业，推动新质生产力加快发展，为高质量发展蓄势赋能。

中国石油化工集团有限公司（简称中石化）为实现高质量发展，采取了优化产业结构、提高能源利用效率、推动绿色发展等措施。通过技术创新和工艺改进减少能源消耗与排放，加强环保技术研发应用。同时，中石化致力于油气资源的高效利用，增加新能源投入，并在石化领域进行创新，提升企业可持续发展能力。未来，中石化将继续响应国家号召，实施高质量发展战略，推动能源结构调整与绿色低碳发展，助力构建清洁低碳、安全高效的能源体系。

我国各级企业正在积极响应中央和国家高质量发展的相关要求，通过优化质量管理体系、强化全员质量意识、推动技术创新和数字化转型，不断提高产品和服务的质量水平，有效增强了国家经济的竞争力和可持续发展能力，为实现经济社会的高质量发展奠定了坚实基础，为我国实现高质量发展的目标提供了有力支撑。

"

20 世纪是生产率的世纪，21 世纪是质量的世纪，质量是和平占领市场最有效的武器。

"

——美国著名质量管理学家

约瑟夫·M·朱兰

# 第二章

# 质量管理
# 核心理论

≫ **本章重点**

- 质量管理的核心理论（戴明环、朱兰质量三部曲、零缺陷理论、精益管理、六西格玛）及其含义、特点、实施路径

- 经典的质量管理活动（QC 小组、质量信得过班组）

# 第一节　戴明 PDCA 循环

　　戴明博士作为质量管理的先驱者，提出的质量管理理念对国际质量管理理论和方法产生了重要影响。戴明博士最早提出 PDCA 循环的概念，所以又称其为"戴明环"。PDCA 循环是能使任何一项活动有效进行的一种合乎逻辑的工作程序，特别是在质量管理中得到了广泛的应用，是一个基本的质量工具。❶

## 一、PDCA 循环的含义

　　P（plan）计划，包括方针和目标的确定以及活动计划的制订；D（do）执行，执行就是具体运作，实现计划中的内容；C（check）检查，就是要总结执行计划的结果，分清哪些对了，哪些错了，明确效果，找出问题；A（action）行动或处理，对总结检查的结果进行处理，对成功的经验加以肯定，并予以标准化，或制定作业指导书，便于以后工作时遵循，对于失败的教训也要总结，以免重现。对于没有解决的问题，应提给下一个 PDCA 循环中去解决。

## 二、PDCA 循环的实施步骤

　　PDCA 循环八大步骤如图 2-1 所示。

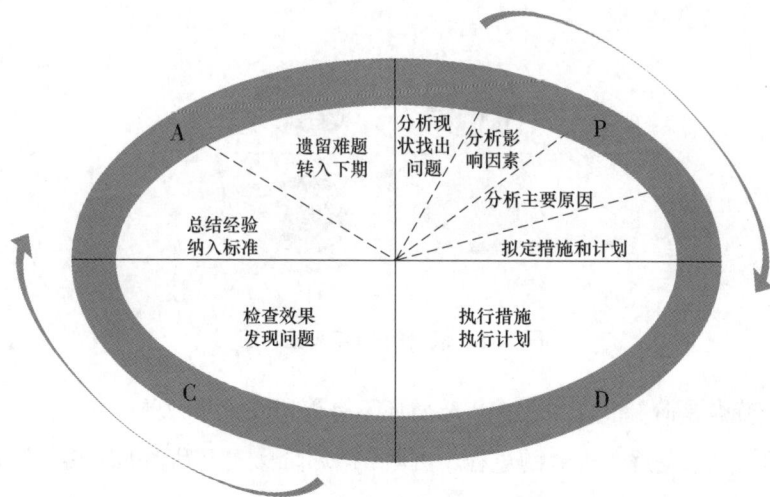

图 2-1　PDCA 循环八大步骤

---

❶　何新民 . 戴明质量管理法及其应用［J］. 企业改革与管理，2010（11）：61-62.

（1）分析现状，发现问题。

（2）分析质量问题中各种影响因素。

（3）分析影响质量问题的主要原因。

（4）针对主要原因，采取解决的措施。

（5）执行，所有制定的措施必须一项不漏地执行；对措施实施中所发现的问题，实施人员必须及时如实反馈，并由相关人员及时调整措施再实施。

（6）检查，把执行结果与要求达到的目标进行对比。

（7）标准化，把成功的经验总结出来，制定相应的标准。

（8）把没有解决的或新出现的问题转入下一个 PDCA 循环中去。

## 三、PDCA 循环的特点

第一个特点是周而复始。PDCA 循环的四个过程不是运行一次就完结，而是周而复始地进行。每一次循环只是解决一部分问题或者进行下一个阶段的改进，在下一次循环中解决遗留问题和新发现的问题。

第二个特点是大环带小环。各级质量管理都有一个 PDCA 循环，形成一个大环套小环、一环扣一环，互相制约、互为补充的有机整体。在 PDCA 循环中，一般上一级的循环是下级循环的依据，下一级循环是上一级循环的落实和具体化。通过循环把各级管理工作有机联动起来、彼此协同，从而互相促进，嵌套的 PDCA 循环图如图 2-2 所示。

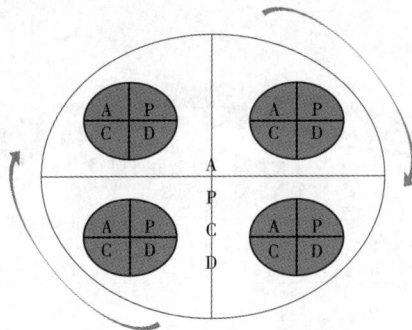

**图 2-2　嵌套的 PDCA 循环图**

第三个特点是阶梯式上升。PDCA 循环不是停留在一个水平上的循环，不断解决问题的过程就是水平逐步上升的过程，PDCA 循环阶梯式上升图如图 2-3 所示。

PDCA 循环应用了科学的统计观念和处理方法。作为推动工作、发现问题和解决问题的有效工具，常用的有直方图、控制图、因果图、排列图、相关图、分层法和统计分析表。

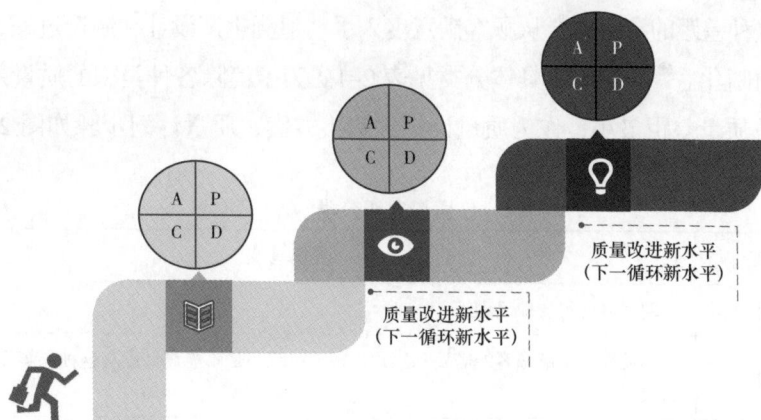

图 2-3　PDCA 循环阶梯式上升图

在质量管理体系中，PDCA 循环是一个动态的循环，它可以在组织的每一个过程中展开，也可以在整个过程的系统中展开。它与产品实现过程及质量管理体系其他过程的策划、实施、控制和持续改进有密切的关系。

在质量管理中，PDCA 循环得到了广泛的应用，并取得了很好的效果，因此有人称 PDCA 循环是质量管理的基本方法。PDCA 循环的管理模式，体现了科学认识论的一种具体管理手段和一套科学的工作程序，可以使管理向良性循环的方向发展。PDCA 循环管理模式的应用对我们提高日常工作的效率有很大的益处，它不仅在质量管理工作中可以运用，同样也适合于其他各项管理工作。

# 第二节　朱兰质量三部曲

"所有的质量改进都应当一个项目、一个项目地进行，没有其他捷径可走。"

——约瑟夫·M·朱兰（Joseph M. Juran）❶

朱兰博士是世界著名的质量管理专家，他所倡导的质量管理理念和方法深刻影响着世界企业界及世界质量管理的发展。他的"质量计划、质量控制和质量改进"被称为"朱兰三部曲"。

## 一、"朱兰三部曲"的含义

质量计划（quality planning）是从认知质量差距开始。看不到差距，就无法确定

---

❶　约瑟夫·M.朱兰.朱兰质量手册［M］.第六版.北京：中国人民大学出版社，2014.

目标。而这种差距的定位，要从顾客满意度入手，追溯生产设计和制造过程，就能使存在的问题清晰化。[1] 质量差距具体分类见表 2-1。为了消除各种类型的质量差距，并确保最终的总质量差距最小，作为质量计划的解决方案，质量计划步骤如图 2-4 所示。

表 2-1                        质量差距分类

| 质量差距 | 具体含义 |
|---|---|
| 理解差距 | 对顾客的需要缺乏理解 |
| 设计差距 | 即使完全了解顾客的需要和感知，很多组织还是不能设计出与这种了解完全一致的产品或服务 |
| 过程差距 | 由于创造有形产品或提供服务的过程不能始终与设计相符合，使许多优秀的设计遭遇失败，这种过程能力的缺乏是各种质量差距中最持久、最难缠的问题之一 |
| 运作差距 | 用来运作和控制过程的各种手段在最终产品或服务的提供中会产生副作用 |

图 2-4   质量计划步骤

质量控制（quality control）是指制定和运用一定的操作方法，以确保各项工作过程按原设计方案进行并最终达到目标。朱兰强调，质量控制并不是优化一个过程（优化表现在质量计划和质量改进之中，如果控制中需要优化，就必须回过头去调整计划，或者转入质量改进），而是对计划的执行，其步骤如图 2-5 所示。

质量改进（quality improvement）是指管理者通过打破旧的平稳状态而达到新的管理水平。朱兰在欧洲质量管理组织第 30 届年会上发表《总体质量规划》论文中指出：质量改进是使效果达到前所未有的水平的突破过程，其步骤如图 2-6 所示。

---

[1] 高广宇.可以量化的管理学［M］.北京：经济日报出版社，2018.

图 2-5　质量控制步骤

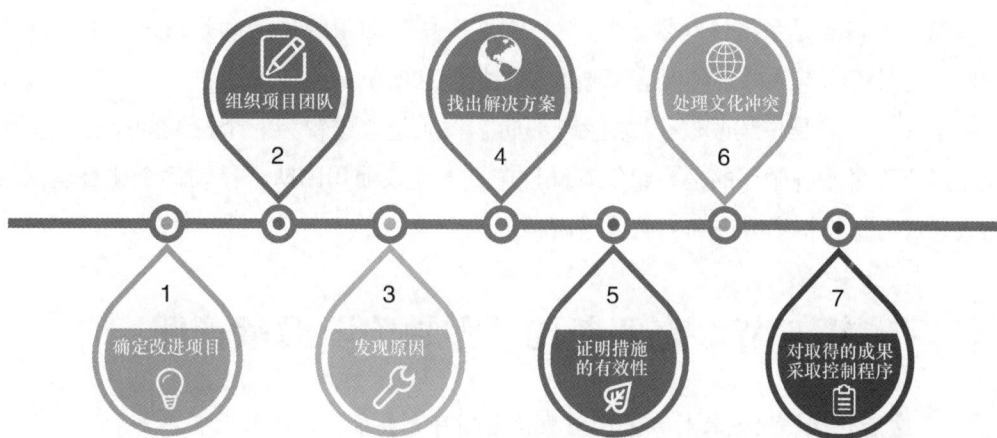

图 2-6　质量改进步骤

## 二、"朱兰三部曲"的实施路径

"朱兰三部曲"的起点是质量计划，用计划来创建一个能满足既定目标，并在作业条件下运行的过程。计划完成后，这个过程就移交给操作者，操作人员的职责是按质量计划进行控制，当发生偶然性波动的"尖峰"超出限定的控制区域时，他们就会"救火"，使过程重新回归到计划规定的控制区域内。但是，如果原先的计划存在问题，经常性损耗就处于很高的水平。正如朱兰所说："质量计划是经常性质量问题的主要滋生温床。"居高不下的经常性损耗是该计划过程的固有损耗，而按质量计划实施控制的操作者对其无能为力。解决这种计划问题的突破不会自行发生，它是由上层管理者在管理职责中引入了一个新的管理过程——质量改进而产生的突破。质量改进的过程叠加在原有的质量控制过程之上，通过改进，经常性损耗可以大幅度下降。最后，改进中获得的经验教训反馈到新一轮的质量计划中。这样一来，整个质量管理过程就形成了一个有生命力的循环链。

在质量管理的"朱兰三部曲"中，质量计划明确了质量管理所要达到的目标及实现这些目标的途径。质量计划是质量管理的前提和基础；质量控制确保事物按照计划的方式进行，是实现质量目标的保障；质量改进则意味着质量水准的飞跃，标志着质量活动是以一种螺旋式上升的方式在不断攀登和提高。

### 三、"朱兰三部曲"的特点

第一个特点是适应性。现代质量计划是训练计划人员自己运用质量原则，即教会他们使用所需的方法和工具，使之成为质量计划的专家。因此，朱兰提出的质量计划，实际上强调了整个公司各层组织领导需要具备的整体"适应性"能力。

第二个特点是系统性计划。"朱兰三部曲"中的质量管理活动是系统性的，这要求广泛的员工参与，并且确保有清晰的反馈机制和明确的决策责任。

第三个特点是持续改进。"朱兰三部曲"将质量改进视为一个持续的过程，包括建立形成质量改进循环的必要组织基础设施，并建议使用团队合作和逐个项目运作的方式来努力保持持续改进和突破改进两种形式。

## 第三节  克罗斯比"零缺陷"质量管理

> "所谓第一次就做对，是指一次就做到符合要求，因此若没有'要求'可循，就根本没有一次就符合'要求'的可能。"
>
> ——菲利浦·克罗斯比（Philip B. Crosby）

被誉为全球质量管理大师、"零缺陷"之父和伟大的管理思想家克罗斯比，从 20 世纪 60 年代初提出"零缺陷"思想，并在美国推行"零缺陷"运动。后传至日本，在日本制造业中全面推广，使日本的制造业产品质量迅速提高，并且达到了世界级水平，继而扩大到工商业所有领域。

### 一、"零缺陷"质量管理的含义

"零缺陷"又称无缺点，"零缺陷"管理思想主张企业发挥人的主观能动性进行经营管理，生产者、工作者要努力使自己的产品、业务没有缺点，并向着高质量标准目标而奋斗。它要求生产工作者从一开始就本着严肃认真的态度把工作做得准确无误，在生产中从产品的质量、成本与消耗、交货期等方面来合理安排，而不是依靠事后的检验来纠正。"零缺陷"强调通过预防系统控制和过程控制，第一次就把事情做对，从而符合向顾客承诺的要求。开展"零缺陷"运动可以提高全员对产品质量和业务质量的责任感，从而保证产品质量和工作质量。

## 二、"零缺陷"质量管理的实施路径

### （一）建立推行零缺陷管理的组织

事情的推行都需要组织的保证，通过建立组织，可以动员和组织全体职工积极地投入零缺陷管理，提高他们参与管理的自觉性；也可以对每一个人的合理化建议进行统计分析，不断进行经验的交流等。设立专门的质量管理部门或任命"零缺陷"管理负责人，确保有足够的资源和权力推动实施。

### （二）确定"零缺陷"管理的目标

确定"零缺陷"小组（或个人）在一定时期内所要达到的具体要求，包括确定目标项目、评价标准和目标值。在实施过程中，采用各种形式，将小组完成目标的进展情况及时公布，注意心理影响。

### （三）进行绩效评价

小组确定的目标是否达到，要由小组自己评议，为此应明确小组的职责与权限。

### （四）建立相应的提案制度

直接工作人员对于不属于自己主观因素造成的错误原因，可向组长指出错误的原因，提出建议，也可附上与此有关的改进方案。组长要同提案人一起进行研究和处理。

### （五）建立表彰制度

建立鼓励"零缺陷"行为的奖励制度，对于达到"零缺陷"标准的个人或团队给予表彰和奖励。

## 三、"零缺陷"质量管理的特点

在质量管理中，"零缺陷"理念的引入彰显了企业对质量的高度追求和责任担当。"零缺陷"管理不仅是对产品质量的要求，更是对企业经营文化和管理方式的深刻审视和提升。下面将深入探讨质量的本质、质量产生的机制、工作标准的要求及质量衡量的方式，旨在引领企业走向质量管理的新境界，实现质量管理的持续优化和改进。

### （一）质量是怎样产生的？

质量的产生是通过预防而非检验来实现的。检验无法创造质量，因为其功能仅在于识别已经存在的问题，而并非促进改进。质量的生成需要依靠预防性的系统。在这个系统中，预防工作发生在过程设计阶段，包括沟通、计划、验证，并逐步消除出现不符合项的可能性。通过预防性方法产生好的质量，我们要求资源的分配能够确保任务的正确完成，而不是将资源浪费在问题的识别和修复上。

### （二）什么是工作标准？

我们的工作标准必须是"零缺陷"，而不是"差不多就好"。"差不多就好"意味着我们可能在某些时候满足要求，或者仅大部分满足要求。然而，"零缺陷"的标准要求我们在每一次工作中都满足全部要求，无论何时何地。这意味着，我们要认真地履行我们所承诺的要求。如果我们希望自己的工作达到高质量水准，我们绝不能容忍任何不符合要求的情况出现。我们必须极力预防错误的发生，以确保顾客得到的产品或服务都是符合要求的。这就是"零缺陷"工作标准的重要意义。

### （三）怎样衡量质量？

质量应通过不符合要求的代价而非指数来衡量，因为指数可能淡化问题的实际影响，而展示不符合项的货币价值能更有效地引起管理者对问题的重视。不符合要求的代价体现在额外的时间、人力和物资浪费上，这是不必要的成本。在快节奏生产环境中，仅依赖人盯人的方法无法实现"零缺陷"，必须建立有效的质量管理体系以促进内部持续改进，才能达成目标。"零缺陷"管理不仅是一种质量管理方法，也是一种企业经营之道，适用于各种类型的组织。它需要自上而下的推动及全体员工的深刻理解，才能避免误区并实现真正的质量改进。

# 第四节　精益管理

在追求效率和竞争优势的道路上，企业需要不断创新管理模式。精益生产管理作为一种新颖的生产管理方式，为企业提供了重要的思路和实践路径，其核心理念围绕着消除浪费、持续改进和尊重员工展开，从而实现客户价值和企业效益的最大化。

## 一、精益管理的含义

根据中国质量协会发布的《组织精益管理评价准则》（T/CAQ 10103—2016）的解释，精益管理是一种以客户需求为拉动，以消灭浪费和不断改善为核心的全新生产管理模式，旨在使企业以最少的投入获取成本和运作效益的显著改善。精益管理的五项原则如下：

（1）定义价值：精益管理认为企业产品（服务）的价值应由最终用户来确定，并且只有在满足特定用户需求时才具有存在意义。这意味着，企业应该关注提供最大价值的服务或产品，并将不必要的成本视为浪费。

（2）识别价值流：价值流是指从原材料到成品赋予价值的全部活动。识别价值流意味着找出哪些活动是增值的，哪些是非增值的，从而减少浪费。

（3）流动：精益管理强调创造价值的各个活动（步骤）要流动起来，避免停滞和等待。流动性的实现可以通过持续改进和技术手段来实现，如及时化和单件流。

（4）拉动：拉动生产模式要求企业根据最终用户的需求来安排生产，而不是盲目地大规模生产。这种方法减少了库存和过度生产的问题，提高了响应速度和满意度。

（5）尽善尽美：精益管理的目标是通过持续的改善过程，在特定的成本下实现更高的价值，或者在特定的价值下实现更低的成本，确保产品和服务能够满足最高标准的要求。

## 二、精益屋介绍

这一概念起源于丰田式生产体系（TPS），它是对丰田精益生产方式的一种可视化的结构化表达。通过精益屋模型（见图2-7），可以直观地展示出精益生产的核心理念、方法论及其相互关联性。精益屋不仅有助于企业理解和实施精益生产原则，还可以帮助组织将这些原则与日常运营实践相结合，形成一种全面且持久的文化变革工具。

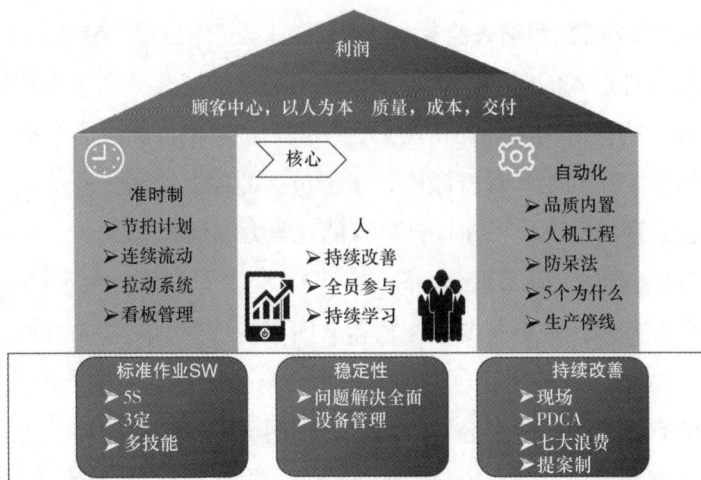

图 2-7　精益屋模型 [1]

---

[1]　图片根据丰田生产体系（TPS）绘制。

精益屋体系旨在实现最佳品质、最低成本、最短提前期、最佳安全性和最高员工士气的目标，其核心在于人，强调培养和发展人才，创造一个让员工能够充分发挥潜能并积极参与的工作环境。该体系的两大支柱为准时制生产（Just in time，JIT）和自动化，前者通过消除浪费、减少库存和缩短生产周期来提高响应速度和灵活性，后者则注重设备智能自动化，使设备能自动检测异常并停止生产，以确保质量控制和持续改进。标准化作业和持续改善构成了这一体系的基础，通过建立和遵循标准化流程保证操作的稳定性和持续改进，并鼓励员工参与改善活动，不断优化工作流程和提升工作效率。

## 三、精益生产模式的实施路径

### （一）强化组织领导，营造企业文化

在实施精益管理时，企业应首先确保高层领导的支持，接受并传播消除浪费、持续改进和尊重员工的核心理念。通过全面的教育和培训，使所有层级的员工理解和认同精益生产的价值，并积极参与到识别浪费和优化流程中来。同时，要营造一种鼓励参与、学习与创新的企业文化，赋予每位员工改善工作环境的权利和责任，并清晰界定各岗位与精益管理相关的职责，提供必要的资源和支持。

为了保障精益实践的有效推进，还需建立合适的组织管理架构。例如，国网上海市电力公司采用了"品"字型的组织结构：精益生产推进指导委员会负责整体战略方向和重大决策；精益生产办公室负责制定总体规划，为公司领导提供决策建议，并确保项目的顺利实施；由各部门负责人及专家组成的专业推进组则提供专业技术支持和指导。

最终，通过多种形式的宣传培训、知识交流和最佳实践分享来培育精益文化，提高员工对精益理念的认识和实际操作能力，使每一位员工都能成为推动变革的积极参与者。同时，结合物质奖励和精神激励，增强员工的积极性和主动性。这样，企业才能真正实现精益管理的目标，不断提升自身的竞争力和运营效率。

### （二）绘制精益蓝图，确保系统协同

在做好前期准备后，关键是要绘制精益蓝图，其示例如图 2-8 所示，使其与公司整体发展目标和战略体系高度契合。精益管理要与公司愿景及核心价值观保持一致，成为实现愿景的有力抓手。要在公司战略规划中明确包括精益管理，使之成为推动战略的重要内容。重新审视业务确定核心业务流程，根据战略要求和实际状况，确定各业务模块的改进，形成精益改进项目，提出改进策略和关键议题，在可行性研究的基础并汇总为项目库。进而根据项目的迫切性、对关键绩效的贡献度等进行优先排序，制订项目实施计划，最后统筹安排公司资源，保障精益项目的顺利实施。

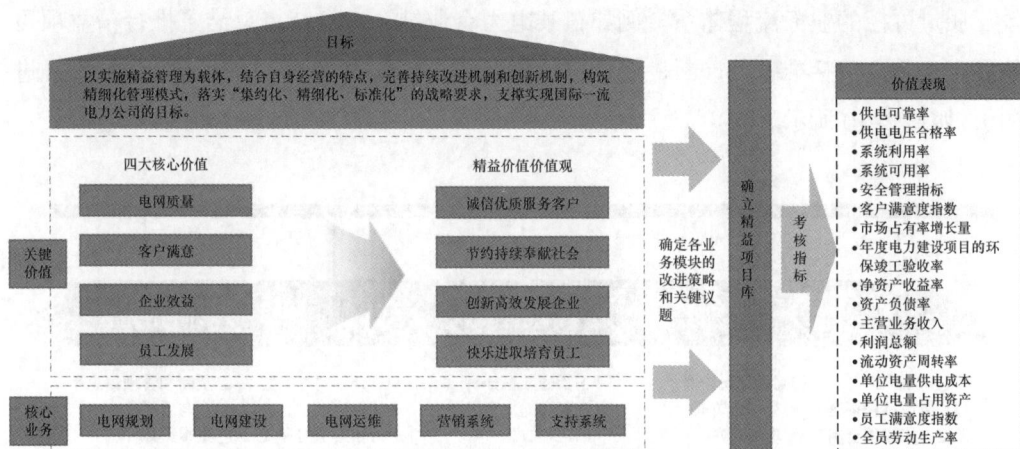

图 2-8　精益蓝图示例

## （三）识别关键流程，绘制价值流图

选取具有代表性或问题较为突出的关键业务流程或生产线作为改善起点，建立精益样板线；分析当前状态的价值流，通过实地观察和数据收集，描绘出产品或服务从原材料到交付给客户的整个过程中的物流和信息流；根据现状分析，设计未来的价值流图，目标是消除非增值活动，缩短周期时间，实现连续流动。

## （四）持续改进与迭代优化

精益管理通过 Kaizen（持续改善）实现永无止境的改进，因此在整个实施过程中，要不断对已有的改善措施进行审核和更新，确保企业的精益之旅始终保持活力和适应市场变化，持续改进生产流程的方法如图 2-9 所示。

图 2-9　持续改进生产流程的方法

价值流的持续改进就是通过实施开展不同类型的精益项目，针对业务流程中的各类浪费与低效率进行持续优化。即通过不断优化和完善价值流，最终形成流畅、高效、质量可控的业务流程体系。例如，某电力企业结合自身特点总结了推行精益项目的五个步骤，包括准备、诊断、设计、计划实施、固化完善五个阶段（简称五步推进法），如图 2-10 所示。

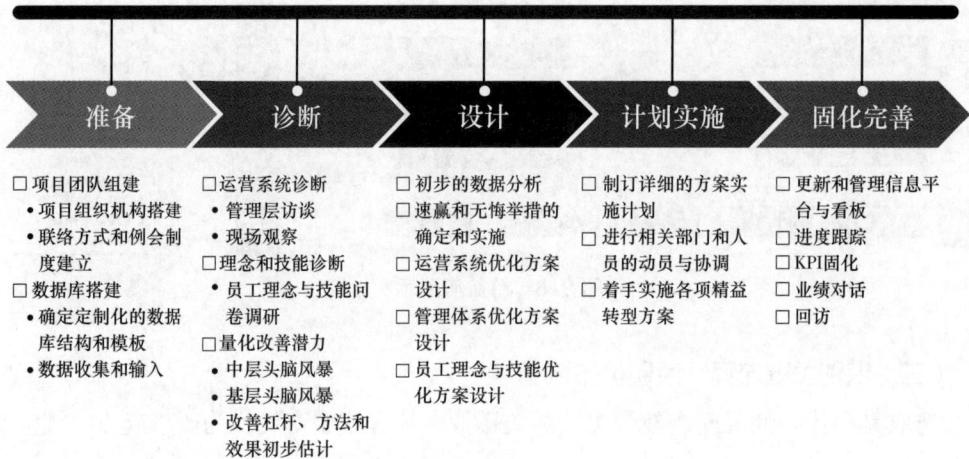

图 2-10 中的内容：

| 准备 | 诊断 | 设计 | 计划实施 | 固化完善 |
|---|---|---|---|---|
| □项目团队组建<br>•项目组织机构搭建<br>•联络方式和例会制度建立<br>□数据库搭建<br>•确定定制化的数据库结构和模板<br>•数据收集和输入 | □运营系统诊断<br>•管理层访谈<br>•现场观察<br>□理念和技能诊断<br>•员工理念与技能问卷调研<br>□量化改善潜力<br>•中层头脑风暴<br>•基层头脑风暴<br>•改善杠杆、方法和效果初步估计 | □初步的数据分析<br>□速赢和无悔举措的确定和实施<br>□运营系统优化方案设计<br>□管理体系优化方案设计<br>□员工理念与技能优化方案设计 | □制订详细的方案实施计划<br>□进行相关部门和人员的动员与协调<br>□着手实施各项精益转型方案 | □更新和管理信息平台与看板<br>□进度跟踪<br>□KPI固化<br>□业绩对话<br>□回访 |

**图 2-10 推行精益项目的五个步骤**

**1. 准备阶段**

这一阶段的核心任务是建立改进项目团队，明确项目负责人，并与高层管理进行沟通，争取资源支持。同时，对现有流程和数据展开分析，发现质量问题和浪费，明确精益改进的重点领域。在此基础上，制订详尽的精益实施方案和计划，明确具体措施与时间节点。准备工作完成后，召开项目启动大会，为后续实施奠定基础。

**2. 诊断阶段**

通过精益生产的三大要素，对企业的流程和数据进行全面诊断。管理层访谈和现场观察帮助企业发现运营体系的问题和改善空间。同时，通过员工问卷调查评估员工的精益理念和技能水平。在此基础上，组织中高基层员工进行头脑风暴，预测和量化关键影响因素，为后续改进方案提供支持。

**3. 设计阶段**

在量化指标的指导下，从系统优化的角度重新设计运营体系，包括制定新作业流程和科学生产方式，推动企业向精益化转型。诊断与设计过程以数据为支撑，确保设计符合实际需求，同时为后续实施和效果评价提供基准。

**4. 计划实施阶段**

将设计方案转化为实际运营的关键在于细化实施计划，配置时间、资源和责任人。建立量化考核机制评估实施效果，并在实施过程中不断优化调整，确保精益措施稳定落地。同时，通过员工培训和激励举措提升精益意识和技能，持续跟踪实施过程，确保目标达成。

5. 固化完善阶段

当新流程稳定运行后，建立量化考核指标，从质量、成本和交付等多个维度评估流程效果。若发现问题，则再次优化调整；若符合预期，则将流程转化为标准文件或规程，并纳入员工培训体系，确保全员遵循、巩固精益化成果。

（五）精益价值评估与推广

精益实践成功与否要通过系统评估确定，对实施过程的关键要素进行监控、指导，全面准确地反应精益实践带来的收益。精益运营评估模型的设计以企业分析框架为基础，分析评价企业战略、组织、运营、支持、相关方与精益实施的相互支持与影响。通过围绕精益运营实施各阶段关键成功要素对评估模型内容的细化分解，最终形成完整的精益实施评估模型总体框架，如图 2-11 所示。[1]

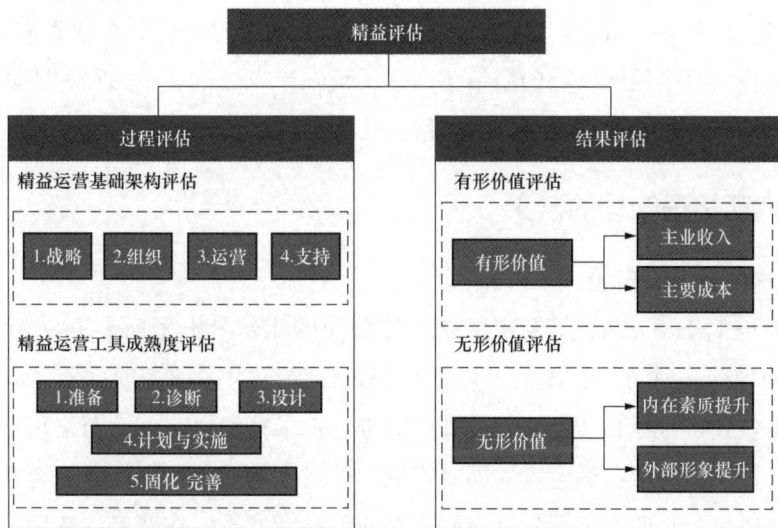

图 2-11　精益评估模型总体框架

## 四、精益管理的特点

精益管理专注于以下几个核心特点：

（1）消除一切浪费，追求精益求精：通过去除生产过程中所有不必要的元素，确保每个工人和岗位都能直接增加价值，撤除任何不增值的环节。

---

❶　吴钧.上海电力的精益生产实践〔D〕.上海：复旦大学，2009.

（2）强调人的作用，发挥人的潜力：最大限度地将任务与责任转移至直接为产品增值的员工，充分发挥其潜力。

（3）零浪费目标：视生产中的无效劳动及过早库存积累为浪费，要求彻底消除这些不为产品增值的环节和岗位，以实现资源的最优配置。

（4）追求完美，永不满足：以"永无止境地追求完美"作为持续发展目标，在产品质量、成本控制和服务水平上不断寻求改进和完善。

精益管理通过实施上述原则，致力于提升效率和质量，同时降低成本，力求在竞争中保持领先地位。

# 第五节　六西格玛管理

当今，在竞争激烈的商业环境中，企业追求卓越绩效已成为实现持续发展的关键。在这样的背景下，六西格玛管理方法崭露头角，成为众多企业提升竞争力的利器。六西格玛以其客户导向、数据驱动和过程优化的特点，引领企业走向卓越之路。然而，要实现六西格玛所倡导的质量革命，关键在于有效的实施路径和团队合作。本节探讨六西格玛管理的核心含义、实施路径及特点。

## 一、六西格玛管理的含义

### （一）六西格玛的内涵

六西格玛（Six Sigma）最初由摩托罗拉公司的比尔·史密斯于1986年提出，是品质管理领域的一种方法。随后，六西格玛逐渐演变为一种管理哲学，以顾客为中心，确定企业战略目标和产品开发设计的标准，追求持续进步。六西格玛管理是一种革新方法，旨在提高顾客满意度的同时降低经营成本和减少周期。通过提升组织核心过程的运行质量，六西格玛管理可以提升企业的盈利能力。在新经济环境下，六西格玛管理被视为企业获取竞争力和实现持续发展的重要经营策略。

关于六西格玛，施罗德等在期刊《运营管理杂志》（*Journal of Operations Management*）发表的论文《六西格玛：定义与理论基础》"*Six Sigma: Definition and underlying theory*"中是这样定义的：六西格玛是有组织的，且不打乱现有架构，融合战略和操作层面的结构化方法，旨在依靠改进专家、结构化方法和绩效导向指标来减少组织流程的变异，实现组织的战略目标。❶

---

❶ Roger G. Schroeder，Kevin Linderman，Charles Liedtke，Adrian S. Choo，Six Sigma：Definition and underlying theory［J］. Journal of Operations Management，Volume 26，Issue 4，2008，Pages 536–554.

### （二）六西格玛与精益管理的融合

2002 年，迈克尔·乔治（Michael L. George）和罗伯特·劳伦斯（Robert Lawrence）出版的书籍《精益六西格玛：六个西格玛和精益速度的结合》（*Lean Six Sigma: Combining Six Sigma with Lean Speed*）中首次提到了精益六西格玛。[1] 书中描述精益六西格玛是将精益管理与六西格玛质量管理理念有机结合而产生的一整套提高经营效率和质量的管理方法，融合了精益管理中的看板生产、标准化工作、价值流分析、全员参与等理念，并运用了六西格玛统计分析工具如识别、测量、分析、改进和控制手段。目前，精益六西格玛管理已经被电力行业广泛实践和应用。然而，为了更好地理解精益六西格玛，有必要了解其源头的六西格玛和精益管理。

精益管理和六西格玛的起源不同，解决问题的方法也有一定的差异，但存在着目的一致性、方法互补性、文化趋同性和理念包容性，两者的学科基础都是工业工程，精益管理与六西格玛管理异同点比较见表 2-2。如果在实际中将二者孤立地实施，经过一段时间后，其效果会受到限制，很难实现持续改进的目标。若想克服这一弊端，精益管理应增强对数据和事实的管理，需要在改进过程中采取更加系统化和结构化的方法。而六西格玛则需要增强对流程的增值性分析，需要将"浪费"对成本和对价值的影响作为一个整体进行考虑。因此，为了实现持续改进，精益生产与六西格玛融合成为必然。

表 2-2　　　　　　　　　精益管理与六西格玛管理异同点比较

| 名称 | 精益管理 | 六西格玛管理 |
|------|----------|--------------|
| 假定 | （1）消除浪费可以改善绩效；<br>（2）大量的小改进更有利于组织成长 | （1）问题总是存在；<br>（2）测量是重要的；<br>（3）随着变异减少，系统产出得到改进 |
| 直接目标 | （1）消除一切浪费，降低成本；<br>（2）缩短流程周期，增强响应能力；<br>（3）多品种小批量生产，增加柔性 | （1）消除变异，优化流程；<br>（2）提高质量，增加价值 |
| 关注焦点 | 价值流 | 问题 |
| 工具方法 | 5S 现场管理、准时生产（JIT）、快速换模、看板、并行工程、视觉控制、自动化、平顺化、全员生产维护（TPM）、约束理论、持续改进、面向可制造性/可装配性设计（DFM/A）、价值工程和标准化作业等 | 分层法、散布图、排列图、因果图、关联图、系统图、亲和图、矩阵图、矩阵数据分析法、过程决策程序图、宏观流程（SIPOC）图、质量功能展开（QFD）、故障模式与影响分析（FMEA）、实验设计（DOE）、统计过程控制（SPC）、标杆分析法（benchmarking）、测量系统分析、方差分析、响应曲面方法和平衡计分卡等 |

---

[1] Lean Six Sigma ：Combining Six Sigma with Lean Speed，Michael，L.George，Edisi，1，2002.

续表

| 名称 | 精益管理 | 六西格玛管理 |
|---|---|---|
| 实施步骤 | （1）精确地确定价值；<br>（2）识别价值流；<br>（3）流动；<br>（4）拉动；<br>（5）尽善尽美 | （1）界定；<br>（2）测量；<br>（3）分析；<br>（4）改进；<br>（5）控制 |
| 共同点 | （1）关注顾客满意，顾客驱动；<br>（2）关注财务成果；<br>（3）注重持续的系统整体改进；<br>（4）都重视改变思想观念和行为方式；<br>（5）全员参与，团队相互合作与协调；<br>（6）管理层的大力支持与参与；<br>（7）注重人、系统和技术集成 | |
| 特点 | （1）工具软性，但很有效；<br>（2）注重柔性、灵活性、迅速机动；<br>（3）强调节流 | （1）工具精良，功能强大；<br>（2）注重系统性、规范化；<br>（3）强调开源与节流 |
| 实施方式 | 自下而上推动 | 自上而下推动 |
| 主要效果 | （1）减少一切浪费（库存、缺陷等）；<br>（2）优化流程，缩短交货期；<br>（3）提高生产率；<br>（4）降低成本，改善资本投入 | （1）减少变异，统一产出；<br>（2）消除缺陷，改进质量；<br>（3）增加顾客价值，提高利润；<br>（4）顾客满意与忠诚 |
| 长处 | （1）持续的全面创新和变革；<br>（2）强调连续流动和拉动；<br>（3）与相关利益主体全面合作关系；<br>（4）整体优化，追求尽善尽美；<br>（5）见效快 | （1）应用大量统计工具，精确界定问题；<br>（2）流程彻底改进和设计；<br>（3）追求完美和精益求精（持续改进） |
| 不足 | （1）过多依赖经验管理，缺乏定量分析；<br>（2）对波动处理不力，难以"精益"；<br>（3）疏于人才培训和系统方法整合 | （1）无法提高流程周转速度；<br>（2）不鼓励创新和变革 |
| 精益六西格玛优势 | 通过持续快速改进，消除浪费与缺陷，低成本地快速满足顾客需求 | |

2002 年开始，中国质量协会大力推进六西格玛管理，成立委员会，编制黑带、绿带、黄带教材，组织制定《六西格玛管理评价准则》（GB/T 36077—2018）。根据官方描述，六西格玛是一套系统化、结构化的业务改进工具（define measure analyze improve control，DMAIC）和创新模式（design for customer centricity，DFCC），旨在通过严谨的流程和科学的方法实现组织业务流程突破性改进和设计创新，减少变异，消除浪费，提高质量和效率，提升顾客和相关方的满意度，以利于组织实施战略目标。这一定义并没有区分六西格玛和精益六西格玛，从美国质量协会、美国工业与系统工

程师协会及中国质量协会等机构颁布的六西格玛知识体系来看，2002 年以后，人们谈论的六西格玛管理已经融合了精益思想，而不再是单纯的六西格玛管理，因此本书后续也将不再详细区分六西格玛和精益六西格玛。

## 二、六西格玛管理的实施路径

六西格玛管理是由组织最高领导者推进、倡导者领导、资深黑带管理和指导、黑带、绿带、黄带具体实施的，以六西格玛项目的形式组织的，围绕企业经营绩效持续提升而开展的管理活动，分四个阶段进行，分别是评估设计、规划建设、培训实施、扩展深化，六西格玛管理应用路径如图 2-12 所示。❶

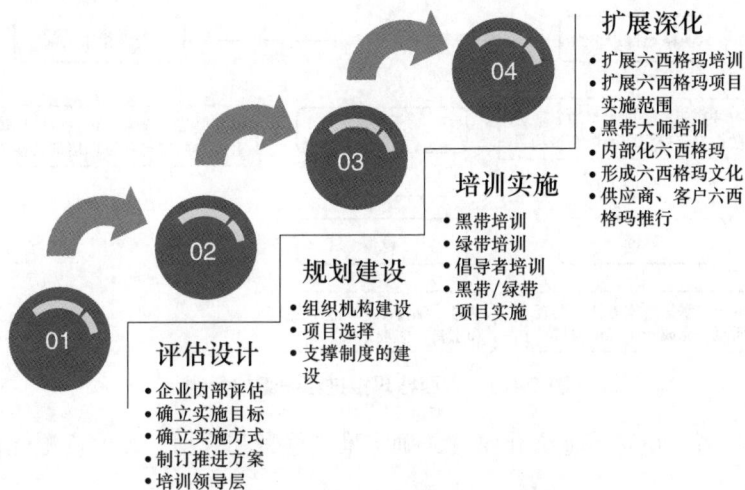

**图 2-12　六西格玛管理应用路径**

### （一）评估设计阶段

企业内部需要进行评估，判断是否有进行革新的意愿和需求，以及当前公司是否还有足够的改进空间。同时，需要评估公司的业务目标和发展方向是否适合采用六西格玛。若适用，则需要根据企业战略确定六西格玛实施的量化目标，包括财务目标、人才培养、项目数量等。目标的制定要兼顾长期和短期效果。最后，要根据企业的变革意识、资源投入、对六西格玛的认知和企业文化等因素决定采取全面实施还是分步实施的方式。

### （二）规划建设阶段

规划建设阶段是推行六西格玛管理的重要基础，主要包括组织机构建设、六西格玛管理项目选定和支撑制度建设三个方面。只有做好规划建设，才能为六西格玛管理

---

❶ 张晓丽 . 我国六西格玛管理成功路径研究［D］. 天津：天津大学，2018.

奠定坚实基础，使其在企业中扎根，发挥降低缺陷、提高质量的功效，推动企业实现高质量发展。

1. 组织机构建设

六西格玛推进组织架构示例如图 2-13 所示。

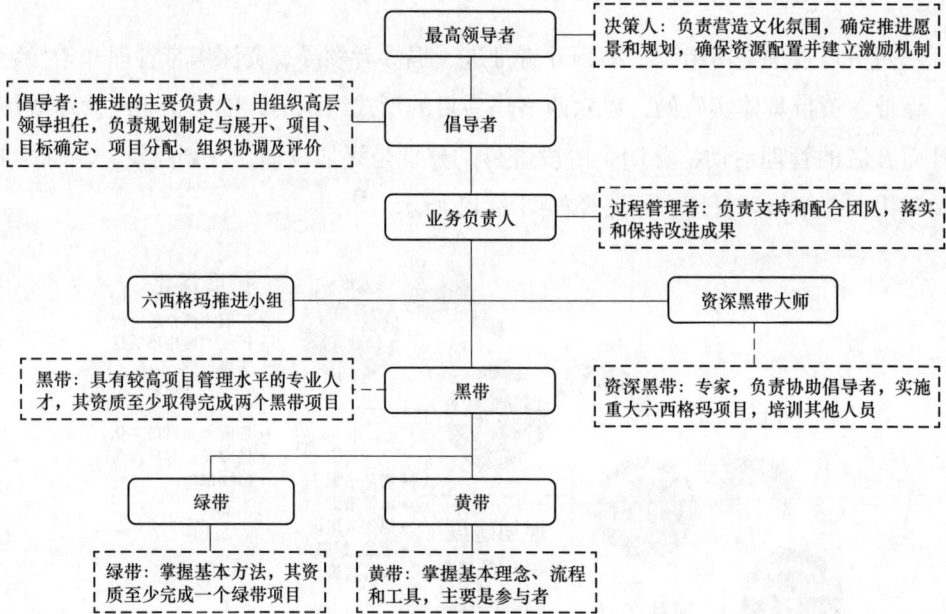

图 2-13　六西格玛推进组织架构示例

最高领导者：负责营造文化氛围，确定推进愿景和规划，确保资源优化配置并建立激励机制。

倡导者：推进的主要负责人由组织高层领导担任，负责规划制定与开展项目、目标确定、项目分配、组织协调及评价。

业务负责人：过程管理者负责支持和配合团队，落实和保持改进效果。

资深黑带大师：专家负责协助倡导者，实施重大六西格玛项目，培训其他人员。

黑带：具有较高项目管理水平的专业人才，其资质至少完成两个黑带项目。

绿带：掌握基本方法，其资质至少完成一个绿带项目。

黄带：掌握基本理念、流程和工具，主要是参与者。

2. 选定六西格玛管理项目

通过识别顾客需求、组织战略、关键绩效指标及标杆对比等方式，来确定战略层面的改进机会或创新机会。由倡导者根据这些改进或创新机会，按照系统化、文件化的程序确定六西格玛项目，以确保边界清晰，并符合 SMART 原则（S=specific 具体、M=measurable，可测量；A=attainable，可实现；R=relevant，与其他目标有相关性；

T=time-based，时限性）。

### 3. 支撑制度建设

推进六西格玛需要建立相关的配套制度，以确保推进过程的规范有效。例如，确定项目的选择标准和流程，建立黑带/绿带人才的选拔和培养机制，以及项目效果评审的标准等。

### （三）培训实施阶段

培训实施阶段是六西格玛管理推行的关键，主要包括组织相关知识技能培训和推行六西格玛项目。培训的目的是提升员工的六西格玛知识和技能，强化六西格玛意识，为六西格玛项目的有效开展奠定人才基础。

六西格玛项目实施是将前期规划付诸行动，需要遵循 DMAIC（D=define，定义；M=measure，测量；A=analyze，分析；I=improve，改进；C=control，控制）的步骤，充分发挥六西格玛专家和团队的作用，运用科学的方法和工具，密切跟踪项目进展，及时总结经验教训，确保项目达到预期目标。

#### 1. 组织相关知识技能培训

在初始阶段，对所有员工进行理论方法的系统灌输，以建立统一认知。接着，组织多个试点项目，通过项目实践运用工具解决实际问题，促进理论转化为能力。在项目过程的每个阶段都要对照实际开展应用培训，努力达成阶段性目标。最后，对员工的掌握效果进行考核和总结，实现理论和实践的循环提高。

#### 2. 推行六西格玛项目

如果项目属于优化现有业务类型，则采用 DMAIC 的路径推进，六西格玛的 DMAIC 改进流程如图 2-14 所示；如果是面向未来的设计创新类项目，《六西格玛管理评价准则》（GB/T 36007—2018）提供了两种常用方法工具，分别是 DMADV（界定、测量、分析、设计、验证）和 IDDOV（识别、界定、设计、优化、验证）。

20 世纪 90 年代，许多世界级的公司开展了六西格玛管理的实践。各个企业在实施过程中都有自己的操作方法。摩托罗拉就提出著名的实现六西格玛的六步法。通用电气公司总结了众多公司实施六西格玛的经验，系统地提出了六西格玛改进的 DMAIC 模型。❶DMAIC 模型现在被广泛认可，被认为是实施六西格玛管理更具操作性的程序。以下是对 DMAIC 每个流程的展开解释：

（1）定义（define，D）。

明确项目目标：识别需要改进的产品或服务的关键问题，并将之转化为具体、可

---

❶ 陈国华，贝金兰. 质量管理［M］. 第 3 版. 北京：北京大学出版社，2018.

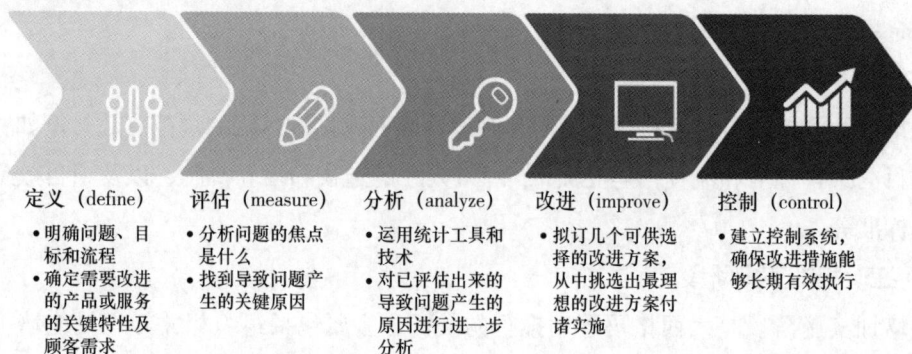

| 定义（define） | 评估（measure） | 分析（analyze） | 改进（improve） | 控制（control） |
|---|---|---|---|---|
| • 明确问题、目标和流程<br>• 确定需要改进的产品或服务的关键特性及顾客需求 | • 分析问题的焦点是什么<br>• 找到导致问题产生的关键原因 | • 运用统计工具和技术<br>• 对已评估出来的导致问题产生的原因进行进一步分析 | • 拟订几个可供选择的改进方案，从中挑选出最理想的改进方案付诸实施 | • 建立控制系统，确保改进措施能够长期有效执行 |

图 2-14　六西格玛的 DMAIC 改进流程

度量的目标。

项目范围界定：确定项目的边界和核心关注点，包括客户的需求和期望。

组建团队：选择具备相应技能和知识的团队成员，如黑带、绿带等，来执行项目。

（2）测量（measure，M）。

数据收集：确定并记录与项目相关的关键数据和指标，建立有效的度量体系。

过程描述：了解和描绘当前的工作流程，找出影响质量的关键输入变量和输出变量。

基线分析：通过统计工具评估当前过程性能，明确缺陷率、周期时间、成本等现状水平。

（3）分析（analyze，A）。

数据分析：利用统计技术（如鱼骨图、帕累托图、因果关系图、直方图、散点图等）对收集的数据进行深入分析，揭示潜在问题和根本原因。

关键原因识别：运用各种工具和技术［如 5WHY 分析法、故障模式及效应分析（failure mode and effect analysis，FMEA）等］来识别导致问题的根本原因。

（4）改进（improve，I）。

改善方案制订：基于数据分析的结果，开发并筛选出可行的解决方案，设计试验验证改善措施的效果。

实施改进措施：选择最优解并在实际操作中进行实施，确保改进措施能有效降低缺陷和变异，提升过程性能。

成果确认：量化改进措施带来的效果，确认是否达到项目设定的目标。

（5）控制（control，C）。

制订控制计划：为了保持改进成果，制定相应的控制措施和程序，确保新流程能够在日常运营中得以持续执行。

持续监控：建立长期监测机制，定期审查和审计改进后的工作流程，以防止问题复发。

标准化和固化：将成功的改进措施标准化，并将其纳入组织的标准操作程序（standard operating procedure，SOP）或最佳实践之中，实现长期稳定的改进成果。

DMAIC 流程常用工具见表 2-3。

表 2-3                 DMAIC 流程常用工具

| 阶段 | 常用工具和技术 |
|---|---|
| D | 头脑风暴法、亲和图、树图、流程图、宏观流程图（SIPOC）、因果图、质量成本分析、项目管理 |
| M | 排列图、因果图、散布图、过程流程图、过程能力指数、故障模式分析、PDCA 分析、直方图、趋势图、检查表、测量系统分析 |
| A | 头脑风暴法、因果图、水平对比法、5S 法、质量成本分析、试验设计、抽样检验、回归分析、方差分析、假设检验 |
| I | 试验设计、质量功能展开、正交试验、测量系统分析、过程改进 |
| C | 控制图、统计过程控制、防差错措施、过程能力指数分析、标准操作程序、过程文件控制 |

### （四）扩展深化阶段

开展不同层级的培训，如黑带大师、黑带、绿带等，展开六西格玛设计和专题工具的培训，将培训范围扩展至供应商和客户；扩大项目实施的范围，包括扩大应用的业务领域，实施跨部门和供应商客户的合作项目。通过持续推进培训规模与深化项目应用领域的双轮驱动，不断提高企业的六西格玛应用水平和综合竞争力。

## 三、六西格玛管理的特点

六西格玛管理具有如下特点：

（1）以客户为中心：六西格玛项目关注客户需求和满意度，并以此为出发点，来定义质量标准。它强调理解并满足甚至超越客户的期望，通过减少过程变异和缺陷来提升产品和服务的质量。

（2）数据驱动决策：该管理模式非常依赖于数据分析和统计工具来进行决策，而不是凭借直觉或主观判断。项目团队会收集大量数据，对关键指标进行测量，使用如统计过程控制（statistical process control，SPC）、假设检验等统计技术来识别问题、验证假设并确定改进措施。

（3）过程聚焦：六西格玛认为所有工作都是过程的一部分，通过对这些过程的深入分析和改进，可以提高组织的整体性能。它强调对现有过程的梳理、优化甚至重新设计，确保过程能够稳定且高效地输出高质量的产品或服务。

（4）预防优于纠正：预防性管理是六西格玛的核心原则之一，即在问题发生前采取措施防止缺陷产生，而不是在缺陷出现后再去修复。通过建立有效的控制计划和持续监控机制，确保改进成果得以维持并防止问题复发。

（5）无边界团队合作：六西格玛倡导跨部门、跨职能团队的合作，鼓励不同层级和领域的员工共同参与解决问题。这种团队结构有助于打破组织内部壁垒，促进知识共享和创新思维的碰撞。

（6）追求卓越绩效：六西格玛设定的目标极具挑战性，它致力于将过程性能提升到接近零缺陷的水平（即百万分之 3.4 的缺陷率），这要求企业不断追求卓越，在产品质量、流程效率和成本控制等方面实现显著改善。

# 第六节　经典质量管理活动

QC 小组于 1962 年在石川馨博士的倡导下，首创于日本，之后逐渐扩大为国际会议［国际质量管理小组大会（ICQCC）］，被誉为"质量奥林匹克"。我国曾于 1997 年和 2007 年两次在北京承办了国际质量管理小组大会。1978 年，北京内燃机厂在学习日本质量管理过程中，诞生了我国第一个 QC 小组。中国质量协会于 2016 年制定并发布了《质量管理小组活动准则》（T/CAQ 10201—2016），以促进 QC 小组活动更深入、有效、持久、稳定、健康地开展下去，为质量提升作出新贡献。

质量信得过班组（trustworthy group for quality，TGQ）起源于 20 世纪六七十年代，作为一种强调质量控制与持续改进的基层组织形式在中国萌芽，最初在机械工业系统中兴起，后于 1993 年推广至全国各行各业，旨在通过班组为单位，围绕企业质量方针，运用管理理论方法，强化控制手段，稳步提升产品与服务质量，逐渐发展成为提升组织质量意识与竞争力的重要实践模式。

## 一、QC 小组活动

### （一）QC 小组活动含义

根据《质量管理小组活动准则》（T/CAQ 10201—2020），QC 小组是指由生产、服务及管理等工作岗位的员工自愿结合，围绕组织的经营战略、方针目标和现场存在的问题，以改进质量、降低消耗、改善环境、提高人的素质和经济效益为目的，运用质量管理理论和方法开展活动的团队。[1]

---

[1] 中国质量协会 . T/CAQ 10201—2020　质量管理小组活动准则［S］.北京：中国标准出版社，2020.

## （二）QC 小组活动应用路径

企业开展质量小组活动通常按照成立 QC 小组—选定重点课题—组织小组活动—形成成果—奖励表彰的实践路径进行，QC 小组活动流程如图 2-15 所示。其中，在选定质量改进课题这一环节，需要根据课题类型区分对待，主要划分为解决问题型课题与创新型课题，前者又可细分为自主设定目标的和受外部约束的指令性课题。针对不同类型课题准则规定了详细的执行流程和评价办法，QC 小组活动的成员严格按

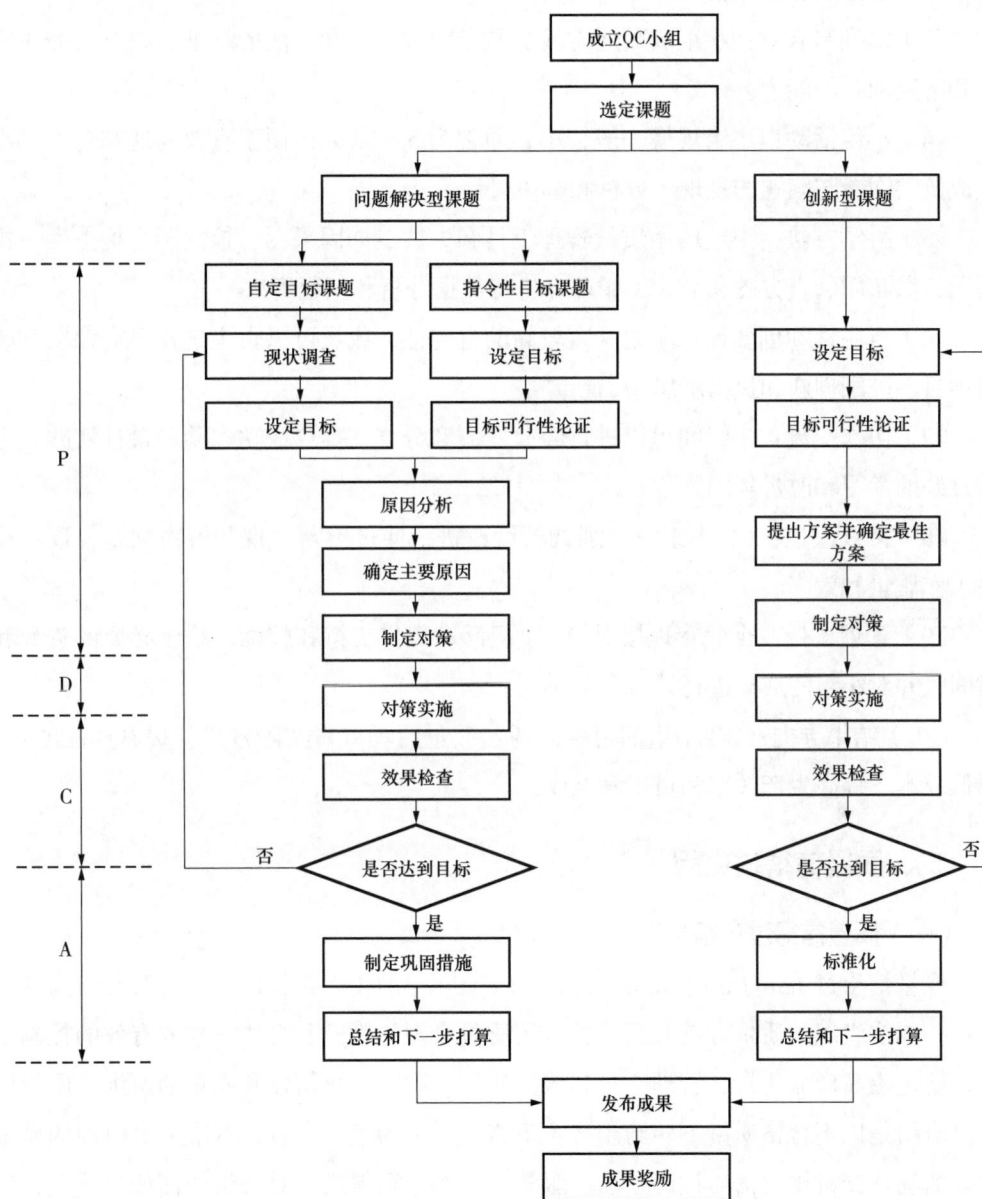

图 2-15　QC 小组活动流程图

照对应课题规程开展即可。

### （三）QC 小组活动的特点

QC 小组活动包含以下特点：

（1）自发性：QC 小组通常由员工自愿组成，成员来自相同或相近工作岗位，具有共同的工作目标和兴趣。

（2）广泛性：强调全员参与，充分发挥每个员工的主动性和创造性，调动员工的积极性，增强团队合作精神。

（3）培训与教育：小组成员通常接受质量管理工具和方法的培训，提升其分析问题和解决问题的能力。

（4）小组活动：小组规模一般较小，通常为 5～10 人，便于有效沟通和合作。小组成员共同参与问题的发现、分析和解决过程。

（5）科学方法：小组运用质量管理工具和方法，如因果图、控制图、检查表、排列图、散布图、直方图和 PDCA 循环，进行数据分析和问题解决。

（6）自主性和创新性：小组具有较高的自主性，成员可以自主选择研究课题和改进项目，鼓励创新和提出新思路、新方法。

（7）协作交流：小组间可以进行经验交流和分享，推广成功经验和最佳实践，形成良好的学习和改进氛围。

（8）持续改进：QC 小组活动强调持续改进，通过不断发现和解决问题，逐步提高工作质量和效率。

（9）管理支持：企业管理层对 QC 小组活动提供支持和鼓励，给予必要的资源和时间，并对小组的成果进行认可和奖励。

（10）结果导向：QC 小组的目标是通过改进活动取得实际效果，提升产品质量、降低成本、提高生产效率和员工满意度。

## 二、质量信得过班组

### （一）质量信得过班组含义

质量信得过班组（trustworthy group for quality，TGQ）是指以组织行政班组为基本单位，围绕组织的质量方针和目标，运用质量管理的理论和方法，采取有效的控制手段，稳定提高产品质量、管理质量和服务质量，取得用户信任和满意的班组。质量信得过班组是以不合格质量不转给用户（下道工序）为基本宗旨，着眼于班组内的质量保证活动，交付用户信得过的产品、服务、工作，赢得用户对班组的信任与信赖，确保实现组织的质量方针和目标。

## （二）质量信得过班组建设路径

根据中国质量协会编制的《质量信得过班组建设准则》（T/CAQ 10204—2024）团体标准，质量信得过班组的建设是一个循序渐进的过程。班组需要明确自身定位，根据所承担的任务与提供的产品或服务，全面识别关键顾客和相关方，并通过科学方法确定他们的核心需求与期望，为后续工作定方向；在评估满足需求与期望的现有能力基础上，找出差距所在，即确定建设过程中需要重点改进和创新的领域，并制订具体的实施计划，同时建立量化考核指标；按照计划组织开展建设：一方面，通过完善各项基础管理，强化产品质量监控、客户关系、任务流转等管理，实现标准化、规范化运作；另一方面，大力提升人员素质，激发员工工作积极性，并有针对性地提高技能，使之具备履行提升客户满意度这一使命的能力；落实企业相关机制，通过改进创新持续推进建设，以不断提升客户的信赖感。最后，对建设成效进行评估，检查预设目标是否实现、客户反馈结果等，并总结形成可复制推广的最佳实践。质量信得过班组建设流程如图 2-16 所示。

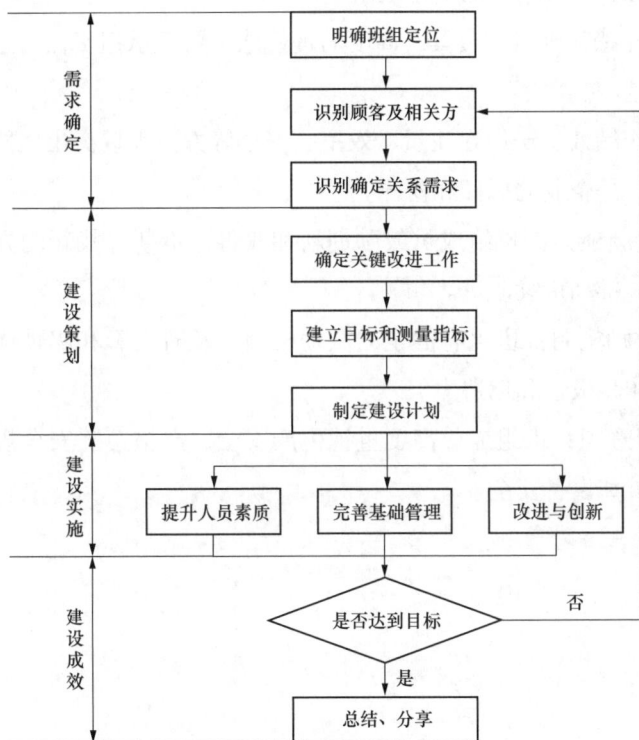

图 2-16　质量信得过班组建设流程图

## （三）质量信得过班组的特点

质量信得过班组包含以下特点：

（1）高质量意识：班组成员具备强烈的质量意识，把质量视为工作的核心，始终以提供高质量产品和服务为目标。

（2）严谨的工作标准：班组有严格的工作标准和操作规程，每个成员都严格遵守，确保每个环节都能达到高质量的要求。

（3）完善的管理制度：班组建立了完善的管理制度，包括工作流程、质量控制、问题反馈和改进机制等，确保工作的规范化和系统化。

（4）优秀的团队合作：班组成员之间有良好的沟通与协作，团队氛围和谐，每个成员都能够发挥自身优势，共同完成任务。

（5）持续的培训和学习：班组重视成员的培训和教育，不断提升成员的技能和专业知识水平，保持团队的竞争力和先进性。

（6）高效的问题解决能力：班组具备强大的发现问题和解决问题的能力，能够迅速应对和处理工作中的各种问题，确保生产和服务的连续性和稳定性。

（7）严格的质量检测：班组在每个生产和服务环节都进行严格的质量检测，确保产品和服务符合标准，不合格产品不出班组。

（8）强烈的责任感：班组成员具有高度的责任感，勇于承担责任，主动改进工作中的不足，追求卓越。

（9）显著的工作绩效：班组在质量、效率、安全等方面表现突出，能够持续保持高水平的工作绩效，是企业的标杆和榜样。

（10）良好的创新能力：班组成员鼓励创新和改善，不断寻找新的方法和工具提升工作质量和效率，推动持续改进。

（11）有效的激励机制：班组有健全的激励机制，及时表彰和奖励优秀成员和团队，激发大家的工作积极性和创造力。

（12）安全生产意识：班组成员高度重视生产安全，严格遵守安全规章制度，确保生产过程中的人员和设备安全。

" 管理者，就必须卓有成效。 "

——现代管理学之父

彼得·德鲁克

# 第三章

# 质量管理
# 体系建设

## 本章重点

- 质量管理体系的概念和特点
- ISO 9000 系列标准及其他一些常见的质量管理体系
- 企业质量管理体系的建设路径（从策划到持续改进等七个步骤）

# 第一节　质量管理体系概述

## 一、质量管理体系的含义与特点

### （一）质量管理体系的含义

质量管理体系是指在质量方面指挥和控制组织的管理体系。首先需要理解管理体系和体系的概念。组织的质量管理是通过制定质量方针和目标，建立、健全质量管理体系并使之有效运行来付诸实施的。因此，质量管理体系是企业有效开展质量管理的核心。质量管理体系的内容应以满足质量目标的需要为准，为满足实施质量管理的需要而设计。国际标准化组织（ISO）组织研究修改质量管理体系的标准制定。目前，最基本、最常见的质量管理体系为 ISO 9000 系列标准及卓越绩效管理模式，另外，还根据各行业的特点制定了其他质量管理体系，具体内容我们将在后面展开。

### （二）质量管理体系的特点

质量管理体系的有效实施依赖于符合性、唯一性、系统性、全面有效性、预防性、动态性和持续受控这些关键要素。质量管理体系需结合组织的质量目标、产品类别、过程特点和实践经验，确保其设计和建立的符合性，体现不同组织的独特需求。作为相互关联的整体，体系涵盖了合理的组织结构与职责分配、明确的程序和作业指导书、有效运行的过程及必需且适宜的资源，体现了体系的唯一性。同时，该体系应系统地满足内部要求、合同义务及认证标准，实现全面有效性。通过采取适当的预防措施来预防质量问题的发生，体系展现出预防性的特质。最高管理者对内部审核和管理评审的支持促进了体系的改进，增强了预防性。体系还应具备动态性，能够适应环境变化，通过持续改进和全员参与应对各种挑战。最后，持续受控要求组织综合考虑利益、成本和风险，通过体系的持续有效运行达到优化，确保产品和服务质量不断提升。

## 二、ISO 9000 质量管理体系

在日常工作中，ISO 9000 系列标准被认为是最核心且常用的质量管理体系。接下来，将详细介绍 ISO 9000 系列标准的核心内容及其他因各行业特色而衍生细化出来的质量管理体系。

1. 什么是 ISO

国际标准化组织（International Organization for Standardization，ISO）是标准化领

域中的一个国际性非政府组织。ISO 一词来源于希腊语 "isos"，即 "equal"，是平等之意。ISO 成立于 1947 年，是全球最大、最权威的国际标准化组织，全体大会是 ISO 最高权力机构，理事会是 ISO 重要决策机构，中国是 ISO 常任理事国。中国是 ISO 的正式成员，代表中国参加 ISO 的国家机构是中国国家标准化管理委员会（由国家市场监督管理总局管理）。

2. ISO 9000 系列标准的产生

质量保证标准诞生于美国军品使用的军标。第二次世界大战后，美国国防部吸取第二次世界大战中军品质量优劣的经验和教训，决定在军火和军需品订货中实行质量保证，即供方在生产所订购的货品中，不但要按需方提出的技术要求保证产品实物质量，而且要按订货时提出的且已订入合同中的质量保证条款要求去控制质量，并在提交货品时提供控制质量的证实文件。这种办法促使承包商进行全面的质量管理，取得了极大的成功。1978 年以后，质量保证标准被引用到民品订货中来，英国制定了一套质量保证标准，即 BS 5750。随后，欧美很多国家，为了适应供需双方实行质量保证标准并对质量管理提出新要求，在总结多年质量管理实践的基础上，相继制定了各自的质量管理标准和实施细则。

ISO/TC 176 技术委员会是 ISO 为了适应国际贸易往来中民品订货采用质量保证作法的需要而成立的，该技术委员会在总结和参照世界有关国家标准和实践经验的基础上，通过广泛协商，于 1987 年发布了世界上第一个质量管理和质量保证系列国际标准——ISO 9000 系列标准。该标准的诞生是世界范围质量管理和质量保证工作的一个新纪元，对推动世界各国工业企业的质量管理和供需双方的质量保证，在促进国际贸易交往中起到了很好的作用。

3. ISO 9000 系列标准的核心标准

《质量管理体系　基础和术语》（EN ISO 9000—2015）：标准阐述了 ISO 9000 系列标准中质量管理体系的基础知识、质量管理原则，并确定了相关的术语。它相当于系列的"字典"。

《质量管理体系　要求》（ISO 9001—2015）：标准规定了一个组织若要推行 ISO 9000，取得 ISO 9000 认证，所要满足的质量管理体系要求。

《追求组织的持续成功　质量管理方法》（ISO 9004：2009）：标准提供了一套全面的质量管理框架和方法，帮助组织通过实施质量管理原则、优化资源管理、强化过程控制、进行有效的监视和测量，以及持续改进和创新，来实现和维持其质量目标，从而促进组织的长期成功和可持续发展。

4. ISO 9000 系列标准与全面质量管理（TQM）之间的关系

早在 ISO 9000 系列标准颁布之前，美国、日本等发达工业化国家已经对全面质量管理（TQM）进行了长达 20 多年的深入研究和有效实践。我国也从 20 世纪 70 年代开始，从日本引进并试点 TQM，并取得了一定的成效。近年来，随着 ISO 9000 贯标运动的不断发展，经过各方人士的共同研究、探讨与实践，关于 ISO 9000 系列标准与TQM 两者之间的关系已经取得基本共识。

ISO 9000 系列标准阐述的是企业为了实施其质量方针必须建立有效运行的质量体系，并为企业建立质量体系提供了具体指导和为实行对内、对外质量保证作出明确规定，建立健全质量体系则是企业质量管理的基础性工作。ISO 9000 系列标准为企业实现质量管理的系统化、文件化、法制化、规范化奠定了基础。

TQM 作为一种现代质量管理理论，还具有更丰富的内涵，尤其包含了企业长期的经营管理战略。它是指企业为保证产品质量，综合运用一整套质量管理思想、体系、手段和方法，进行的系统的管理活动。《质量管理体系　基础和词汇》（ISO 9000：2015）标准中给出了 TQM 的定义：全面质量管理是一个组织以质量为中心，以全员参与为基础，目的在于通过让顾客满意和本组织所有成员及社会受益而达到长期成功的管理途径。

TQM 是 ISO 9000 系列标准的理论基础，ISO 9000 系列标准在许多方面反映了TQM 的思想，它是 TQM 发展到一定阶段的产物，把 ISO 9000 系列标准看作是 TQM的一部分也不无道理。ISO 9000 系列标准是 TQM 思想的一种具体体现，它为各国各企业评价其质量工作提供了统一的标准和模式。对于中国企业，宣贯 ISO 9000 系列标准、建立和改善质量体系是彻底改变中国企业落后的质量管理，是推进和实现 TQM的必由之路。

5. ISO 9000 系列标准与全面质量管理（TQM）的相同点

（1）TQM 与 ISO 9000 系列标准有共同的理论基础——质量管理学。从质量管理发展演变的历史来看，人们在解决质量问题时所运用的方法和手段是不断发展和完善的，它先后经历了检验质量管理、统计质量管理和全面质量管理三个实践阶段，正是这些实践活动，逐步形成和丰富了质量管理学的基本原理和理论，并使其成为一门独立的学科。而任何一种标准都是理论与实践相结合的产物，ISO 9000 系列标准亦是如此。具体地说，ISO 9000 系列标准是在质量管理学理论发展的基础上，与 TQM 实践相结合的产物。

（2）TQM 与 ISO 9000 系列标准的最终目标是一致的。从最早提出全面质量管理概念的美国著名质量管理专家菲根堡姆给 TQM 下的定义到 1994 年 ISO 8402 给 TQM

下的定义，二者都是以顾客满意度作为目标的。菲根堡姆的定义："全面质量管理是为了能够在最经济的水平上，考虑到充分满足顾客要求的条件下进行市场研究、设计、制造和售后服务，把企业各部门的研制质量、维持质量和提高质量的活动构成为一体的一种有效体系"。1994年，ISO 8402中的定义："全面质量管理是一个组织以质量为中心，以全员参与为基础，目的在于通过让顾客满意和本组织所有成员及社会受益而达到长期成功的管理途径"。所以，全员参与使企业的产品（服务）质量提高，达到顾客满意是二者的共同目标。

（3）TQM与ISO 9000系列标准都强调不断进行质量改进。从全面质量管理的PDCA循环的工作程序可以看出，质量是处于一个螺旋上升的过程，每经过一个质量环的过程，产品质量就提高一次。因此，全面质量管理在强调做好各项工作的基础上，不断地谋求质量改进。在ISO 9000系列标准中，专门制定了一个标准，即《质量管理—组织的质量—实现持续成功的指导》（ISO 9004：2018），该标准通过质量管理原则（如过程方法、基于事实的决策等）为质量改进提供系统性框架，要求组织明确改进目标、建立责任分配机制、制订策划方案并实施绩效衡量。同时，标准整合了多种工具和技术支持改进过程，包括PDCA循环、平衡计分卡、风险分析工具、六西格玛、精益管理、根本原因分析（RCA）、故障模式与影响分析（FMEA）等。由此可见，TQM与ISO 9000系列标准都注重通过过程质量改进来不断改进产品和服务质量。

（4）TQM与ISO9000系列标准都使用现代统计技术和现代管理技术。全面质量管理强调"三全一多样"，其中"一多样"就是指采用多种多样的方法进行质量管理，包括一切可以为质量管理运用的现有和待开发的技术和方法。ISO 9000系列标准也强调运用多种统计技术和科学方法。在建立质量管理体系时，特别是进行质量改进时，都需要运用一些工具。另外，ISO 9000系列标准也不排斥利用和开发其他有效的技术和方法。

6. ISO 9000系列标准与全面质量管理（TQM）之间的区别

（1）两者不属于一个层次。ISO 9000系列标准主要是一种管理模型，ISO 9001~ISO 9003三个质量管理模式提出了质量管理体系必须达到的要求，据此可以建立一个质量管理体系或质量保证体系。全面质量管理是一种思想、一种理论、一套管理技术和方法，是一种质量管理的实践。

（2）重视质量的方式和程度不同。ISO 9000系列标准是从购买方的角度向企业提出质量管理和质量保证方面的要求，强调的是符合性，即必须符合企业选择质量保证模式标准中所规定的全部要素。TQM则是从企业本身的角度出发，动员全企业各方面的力量参与企业的质量管理工作，强调不断改进，即不限于基本要求，要求更上一层楼。

（3）在管理体系构建上，TQM 强调以人的主观能动性为核心，注重全员参与和文化塑造；而 ISO 9000 系列标准则以标准化流程为中心，侧重于文件化的制度规范。

ISO 9000 系列标准属于标准化专家型管理，强调监测、控制，其要素中有许多方面的内容。其管理方式仍然是管理层制订计划和程序，由操作层实施。全面质量管理强调"以人为本""全员参与""自主管理"，从而充分调动、发挥全体人员的积极性和创造性。

（4）执行标准及检查方式不同。实施 TQM 企业所制定的标准是企业结合其自身特点制定的自我约束的管理体制；其检查方主要是企业内部人员，检查方法是考核和评价（方针目标讲评，QC 小组成果发布等）。ISO 9000 系列标准是国际公认的质量管理体系标准，它是供世界各国共同遵守的准则。贯彻该标准强调的是由公正的第三方对质量体系进行认证，并接受认证机构的监督和检查。

TQM 与 ISO 9000 系列标准都是世界各国尤其是工业发达国家质量管理理论与实践经验的结晶，它们是属于全世界的共同财富，是各国企业加强质量管理的有效途径。在质量管理的道路上，有不同历史背景的企业可以选择适应本企业的基础和起点，最后达到同样的目标。对我国企业来说，推行 TQM 是一项长期的战略任务，而贯彻 ISO 9000 系列标准则是保证 TQM 能够顺利实施的有效方法。对于大多数过去未开展过 TQM 或贯标活动或本身历史较短、质量管理工作基础薄弱、质量体系很不完善的企业，在起步阶段，可先按照 ISO 9000 系列标准要求建立健全企业质量体系，使影响产品质量的各个因素和各项质量活动处于受控状态，使质量体系能持续有效地运行。作为一项预备性措施，企业还可以申请第三方质量认证，以便为顾客提供信任，并通过外部机构的有效监督，促使企业质量体系运行更为有效。在此基础上，企业还要继续努力，不断发展和完善质量体系，逐步提高质量管理水平，最终达到 TQM 的要求。

## 三、常见的质量管理体系

各个行业的各种质量体系具体内容如下：

### 1. 航空航天质量管理体系

AS 9100 是由美国航天航空学会（American Institute of Aeronautic and Astronautics，AIAA）和国际质量认证机构发布的航空质量管理标准，它于 1999 年首次发布，主要内容见表 3-1。其目的是，为航空、航天和国防行业提供一个统一标准，以使这些行业的企业在其质量管理体系上达到更高的标准。

AS 9100 系列标准的发布引起了国际各方面的广泛关注，如美国国防部（United

States Department of Defense，DoD）宣布从 2003 年 3 月 1 日开始采用 AS 9100 系列标准；美国航空航天局（National Aeronautics and Space Administration，NASA）于 2002 年 4 月 8 日发布了 AS 9100 系列标准的采用通告；美国联邦航空局（Federal Aviation Administration，FAA）虽然对主制造商的检查未采用 AS 9100 系列标准（FAA 对主制造商的检查采用《航空器审定系统评审大纲》），但对主制造商用 AS 9100 系列标准对供方的质量管理体系进行控制表示认可；另外，美国空军也在研究采用 AS 9100 系列标准的政策。

AS 9100D 是 AS 9100 的第四版，于 2016 年发布，其主要目的是维护 AS 9100/AS 9100C 标准与 ISO 9001：2015 标准之间的一致性。AS 9100D 标准的发布是为推动航空、航天和国防行业的一致性和质量标准，以使这些行业的企业在全球市场上增强竞争力。

表 3-1　　　　　　　　　　航空航天质量管理体系主要内容

| 主要特征 | （1）高标准严要求；<br>（2）风险管理与预防为主；<br>（3）全过程控制 |
|---|---|
| 主要案例 | （1）波音公司：作为全球领先的航空航天制造商，波音公司在其生产、设计和服务过程中全面采用并符合 AS 9100 标准。该体系帮助波音公司在复杂的产品线中确保了从原材料采购到最终产品交付的每个环节都满足严格的质量要求。<br>（2）洛克希德·马丁公司：另一家国际知名的防务和航空航天企业，同样实施了 AS 9100 质量管理体系，确保其制造的飞机、导弹防御系统和其他高科技产品的高质量与高可靠性。<br>（3）中国商飞：中国商用飞机有限责任公司（COMAC），作为中国自主研制大型民用飞机的企业，在其 C919 大飞机项目及其他型号飞机的研发和生产过程中，积极导入并严格执行 AS 9100 航空航天质量管理体系 |

2. 汽车行业质量管理体系

国际汽车工作组（International Automotive Task Force，IATF）是由世界上主要的汽车制造商及协会于 1996 年成立的一个专门机构，其成立的目的主要是协调国际汽车质量系统规范。IATF 的成员包括了国际标准化组织质量管理与质量保证技术委员会（ISO/TC 176），意大利汽车工业协会（ANFIA），法国汽车制造商委员会（CCFA）和汽车装备工业联盟（FIEV），德国汽车工业协会（VDA），汽车制造商如宝马（BMW）、克莱斯勒（Chrysler）、菲亚特（Fiat）、福特（Ford）、通用（General Motors）、雷诺（Renault）和大众（Volkswagen）等。

IATF 16949 原来名称为 ISO/TS 16949，是国际标准化组织（ISO）的技术规范，目的是发展品质系统，可以在车辆供应链及车厂中进行持续改善的系统，重在预防缺陷、减少变异及浪费，该系统的主要内容见表 3-2。此标准以 ISO 9000 标准为基础，第一版在 1999 年 6 月发行，名称为 ISO/TS 16949：1999。此标准是由国际汽车工作组（IATF）及 ISO 的技术委员会所订。主要是调和各国品质管理系统的规定。

为适用汽车行业改进和 ISO 9001 系列标准修订的需要，ISO/TS 16949 也进行了修订（2002 年发布第二版，2009 年发布第三版）。ISO/TS 16949（第三版）融入汽车质量管理体系（quality management system，QMS）标准的准备期间，征求了来自认证机构、审核员、供应商和原始设备制造商（OEMs）的反馈意见，形成了 IATF 16949：2016（第一版），该标准将取消并代替 ISO/TS 16949：2009（第三版）。IATF 以持续联络委员会的身份与 ISO 保持紧密合作，确保与 ISO 9001 保持一致。

表 3–2　　　　　　　　　　汽车行业质量管理体系主要内容

| 主要特征 | （1）追求"零缺陷"理念；<br>（2）数据驱动决策；<br>（3）持续改进文化 |
|---|---|
| 主要案例 | （1）宝马集团：严格遵循汽车行业质量管理体系标准，还积极引入六西格玛等先进质量管理工具进行内部的质量改进活动。宝马集团将质量作为核心竞争力的一部分，在设计、生产和售后服务环节均实施严格的品质控制。<br>（2）福特汽车：通过数据分析、过程监控、供应商管理等手段来保证产品质量。福特汽车在其"一个福特"战略中强调全球统一的质量标准和客户满意度提升。<br>（3）特斯拉汽车：特斯拉汽车在研发和生产过程中融入了先进的制造技术与严格的质量管理措施，以确保电动汽车产品和服务达到行业领先水平 |

3. 工程施工质量管理体系

《工程建设施工企业质量管理规范》（GB/T 50430—2017），是建设部为了加强工程建设施工企业的质量管理工作，规范施工企业从工程投标、施工合同的签订、施工现场勘测、施工图纸设计、编制施工相关作业指导书、人机料进场、施工过程管理及施工过程检验、内部竣工验收、竣工交付验收、档案移交人员离场、保修服务等一系列流程而起草的标准，主要内容见表 3–3。

为进一步提高建筑施工企业质量管理水平，为社会提供优质建筑，满足建筑施工领域质量管理工作专业性强的需求，国家认证认可监督管理委员会与中华人民共和国住房和城乡建设部决定在建筑施工领域质量管理体系认证中应用《工程建设施工企业质量管理规范》（GB/T 50430—2017）。工程建设施工企业获取认证证书标注的认证依据标准应为：GB/T 19001—2016/ISO 9001—2015 和 GB/T 50430—2017。

自 2018 年 1 月 1 日起，在工程建设施工领域质量管理体系认证中，依照《质量管理体系　要求》（GB/T 19001—2016）和《工程建设施工企业质量管理规范》（GB/T 50430—2017）开展认证活动。

表 3-3                           工程施工质量管理体系主要内容

| 主要特征 | （1）文档化管理；<br>（2）第三方监督机制；<br>（3）全过程管理 |
|---|---|
| 主要案例 | （1）中国中铁股份有限公司：严格遵循汽车行业质量管理体系标准，还积极引入六西格玛等先进质量管理工具进行内部的质量改进活动。公司将质量作为核心竞争力的一部分，在设计、生产和售后服务环节均实施严格的品质控制。<br>（2）北京城建集团有限责任公司：在北京大兴国际机场项目的施工过程中，北京城建集团有限责任公司运用了严谨的质量管理体系，结合建筑信息模型（BIM）技术实现精细化管理，并引入第三方检测机构进行全程监控，确保工程品质。<br>（3）上海宝冶集团有限公司：如上海迪士尼乐园、国家会展中心（上海）等，成功应用了先进的施工质量管理体系，建立了标准化的操作流程，严格执行质量验收制度，利用信息化手段进行实时监控，并鼓励全员参与质量改进活动，最终确保工程质量优质且稳定 |

# 第二节　质量管理体系构建

基于 ISO 质量管理体系要求，质量管理体系的构建可以分为七个步骤：前期策划、明确质量目标和范围、编写标准文件、实施宣贯培训、执行实施质量管理体系、评价质量管理体系，以及持续改进，质量管理体系建设路径如图 3-1 所示。[1]

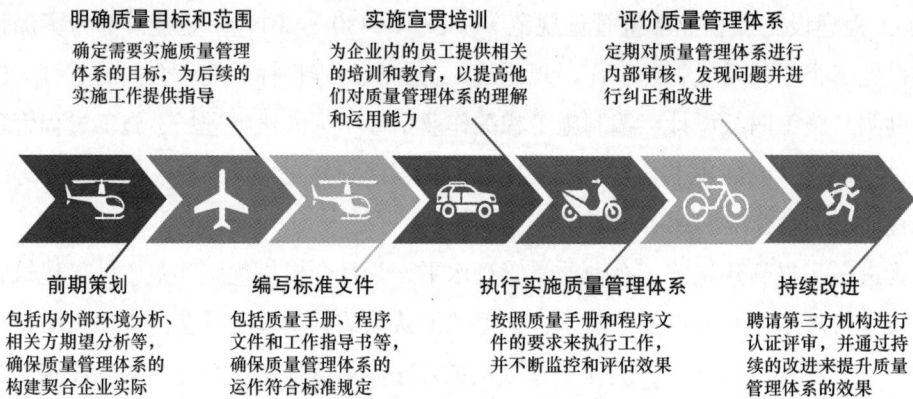

**明确质量目标和范围**
确定需要实施质量管理体系的目标，为后续的实施工作提供指导

**实施宣贯培训**
为企业内的员工提供相关的培训和教育，以提高他们对质量管理体系的理解和运用能力

**评价质量管理体系**
定期对质量管理体系进行内部审核，发现问题并进行纠正和改进

**前期策划**
包括内外部环境分析、相关方期望分析等，确保质量管理体系的构建契合企业实际

**编写标准文件**
包括质量手册、程序文件和工作指导书等，确保质量管理体系的运作符合标准规定

**执行实施质量管理体系**
按照质量手册和程序文件的要求来执行工作，并不断监控和评估效果

**持续改进**
聘请第三方机构进行认证评审，并通过持续的改进来提升质量管理体系的效果

图 3-1　质量管理体系建设路径

---

[1] Cenk Budayan, Ozan Okudan, Roadmap for the implementation of total quality management（TQM）in ISO 9001-certified construction companies：Evidence from Turkey, Ain Shams Engineering Journal, Volume 13, Issue 6, 2022, 101788, ISSN 2090-4479, https://doi.org/10.1016/j.asej.2022.101788.

## 一、前期策划

由于质量管理体系的建设应该服务并适应企业发展战略，满足企业生存和发展的需要。如果设计的质量管理体系脱离了企业面临的外部环境变化所带来的新要求、脱离了企业自身建设的短板与差距，那这样的质量管理体系很难发挥应有的作用。因此，在建设质量管理体系时，前期策划准备也尤为重要。

### （一）分析企业背景

企业需要对外部环境进行全面剖析，主要从政治、经济、社会、技术、法规等多个角度展开研判，判断外界变化、企业发展与质量管理之间的互动关系。通过多维度监测外部环境变化，企业可以及时把握外界对质量管理体系的新期待与新要求，并据此调整和完善企业质量战略、组织设置、运行机制等。这有助于推动全面质量体系与外部环境的动态匹配，使质量工作在支持企业适应外部变化方面发挥关键作用。同时，企业需要开展对内部现有质量管理体系和实践的成熟度评估，以判断现有质量框架与方法是否适应外部变化的新形势和新要求。这样做，可以明确质量管理方面存在的短板与差距，即所谓的"痛点"或者"短板"在何处。

### （二）分析相关方的需求和期望

在构建质量管理体系之前，企业需要识别和分析与质量体系建设和运行相关的相关方及其要求，主要包括客户、监管部门、合作伙伴、员工等（见图3-2）。这些相关方会对企业质量管理提出直接或潜在的要求，并通过各种行动和决策影响企业满足客户需求和符合法规的能力。相关方是指能够影响企业推进可持续发展，创造经济、社会、环境的综合价值行为和过程或受企业行为和过程影响的团体与个人。企业相关方至少应该包括如图3-2所示的几类。

图3-2　企业相关方类型

## 二、明确质量目标和范围

质量发展目标的制定有助于组织对质量管理建设进行引领、规范、激励和评价，是开展质量管理的基石。首先，质量发展目标是推动质量管理实施的基础，质量目标的设定直接关系后续的质量规划、控制和改进。没有明确的质量目标很难开展质量管理实践。同时，质量目标明确了质量发展的预期方向。合理的质量目标将会指导质量管理者和整个组织朝着正确的方向努力，对质量发展起到规范作用。那么，如何设定和规划质量目标呢？

### （一）明确质量目标，设定需求

在设定质量目标之前，企业需要明确质量发展目标需求，简单来说就是设定什么样的目标，以及是否有设置目标的必要性。主要从以下两个方面进行判断。一是利用上述提到的企业背景和相关方期望分析的结果，判断在质量体系建设和日常质量管控中存在哪些短板或不足之处，是否需要通过设置新增的质量目标来推进管理水平的提升❶。二是研判设置的质量目标是否对企业整体发展真正具有推动作用，即质量目标设置是否能够切实改进业务运营质量，不能流于形式。当对上述两个方面进行系统分析后，明确了设定质量目标的必要性和可行性的基础上，才能具体设定和规划质量目标。

### （二）界定质量目标范围

在质量目标设定开始之际，企业要考量不同时间跨度，从短期、中期和长期三个时间维度来确定质量目标的覆盖范围，并明确各自的侧重点和作用导向，从而形成目标体系的合力。短期质量目标侧重于业务和执行层面，通过过程和项目的质量管控来实现效益的直接、快速提升；中期质量目标侧重于机制建设和过程管控，着力打造科学、系统的质量考核与管理模式，让质量改进成果更加持久；长期质量目标侧重于文化培育和体系建设，通过意识和理念转变来驱动根本性的质量革新。❷

### （三）拟定与审核质量目标

严格遵循 SMART 原则拟定公司质量发展目标，确保目标的科学合理。在编制过程中，企业需要设置专门的质量目标提案小组，遵循标准流程广泛征求各部门对质量目标的意见与建议。初步拟定后，需要进一步组织主管部门、相关业务部门和质量管理专家，对提案进行多角度、多标准的评审，评判质量目标的合理性和可行性。严谨的评审流程是确保质量目标科学性的重要一环，充分体现了质量管理的民主性，也使质量目标在企业中形成广泛共识，增强执行力度。

### （四）规划质量目标达成时间节点

在质量目标设定完成后，企业还需明确质量目标的实施时间规划，以保障目标顺

❶ 徐飞.企业战略目标的设定方法［J］.中国质量技术监督，2010（4）：62-64.DOI：10.3969/j.issn.1008-1607.2010.04.036.

❷ 徐耀强.企业的目标与设定［J］.中国电力企业管理，2009（12）：66-68.DOI：10.3969/j.issn.1007-3361.2009.12.030.

利实现。实施时间规划的主要内容包括：

（1）绘制质量目标完成的路线图，标明主要工作任务和时间进度。

（2）细化路线图，形成阶段性工作计划，确定各时期的工作重点。

（3）设置质量目标的时间节点，对实现程度进行阶段性检测。

（4）列明每个质量目标的起止时间，形成时间控制表。

上面已经了解了设定质量目标的一个基本路径步骤，那么，一个科学合理的目标应该是怎样的呢？大家可以看看下面这个来自南方电网的质量发展目标。

### 案例：南方电网质量发展目标

到 2025 年，南方电网质量整体水平进一步全面提高，公司质量、标准、品牌影响力稳步提升，人民群众用电、用能方面的质量获得感、满意度明显增强，质量推动公司高质量发展的作用更加突出，质量强企建设取得显著进展，有力支撑公司基本建成具有全球竞争力的世界一流企业。

经营质量达到新高度。公司业务布局更加优化，可持续盈利能力不断提升，价值创造体系基本健全，价值创造活力、动力不断增强。

管理质量迈上新台阶。公司的现代企业管理体系全面建成，综合管理体系的作用得到充分发挥，管理子体系的作用全面彰显，公司的管理体系和管理能力整体达到世界一流水平。

产品、工程、服务质量提升取得新突破。现代供电服务体系全面建成，新兴业务、产业金融业务、国际业务、共享平台单位的产品和服务供给更加丰富，质量管理机制更加健全，工程管理标准化程度显著提高。

质量管理工作展现新作为。公司形成与接轨国际、具有南网特色的现代质量管理模式，实现中国质量奖、全国质量奖组织奖等高级别质量奖项零的突破。

## 三、编写标准文件

质量管理体系文件的编写必须遵循系统性、继承性和适用性原则。体系文件需与内部管理文件形成协调一致，在充分借鉴和继承 ISO 9001 系列标准的基础上，进行适当割舍与优化，使之既符合标准要求，又针对企业实际具有较强适用性，而不是脱离实际的"空中楼阁"。体系文件至少应当包括形成文件的质量方针、质量目标、质量手册，以及本标准要求的所有必要程序、记录和其他文件。这些文件应当按照"计划—执行—检查—行动"（PDCA）循环的逻辑自上而下展开，从质量手册到程序文件再到具体作业文件，层层递进，形成文件的系统体系。这样编写出的质量管理文件既符合标准体系的要求，也照顾到了企业的实际，可支持质量管理活动的有效策划、运行和控制。❶

## （一）质量导则手册

质量手册是描绘和阐释质量管理体系的总纲。它从宏观的战略高度系统阐述了质量管理体系的内核要义，即"是什么"。质量手册一般包括对质量方针、质量目标、体系内涵和框架、运行机制等的表达介绍。这些内容构成了质量管理的指导思想、基本原则和根本方法，体现了体系建设的宗旨。可以说，质量手册在整个文件体系中发挥纲领性作用，它指明了质量工作应该遵循的共性原理和内在逻辑脉络，为具体的程序规范和业务活动提供了总体遵循的方向。

## （二）质量程序文件

程序文件是在质量手册的指导下，围绕质量管理过程展开的规范性文件。它遵循质量手册的总体要求，针对实现各项质量管理要求的具体过程进行规范。程序文件的主要内容一般包含对过程目的、适用范围、相关角色职责、过程操作步骤、数据记录与管理及过程评价考核指标等方面的明确要求。程序文件从更为具体的流程切入，使抽象的质量管理要求通过对关键环节的规范化变成可操作、可执行的标准，为一线员工开展质量工作提供更加详尽的活动规程和行为规范。

## （三）操作规范文件

操作规范文件是在程序文件的基础上，进一步详细规定和细化相关业务岗位的具体工作流程和控制要点的文件。操作规范文件会严格落实程序文件对流程步骤、岗位责任、管理重点的要求，形成指导一线人员日常工作的标准化文档。这些文档一般包括工作指导书、操作规程、检验规范、操作表单等。通过操作规范文件，使质量管理在专业岗位层面得以真正执行和遵循，完成"最后一公里"的转化。

## 四、实施宣贯培训

在质量体系文件编制完成后，企业需要组织开展层层宣贯培训，向全员深入解释质量管理体系的构成、要求和意义。一般按照高层培训—骨干培训—全员培训的顺序进行。培训从质量理念概述到体系框架解读，再到具体文件内容解析，最后让员

---

❶ 张冬原．河北建设集团商砼公司全面质量管理体系构建与应用研究［D］.北京：华北电力大学，2013.DOI：10.7666/d.Y2391151.

工理解自身在体系中的角色和责任。同时，培训也要渗透质量文化内涵，使用案例分析等方法让员工认知到质量体系的价值。系统有效的培训将大大增强员工的质量意识，使质量理念内化为自觉行动的内驱力，也将为后续质量体系的持续发展与改进奠定基础。

## 五、执行实施质量管理体系

质量管理体系的执行实施需要统筹推进，与各职能部门和业务部门明确质量目标和质量任务，将质量管理要求层层分解落实。同时，建立定期质量管理会议制度，检视各部门和流程的落实进展，形成协同推进的合力。在实施过程中，要构建包括数据收集反馈、激励惩戒、监督改进、渠道沟通等配套机制，使质量管理的监控、问题识别、持续改进等环节得以有效运行；还需合理配置资源，对现有质量资源进行整合优化、增补不足，并持续开展理念宣贯和业务培训，解决一线员工在执行中遇到的困难，强化质量意识和提高质量技能。核心的质量管理过程需要建立规范化的操作流程，实行标准化的过程管控，应用 PDCA 循环方法进行数据化监测、质量风险防控，并确保记录的完整性，使过程管控水平不断提高。通过上下联动、内外协作，促成质量理念和方法从文件走向实践，渗透员工日常工作，激发员工主动改进质量的内生动力，带动企业整体质量不断迈上新台阶。

## 六、评价质量管理体系

评价对质量管理体系的实践发展有着至关重要的作用。通过构建内部审核和管理评审的系统化、规范化评价机制，可以对组织的质量管理体系运转进行全面的监测、分析，帮助组织及时发现质量管理体系的问题和不足，为质量管理体系的改进提供依据，推动组织质量管理体系不断优化。

### （一）内部审核

内部审核是在面向过程的角度，立足于质量管理体系的各项要求，对体系文件是否完备落实、业务流程是否标准化运行、数据是否规范记录、问题是否有效处理、部门之间是否充分协调、员工队伍是否到位等多个维度展开检查。其目的是全面评估质量管理在何种程度上真正应用到位并发挥作用，以及哪些方面还存在执行不到位或落实不充分的情况，从而找到问题的根源所在，推动后续的系统性纠正，使质量管理体系不断向纵深发展。

内部审核的实施需要按照预定方案和计划开展。在审核前，需要明确审核的评价标准和范围，主要参考企业质量目标和重要业务过程来确定，并形成量化或质化的评价指标。在具体审核中，需要选择独立的审核员组成审核小组，按照方案要求对实际运行情况开展评估，通过与标准的对比分析找出存在的差距。在审核后，需要形成正式的审核报告，反映主要问题，并提出改进措施建议。在整个过程中，需要对文件和记录进行完整保留，作为日后追溯分析的基础。

### （二）管理评审

管理评审是在面向战略的高度，立足于企业发展目标的调整需求，对现有质量管理体系有效性及质量管理表现是否持续改进等方面进行检查。其目的是判断现有质量体系与企业发展要求是否匹配，发现潜在影响质量管理的内外部风险，及时优化完善体系，调动更多资源投入，推动质量工作不断深化，使质量管理跟上企业发展的节奏。

管理评审需要由最高管理层负责组织，并制订周期性的开展计划。在每次评审前，管理层需要全面考量内外部环境的变化对现有质量管理体系的影响，并对标最新环境判断体系的适应性。然后，组织进行评审，重点检查各类质量数据结果，并针对质量改进项目进行效果评价。评审结论应该包括质量体系存在的问题或需要调整更新的地方，通过问题和调整的输出将推动管理层制订后续的应对决策和行动计划。

## 七、持续改进

内部审核和管理评审所发现的质量管理体系中的问题或改进机会，都需要启动相应的后续响应行动，以推进持续改进。具体来说，各相关部门和过程负责人首先需要针对审核评审报告中的不足之处提出完善解决方案。这些解决方案应当可行并能系统性地消除已识别出的差距。然后，把这些解决方案组织起来，形成改进项目，安排实施进度，并监督项目落地情况。在项目实施后，还将开展回顾确认，检查问题是否得到圆满解决。只有当反馈的信息最终促成体系本身的修改升级时，持续改进的闭环才算完成。

"" 质量是精心构建的文化环境的结果。""

——现代质量运动之父、零缺陷之父

菲利普·克罗斯比

# 卓越绩效模式
# 与质量奖

# 第一节　卓越绩效模式

## 一、卓越绩效模式的基本含义

卓越绩效模式是一种综合的组织绩效管理方法，也是以各国质量奖评奖准则为代表的一类经营管理模式的总称，是当前国际上广泛认同的一种组织综合绩效管理的有效方法和工具。该模式源自美国波多里奇奖评审标准，是世界三大质量奖的评奖准则所体现出的一套综合化、系统化的管理模式。❶

《卓越绩效评价准则》（GB/T 19580—2004）于 2004 年 9 月正式发布，它标志着我国质量管理进入了一个新的阶段（最新标准为 GB/T 19580—2012）。引进、学习和实践国际上公认的经营质量标准——卓越绩效模式，对于适应我国市场经济体制的建立和经济全球化快速发展的新形势，具有重要的意义。

《卓越绩效评价准则》（GB/T 19580—2012）中对卓越绩效模式的定义为："通过综合的组织绩效管理方法，为顾客、员工和其他相关方不断创造价值，提高组织整体的绩效和能力，促进组织获得持续发展和成功"。

对于一个成功的企业如何追求卓越。卓越绩效模式提供了评价标准，企业可以采用这一标准集成的现代质量管理的理念和方法，不断评价自己的管理业绩走向卓越。卓越绩效模式强调的不仅是结果，更重要的是通过卓越的过程来实现卓越的结果，它是一个持续循环改进的过程，要求组织不断地学习、适应和创新。通过实施卓越绩效模式，组织可以更好地应对市场变化，提升竞争力，实现长期成功。

## 二、卓越绩效模式的基本理念

《卓越绩效评价准则》（GB/T 19580—2012）该标准借鉴国内外卓越绩效管理的经验和做法，结合我国企业经营管理的实践，从领导、战略、顾客与市场、资源、过程管理、测量 / 分析与改进及结果七个类目规定了组织卓越绩效的评价要求。卓越绩效模式建立在九项相互关联的基本理念基础之上，九大基本理念（见图 4-1）可以分为三种类型。

---

❶ 陈国华，贝金兰 . 质量管理［M］. 第 3 版 . 北京：北京大学出版社，2018.

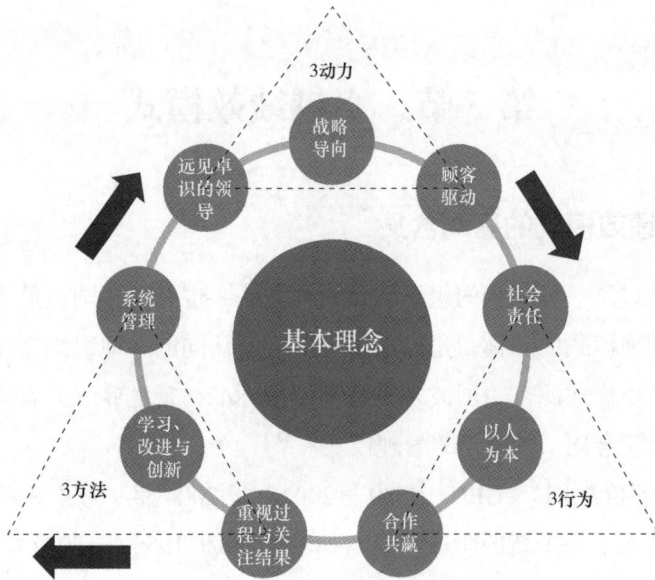

图 4-1　卓越绩效模式的基本理念

1. 动力驱动类价值观

（1）远见卓识的领导。以前瞻性的视野、敏锐的洞察力，确立组织的使命、愿景和价值观，带领全体员工实现组织的发展战略和目标。

（2）战略导向。以战略统领组织的管理活动，获得持续发展和成功。

（3）顾客驱动。将顾客当前和未来的需求、期望和偏好作为改进产品和服务质量，提高管理水平及不断创新的动力，以提高顾客的满意度和忠诚程度。

2. 行为指导类价值观

（1）社会责任。为组织的决策和经营活动对社会的影响承担责任，促进社会的全面协调和可持续发展。

（2）以人为本。员工是组织之本，一切管理活动应以激发和调动员工的主动性、积极性为中心，促进员工的发展，保障员工的权益，提高员工的满意程度。

（3）合作共赢。与顾客、关键的供货方及其他相关方建立长期伙伴关系，互相为对方创造价值，实现共同发展。

3. 方法手段类价值观

（1）重视过程与关注结果。组织的绩效源于过程，体现于结果。因此，既要重视过程，更要关注结果；要通过有效的过程管理，实现卓越的结果。

（2）学习、改进与创新。培育学习型组织和个人是组织追求卓越的基础，传承、改进和创新是组织持续发展的关键。

（3）系统管理。将组织视为一个整体，以科学、有效的方法，实现组织经营管理的统筹规划、协调一致，提高组织管理的有效性和效率。

### 三、卓越绩效模式的评价框架

为了引导国内各类型组织追求卓越，提高产品、服务和发展质量，促进组织持续发展，全国质量管理和质量保证标准化技术委员会（SAC/TC 151）针对性制定了《卓越绩效评价准则》（GB/T 19580—2012）和《卓越绩效评价准则实施指南》（GB/Z 19579—2012）作为组织进行卓越绩效评价的准则框架（见图4–2），同时也可作为质量奖的评价依据。

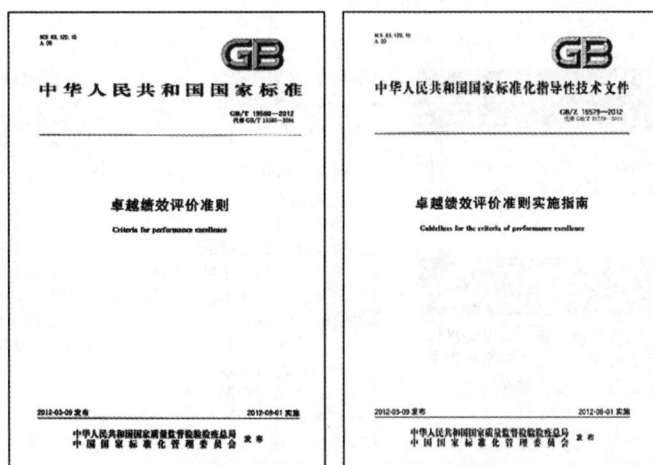

图 4–2　卓越绩效评价标准与实施指南

整个卓越绩效评价标准框架可用一个"自行车模型"（见图4–3）来进行理解和把握。卓越绩效模式的目的在于通过卓越的过程创造卓越的结果，过程的条目为

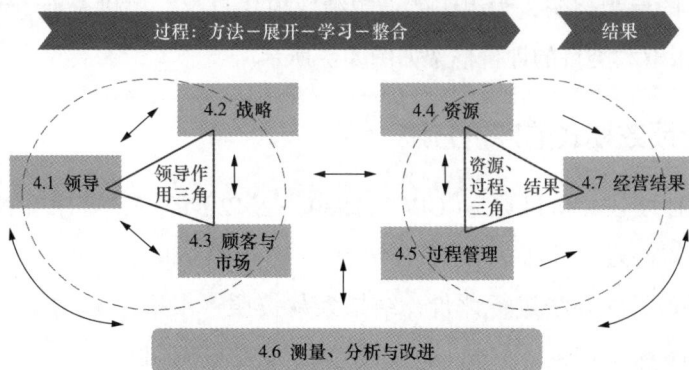

图 4–3　卓越绩效模式框架图

4.1~4.6，结果的条目为4.7。过程是为了获得结果，结果通过过程取得，并为过程的改进和创新提供机会。

"领导作用三角"是驱动性的，"资源、过程和结果"三角是从动性的，"测量、分析和改进"是链接两个三角的"链条"，整体形成PDCA闭环的管理模式。

### （一）卓越绩效的评分体系

卓越绩效评分应用上，根据《卓越绩效评价准则》（GB/T 19580—2012）和《卓越绩效评价准则实施指南》（GB/Z 19579—2012）规定，卓越绩效评价体系评分总分为1000分，具体从管理成熟度（过程类）和业绩卓越度（结果类）两方面对企业管理状况进行综合诊断评价。其中，管理成熟度（过程类）总分600分，业绩卓越度（结果类）总分400分，卓越绩效评价评分体系如图4-4所示。

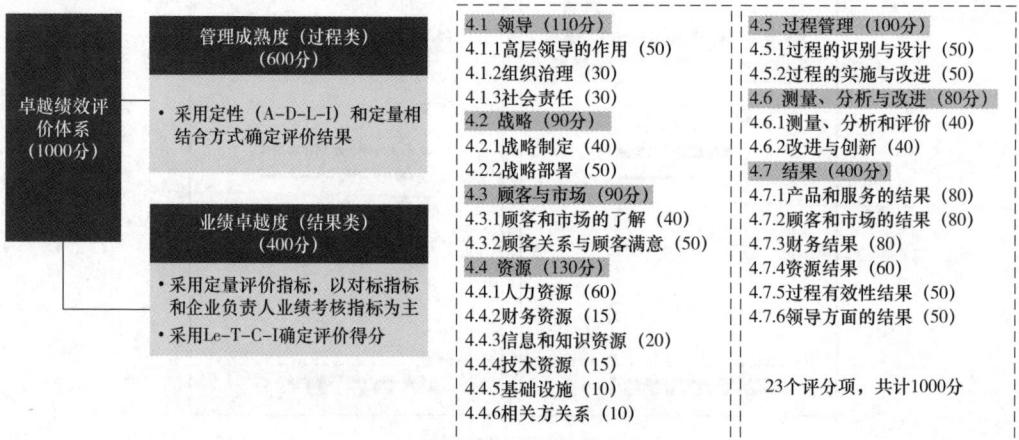

图4-4　卓越绩效评价评分体系图

### （二）卓越绩效七大类目的评价框架

基于《卓越绩效评价准则》（GB/T 19580—2012），准则以"类目—条目—着重方面—条款"的层级架构，为组织"卓越绩效模式自评"提供全面、详尽的内容框架。过程和结果七大类目的评价框架如图4-5所示。

## 四、卓越绩效模式的评价方法

根据《卓越绩效评价准则》（GB/T 19580—2012）的评价要求和被评价组织的信息，过程条款通过"方法—展开—学习—整合"（approach-deployment-learning-integration，ADLI）的方法进行评价，结果条款按照"水平—趋势—对比—整合"（levels-trends-comparisons-integration，LTCI）的方法进行评价。

```
                    ┌─ 愿景和价值观
        ┌─ 高层领导的作用 ─┤─ 沟通
        │                ├─ 营造环境
        │                └─ 使命与组织绩效
4.1     │
领导 ────┤─ 组织治理 ─┬─ 组织治理系统
        │            └─ 治理绩效
        │
        │            ┌─ 公共责任
        └─ 社会责任 ──┤─ 道德行为
                     └─ 公益支持
```

```
                          ┌─ 战略策划过程
            ┌─ 战略制定过程 ─┤─ 战略思考（制定战略考虑的关键因素）
            │              └─ 收集和分析相关数据和信息
    ┌─ 战略制定 ─┤
    │          │            ┌─ 战略
    │          └─ 战略和战略目标 ─┤─ 战略目标及其关键指标
    │                           └─ 战略目标思考（应对战略挑战、反映创
4.2 │                               新机会、均衡考虑等）
战略 ┤
    │                          ┌─ 制定战略目标的实施计划
    │                          ├─ 落实战略目标的实施计划
    │          ┌─ 实施计划的制订和部署 ─┼─ 为实施计划资源配置
    │          │                      ├─ 监测计划进展的关键绩效指标
    │          │                      └─ 实施计划的调整和应对
    └─ 战略部署 ─┤
               │            ┌─ 关键绩效指标的预测结果和方法
               └─ 绩效预测 ──┤─ 预测绩效比较（标杆、组织目标、以往
                            │     绩效）
                            └─ 应对预测绩效对比差距
```

```
4.3    ┌─ 顾客和市场的了解 ─┬─ 顾客和市场细分
顾客 ───┤                  └─ 顾客需求和期望
与     │
市     │                  ┌─ 顾客关系建立
场     └─ 顾客关系与顾客满意 ─┤
                          └─ 顾客满意测量
```

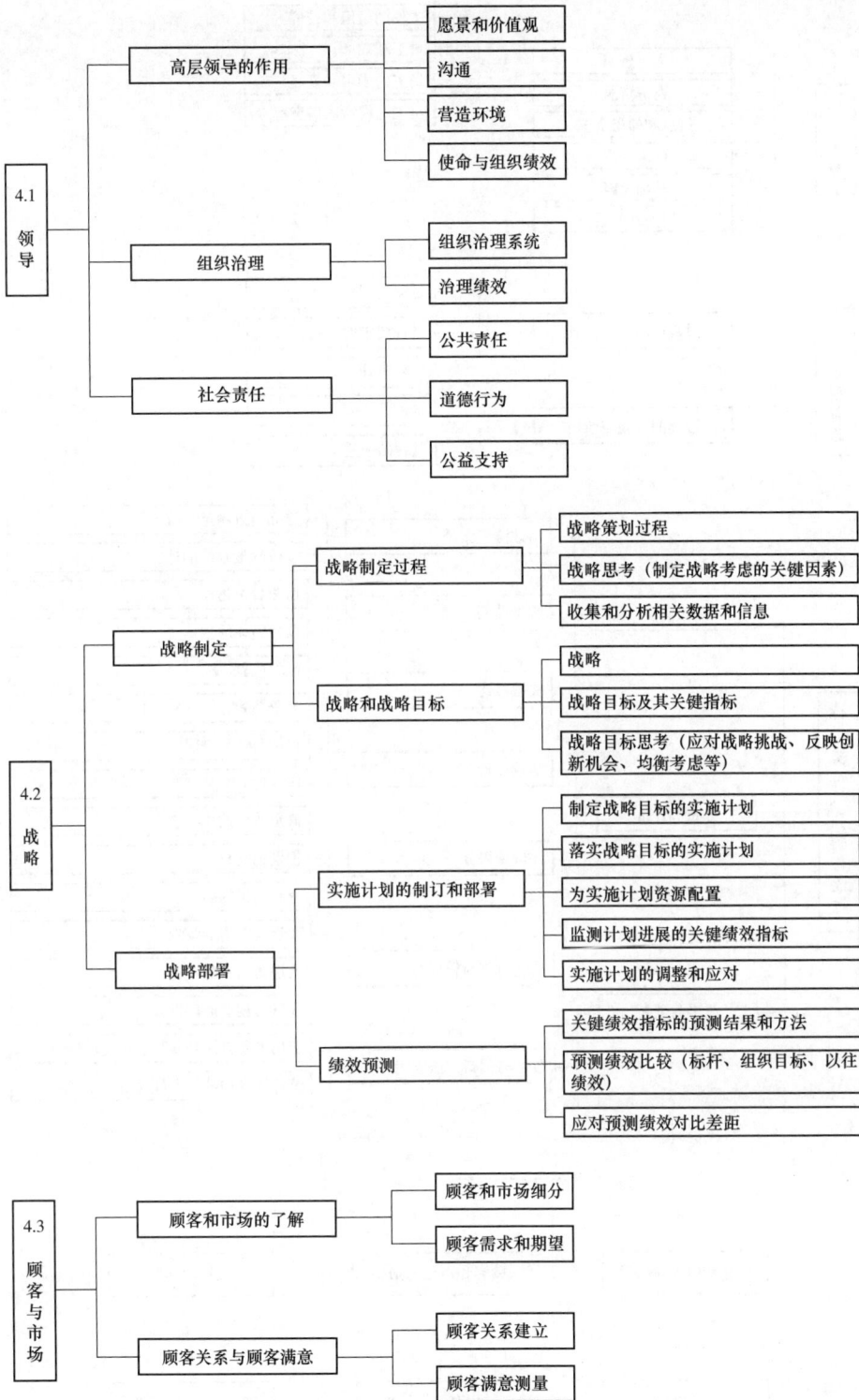

图 4-5　卓越绩效评价体系框架图（一）

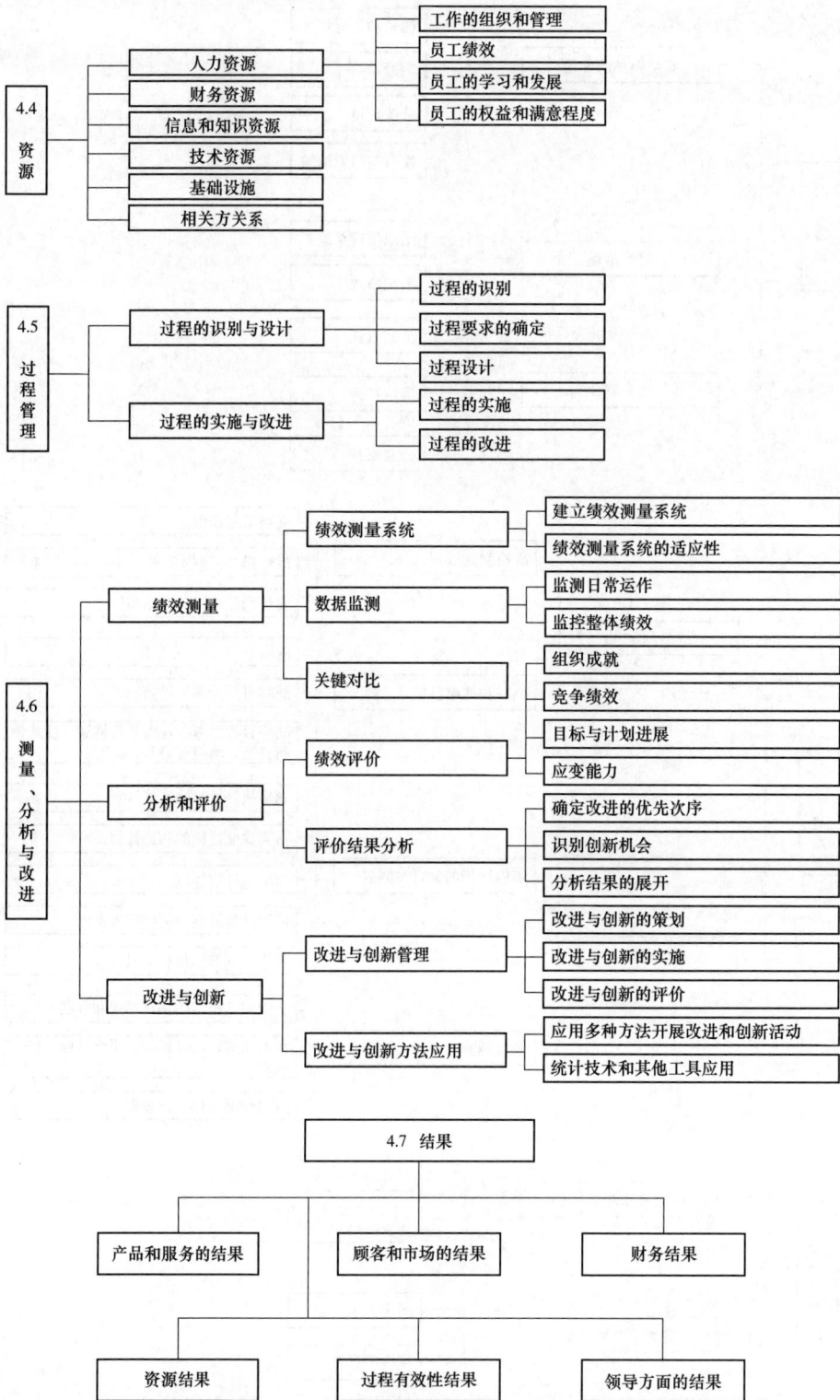

图 4-5　卓越绩效评价体系框架图（二）

### （一）过程评价方法

过程是指组织针对标准4.1~4.6中各评分条款要求，所采用的方法及其展开和改进见表4–1。对于过程，用四个要素评价组织过程的成熟度，即方法—展开—学习—整合。

表4–1　　　　　　　　　　　　过程要素评价要点

| 要素 | 评价要点 |
|------|---------|
| 方法 | （1）组织完成过程所采用的方式方法；<br>（2）方法对于标准评分项要求的适宜性；<br>（3）方法的有效性；<br>（4）方法的可重复性，是否以可靠的数据和信息为基础 |
| 展开 | （1）实现标准评分项要求所采用的方法的展开程度；<br>（2）方法是否持续应用；<br>（3）方法是否使用于所有适用的部门 |
| 学习 | （1）通过循环评价和改进，对方法进行不断完善；<br>（2）鼓励通过创新对方法进行突破性的改变；<br>（3）在组织的各相关部门、过程中，分享方法的改进和创新 |
| 整合 | （1）方法与在标准其他评分项中识别出的组织需要协调一致；<br>（2）组织各过程、部门的测量、分析和改进系统相互融合、补充；<br>（3）组织各过程、部门的计划、过程、结果、分析、学习和行动协调一致，支持组织的目标 |

1. 方法（approach）（什么方法／如何做）

重点考察按照公司制度标准的要求，落实编制执行制度、标准的情况。

适宜性：对标准评分条款要求和组织实际的适宜性。

有效性：是否导致了好的结果。

系统性：可重复性及基于可靠数据和信息的程度。

2. 展开（deployment）（实施到什么范围／程度）

重点考察本管理事项适用的制度标准在时间展开、专业展开、层级展开的情况。

（1）方法是否持续应用。

（2）方法是否在所有适用的部门应用。

3. 学习（learning）（如何完善）

重点考察开展持续改进、积极创新和创新成果应用推广的情况。

（1）通过循环评价和改进，对方法进行不断完善。

（2）鼓励通过创新对方法进行突破性的变革。

（3）在各相关部门、过程中分享方法的改进和创新。

4. 整合（integration）（成熟到何种程度）

重点考察本工作开展全过程的一致整合，与其他业务活动融合互补。

（1）方法与在组织概述和其他评分条款中确定的组织需要协调一致。

（2）各过程、部门的方法协调一致、融合互补。支持组织使命、愿景和战略目标的实现。

### （二）结果评价方法

结果是指组织针对标准4.7中各评分条款要求，所得到的输出和效果（见表4-2）。对于结果，用四个要素评价组织过程的成熟度，即水平—趋势—对比—整合（简称LTCI）。

表4-2 结果要素评价要点

| 要素 | 评价要点 |
|---|---|
| 结果 | （1）组织绩效的当前水平；<br>（2）组织绩效改进的速度和广度；<br>（3）与适宜的竞争对手和标杆的对比绩效；<br>（4）组织结果的测量与在组织概述和过程评分项中识别的重要顾客、产品和服务、市场、过程和战略规划的绩效要求相连接 |

（1）水平（levels）：绩效的当前水平。

（2）趋势（trends）：绩效改进的速度和广度。

（3）对比（comparisons）：与适宜的竞争对手 / 类似组织和标杆的绩效对比。

（4）整合（integration）：六个方面的结果指标对公司战略的关键绩效指标支撑程度。

## 五、卓越绩效评分指南及说明

根据《卓越绩效评价准则实施指南》（GB/Z 19579—2012），过程和结果维度的评分指南和说明如下：

### （一）过程评分条款评分指南

过程评分条款评分指南见表4-3。

表4-3 过程评分条款评分指南

| 成熟度评价得分率 | 过程 |
|---|---|
| 0% 或 5% | ■没有系统的方法，信息是零散、孤立的。（A）<br>■方法没有展开或略有展开。（D）<br>■没有改进导向，已有的改进仅是"对问题的被动反应"。（L）<br>■缺乏协调一致，各个方面或部门各行其是。（I） |

续表

| 成熟度评价得分率 | 过程 |
|---|---|
| 10%、15%、20% 或 25% | ■开始有系统的方法，应对该评分条款的基本要求。（A）<br>■方法在大多数方面或部门处于展开的早期阶段，阻碍了基本要求的实现。（D）<br>■处于从"对问题的被动反应"到"改进导向"转变的早期阶段。（L）<br>■主要靠联合解决问题来使方法与其他方面或部门达成一致。（I） |
| 30%、35%、40% 或 45% | ■有系统、有效的方法，应对该评分条款的基本要求。（A）<br>■方法已得到展开，尽管某些方面或部门的展开尚属于早期阶段。（D）<br>■开始系统的评价和改进关键过程。（L）<br>■方法与在应对企业概述和其他过程条款时所确定的基本企业需要初步协调一致。（I） |
| 50%、55%、60% 或 65% | ■有系统、有效的方法，应对该评分条款的总体要求。（A）<br>■方法得到了很好的展开，尽管某些方面或部门的展开有所不同。（D）<br>■进行了基于事实且系统的评价、改进和一些创新，以提高关键过程的有效性和效率。（L）<br>■方法与在应对企业概述和其他过程条款时所确定的企业需要协调一致。（I） |
| 70%、75%、80% 或 85% | ■有系统、有效的方法，应对该评分条款的详细要求。（A）<br>■方法得到了很好的展开，无明显的差距。（D）<br>■基于事实且系统的评价、改进和创新已成为关键的管理工具；存在清楚的证据，证实通过企业级的分析和共享，方法得到了不断完善。（L）<br>■方法与在应对企业概述和其他过程条款时所确定的企业需要实现了整合。（I） |
| 90%、95% 或 100% | ■有系统、有效的方法，全面应对该评分条款的详细要求。（A）<br>■方法得到了完全的展开，在任何方面或部门均无明显的弱点或差距。（D）<br>■基于事实的且系统的评价、改进和创新已成为全企业的关键管理工具；有证据标明通过分析和分享，在整个企业中方法得到了不断完善和创新。（L）<br>■方法与在应对企业概述和其他过程条款时所确定的企业需要实现了很好的整合。（I） |

## （二）结果评分条款评分指南

结果评分条款评分指南见表4-4。

表 4-4　　　　　　　　　　结果评分条款评分指南

| 成熟度评价得分率 | 结果 |
|---|---|
| 0% 或 5% | ■没有描述结果，或结果很差。（Le）<br>■没有显示趋势的数据，或大多数为不良的趋势。（T）<br>■没有对比性信息。（C）<br>■在对于达成企业使命、愿景和战略目标重要的任何方面，均没有报告结果。（I） |
| 10%、15%、20% 或 25% | ■结果很少，在少数方面有一些早期的良好绩效水平。（L）<br>■有一些显示趋势的数据，其中部分呈不良的趋势。（T）<br>■没有或极少对比性信息。（C）<br>■在对于达成使命、愿景和战略目标重要的少数方面，报告了结果。（I） |

续表

| 成熟度评价得分率 | 结果 |
|---|---|
| 30%、35%、40% 或 45% | ■在该评分条款要求重要的一些方面,有良好的绩效水平。(L)<br>■有一些显示趋势的数据,其中多半呈有利的趋势。(T)<br>■处于获得对比性信息的早期阶段。(C)<br>■在对于达成使命、愿景和战略目标重要的多数方面,报告了结果。(I) |
| 50%、55%、60% 或 65% | ■在对该评分条款要求重要的大多数方面,有良好的绩效水平。(L)<br>■在对达成企业使命、愿景和战略目标重要的方面,呈现有利的趋势。(T)<br>■与有关竞争对手和(或)标杆进行对比评价,部分指标具有良好的相对绩效水平。(C)<br>■结果对应了大多数关键的客户、市场和过程的要求。(I) |
| 70%、75%、80% 或 85% | ■在对该评分条款要求重要的大多数方面,有良好到卓越的绩效水平。(L)<br>■在对达成使命、愿景和战略目标重要的大多数方面,呈现可持续的有利趋势。(T)<br>■与有关竞争对手和(或)标杆进行对比评价,多数乃至大多数指标具有非常好的相对绩效水平。(C)<br>■结果对应了大多数关键的客户、市场、过程和战略实施计划要求。(I) |
| 90%、95% 或 100% | ■在对该评分条款要求重要的大多数方面,有卓越的绩效水平。(L)<br>■在达成使命、愿景和战略目标重要的所有方面,呈现可持续的有利趋势。(T)<br>■在多数方面都表明处于行业领导地位和标杆水准。(C)<br>■结果完全对应了关键客户、市场、过程和战略实施计划要求。(I) |

## (三)评分说明

在确定分数的过程中,应当遵循以下原则:

(1)应评审评分条款中的所有方面,特别是对企业具有重要性的方面,即应考虑过程和结果对关键经营因素的重要程度,其最重要的方面应在"企业概述"和诸如2.2、2.3、3.2、4.2、5.2等评分条款中识别,关键客户要求、竞争环境、人力资源需求、关键战略目标和实施计划尤其重要。

(2)给一个评分条款评分时,首先判定哪个分数范围档次(如50%~65%)总体上最适合企业在本评分条款达到的水平。总体上最适合并不要求与评分范围档次内的每一句话完全一致,允许在个别要素(过程的 ADLI 要素或结果的 LTCI 要素)上有所差距。

(3)企业达到的水平是依据对 4 个过程要素或 4 个结果要素整体综合评价的结果,并不是专门针对某一要素进行评价或对每一要素评价后进行平均的结果。在适合的范围内,实际分数根据企业的水平是否更接近于上一档或下一档分数范围来判定。

(4)过程评分条款分数为 50%,表示方法满足该评分条款的总体要求并持续展开，且展开到该评分条款涉及的大多数部门；经过一些评价和改进的循环，与在应对企业概述和其他过程条款时所确定的企业需要达到了协调一致。更高的分数则反映更好的成就，证实了更广泛的展开、显著的企业学习及更进一步的整合。

（5）结果评分条款分数为 50%，表示具有良好的绩效水平、有利的趋势，在该评分条款所覆盖的方面具有适宜的对比数据，部分相对绩效达到了良好水平，且对应了大多数关键的客户、市场和过程要求。更高的分数则反映更好的绩效水平、趋势和对比绩效，更广泛的覆盖和整合。

# 第二节　国内外质量奖

质量奖是一个国家或地区为表彰在质量管理方面具有巨大贡献的组织而设立的奖项，它依据一套比较全面、严密的评选标准和规范的评审程序选出典范组织，并将其质量管理方法和经验向全国推广，为众多组织树立榜样，以推动整个国家或地区的质量管理工作。❶

## 一、国外重要质量奖

最具代表性的质量奖是日本的戴明奖、美国的马尔科姆·波多里奇国家质量奖和欧洲质量奖（现在改为 EFQM 全球奖），合称世界三大质量奖（见表 4-5），它们被誉为卓越管理与绩效模式的创造者和经济奇迹的助推器。这三大质量奖在指导和帮助组织追求卓越绩效、提高国家质量水平的综合实力、促进经济社会的发展等方面都发挥了非常重要的作用。

表 4-5　　　　　　　　　　　　世界三大质量奖对比

| 差异点 | 戴明奖 | 马尔科姆·波多里奇国家质量奖 | EFQM 全球奖 |
| --- | --- | --- | --- |
| 成立时间 | 1951 年 | 1987 年 | 1992 年 |
| 特点 | 成立最早 | 运用范围最广 | 参评国家最多 |
| 评审组织 | 日本科学技术联盟 | 美国国家标准和技术研究院 | 欧洲质量管理基金会 |
| 评审着重点 | 强调统计质量控制技术应用 | 组织绩效，经营结果 | 顾客、员工满意度，对社会的影响和绩效 |

---

❶ 张志强，朱伟.世界三大质量奖简析［J］.中国质量.2015（12）：55-58.

续表

| 差异点 | 戴明奖 | 马尔科姆·波多里奇国家质量奖 | EFQM 全球奖 |
|---|---|---|---|
| 奖项设置 | 四大奖项 | 六大行业 | 三大奖项 |
| 评奖范围 | 向海外企业开放 | 海外企业不可申请 | 质量管理活动必须在欧洲发生 |
| 核心理念 | 没有统一理念 | 11 条核心理念 | 8 条基本理念 |
| 评价结构 | 没有建立任何联系概念、行动、过程和结果的框架（六个基本要求） | 波多里奇框架结构（六个过程和一个结果） | EFQM 卓越模式的框架结构（五大手段和四大结果） |
| 评价标准 | 戴明奖申请指南 | 波多里奇卓越绩效准则 | EFQM 卓越模式 |
| 评价方法 | 对"基本要求""卓越的TQM 活动"和"高层领导的作用"独立评价 | 过程采用 ADLI 结果采用 LTCI | "接收—分析—决策—行动—回顾"（receive-analyze-decide-act-review，RADAR）逻辑 |

## （一）日本戴明奖

### 1. 日本戴明奖的由来

戴明奖始创于 1951 年，是为了纪念已故的威廉·爱德华兹·戴明博士，并推广优秀的质量管理实践。戴明奖是授予基于组织经营理念、行业属性及内外部环境的高适配性，系统性实施全面质量管理（TQM）并取得卓越成效的年度权威奖项。

### 2. 日本戴明奖的评审标准

戴明奖的评价标准包括基本要求、卓越的 TQM 活动和高层领导的作用三个独立的方面。

（1）基本要求是对申请者进行评价的基本内容，包括六个大类、九个项。六个大类间的关系是：管理高层制定管理方针及其推行，专注核心质量系统的新产品和工作流程的创新、产品及作业质量的维护与改善，以及管理体系，结合人力资源发展及信息分析和信息技术利用，做好经营管理工作。

（2）卓越的 TQM 活动，即闪光点，是指组织所关注的与其核心质量相关的一系列活动，这些活动中应用了独特的思想并从中获得了卓越的成效，可以是对应 6 个大类的基本活动，也可以是其他方面的活动，申请戴明奖的企业应至少有一项特色活动。这些特色活动将会被推广到其他的企业作为借鉴，如企业所熟知的"QC 工序表""并行设计""并行开发"等，即是此前戴明奖获奖企业的推广。

（3）高层领导的作用，主要是评估高层管理者在推进TQM方面所起的重要作用。

戴明奖最新评价标准整体条款非常精炼，体现了一贯崇尚简洁、注重实效的传统；戴明奖最新评价标准给出了TQM的定义是：组织采取一系列的系统活动，以有效率和高效地实现组织目标，在适当的时间以合适的价格提供满足顾客要求的高品质的产品和服务。

评价标准强调对三个要点的关注：

（1）组织在领导者的卓越领导下，已经建立了具有挑战性的、顾客驱动的目标和战略，这些目标和战略反映了组织的原则、所处行业、经营和环境状况。

（2）TQM被正确地实施以实现上面提到的经营目标和战略。

（3）TQM的实施已经取得突出的结果，实现了组织的经营目标和战略。

归纳上述TQM定义和评价标准的关注点，可以看出戴明奖评审关注的焦点主要包括：最高领导者作用、顾客驱动、系统性、TQM实践、关注结果等。

3.日本戴明奖的评审步骤

具体的评审步骤见表4-6。

表4-6　　　　　　　　　　　　　戴明奖评审步骤

| 时间节点 | | 流程 |
|---|---|---|
| 第一年 | 9月 | 获取《申请指南》 |
| | — | 接受TQM诊断或者申请前咨询 |
| 第二年 | 2月20日前 | 提交申请费、押金和用于TQM诊断的申请表 |
| | 推荐9月前 | 实施TQM诊断（诊断前，提前两个月准备会议诊断团队质量管理计划（diagnostic team quality management pla，DTQMP） |
| 第三年 | 2月20日前 | 提交申请文件和申请费 |
| | 4月15日前 | 提交DTQMP |
| | 4月中旬—6月上旬 | 文件评审 |
| | 6月中旬 | 通知文件评审结果 |
| | 6月下旬—7月 | 准备与评审团队的会议 |
| | 7月下旬—9月 | 实地评审 |
| | 10月中旬 | 公布获奖得主 |
| | 11月汇总 | 颁奖典礼 |
| 三年后 | — | 获奖后审查 |

**质量奖得主案例：海洋王照明科技股份有限公司**

　　海洋王照明科技股份有限公司一直坚持以质量求生存，10年来，一方面，"引进来"，每年从日本请来质量管理专家来授课、培训；另一方面，"走出去"，每年企业领导带领中高层管理人员赴日学习。在学习的过程中，公司逐步理解TQM的内涵，从日常管理、方针管理、新产品开发到人才育成等，建立起TQM八大管理体系，形成了有特色的管理模式。其中，比较突出的主要有3大特色，即自主经营体系、行业事业部制和供应商的一体化。自主经营体系将每个部门、每位员工的工作目标都转化成一个价值，通过创造、损失、耗值3项主要指标的经营价值报告实施考核的量化及全部门自主经营管理，实现了经济学上的"激励相容"；行业事业部制是围绕铁路、电网冶金、石油、石化大型企业等10多个行业成立10个行业事业部；供应商一体化则是通过行业事业部建立与供应商一体化运营模式，不断满足客户个性化产品与服务的需求。❶

### （二）美国的马尔科姆·波多里奇国家质量奖

1. 马尔科姆·波多里奇国家质量奖的由来

20世纪80年代，由于日本企业在全球大获成功，全面质量管理（TQM）迅速向世界各国普及推广。与此同时，美国企业界和政府领导人认为，美国企业的生产力在下降，美国的产品在国际市场上缺乏竞争力，而且美国企业不了解TQM，不知道从哪里来提升产品质量，质量问题在美国企业中的重要性已迫在眉睫。在这一背景下，美国政府和企业界的许多人士建议，美国应该设立一个类似日本戴明奖那样的国家质量奖，以帮助企业开展TQM活动，提高产品质量、劳动生产率和市场竞争力。

2. 马尔科姆·波多里奇国家质量奖的评审标准

马尔科姆·波多里奇国家质量奖的宗旨：促进高效管理措施，满足顾客要求，赢得卓越绩效。该奖的评审依据建立在一系列价值观的基础上，这些价值观包括：①前瞻性的领导；②顾客驱动的卓越；③组织和个人学习；④重视员工和伙伴；⑤敏捷性；⑥面向未来；⑦创新的管理；⑧基于事实的管理；⑨社会责任；⑩关注结果并创造价值；⑪系统的观点。马尔科姆·波多里奇国家质量奖的评奖标准是任何组织都可以采

---

❶ 广岛. 中国本土首家荣获日本戴明奖企业海洋王照明采访记［N］. 中国质量报，2018–12–18.

用的一组框架，涵盖了七大项目。

（1）领导：检查组织高层管理的各项能力，以及组织的社会责任和组织如何承担这些责任。

（2）战略：检查组织如何建立战略方向，如何决策关键行动计划。

（3）顾客：检查组织如何定义顾客和市场的期望及需求，如何建立与顾客的关系，如何获取、满足和维持顾客。在教育类组织的评审中，表述为关注学生、投资人、市场、全体教员和职员，组织绩效；在健康卫生类组织的评审中，表述为关注病人、其他客户、市场及全体职员，组织绩效。

（4）测量、分析和知识管理：检查组织如何管理、有效利用、分析和改进数据及信息，致力于支持关键的组织流程和组织绩效的管理体系。

（5）员工：检查组织如何促进其成员充分拓展其潜能，并激励他们调整到与组织目标相一致的轨道上来。

（6）运营：检查组织的运作和支持等各个关键流程是如何设计、管理和改进的。

（7）结果：检查组织的各关键业务领域的绩效和改进，包括客户满意度、财务和市场表现、人力资源、供应商和合作伙伴表现、生产运作表现、公共和社会责任。此项目还检查组织如何处理与竞争对手的关系。

3. 马尔科姆·波多里奇国家质量奖的评审步骤

马尔科姆·波多里奇国家质量奖的评价工作和奖励由美国商务部负责，具体的规划和管理机构是美国国家标准和技术研究院（National Institute of Standards and Technology，NIST）。美国质量协会（American Society for Quality，ASQ）作为协助机构，通过和 NIST 签订合同的方式，帮助 NIST 从事申请者的评审、奖项相关文件和具体政策的准备，以及各类信息的发布等工作。经美国商业部长提名，由来自美国各经济领域各行业的著名领导人组成监督机构，负责对马尔科姆·波多里奇国家质量奖工作进行监督和顾问。评审部门由美国著名的企业、健康卫生和教育机构的专家组成，人员由 NIST 通过对申请人竞争选拔而定。评审部门所有成员都必须参加审核员准备课程的学习。

（三）欧洲质量奖

1. 欧洲质量奖的由来

1991 年，欧盟委员会（EC）、欧洲质量组织（European Organization for Quality，EOQ）和欧洲质量管理基金会（European Foundation for Quality Management，EFQM）共同发起成立欧洲质量奖（european foundation for quality management global award，EFQM 全球奖），是全球三大质量奖之一。现今 EFQM 全球奖面向全球每年颁发一次，重在表彰卓越组织并帮助组织追求卓越，是欧洲授予卓越组织的最负盛名的奖项之一。无论是私营、公共还是非营利组织，只要在将战略转化为行动和持续改进绩效方面取得了无可争议的显著成效均可申请 EFQM 全球奖。目前，在奖项设置上 EFQM 全球奖包括卓越奖、杰出成就奖（单项奖）和创新奖（单项奖）。每年在不同城市举办的颁奖典礼将对年度获奖组织予以颁奖。

2. 欧洲质量奖的评审标准

EFOM 卓越模式由领导、战略、员工、合作伙伴与资源、过程、产品与服务五大手段；以及顾客结果、员工结果、社会结果、经营结果四大结果构成。它使人们能够理解其组织所采取的行动与手段、取得结果之间的因果关系。而戴明奖并没有建立任何联系概念、行动、过程和结果的内在框架，只是简单提供了一份卓越质量导向的管理行动的清单，从基本要求、卓越的 TQM 活动和高层领导的作用进行评价。

为保持 EFQM 模型的先进性和科学性，自 2018 年起 EFQM 对模型开展了数轮研究和修订。最新发布的 EFQM 模型由 7 个考核部分组成，共计 1000 分。就整个评审过程而言，EFQM 全球奖是根据组织提交的申请进行评审的。评审委员会组织一支由 4~8 名国际专业评审团队开展为期一周的现场评审。所有评审人员分别来自全球不同行业和组织，均接受过 EFQM 严格的专业培训。

3. 欧洲质量奖的评审步骤

欧洲质量奖是欧洲全面质量管理杰出代表奖项，仅营利性企业可申请，对公司所有权类型和所有者国籍无明确要求，但质量管理活动需在欧洲发生。申请企业可以是组织整体或部分。申请者先依据 EFQM 卓越模式自评并完成每年 2 月或 3 月的申请文件递交。评审委员会专家小组审查申请文件，选出入围者进行现场考核，以验证文件内容及不确切之处，最终确定获奖者。每年 8 月，申请者会收到包含一般评价、各要素得分及与其他申请者得分平均数对比的反馈报告。

总之，作为 TQM 的欧洲模式，欧洲质量奖是欧洲最权威和最具信誉的组织卓越奖。它面向每一个有良好表现的欧洲组织开放，强调对组织卓越的认可，并向所有申请组织提供详细和独立的反馈，帮助它们走持续卓越之路。

---

**质量奖得主案例：华晨宝马汽车有限公司**

华晨宝马汽车有限公司技术及生产部摘得 2021 年 EFQM 最高评级——七星卓越认证及领导力杰出成就单项奖。

华晨宝马汽车有限公司领导团队的核心价值观推动企业文化在各个层级充分展现，并且持续改进已融入企业的肌理。结合了中德经营理念优势的"融合文化"逐渐形成，并成为企业在日常工作及不断发展中取得杰出成绩的基础，并鼓励员工提升与学习的企业文化、可持续发展的供应商管理流程、绿色工厂和国家级旅游景区认证。从供应商、"零缺陷"产品生产到质量管控和经销商管理，华晨宝马汽车有限公司持续优化产品和服务质量，致力于为客户提供最优质的体验。

## 二、国内政府质量奖

在中国，政府质量奖项对于提升质量管理水平和推动企业发展具有不可替代的作用。中国质量奖作为国家级荣誉，旨在表彰卓越的质量管理实践，而全国质量奖则侧重于奖励在质量管理上取得显著成效的企业。此外，行业和企业质量奖也分别针对特定领域和组织，以激励和认可其在质量管理上的成就。这些奖项共同构成了我国质量管理的荣誉体系，促进了质量强国的建设。

### （一）中国质量奖

为了推广科学的质量管理制度、模式和方法，促进质量管理创新，传播先进质量理念，激励引导全社会不断提升质量，推动建设质量强国，根据《中华人民共和国产品质量法》和《质量发展纲要（2011—2020年）》规定及全国评比达标表彰工作协调小组报清中央批准，依据《关于国家质检总局申报项目的复函》（国评组函〔2012〕27号）设立中国质量奖。中国质量奖共设置中国质量奖和中国质量奖提名奖两个奖项，评选对象面向各类组织和个人，周期为两年，每届获得中国质量奖的组织和个人数量不超过10个；每届获得提名奖的组织和个人数量不超过90个，评选表彰面向基层和工作一线，申报中国质量奖不收取任何费用。

中国质量奖的评选表彰工作由国家市场监督管理总局负责组织实施。

中国质量奖评审的重点是组织突出的"质量管理制度、模式和方法"。质量管理制度、模式和方法的评价以"三性"原则为依据，即先进性、示范性、推广性。先进性是指独具特色、国内领先、国际先进；示范性是指具有标杆和导向作用，有助于解决行业重大质量问题或引导全面质量提升；推广性是指制度、模式和方法具有良好的适应性和延展性，能够在行业内及行业间进行复制推广。此外，组织和个人也积极推动该制度、模式和方法的应用，并取得重大效果。

按照国家科学技术奖励及国内外质量奖的工作模式，中国质量奖评选流程分为申报推荐、评选论证、审核表彰三个阶段，共十个步骤。

1. 申报推荐

包括部署、申请、推荐三个步骤。各类组织和个人可自愿提出申请，由所在省（自治区、直辖市）、计划单列市、副省级城市人民政府或全国性行业协会综合审查并向中国质量奖评审表彰委员会提名推荐。

2. 评选论证

主要包括形式审查、材料评审、现场评审、陈述答辩、审议公示五个步骤。主要采用专家论证、现场审核、委员票决相结合的评选方法，既发挥专家的专业评审优势，也发挥委员的民主评议作用，确保评选过程客观、公正、权威。

3. 审核表彰

包括审核批准、表彰授奖两大步骤。评审表彰委员会对提名奖和质量奖建议名单进行审定并形成决议，经质检总局审核并报国务院批准后，对获奖组织和个人表彰授奖。

国家市场监督管理总局聘请有关方面的专家、学者和有关部门管理人员，组成中国质量奖评审表彰委员会。

### （二）全国质量奖

为了有效提高我国的产品质量和质量管理水平，激励和引导企业追求卓越的质量经营，增强国内企业乃至国家整体竞争能力，我国在借鉴其他国家质量奖的基础上，在原国家质量监督检验检疫总局的指导下，中国质量协会（简称中质协）自 2001 年起，根据《中华人民共和国产品质量法》的有关精神，启动了全国质量管理奖的评审工作。全国质量奖（自 2006 年起"全国质量管理奖"更名为"全国质量奖"，简称 CQA）是我国对实施卓越质量管理取得显著质量、经济社会效益的企业或组织授予的在质量管理方面的最高奖励。

全国质量奖每年依据"高标准、少而精"及"优中选优"的原则进行评审，流程包括：首先，申报组织提交申报表、自评报告等材料；其次，全国质量奖工作委员会办公室进行资格审查；再次，审查通过后，评审专家对资料详细评审确定现场评审名单；接着，评审专家组进行现场评审并形成报告；最后，质量奖工作委员会综合分析所有材料推荐获奖名单，由审定委员会最终审定。

## 三、行业及企业质量奖

国内质量奖项在推动我国各行业质量管理和企业发展中发挥着重要作用。政府质量奖作为最高荣誉，由政府颁发，标志着对优秀质量管理实践的认可和鼓励。行业质量奖则针对不同行业设立，旨在表彰在特定领域内的卓越质量表现。企业质量奖则着重于单个企业的质量管理成就，如华为质量奖、京东方质量奖等。这些奖项的设立，为提升质量管理水平、促进行业发展起到了积极的推动作用。

（一）行业质量奖

国内行业质量奖如图 4-6 所示。

图 4-6　国内行业质量奖

1. 全国机械工业质量奖

全国机械工业质量奖于 2010 年经国务院批准设立，由中国机械工业质量管理协会组织，每年评选一次，是对国内实施卓越绩效管理，并在质量、经济和社会效益等方面取得成绩的机械行业企业授予的质量管理方面的最高奖项。

2. 全国纺织行业质量奖

全国纺织行业质量奖于 2012 年由中国纺织工业联合会设立，对多年来在质量管理方面常抓不懈并取得优异成果的企业进行表彰。活动的目的是，在行业内推进卓越绩效模式，促进纺织行业实现标准化、正规化、国际化，缩小与国际先进企业的差距。奖项包括质量奖和实施卓越绩效模式先进企业奖两类。每届获奖企业不超过 5 家。

3. 全国商业质量奖

全国商业质量奖于 2004 年由中国商业联合会设立，每年一次，表彰那些在质量、经济效益、社会效益等方面取得成绩的服务业、商贸流通和商办工业企业。

（二）企业质量奖

1. 国外企业质量奖

通用电气公司（General Electric Company，GE）设立的爱迪生奖（GE Edison Award）

是为了纪念伟大的发明家托马斯·爱迪生（Thomas Edison），他是 GE 公司的创始人之一。这个奖项主要用于表彰公司内部团队或个人在技术创新、产品研发、业务流程改进、节能增效、环保及提高客户满意度等方面取得的重大成果和卓越贡献，涵盖创新性、技术难度、市场影响、经济效益、环境友好、客户满意度等多个维度，激励和表彰公司内部的工作质量优化行为，促进组织内部的技术进步和业务流程优化，提高公司的竞争力和市场份额。

2. 国内企业质量奖

（1）华为质量奖。华为最高级别的质量奖，包括组织奖和个人奖。主要围绕"以客户为中心"的大前提，基于客户的视角和用户的使用体验来评判质量结果，真正激励那些内心追求工作质量、工作输出好、客户评价高、上下游评价好的员工。通过质量奖的榜样力量激励全员追求高质量。

（2）京东方质量奖。京东方质量奖借鉴了欧洲、日本和美国的质量奖项框架，并强调过程标准化的提升。该奖项旨在认可旗下工厂或团队在质量控制、技术创新、效率提升及客户服务方面的突出表现。例如，合肥京东方 8.5 代（B5）工厂曾因其卓越质量管理获得此奖项。作为显示面板行业的领导者，京东方通过严格的全面质量管理策略提高产品和服务质量，其内部质量奖激励各工厂与团队的竞争意识，推动全员参与质量管理，促进流程改进优化，确保产品质量达到国际标准。此外，京东方注重创新以实现高质量发展，并将其转化为生产力，这也是它在中国质量奖评选中获得成功的原因之一。通过这种方式，京东方致力于建立一个稳定高效的质量管理体系，支持企业的可持续发展目标。

"

不积跬步，无以至千里；

不积小流，无以成江海。

"

——《荀子·劝学》

# 全面质量管理的
# 实施路径

20 世纪 60 年代，阿曼德·费根堡姆（Armand V.Feigenbaum）在其奠基性著作《全面质量控制》中正式提出"全面质量管理"这一理念，此举标志着该领域的学科体系得以初步确立。进入 20 世纪 80 年代，菲利普·克罗斯比（Philip B. Crosby）的"零缺陷"主张为企业实施质量改进提供了路径，进一步推动了全面质量管理的落地实现。

在我国，自 1979 年全国第一次质量管理小组代表会议召开以来，全面质量管理在我国的发展已历经 40 余年，在总结我国企业实施全面质量管理的经验基础上，专家们提出了中国式全面质量管理的定义，并将全面质量管理的基本要求概括为"三全一多样"（全员、全过程、全组织及多种多样的工具方法）❶，即全面质量管理是一个需要组织全员参加、覆盖全过程活动、在全组织各有关职能和层次展开实施的管理体系，在实施过程中可以灵活应用多种多样的有效的工具和方法。

本章提出了全面质量管理四步走的实施路径，即"策划与导入—分析与评价—改进与提升—固化与推广"，并详细解读全面质量管理实施路径步骤，给出具有参考和借鉴价值的典型应用案例。

# 第一节　策划与导入

在国内，对于众多企业而言，全面质量管理仍是一个全新的概念。企业在全面质量管理理念的导入和宣贯方面，是否能做到对"全员、全过程、全组织"的宣导，将全面质量管理理念推行至企业的每一个角落，将直接成为企业全面质量管理推广实施成功与否的关键。

---

❶ "三全一多样"：即全员的质量管理；企业中每个人的工作都会影响最终产品或服务质量；发动全员积极参与质量管理，提高质量意识和素质，做好本职工作，人人创造高质量。

全过程的质量管理：产品质量的形成有一个产生、形成和实现过程，即"质量环"；必须加强预防，对质量形成全过程影响因素有效控制。

全企业的质量管理：整个企业纵到底、横到边，各项工作加强系统化管理，全面履行质量职能；质量管理范围包括企业主价值链活动的全过程，应倡导"全方位的质量管理"。

多样化的方法：应根据实际情况灵活综合地运用多种先进质量管理方法；如 PDCA、DMAIC、QC、ISO 9000 系列标准、精益六西格玛、卓越绩效等方法论。

常规的全面质量管理的策划与导入实施步骤如图 5-1 所示。

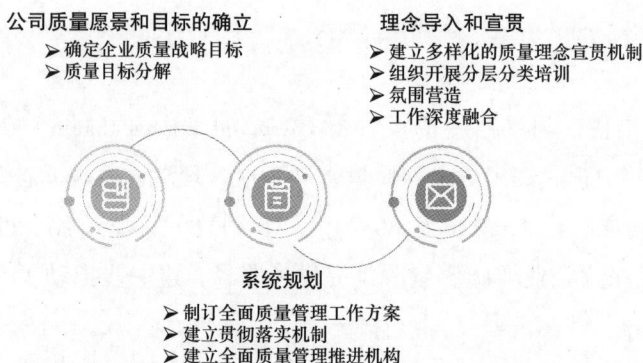

公司质量愿景和目标的确立　　　　　　理念导入和宣贯
➤ 确定企业质量战略目标　　　　　　➤ 建立多样化的质量理念宣贯机制
➤ 质量目标分解　　　　　　　　　　➤ 组织开展分层分类培训
　　　　　　　　　　　　　　　　　➤ 氛围营造
　　　　　　　　　　　　　　　　　➤ 工作深度融合

系统规划
➤ 制订全面质量管理工作方案
➤ 建立贯彻落实机制
➤ 建立全面质量管理推进机构

**图 5-1　全面质量管理的策划与导入实施步骤**

## 一、企业质量目标的确立

第一，企业应明确质量愿景。企业质量愿景是企业根据现阶段经营与管理发展的需要，对企业未来发展方向的一种期望、预测与定位，是对企业质量发展前景与方向的高度概括。企业制定质量愿景时，需要结合国家战略与政策，并根据自身体量、市场定位及市场环境等因素综合分析制定。

第二，企业应明确自身存在的问题，识别强项和弱项，并针对现状和市场未来的前景来设定公司目标。企业可以通过顾客投诉、质量审核的结果、管理评审结果、统计分析数据、不合格情况记录和纠正或预防措施等信息，来发现存在的问题并确定管理上的薄弱环节。

第三，根据识别出的问题点设定可测量的质量目标。可测量性包括定量测量和定性测量，定量测量采用数据测量，而定性测量可采用"好、较好、一般、差"等描述性词汇来评估。对作业层次的质量目标，应尽可能采用定量测量的方式，以便于通过检验、计算或其他测量方法确定具体量值，并与设定值进行比较，以确定实现程度。

第四，应对质量目标进行分解与展开。质量目标的分解应该采用 SMART 原则。在分解质量目标时，要充分考虑跨部门的合作。将质量目标与各部门职责相结合，确保各个部门在实现质量目标过程中协同工作。为了加强各部门的协同合作，企业高层领导的引领作用至关重要，应设立质量统筹推进机构以协调全局。公司级的质量目标一经制定，就要考虑如何实施，需要对其进行展开。在展开时，上一级的措施往往就是下一级的目标，将质量目标分解落实到各职能部门和各级人员，从而使质量目标纵到底、横到边，千斤重担大家挑，人人肩上有指标。

第五，质量目标展开后，具体实施部门或负责人，对每项质量目标要编制计划。实施计划中应包括实现这项质量目标存在的问题点、当前的状况、须采取的措施、预期目标、完成时间及负责人等信息，以便充分调动资源，确保计划的有效执行。

第六，质量目标的达成状况要进行验证。在质量目标监视和测量活动中，要检查各部门为完成质量目标制订的计划、措施是否得到有效执行，特别关注实施的时效性。一旦发现问题，要及时分析原因，制定并实施纠正或预防措施，更好地实施PDCA循环，以保障企业质量目标的实现。

## 二、制订方案与建立机制

### （一）制订全面质量管理工作方案

结合企业战略目标和上级单位全面质量管理工作的要求，编写《全面质量管理工作方案》和《行动计划》，制定重点工作措施管控表，明确具体措施、责任人、控制要素、时间节点等环节，强化责任落实，确保质量管理体系有效运行。在企业层面设立全面质量管理推进委员会，组织召开启动会，压实各项工作的责任部门，指定牵头部门成立工作专班，压实各项工作的责任归口部门和单位。

在《全面质量管理工作方案》中，还需要明确以下内容：一是全面质量管理的推进思路，包括目标、原则、方法、步骤等；二是确立企业的质量管理模式，确保通过有效的模式来保障质量管理体系的顺畅运行；三是明确推进全面质量管理过程中需要的资源保障及相应的保障机制。

### （二）建立全面质量管理推进机构

全面质量管理的推进过程十分复杂，需要调动和统筹各种资源与力量，仅依靠某个职能部门的推动难以实现有效落地。因此，必须得到公司高层领导的高度重视，通过建立推进机构，明确工作机制，把各相关部门和资源纳入其中，形成推动合力。领导层要加强对推进工作的组织协调，统筹各方资源，解决实施中遇到的各类问题，完善管理流程，强化责任考核机制。

成立全面质量管理深化应用工作领导小组及工作小组。明确企业"一把手"主抓，企业各条线同步推进的工作基调。在组建推进机构的同时，尝试同步建立全面质量管理推进周总结、双周报和阶段推进会议制度等落地保障机制，将阶段性重点工作纳入企业月度绩效考核体系，以确保工作小组推进试点工作的成效。

图5-2是建立领导小组＋工作小组的职责说明及示例。

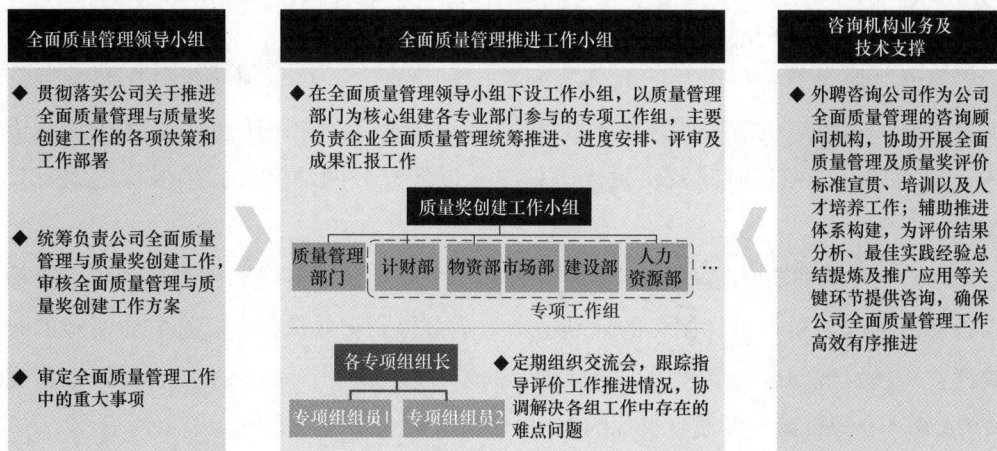

图 5-2　全面质量管理推进机构设置说明

### （三）建立贯彻落实机制

全面质量管理的核心在于通过自我评价、诊断和改进的循环，不断优化企业运营管理水平。因此，企业需要构建"评价、诊断、改进、提升"的闭环改进机制。首先，建立科学的评价体系，包括细致的评分标准、规范的评价流程、专业的评价团队等。其次，组织开展顶层设计，明确改进计划和行动方案，并提供充足的资源以保障改进行动的全面实施。在改进过程中，要强化过程跟踪和效果评估，及时优化改进举措。最后，每次改进完成后，要及时总结经验，并在此基础上进一步开展第二轮的评价与诊断，寻找新的问题点。这一闭环机制的持续运转，将推动企业经营管理水平不断提高，并逐步走向卓越。

企业可按照"系统策划、理念导入、试点总结、全面推广、持续提升"的工作思路，建立考核督办、信息沟通、监督检查、任务管控等工作机制。

（1）考核督办机制：按照"限时、量化、定责"原则，明确各项工作责任部门、完成时限及责任人，确保工作有序推进且可控，特别是将重点举措纳入督办事项。

（2）信息沟通机制：在企业全面质量管理领导小组会议上，审议各项重大策略、制度、机制、计划等，解决全面质量管理工作开展过程中存在的重大问题，定期召开全面质量管理工作小组会议。

（3）监督检查机制：对照工作方案推进计划，定期检查工作进度，推进各项工作措施的落实，实施过程中对关键工作措施进行监控，明确里程碑事件和阶段成果要求，监督工作如期完成。

（4）任务管控机制：结合各项工作的实际开展情况，将全局性的基础性工作及部分核心关键任务作为重点工作，由全面质量管理领导小组管控，明确任务，按要求压

实责任。❶

### 三、理念导入和宣贯

#### （一）建立多样化的宣贯机制

组织开展以"全面质量管理"为主题的精新大讲堂，邀请国内知名质量管理专家，面向领导团队、中层管理者及基层员工，深入讲解全面质量管理理念；多渠道宣传展示，充分利用广告机、网站新闻、微博、微信公众号等宣传媒介滚动、连续宣传；开展全员质量教育活动，强化大质量观念，普及全面质量管理知识；传授管理改进方法，传播质量文化，逐步转变员工对质量工作的认知与行为模式。

#### （二）组织开展分层分类培训

鉴于全面质量管理理念的广泛性与高要求，若企业员工未接受系统培训，则难以深刻理解其精髓，更难以在工作中灵活运用。因此，企业应高度重视培训体系构建，应制订详尽的培训计划，组织开展层层递进的培训课程，确保从高层至基层员工的全面覆盖。同时，组建专业的内训师队伍，提供持续、实用的培训服务，确保培训内容与员工实际工作紧密结合。

在对全员开展传授全面质量管理理念、介绍卓越绩效评价标准的通用培训课程的基础上，企业还可考虑对各层级人员开展侧重点不同的培训课程。分层分类培训侧重点如图 5-3 所示。

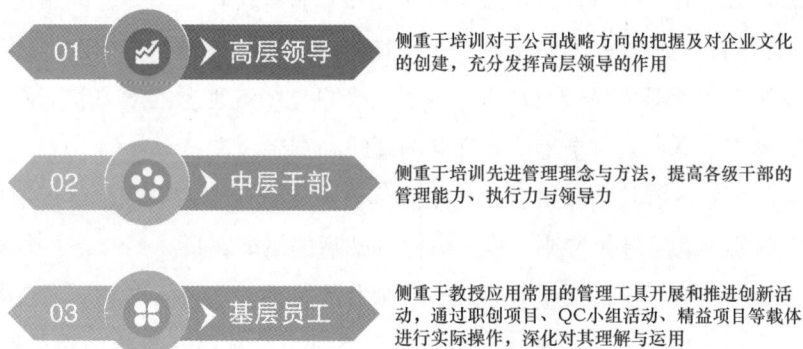

**图 5-3　分层分类培训侧重点**

#### （三）开展多形式的氛围营造

（1）卓越绩效大讲堂：采取"由浅及深，适用为主"的策略，每周灵活选取当下

---

❶ 黄莹，周福新，李清立．基于卓越绩效模式的建筑工程质量管理研究［J］.工程管理学报，2016（2）：109-113.

便于理解、掌握及应用的卓越绩效分析/改进工具与方法，聚焦企业阶段性问题，开展"解剖麻雀"式的实例分析，结合理论及案例教学，帮助员工在"学以致用、即学即用"的氛围中，高效掌握工具方法，有效解决实际问题。图5-4为作者在广州某单位开展全面质量管理培训。

图5-4 作者在广州某单位开展全面质量管理培训

（2）卓越绩效理念作品大赛：在全面质量管理理念导入后，号召全体员工围绕卓越绩效九大核心理念，通过多种形式参与全面质量管理工作。例如，运用过程评价方法ADLI及结果评价方法LCTI，结合自身工作实际，创作体现卓越绩效理念的应用成果，由企业组织专家对成果进行评审。或者结合卓越绩效理念的学习和应用，通过视频或文章等形式分享个人对卓越绩效理念的理解和感想。

（3）卓越绩效理念培训宣贯会：邀请外部讲师或企业内训师开展对于卓越绩效发展史、九大核心理念、评价准则、推进方法等知识的培训宣贯。

（4）多种载体宣传全面质量管理理念：制作全面质量管理宣传视频、简报、学习手册等，利用企业内部网络、展板、宣传屏等多种宣传载体普及全面质量管理知识，教授管理改进方法，确保全面质量理念传递到管理链条的每一个环节。具体各类宣传载体见表5-1。

表5-1 各类宣传载体

| 媒介 | 开展方式 | 频率 |
|---|---|---|
| 网络 | 公司内部网站发布全面质量管理宣传文章、视频等 | 实时 |

续表

| 媒介 | 开展方式 | 频率 |
|---|---|---|
| 文体活动 | 质量月、质量周、社会责任活动 | 每年 |
| 宣传展板 | 利用培训、宣贯会议等机会，将宣传内容上墙或上宣传展板进行宣传 | 实时 |
| 质量管理学习手册 | 编制质量管理知识的学习手册 | 每年 |
| 微信公众号 | 建立质量管理知识宣讲相关的公众号 | 实时 |
| 宣传展板 | 制作质量管理相关知识的宣传展板，放置于企业宣传阵地 | 实时 |
| 宣传视频 | 制作质量管理宣传视频，放置于闭路电视循环播放 | 实时 |

### （四）培养全面质量管理文化

（1）部门周工作"漫谈会"：在部门周例会中增设卓越绩效"漫谈"环节，鼓励部门员工结合日常工作开展情况，运用卓越绩效和精益改进的工具方法展开头脑风暴，分析问题并提出解决措施。此举旨在激发员工思考，引导其聚焦工作中的问题点，从而实现日常工作的持续评价与自我改进。

（2）"卓越绩效示范岗"：遵循"健全体系—建立标准—以评促建—打造标杆—输出模式"的路径，单位发动全体员工创建卓越绩效示范岗，首先选择代表性强、基础好的岗位作为示范。采用"规定动作+自选动作"的模式，并通过PDCA循环推进工作。创建工作按照九个步骤进行：理念导入、制定标准、对照自评、专家评价、差距分析、制定措施、整改落实、专家复评及持续提升，确保示范岗创建的有效性和持续性。这样做的目的是在整个业务领域内打造并推广一批卓越绩效的标杆岗位。

## 第二节　分析与评价

在开展全面质量管理理念的导入工作后，就可以对企业现有的管理现状开展评价。在全面质量管理的评价工作中，应注重强调全员参与，并灵活运用多样化的质量评价方法，覆盖全过程及全企业范围。

本节将介绍自我评价及结果复评的流程。自我评价包括"机制建立—形成标准—开展评价—诊断短板—编写报告"等步骤；结果复评主要介绍了多方评价的方式方法及质量奖申报的具体流程。全面质量管理评价方法如图5-5所示。

**自我评价**

自评诊断流程：机
制建立—形成开展评
价标准—诊断短板—
形成报告

**①**

**结果复评**

开展外部评价：评价准备—
资料评价—现场评审
质量奖申报：标准认知—质量
建设—自我评审—评奖准备

**②**

图 5-5　全面质量管理评价方法

## 一、自我评价

### （一）建立自评诊断机制

企业应定期组织各部门按照《卓越绩效评价准则》（GB/T 19580—2012），进行全方位、全过程的管理成熟度自评诊断。评价各专业在领导、战略管理、顾客与市场、资源、过程管理等方面的工作现状，逐条款自查与标准要求的差距，识别亟待改进的工作难点、痛点、堵点和管理短板，并据此编制管理成熟度评价报告。同时，固化该项工作成为企业的年度常规例行工作，形成一整套包括自评流程、自评方法、自评师管理、自评师培养、自评结果应用等内容的自我评价机制。❶

### （二）编制评价规范及标准

首先，依据《卓越绩效评价准则》（GB/T 19580—2012）及《卓越绩效评价准则实施指南》（GB/Z 19579—2012），在试点探索实践的基础上进行本地化修编：将卓越绩效模式的各项要求细化为具体的管理标准，编制成适用于基层供电企业的全面质量管理评价规范和指导性文件。其次，在方法、展开、学习、整合四个维度上梳理各专业条线的管理机制，包括但不限于制度、规定、规范和流程等，汇编形成本单位的《全面质量管理手册》等体系文件，以便全体管理人员理解、导入及执行。

### （三）开展自我评价工作

按照"标准修编—自评培训—组建自评队伍—组织自评"全链条工作模式，以自评师为核心，构建"分管领导—部门负责人—自评师—部门业务骨干"的多级融合自评小组，充分发挥领导"垂范统筹"效果，打破专业壁垒，鼓励业务观点多元探讨，精准定位企业管理实际，高效完成卓越绩效自评。

开展全面质量管理评价诊断"围桌座谈"。为推动自评工作的落地实施，避免敷衍塞责，企业要充分发挥领导牵头作用，以创新高效模式开展自评辅导，以"围桌座谈"形式开展自评辅导，联合业务部门自评小组、卓越绩效管理专家等人员，组织开展座谈会议。会议围绕业务自评注意事项、现场解惑答疑等展开。企业领导层协同各

❶ 左唯. 全面质量管理在电力企业经营管理中的应用探究［J］.商业 2.0，2023（24）：52-53.

专业部门共同梳理企业业务、研讨评价维度、明确自评思路及辅助搭建自评内容模板；以大局观的视角寻找业务可拆解关键点，辅导梳理业务脉络，辅助部门打通"围墙"，全面衔接业务管理链条。

开展自我评价时，可以重点参考本书第四章第一节卓越绩效模式中的"卓越绩效模式的评价方法"。

严格按照卓越绩效的相关方法开展自评工作。

### （四）梳理管理优势短板

采用标杆对标等方法，分析企业优势，并全面诊断管理问题短板。编写《全面质量管理自评价问题诊断指南》，明确问题定义与分级标准，提出管理问题的具体诊断方法。通过专家代表专题研讨、问卷调查、专家组问题征集等多种方式，诊断出系统性问题。

从专业协同方面开展诊断，找出单位纵向贯穿、横向协同方面存在的问题，形成专业部门之间协同管理诊断分析报告，并提出协同改进措施。针对跨部门、跨专业、跨流程的管理难题，集中诊断分析、共同研讨，提出可行的解决措施。

优势清单是组织管理能力和水平的具体显现，也是面对内外部环境剧烈变化的重要工具和底气。针对组织的主要管理优势，企业应当组织相关部门共同研讨巩固措施，分析进一步提高管理优势的可能性，并争取转化为可推广复制的管理创新案例。自评诊断优势清单示例如图5-6所示。

| 序号 | 类目 | 条目 | 着重方面 | 管理领域 | 管理优势 |
|------|------|------|----------|----------|----------|
| 总体优势 | | | | | |
| 逐项分析 | | | | | |
| 1 | 1 领导<br>（110分） | 高层领导的作用<br>（50分） | 党的领导 | | |
| 2 | | | 确定企业发展方向 | | |
| 3 | | | 双向沟通 | | |
| 4 | | | 营造良好环境 | | |
| 5 | | | 履行质量安全责任 | | |
| 6 | | | 推进品牌建设 | | |
| 7 | | | | | |
| 8 | | | 推动持续经营 | | |
| 9 | | | 重视绩效管理 | | |
| 10 | | 组织治理<br>（30分） | 法制治理 | | |
| 11 | | | 关注高层领导综合考核评价结果 | | |
| 12 | | 社会责任<br>（30分） | 公共责任 | | |
| 13 | | | 道德行为 | | |
| 14 | | | 公益支持 | | |

图 5-6　自评诊断优势清单示例

准确识别问题是组织评价工作中的一项基础性工作,是组织补齐短板、管理提升的基础性工作。企业需要基于主要提升空间、改进机会,形成企业的问题清单,同时确定改进机会的优先次序。自评诊断问题短板清单示例如图5-7所示。

| 类目 | 条目 | 着重方面 | 管理领域 | 管理短板 | 问题类型 | 改进建议 | 改进牵头部门 | 改进配合部门 | 改进期限 |
|---|---|---|---|---|---|---|---|---|---|
| 1 领导 (110分) | 高层领导的作用 (50分) | 党的领导 | 坚持党的领导 | | | | | | |
| | | 确定企业发展方向 | 确定企业发展方向 | | | | | | |
| | | 双向沟通 | 沟通方式 | | | | | | |
| | | 营造良好环境 | 营造诚信守法环境 | | | | | | |
| | | 履行质量安全责任 | 落实安全风险管控 | | | | | | |
| | | 推进品牌建设 | "精彩奏安"文化理念 | | | | | | |
| | | 推动持续经营 | 未来接班人培养 | | | | | | |
| | | 重视绩效管理 | 重视绩效管理 | | | | | | |
| | 组织治理 (30分) | 治理因素 | 治理机制 | | | | | | |
| | | 关注高层领导综合考核评价结果 | 落实高层领导评价工作 | | | | | | |
| | 社会责任 (30分) | 公共责任 | 公共责任应对措施 | | | | | | |
| | | | 预见与应对隐忧 | | | | | | |
| | | 道德行为 | 道德规范 | | | | | | |
| | | | 诚信与信用 | | | | | | |
| | | 公益支持 | 积极参加公益活动 | | | | | | |

**图5-7 自评诊断问题短板清单示例**

## (五)编制自评诊断报告

根据前期自评诊断结果,结合管理成熟度评价标准,深入剖析管理优劣势,编制自评诊断报告(若是参评相关质量奖,公司只需要编写《自评报告》)。报告应揭示管理痛点、堵点和难点,并制订针对性的短板改进提升计划,按照轻重缓急确定管理短板的改进里程碑。应用先进管理工具,提出管理改进措施予以改进,建立管理提升项目库,在重点领域开展贯标,及时总结经验,形成自评诊断报告。自评诊断报告示例如图5-8所示。

在编制自评诊断报告时,采用"定性评语"与"定量打分""逐项评价"与"综合评价"相结合的原则开展。应尽量避免以下常见错误:

1.常见错误一:单纯罗列制度,缺少分析

支撑文件只是罗列公司的常规制度与流程,缺少工作总结、分析报告、典型经验、信息系统等。需要重点参考第四章的表4-1,从方法/展开/学习/整合各维度来阐述企业的做法,侧重方法的分析、展开的程度、应用的持续性、对已有方法的评价改进情况等。

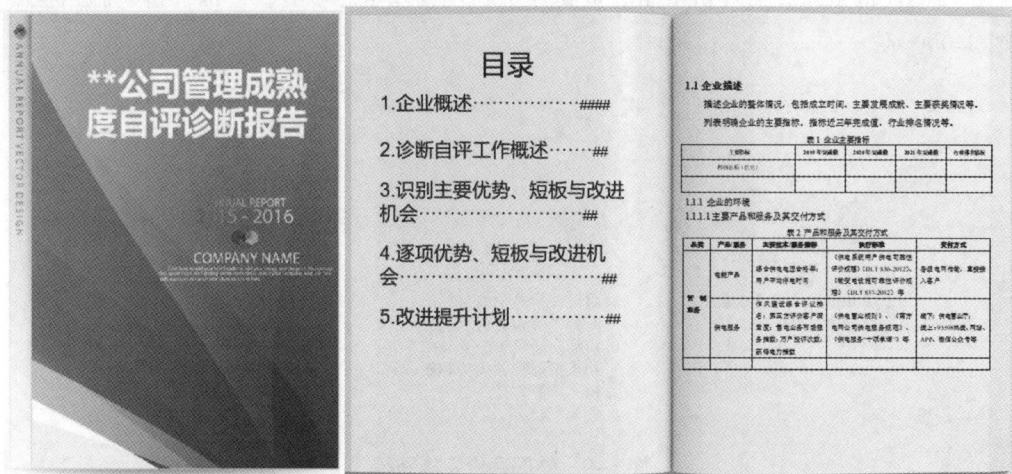

图 5-8　自评诊断报告示例

2. 常见错误二：现状评价不规范

具体表现为将现状评价当成是工作总结，侧重于描述该专业工作本年度的执行过程；现状评价未与评价要点相对应，出现描述不匹配或文不对题的情况，如错误地将培训内容归入学习成效这一评价要素。此外，还存在直接复制粘贴过程评价细则中的评价要点内容，导致内容空洞，缺乏具体性和针对性；更有甚者，篇幅冗长、语言文字不够精炼，缺乏重点。

3. 常见错误三：优势短板描述笼统，未体现特色

部分优势的描述过于概括和简单，没有呈现相关证据，没有挖掘本单位特色、亮点，或者把学习贯彻企业制度流程当作优势。同样，短板的描述不能仅归结在人员数量不足、能力欠缺等笼统的说法上，还需明确具体方面。

4. 常见错误四：自评得分随意，与得分说明不匹配

具体表现为自评得分时，主观判断过多，未能紧密贴合得分说明的具体要求；存在打分偏高现象，轻易赋予过多卓越水平评价。应重点参考本书第四章第一节的"五、卓越绩效评分指南及说明"。

## 二、外部评价

外部评价是指企业邀请外部单位，依据卓越绩效评价标准对其管理成熟度进行评价。结合自评结果及自评诊断报告，最终形成外部的评价结果。若外部评价专家主要来自本公司系统内，可称为第二方评价；若以外部单位专家为主，则称为第三方评价。通常，各层级质量奖的评审工作均采取第三方评价形式。

外部评价主要分为评价准备、资料评价和现场评审三步骤，外部评价实施路径如图 5-9 所示。

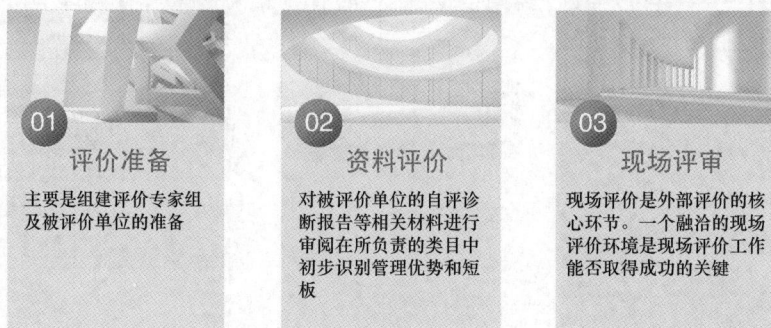

| 01 评价准备 | 02 资料评价 | 03 现场评审 |
|---|---|---|
| 主要是组建评价专家组及被评价单位的准备 | 对被评价单位的自评诊断报告等相关材料进行审阅在所负责的类目中初步识别管理优势和短板 | 现场评审是外部评价的核心环节。一个融洽的现场评价环境是现场评价工作能否取得成功的关键 |

图 5-9　外部评价实施路径

### （一）评价准备

评价准备方面，主要是组建评价专家组（第二方评价）及被评价单位的准备。

若是公司系统内的第二方评价，需要组建评价专家组。公司应在评价开始前第 15 天，按评价专业领域选取 7~9 名评审员，组建专家组，并根据评价类目进行分工。专家组可根据工作量分组，并邀请经验丰富的人员担任组长。应重点关注如下内容：

（1）原则上，一名组员负责一个专业类目的评价，工作量较大的专业类目可安排 2 人共同负责。

（2）每位组员编制所负责类目的评价综合报告和评价逐条报告。

（3）组长职责是督促组员遵守评价工作纪律；协助制订评价和访谈计划；审阅把关评价逐条报告和评价综合报告；统筹协调专家组资源，组织协商解决出现的问题。

（4）组员职责是遵守工作纪律，服从组长的工作安排；承担组内工作任务，完成评价报告的编制；汇报工作进展，积极参与讨论，及时传递与共享信息，并贡献个人见解与建议。

被评价单位的准备工作。被评价单位应做好以下迎检准备：

（1）被评价单位应在评价通知发布后 3 天内，向评价专家组提交本单位自评诊断报告，对照评价导则文件的各类目 / 条款，补充本单位的战略规划、工作报告、工作总结和重大管理创新成果等支撑材料。

（2）被评价单位应在现场评价前，编制全面质量管理工作汇报材料，包括但不限于组织概述、工作整体推进情况、主要做法及成效（自评诊断主要管理优势）、存在问题（自评诊断主要管理短板）及下一步工作打算等内容。

（3）被评价单位在现场评价前 5 天内，完成本次现场评价工作手册的编制工作，手册应明确现场评价工作的安排、调研行程、访谈人员名单、有关会议议程和后勤保障措施等内容。

## （二）资料评价

资料评价应在现场评审前第 7～15 天，专家组开始对被评价单位的自评诊断报告等相关材料进行审阅，在所负责的类目中初步识别管理优势和短板，编制管理成熟度评价逐条报告初稿。资料评价的步骤如下：

第一步：通读被评价单位的自评诊断报告，形成总体印象。

第二步：根据专业分工，对照评价导则，查找所负责条款的管理优势和短板，编写外部评价逐条报告初稿。

第三步：记录需要在现场评审中重点讨论、验证的内容，特别是自评诊断报告及有关材料中缺失、模糊、内容有冲突之处。

第四步：列出被评价单位需补充的材料清单，统一反馈至被评价单位。需求清单内容应与本次评价内容相关，包括但不限于被评价单位制定的制度文件、专业年度工作总结、方案计划等。

在开展资料评价过程中，应重点关注以下内容：

（1）组织概述是否阐述了组织的环境、组织的关系、组织面临的挑战和绩效改进系统等，这对于全面了解组织的管理情况起重要作用。阅读组织概述时，要从中提炼组织的关键因素，一一记录并与后续过程和结果条款相对应，进行逻辑闭环验证。

（2）领导、战略等类目内容是否有效对接组织的使命、愿景、价值观，核实关键绩效指标在各处的协调一致性。

（3）顾客与市场、资源配置、过程管理等类目内容是否结合战略重点，核实自评诊断报告的有关内容是否全面承接战略，并体现出产品和服务的管理重点。有关分析内容和数据是否真实、准确。

## （三）现场评审

现场评审是外部评价的核心环节。一个融洽的现场评审环境是现场评价工作能否取得成功的关键。现场评审流程包括现场参观、汇报会、集中访谈、现场访谈及反馈会五个部分。

第一步：现场参观，评审团队参观参评单位的主要工作场所、文化场所等，以获取对参评单位的大致了解。

第二步：汇报会，评审团听取参评单位关于自评诊断材料的汇报。

第三步：集中访谈，在汇报会后开展，参会人员与汇报会相同，由评审组提问，参评单位领导班子作答，相关部门进行补充。

第四步：现场访谈，大约历时 3 天，评审组分成多组，分别就战略、顾客与市场、资源、过程、测量分析与改进、结果类目对参评单位各部门主要负责人进行现场访谈。每天访谈结束后，评审组召开闭门讨论会，交流讨论访谈中发现的管理优势和短板，会议时长大概为 3h。在现场访谈过程中，应重点关注以下内容：

（1）现场观察。结合前期了解的管理现状、优势和短板，观摩有关人员的工作环境、表单、系统等，近距离了解业务运作的真实情况。如有必要，可以要求现场人员实际操作一项业务，观察流程运转情况和有关信息、资料等传递情况；与现场人员进行交流，了解他们对业务过程及管理方法的理解、认识，掌握有关制度、标准执行情况，了解业务异常处理过程，判断有关管理方法的可执行性、有效性等。

（2）资料查阅。查阅有关记录，了解业务开展情况和有关管理方法的执行情况、闭环情况等。

第五步：访谈结束后，举办反馈会。参会人员包括评审组成员、参评单位领导班子及各部门、单位主要负责人。会议议程包括反馈评价结果、提出工作要求及表态发言。评审组向参评单位反馈的评价报告分为主要优势、改进机会及全面质量管理工作评价三大部分。

## 三、质量奖申报

质量奖申报是开展外部评价的一种有效方式。当前，国内质量奖分为中国质量奖（国家市场监督管理总局举办）、全国质量奖（中国质量协会承办）及各地方质量奖，其评价规则大部分参考了《卓越绩效评价准则》（GB/T 19580—2012）。因此，企业可以通过参与质量奖申报的方式，对自身的评价结果进行复核。质量奖理念导入路径如图 5-10 所示。

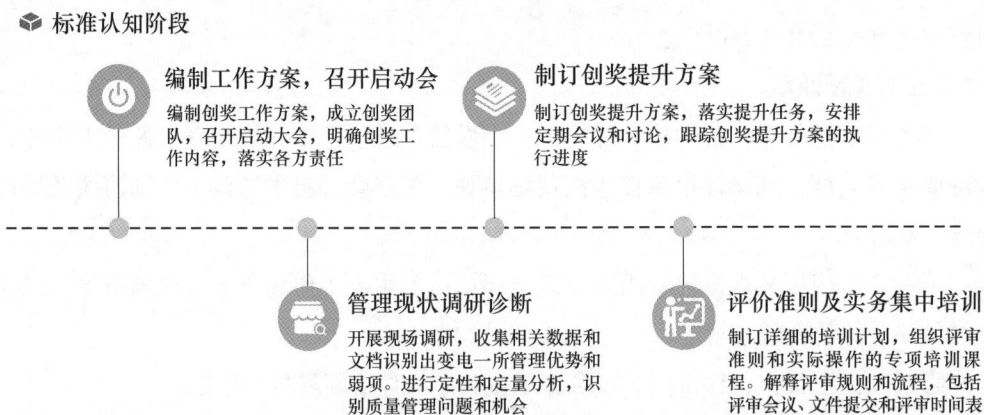

标准认知阶段

**编制工作方案，召开启动会**
编制创奖工作方案，成立创奖团队，召开启动大会，明确创奖工作内容，落实各方责任

**制订创奖提升方案**
制订创奖提升方案，落实提升任务，安排定期会议和讨论，跟踪创奖提升方案的执行进度

**管理现状调研诊断**
开展现场调研，收集相关数据和文档识别出变电一所管理优势和弱项。进行定性和定量分析，识别质量管理问题和机会

**评价准则及实务集中培训**
制订详细的培训计划，组织评审准则和实际操作的专项培训课程。解释评审规则和流程，包括评审会议、文件提交和评审时间表

图 5-10　质量奖理念导入路径

### （一）标准认知阶段 ❶

1. 编制工作方案，召开启动会

编制创奖工作方案，成立创奖团队，并召开启动大会，以明确创奖工作的内容，落实各方的责任。

2. 管理现状调研诊断

开展现场调研，结合前期自评结果，诊断出企业的管理优势和弱项，进行定性和定量分析，以识别质量管理中的问题和潜在机会。

3. 质量奖理念导入

制订详细的培训计划，组织关于评审准则和实际操作的专项培训课程。解释评审的规则和流程，包括评审会议、文件提交要求及评审时间表。

### （二）质量管理建设阶段

1. 推进各类管理优化提升

针对管理要素中识别出的问题和改进机会，需进行原因分析并制订改进计划。按照计划开展改进工作，确保有效执行，同时监督进度，及时解决出现的问题和挑战。通过优化跟踪评价和定期自我评审，持续收集反馈和建议，确保管理要素的持续改进。同时，员工的支持和培训是关键，需为其提供必要的资源和培训，以保障管理要素优化升级顺利进行。

2. 组建改善项目小组，明确改善项目范围

选拔具备全面质量管理知识及各专业业务能力的骨干成员，组建改善项目小组，并基于前期诊断出的短板和弱项，结合实际业务需求，明确改善项目的范围和目标，制订详细的项目改善计划。

### （三）自我评审阶段

1. 实施内部自我评审

组建内部自我评审团队，依据《卓越绩效评价准则》（GB/T 19580—2012）及《卓越绩效评价准则实施指南》（GB/Z 19579—2012）等标准文件，结合质量奖申报材料要求，编制内部评价报告，并对其质量进行审核，以确保符合政府质量奖的相关要求。同时，记录并分析自我评审结果，识别存在的问题和改进机会，提出明确的改进建议和计划。

2. 确定再改善项目范围

根据自我评审结果，确定下一轮改进项目的范围和目标，确保与先前的改进项目

---

❶ 杨全敏，孙良泉，刘天峰，等．政府质量奖管理模式编写指南［M］．北京：机械工业出版社，2022.

相互衔接，并制订详细的改进计划和执行计划，包括所需资源和时间表。

3. 确定再改善项目范围

针对自我评审中发现的问题和短板，开展针对性的改进活动，并持续监测改进进展，同时为员工提供支持和培训指导，确保改进活动的成功实施。

**（四）评奖准备阶段**

1. 创奖报告编写与申报

制定创奖报告模板和指南，确保报告的结构和内容符合政府质量奖的要求，按要求提交申报材料，确保它们能按时、正确地提交给政府质量奖评审机构。

2. 编写答辩材料

编写答辩材料，内容需涵盖对政府质量奖评审委员会可能提出的问题和疑虑的回应。确保答辩材料表述清晰、逻辑严密，能够清晰阐述相关成果。

3. 整理评审佐证材料

整理评审所需的各类佐证材料，包括但不限于数据、证据和案例研究。确保这些材料易于访问和检索，同时提供详细的索引和说明，以便评审委员会理解材料的背景和用途。

4. 评审模拟实战演练

进行模拟评审会议，模拟评审委员会的提问场景及答辩成员的回应过程。通过此方式，帮助答辩成员熟悉评审流程和要求，提高其应对能力。演练结束后，提供反馈和建议，以改进答辩技巧和表现。

5. 辅导企业宣传造势

制订宣传计划，策划宣传活动，如利用社交媒体平台发布信息、发布新闻稿及编发内部通信等，旨在广泛宣传企业的质量管理模式及所取得的成效，从而营造浓厚的质量管理和追求卓越的氛围。

# 第三节　改进与提升

在完成评价与分析工作后，企业应对照评价诊断的结果，进行持续的改进与提升。企业不应追求一步到位的改进效果，而应追求稳步的提升，确保改进提升的举措扎实有效，真正落到企业管理的实处。

本节将结合国内先进企业的改进提升经验，介绍一条通用的路径：构建改进项目库、实施改进、对标交流，改进提升路径如图5-11所示。

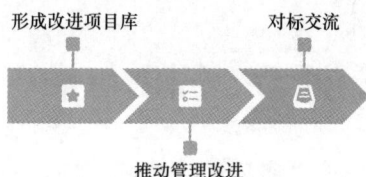

图 5-11　改进提升路径

## 一、形成改进项目库

改进提升项目梳理。运用卓越绩效 ADLI 基本分析评价框架，建立卓越绩效管理的"改进提升项目库"，明确各项目的改进提升点、总体改进措施及负责部门。并从重要性、紧迫性和可行性等维度进行综合评价，对改进提升项目进行优先级排序，形成卓越改进提升项目库。

## 二、推动管理改进

本环节主要是根据成熟度自评诊断结果，明确改进提升目标，针对需改进的薄弱环节制订年度改进计划。通过立项方式，组织各层级员工参与实施改进，必要时，邀请内外部专家定期开展专题辅导，深度参与解决改进与提升实施过程中的难点问题。

推动管理改进的重点在于坚持边改进、边提升、边总结的原则。企业质量管理部门应建立改进提升成效评估机制，保证改进评估工作有遵循、有章法、有步骤。针对各改进提升任务定期开展闭环验收，确保整改提升效果落到实处。同时，及时将改进提升的成果融入业务流程和制度，充分应用适配该领域的管理工具解决相关问题。

## 三、建立对标先进交流机制

选择行业内外公认的标杆企业作为对标对象，总结标杆企业成功经验和推行全面质量管理的实践经验，评估管理模式升级的实施效果，开展全业务、全过程的对标活动，通过与标杆的各业务领域关键指标对比、管理模式对比，全面分析、识别与标杆的差距；选择外部标杆开展对标学习交流，学习标杆的成功经验，并将其转化为内部能力提升要求。通过核心能力的培育、短板提升计划的实施、管理模式的优化等方式，进一步推动公司全面质量管理模式的持续优化，实践路径不断完善，让质量管理模式有长久的生命力。❶

---

❶　岳若兰 . 全面质量管理在制造企业中的应用与提升策略［J］. 上海质量，2023（05）：64-67.

# 第四节　固化与推广

全面质量管理的推广是一个循序渐进的过程，难以一蹴而就。为确保全面质量管理理念能够真正应用并发挥其作用，企业需从基层或某专业领域选择试点单位展开先行先试。在试点过程中，积累经验、完善机制，而后逐步扩展至更多单位和部门，形成由点到面、深入推进的格局。这一过程需依据企业实际情况，制订详尽的推进规划，分阶段、分步骤进行，同时做好对标与自我评价、问题诊断与改进提升等工作，推动全面质量管理逐步向体系化和规范化方向发展，使全面质量管理与企业发展深度融合。

## 一、总结提炼

### （一）总结提炼实施经验

企业应定期固化试点部门或单位在管理中取得的成功做法和宝贵经验，编制并发布《全面质量管理优秀案例汇编》，建立"管理成果库"，总结开展全面质量管理工作的经验和方法，以便系统内／公司内其他部门或单位借鉴与学习。

### （二）强化交流分享

定期召开交流会、研讨会和总结会，加强全面质量管理相关工作经验的分享和总结，促进全面质量管理理念和方法的普及与落地。基于试点单位的优秀经验，在企业分层分类推广，并充分利用信息共享平台，加强过程资料、指标数据、工作成效等资源的共享。

### （三）建立长效机制

全面质量管理需要构建闭环管理机制，通过"评价—诊断—改进—提升"的循环不断优化企业管理。具体而言，需建立科学的评价体系，明确改进计划并提供资源保障；强化过程跟踪和效果评估，持续优化改进措施；同时，定期开展新的评价与诊断，形成良性循环。此外，企业需完善人员培养机制，制定多样化的培训计划和课程体系，通过内部培训、外部培训等方式，培养懂业务、懂管理、懂评价的高素质骨干。最后，建立激励机制，通过奖励措施、荣誉表彰和物质奖励等方式，提升各部门及员工参与管理改进的积极性，充分发挥示范引领作用，推动企业整体管理水平的持续提升。

## 二、创建特色"全面质量管理模"

企业应以支撑公司战略落地为根本出发点，导入全面质量管理理念，整合已有的管理方法，创建自身特色的全面质量管理模式，厘清各专业板块与全面质量管理的关系，推动企业现有管理模式的全面升级。

## （一）全面质量管理模式提炼原则

独特性：管理模式是对企业超越竞争对手、取得成功的最佳实践的总结。因此，管理模式需要创新点，即在常规做法基础上的创新点和有效做法。

科学性：管理模式应具备科学性。管理模式是一种成功的管理实践，这种实践是稳定的、可复制的。

实效性：有前景的管理实践在成为普遍要求之前，必须经过验证以确定其是否能成为高水平绩效的驱动因素。这种验证需要广泛的实践和相应的绩效数据作为有力依据。

创造价值：管理模式是否有效取决于其能否为客户开发并创造价值。能够为客户提供优质的产品与服务的质量管理体系即为优秀的管理模式。

创新性：创新是指实施有意义的改变，通过改进组织的产品、服务、项目、经营过程、运营和商业模式，为组织的相关方创造新的价值。[1]

## （二）全面质量管理模式提炼路径

管理模式是对组织以往优秀经验的总结和提炼，进而对此进行推广。管理模式的提炼不是简单的经验和工作成就的总结，而是一项系统工程，包括策划培训、管理现状诊断、管理经验总结、管理模式提炼、模式推广应用五个步骤。

## （三）全面质量管理模式提炼注意事项

鉴于各企业所处的环境、内部资源及发展阶段各异，通用的最优管理模式并不存在。因此，在选择和设计具体管理模式时，应量体裁衣，不应只关注具体的管理模式的形式，而应就成功管理模式背后的深层因素进行分析，弄清其适用的具体条件和假设，从而寻找合适的管理模式，或创造条件以达到某种管理模式所必需的环境。

为了更好地理解和应用质量管理模式，需要对质量管理模式的背景情况、创新特点、特色做法、关键结果及推广价值进行系统梳理，这样才能理解管理模式形成的逻辑和指导作用。

# 三、培育特色的质量文化

## （一）树立经营管理标杆

通过推行全面质量管理，推进管理的优化升级，打造企业最佳工作实践，形成

---

[1] W.爱德华兹·戴明论质量管理［M］.钟汉清，戴久永，译.海口：海南出版社，2003.

一批具有可复制、可持续的高质量管理标杆示范。在组织方面，可以建立"质量管理标杆""质量文化标杆"等奖项；在个人方面，建立"质量管理之星""卓越示范岗""优秀全面质量管理自评师"等奖项。

### （二）扩大品牌影响

梳理全面质量管理的成果，提炼管理模式，并编制申报奖项材料以参与政府和行业质量奖评选，这不仅能从第三方视角评估企业管理水平，还能推动管理工作进步，提升企业知名度和美誉度。通过社会责任报告展示质量管理的最佳实践和文化。与供应商、承包商等相关方合作，在行业内推广全面质量管理理念，增强各方信任与合作，促进全过程质量控制与协同，树立企业在外部的良好形象。❶

### （三）文化培育

企业应重视培养质量文化，将质量作为核心价值观的一部分，并通过多种方式激励员工参与质量管理，提高员工参与度，营造注重质量的工作环境。企业需不断总结和提炼具有自身特色的方法和价值观念，开展多样化的质量文化活动，以增强全员的质量意识和文化支持。按照文化建设的四个层面——制度层、精神层、行为层、物质层，逐步推进质量文化的建设工作。具体的质量文化建设内容及方法，请参见本书第七章的"质量文化与变革"。

---

❶ 黄莹，周福新，李清立.基于卓越绩效模式的建筑工程质量管理研究［J］.工程管理学报，2016（02）：109–113.

"工欲善其事，必先利其器。"

——《论语·卫灵公》

# 全面质量管理技术与工具

通过阅读本章，读者可以了解质量管理的五个关键环节：质量策划、质量控制、质量评估、质量改进和质量保证，如图 6-1 所示。典型场景中运用的管理技术与工具，读者可以根据自身需要借鉴合适的质量管理技术与工具，帮助企业踏上卓越绩效之路。

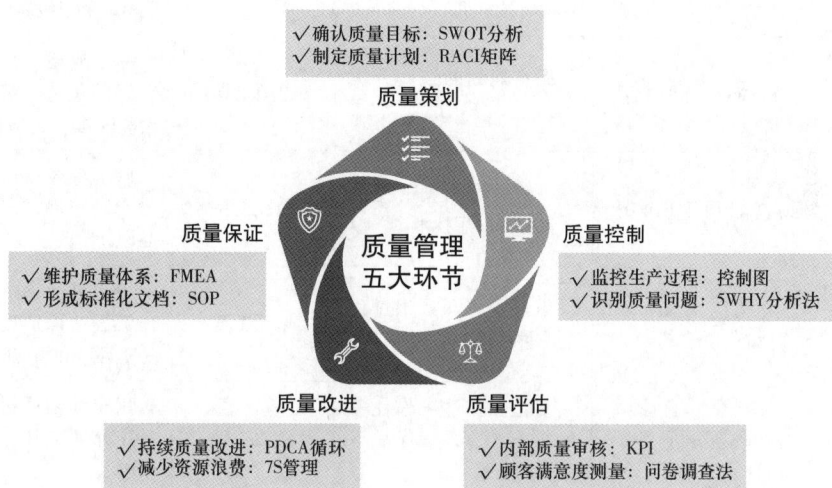

**图 6-1　质量管理五大关键环节**

# 第一节　质量策划技术与工具

质量策划作为质量管理的起点，涉及确定质量目标、制订质量策划和质量控制计划。在这个阶段，组织需明确产品或服务的质量标准，制定相应的策略和方法，并确立实施质量控制的措施。质量策划的目标是确保产品或服务能够满足客户需求和期望，以此提高客户满意度。

常见的质量策划技术与工具有 SMART 原则、RACI（responsible= 代表负责人；accountable= 批准人；consulted= 咨询人；Informed= 知情人）矩阵、甘特图、SWOT（strengths= 优势；weaknesses= 劣势；opportunities= 机会；energy= 能量）分析、质量功能展开（quality function deployment，QFD）等，质量策划环节可使用的管理技术与工具见表 6-1，对质量策划环节能用到的常见管理技术与工具做了梳理，对每一种工具的应用复杂程度和应用场景进行了阐述。以下将围绕确定质量目标和制订质量计划两项工作,着重介绍 SWOT 分析、RACI 矩阵两种工具。

表 6-1　　　　　　　　　质量策划环节可使用的管理技术与工具

| 序号 | 工具名称 | 工具说明 | 工具复杂程度 | 应用场景 |
|---|---|---|---|---|
| 1 | SMART 原则 | 常用的目标设定原则 | 单项工具 | 用于目标设定,确保目标清晰且可实现 |
| 2 | RACI 矩阵 | 常用的项目管理工具 | 单项工具 | 用于分配、管理任务和责任 |
| 3 | 甘特图 | 最常用的项目控制管理的有效工具 | 单项工具 | 用于项目管理中的时间规划和进度跟踪 |
| 4 | SWOT 分析 | 战略规划的经典分析工具 | 单项工具 | 用于战略规划,分析组织的优势、劣势、机会和威胁 |
| 5 | 质量功能展开(QFD) | 一种顾客驱动的先进质量管理应用技术 | 集成工具 | 用于将客户需求转化为产品特性,常用于产品设计阶段 |
| 6 | 流程图 | 用来了解和认识过程的一种图形 | 单项工具 | 用于可视化过程和工作流程,识别流程中的关键环节和潜在问题 |
| 7 | 作业分析 | 细化和描述工作任务的每个步骤,确保执行效率和质量 | 集成工具 | 用于详细分析和记录特定作业或任务的每个步骤 |
| 8 | 需求分析 | 系统地收集和分析用户需求,定义产品功能和性能 | 集成工具 | 用于收集和分析客户需求,适用于产品开发初期 |
| 9 | 风险评估 | 识别项目或过程潜在的风险点,预测可能的影响和后果 | 集成工具 | 用于识别和评估项目或过程中的潜在风险 |
| 10 | 目标设定理论 | 用于设定清晰的质量目标和期望的方法 | 集成工具 | 用于设定清晰的质量目标和期望,确保团队明确方向 |

## 一、确定质量目标

确定质量目标是质量管理过程的首要步骤。这一步骤的目的是明确组织希望通过其产品或服务达到的质量水平。这些目标不仅应该反映出顾客的需求和期望,而且还应该是具体、可衡量、可达成、相关和具有时限的(即遵循 SMART 原则)。确定质量目标的过程中,组织需要综合考虑市场调研、顾客反馈、内部能力评估和外部环境因素等多方面的信息。

## （一）工作内容

（1）市场和顾客需求分析：这一阶段的核心是深入了解市场趋势和顾客期望。组织应通过市场调研和顾客满意度调查等方式，收集和分析数据，以明确顾客对产品或服务的具体需求和质量标准。

（2）内部能力和资源评估：组织需要评估自身的生产能力、技术水平、人力和财务资源等，以确定在现有条件下能够实现的质量目标。这一评估有助于组织识别在追求质量目标过程中可能面临的挑战和限制。

## （二）应用的质量管理工具

（1）SWOT分析：通过分析组织的优势、劣势、机会和威胁，帮助组织全面了解影响质量目标设定的各种因素，从而作出更加明智的决策。

（2）质量功能展开（QFD）：QFD是一种将顾客需求（如期望和偏好）转化为产品设计或服务流程中的具体参数和特性的方法。这样做，可以确保质量目标的设定与顾客需求紧密相连，增加实现这些目标的可能性。

### SWOT 分析

1.SWOT 分析定义

SWOT 分析，亦称为 TOWS 分析法或道斯矩阵，是一种策略规划工具。它通过识别研究对象的内部优势（strengths）与劣势（weaknesses），以及外部的机会（opportunities）和威胁（threats），采用矩阵形式进行排列和系统分析。此方法的核心在于将各因素相互匹配，以便制定出具有决策性的策略。

2. 应用步骤或要点

SWOT 分析以系统思维将问题诊断和解决策略紧密结合，提供清晰的分析框架以确保工作的完整性。该分析过程以主要竞争对手为参考，通过比较分析找出自身的优缺点及潜在的挑战和机会。这种方法有助于清楚地理解策略方向，促进有效决策。

但该工具在应用过程中，可能会受到如下限制的影响：

（1）时代的局限性。SWOT 模型没有考虑到改变现状的主动性。企业可以通过寻找新的资源来创造企业所需要的优势，从而达到过去无法达成的战略目标。

（2）思维受限，影响创新。SWOT 模型因为是与参照物对比，思维会受制于参照物和自身业务惯性，从而降低了创新的可能性。

3. 应用案例——SWOT 分析法及其在企业战略管理中的应用 ❶

下面以某电网企业为例，论述如何运用 SWOT 分析法选择有效的发展战略。

（1）企业现状。S 供电局主要负责 S 地区的电网建设和运营管理。近年来，S 供电局发展成果显著，规模及主营业务收入不断增长，截至 2015 年底，企业资产达到 49 亿元，销售收入 26 亿元，共有 35kV 及以上输电线路 1817km、变电站 33 座、主变压器容量 425 万 kVA，供电用户总数量达到 78 万户。在致力于创先发展的过程中，S 供电局形成了以价值为驱动的发展模式，具有良好的发展前景。

（2）内外环境因素分析。从外部环境的机会来看，国家推进城镇化建设和新一轮农村电网改造升级契机，为加快电网建设提供了很好的机遇。S 地区拥有得天独厚的区位优势，地区经济的快速发展也为售电市场的拓展创造了有利条件。S 供电局要抓住这些发展的契机，做大做强网架结构，建设与地区经济发展相适应的现代化电网。

从外部环境的威胁来看，随着电力体制改革的实施，输配电价改革将对企业的盈利模式带来深远的影响，以投资建设驱动的发展模式将面临转变。另外，地区经济发展也对电力质量和服务提出了更高要求，企业将面临"供上电"和"供好电"的双重压力。S 供电局必须更加注重企业内部资源整合和优化配置，提高综合经营效益。

从内部环境的优势来看，S 供电局具有发展提升潜力大、客户关系稳固、服务品牌效应突出等优势，特别是近年开展创先工作以来，创先实践的成果让全局员工看到了企业的前景和未来，形成了迎头赶上的良好氛围，这些优势为企业加快发展奠定了坚实的基础。

从内部环境的劣势来看，S 供电局仍存在基础管理薄弱、管理模式粗放、管理体制与企业发展要求不匹配、县级子公司短板明显等问题。因此，S 供电局要加快推进管理精益化，强化体制机制创新，着力解决好制约企业发展的瓶颈问题。

（3）构建 SWOT 分析矩阵。根据上述的内外环境因素分析，可以构建形成如图 6-2 所示的 SWOT 矩阵。

（4）基于 SWOT 的战略选择。从内外部环境的综合分析中可以看出，目前 S 供电局内在资源优势较为明显，而拥有的外在机会也较多，这是企业实施增长

---

| 外部环境 | 内部条件 | |
|---|---|---|
| 机会（opportunities） | 优势（strengths） | 劣势（weaknesses） |
| （1）国家城镇化建设和新一轮农村电网改造升级，为加快电网建设提供了机遇；<br>（2）输配电价机制的建立，有利于电网企业的长远发展；<br>（3）地区经济的快速发展，为售电市场拓展创造有利条件；<br>（4）S地区拥有得天独厚的区位优势，为企业发展提供了广阔空间；<br>（5）区域联动为企业加快发展提供了契机 | （1）作为直属供电企业，具有资金和技术支持力度充足的优势；<br>（2）企业具有管理灵活的特点，有利于推行管理精益化；<br>（3）企业与地方政府、用电客户等相关方的关系密切；<br>（4）创先积累的实践经验，有助于指标等方面的快速提升；<br>（5）企业人力资源潜力巨大，具有人心思齐的优势 | （1）县级子公司管理不规范，成为制约企业发展的主要短板；<br>（2）整体冗员与结构性缺员并存，无法满足专业化管理要求；<br>（3）基础管理较为薄弱，关键指标等排名目前仍较为靠后；<br>（4）管理模式较为粗放，部分流程存在衔接脱节的现象；<br>（5）员工对服务型企业的认识有待提高 |
| 威胁（threats） | SO | WO |
| （1）网架结构不够坚强，配电网建设滞后于经济发展；<br>（2）投资建设驱动型的发展模式面临转变；<br>（3）新电改后，售电市场的放开，将使市场竞争更加激烈；<br>（4）经济社会发展对供电质量和服务提出更高要求；<br>（5）树线矛盾等影响电网安全的问题将长期存在 | （1）利用国家政策机遇，加快电网建设步伐；<br>（2）利用地区经济增长的契机，进一步扩展售电市场，扩大服务品牌的影响力；<br>（3）加强与区域联动单位对标学习，取长补短增强发展优势 | （1）向县级子公司倾斜发展资源，实现子公司与直管单位管理模式的接轨；<br>（2）完善人才结构，制定有效的激励机制和职业发展机制；<br>（3）实施集约化管理，提高统筹协调配置资源能力；<br>（4）优化跨专业流程，健全"大服务"机制，强化横向协同 |
| | ST | WT |
| | （1）关注地区经济的发展动向，全力做好电力供应；<br>（2）加大电网升级改造力度，确保电网安全稳定运行；<br>（3）提升企业价值创造能力，注重向管理要效益；<br>（4）加大供电可靠性和供电产品质量的过程管控，提升服务能力 | （1）推进精益化管理，提升核心业务的运转效率；<br>（2）开展线性清理等专项工作，提高电网安全水平；<br>（3）加大降损工作力度，确保资产的保值增值；<br>（4）强化作风建设，持续提升队伍整体战斗力 |

图 6-2  SWOT 矩阵

型 SO 战略的基础所在。但同时，企业的短板问题也较为明显，如网架结构不强、管理基础薄弱、管理模式粗放等，这些都是战略提升的重点，需要进一步改进与克服。

基于上述的 SWOT 分析，得出 S 供电局大致的战略选择如下：一是建设适度超前的现代化电网。抓住国家政策和地区经济发展的机遇，加大电网投资建设力度。通过优化主网、做强配电网、升级农村电网，提高供电可靠性和供电质量，推动电网向智能、高效、可靠、绿色的方向发展。二是做强、做优、做大主营业务。抓住企业盈利模式转变的契机，通过强化电网发展与保障能力、优化投资和经营策略、做大企业有效资产，着力做好供电普遍服务，拓展市场化售电业务，持续提升企业价值创造能力。三是着力推进体制机制创新。抓住电力体制改革的契机，通过完善现代企业制度、完善创新驱动机制、强化主营业务的管控，提升企业运营能力与运营效率。

## 二、制订质量计划

制订质量计划是确定质量目标之后的下一个关键步骤。这一阶段的主要目的是制订详细的行动计划，以实现前一步骤中设定的质量目标。这个计划应该包括具体的任务、责任分配、时间表、所需资源及如何监控和评估实施过程的方法。

## （一）工作内容

（1）任务和活动的规划：在明确了质量目标后，下一步是制订实现这些目标的详细行动计划。这包括确定需要采取的具体措施，如改进产品设计、优化生产流程、进行员工培训等，以及这些活动的优先级排序。

（2）资源分配和时间规划：质量计划还需明确所需资源的分配（包括人员、材料、设备和财务资源）和具体的时间安排。这个过程需要确保资源的有效利用，避免资源浪费，并且制定实际可行的时间表，以促进计划的顺利实施。

## （二）应用的质量管理工具

（1）RACI 矩阵：这是一种清晰定义项目任务中各参与者角色和责任的工具。

（2）甘特图：甘特图是一种流行的项目管理工具，用于规划、协调和跟踪项目任务的时间安排。通过可视化地展示项目的整体时间线和各个任务之间的关系，帮助项目团队成员理解他们的任务何时开始、何时结束，以及各项任务之间如何相互依赖。

# 第二节　质量控制技术与工具

质量控制是质量管理过程的核心，包括产品或服务的检验、测试和监控。在这一环节，组织需要采集和分析质量数据，以便及时识别和纠正产品或服务中的问题。质量控制的目的在于确保产品或服务在生产过程中的各个环节均符合质量要求，从而提升产品或服务的一致性和可靠性。

常见的质量控制技术与工具有控制图、统计过程控制（SPC）、5WHY 分析法、因果矩阵等，相关工具的应用场景详见表 6-2。以下围绕监控生产过程和识别质量问题两项工作着重介绍控制图、5WHY 分析法两种工具。

表 6-2　　　　　　　　　质量控制环节可使用的管理技术与工具

| 序号 | 工具名称 | 工具说明 | 工具复杂程度 | 应用场景 |
|---|---|---|---|---|
| 1 | 控制图 | 用于分析和判断过程是否处于稳定状态 | 单项工具 | 用于监控生产过程，确保过程稳定且符合质量要求 |
| 2 | 流程能力指数（CpK） | 衡量过程稳定性的统计指标 | 单项工具 | 用于衡量过程的统计能力和稳定性 |

续表

| 序号 | 工具名称 | 工具说明 | 工具复杂程度 | 应用场景 |
|------|----------|----------|--------------|----------|
| 3 | 统计过程控制（SPC） | 一系列统计方法的集合，用于监控和控制生产过程 | 集成工具 | 用于监控和控制生产过程的质量稳定性 |
| 4 | 5WHY分析法 | 一种常用的诊断性技术 | 单项工具 | 用于追根溯源，找出问题的根本原因 |
| 5 | 因果矩阵 | 常用的根因分析工具 | 单项工具 | 用于分析和显示不同因素之间的相互关系 |
| 6 | 帕累托分析 | 一种图表，用于识别少数关键因素导致的大多数问题 | 单项工具 | 用于识别导致大部分问题的关键因素 |
| 7 | 直方图 | 一种统计图表 | 单项工具 | 用于分析数据集的分布特征 |
| 8 | 检查表 | 用于记录和检查一系列要点的清单 | 单项工具 | 用于标准化质量检查流程，确保不遗漏关键检查点 |
| 9 | 六西格玛方法 | 一套旨在减少变异和提高质量的管理方法和技术 | 集成工具 | 用于减少过程变异，提高产品和服务的质量 |
| 10 | 样品检验 | 检验和评估一部分产品样本以推断整体产品质量 | 集成工具 | 用于通过抽样检验评估产品质量的一致性和合格率 |

## 一、监控生产过程

监控生产过程是质量控制的核心环节，它确保生产活动在整个过程中均符合既定的质量标准和规范。有效的生产过程监控可以及时发现过程偏差，预防质量问题的发生，从而保障产品或服务的质量一致性和可靠性。

### （一）工作内容

（1）实时数据收集：这一步涉及系统地收集生产过程中关键参数的数据，如温度、压力、生产速度等。这些数据的收集可以是定期的或连续的，关键在于确保所收集的数据能够准确地反映生产状态，从而为过程性能的评估提供可靠的信息基础。

（2）过程性能监控：利用收集到的数据，对生产过程的稳定性和整体性能进行详细分析。这包括使用统计方法来识别生产过程中可能出现的任何质量问题趋势或异常现象，并基于这些分析结果采取相应的预防措施，以避免质量问题的发生。

### （二）应用的质量管理工具

（1）控制图：控制图是一种强有力的工具，通过将生产过程数据在图形上展示出来，可以清晰地显示出生产过程的稳定性及任何潜在的异常或趋势。这有助于团队及时识别并处理生产过程中可能出现的问题。

（2）统计过程控制（SPC）：SPC专门用于监控和控制生产过程，以确保生产过程的稳定。通过对生产过程数据的统计分析，帮助团队识别出过程变异，从而实现对质量变异的有效控制。

## 控制图

### 1. 控制图定义

控制图（示意图见图6-3），也称为质量管理图或质量评估图，是一种基于统计假设检验原理设计的图表，用以监测和判断生产或服务过程的稳定性。作为统计质量管理中的一个核心工具，控制图通过在直角坐标系上绘制数据点来反映过程表现，辅以三条平行线标示过程变异的界限：中心线代表过程的平均性能，而上、下两条控制线界定了过程变异的正常范围。样本数据按时间序列采集，并以点的形式表示呈现在图上，通过这些点的分布与趋势，可以判断过程是否在受控状态。

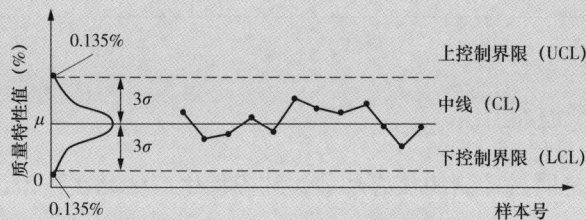

图 6-3　控制图示意图

### 2. 应用步骤或要点

（1）绘制控制图的一般步骤。制作控制图一般要经过以下几个步骤：

1）按规定的抽样间隔和样本大小抽取样本。

2）测量样本的质量特性值，计算其统计量数值。

3）在控制图上描点。

4）判断生产过程是否有并行。

（2）应用要点。控制图为管理者提供了许多有用的生产过程信息时，应注意以下几个问题：

1）根据工序的质量情况，合理地选择管理点。管理点一般是指关键部位、关键尺寸、工艺本身有特殊要求、对下工存有影响的关键点，如可以选质量不稳定、出现不良品较多的部位为管理点。

2）根据管理点上的质量问题，合理选择控制图的种类。

3）使用控制图做工序管理时，应首先确定合理的控制界限。

4）控制图上的点有异常状态时，应立即找出原因，采取措施后再进行生产，这是控制图发挥作用的首要前提。

5）控制线不等于公差线，公差线是用来判断产品是否合格的，而控制线是用来判断工序质量是否发生变化的。

6）控制图发生异常时，要明确责任，及时解决或上报。

3. 应用案例——控制图在监控变电站电压稳定性中的应用

在电网运营中，维持电压的稳定性对于保证电力系统的可靠性和设备的安全运行至关重要。变电站作为电力系统的重要节点，其输出电压的稳定直接影响下游用户的电力质量。因此，电网公司会采用多种监测工具和技术来确保电压的稳定性，其中，控制图是一个常用的质量控制工具。

案例选取了 M 电网公司的变电站，通过一周内的连续监测数据来分析电压稳定性。该变电站负责将高电压输电线路的电力转换为适用于商业和住宅用途的电压水平。监测周期选取了一周时间，每天的平均电压值（单位：kV）见表 6-3。

表 6-3 　　　　　　　　　　　　电压监测数据

| 序号 | 星期 | 电压值（kV） |
|---|---|---|
| 1 | 周一 | 220.1 |
| 2 | 周二 | 219.8 |
| 3 | 周三 | 220.4 |
| 4 | 周四 | 219.9 |
| 5 | 周五 | 220.3 |
| 6 | 周六 | 219.7 |
| 7 | 周日 | 220.2 |

为了分析电压值的稳定性，绘制了一个控制图（见图6-4），它包括中心线（CL）、上控制限（UCL）和下控制限（LCL）。控制图的中心线代表平均电压值，是所有测量值的算术平均数。在这个案例中，中心线的电压值为220.06kV。上控制限和下控制限分别设定为平均值加减三倍的标准差（±3σ），这是因为统计学中认为，如果过程处于控制状态，那么几乎所有的数据点（99.73%）都应该落在这个范围内。计算得到的上控制限为220.79kV，而下控制限为219.32kV。

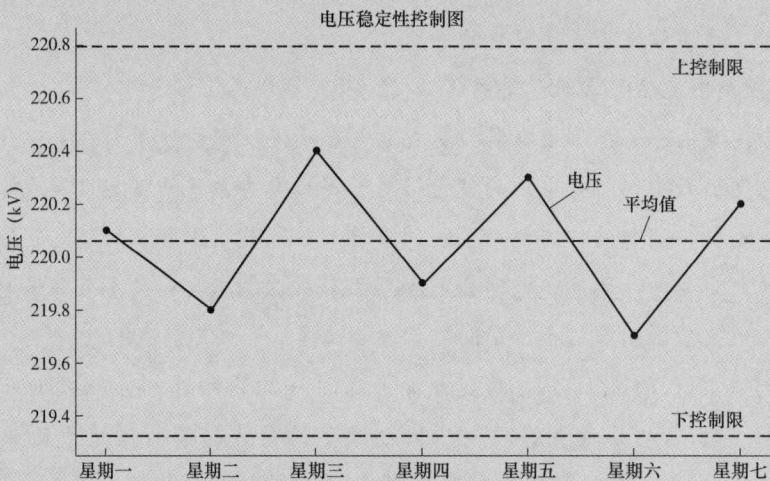

图 6-4 控制图

通过一周的数据监测，观察到所有的电压读数均位于上、下控制限内，这表明电压维持在一个相对稳定的水平，没有显示出系统性的变化或异常波动。这种控制图的实时监测和分析对于电网运营人员来说至关重要，它不仅能够提供电压稳定性的即时快照，还能够帮助运营人员预测未来可能的趋势和偏差，从而采取及时的调整措施，确保供电的连续性和可靠性。此外，控制图也是一个强大的通信工具，能够帮助技术和管理团队共享和理解电压稳定性的信息，以便共同作出基于数据的决策。

## 二、识别质量问题

识别质量问题是在生产过程或通过产品检验中发现潜在的或实际的质量偏差。这一环节关键在于快速准确地找出问题所在，以便采取适当的纠正措施，防止不合格品流入市场。

**（一）工作内容**

（1）问题识别：在生产过程监控或产品检验中，一旦数据显示出异常，迅速准确地识别问题的本质和严重程度成为首要任务。这包括分析异常数据，确定问题发生的阶段，并评估可能的影响范围。

（2）根本原因分析：识别问题之后，下一步是进行深入的分析，以确定造成质量偏差的根本原因。这个过程可能涉及跨部门的合作，目的是找到问题的源头，并制定出有效的纠正措施，以防止同类问题的重复发生。

**（二）应用的质量管理工具**

（1）5WHY分析法：通过连续提问"为什么？"直至问题的根本原因被揭示出来，5WHY分析法是一种简单而有效的技巧，帮助团队深入问题的核心，从而找到解决问题的关键所在。

（2）鱼骨图分析（因果图/石川图）：鱼骨图分析是一种用于系统地识别和展示导致特定问题或效果的各种原因的方法。通过将潜在原因按类别分组（如人员、设备、材料、方法、环境等），鱼骨图帮助团队识别问题的根本原因，并促进跨部门合作以制定有效的解决策略。该方法特别适用于复杂问题的原因分析，为团队提供了一个直观的讨论和分析平台。

# 第三节　质量评估技术与工具

质量评估环节致力于评估和审查质量管理工作，确保质量管理体系的有效运行和持续改进。这一过程涉及内部和外部评估（如内部安全规程审核和外部运营合规性检查等），旨在评估质量管理体系的符合性和有效性。质量评估的目标是发现并解决质量管理中的问题，推动质量体系的持续改进。

常见的质量评估技术与工具有内部审计清单、关键绩效指标（key performance indicator，KPI）、问卷调查法、客户满意度调查等，相关工具的应用场景详见表6-4。以下将围绕内部质量审核和顾客满意度测量两项工作，着重介绍关键绩效指标（KPI）、问卷调查两种工具。

表6-4　　　　　　　　　　质量评估环节可使用的管理技术与工具

| 序号 | 工具名称 | 工具说明 | 工具复杂程度 | 应用场景 |
|---|---|---|---|---|
| 1 | 内部审计清单 | 详细列出质量审核的标准和要点 | 单项工具 | 用于指导内部审核，确保流程的符合性 |

续表

| 序号 | 工具名称 | 工具说明 | 工具复杂程度 | 应用场景 |
|---|---|---|---|---|
| 2 | 关键绩效指标（KPI） | 量化指标，用于衡量质量管理体系的效能 | 单项工具 | 跟踪和评估质量管理的性能和效果 |
| 3 | 问卷调查法 | 一种通过设计一系列问题来收集数据和信息的研究工具 | 单项工具 | 用于市场研究、社会学研究、心理学研究及顾客满意度和产品反馈收集等 |
| 4 | 客户满意度调查 | 收集客户反馈以评价产品和服务的质量 | 单项工具 | 用于收集客户反馈，评估服务或产品质量 |
| 5 | 符合性评估工具 | 分析和确定组织的操作与标准的一致性 | 集成工具 | 评估组织的质量管理体系的标准符合度 |
| 6 | 质量成熟度模型 | 评估和发展组织质量管理能力的框架 | 集成工具 | 识别组织质量管理的成熟度和改进领域 |
| 7 | 标准检查列表 | 对照行业和内部标准进行质量审核的清单 | 单项工具 | 用于标准化质量检查和内部自我评估 |
| 8 | 监控和测量技术 | 用于定量跟踪质量绩效和成果的工具 | 集成工具 | 监控质量管理体系的效果和持续改进的进展 |
| 9 | 性能趋势分析工具 | 分析质量数据的变化趋势和潜在的不符合项 | 集成工具 | 用于发现质量管理中的趋势和问题点 |
| 10 | 效果评估工具 | 评定质量改进措施效果的工具 | 集成工具 | 评估和量化质量改进活动的实际影响 |

## 一、内部质量审核

内部质量审核是组织为了确保其质量管理体系（QMS）的有效性和持续改进而进行的一项关键活动。通过这种自我评估机制，组织能够验证其流程、程序和操作是否符合既定的质量标准、法规要求及组织自身的质量目标。

### （一）工作内容

审核过程可分为四个主要阶段：首先，在准备和计划阶段，需制订详细审核计划，明确范围、目标、时间表和责任人，并选择合适的审核员；其次，执行阶段则由审核员通过实地观察、文件审查和员工访谈，评估质量管理体系的实施的有效性；再次，在报告发现阶段，需编写详细报告，总结不符合项并提出改进建议；最后，在跟踪和闭环阶段，依据报告制订改进计划，并在后续审核中验证效果，确保持续改进。

### （二）应用的质量管理工具

审核过程中，常用以下工具支持审核的有效性和改进措施的实施：审核清单用于确保审核的全面性和一致性，帮助审核员系统地检查各项要求；关键绩效指标（KPI）用于量化衡量质量绩效，为发现问题和改进措施提供数据支持；偏差报告用于记录审核过程中发现的任何不符合项或问题，作为后续改进的基础。这些工具共同为质量管理体系的持续改进提供了重要支持和指导，有助于提升组织的质量管理水平。

## 关键绩效指标（KPI）

1. 关键绩效指标（KPI）的定义

关键绩效指标（KPI）是用于衡量企业战略实施成效的关键工具，最早由麦肯锡公司提出。该指标依据二八原则，旨在通过科学的分析方法确定对公司战略成败具有决定性影响的核心因素。KPI 的应用范围广泛，不仅涵盖财务数据的考核，还包括对品牌价值、质量效益等非财务因素的评估，以全面、客观地反映企业绩效。

2. 应用步骤或要点

KPI 绩效考核指标设定需遵循 SMART 原则：明确的，具体的；可衡量的；可达成的；目标相关的；有达成期限的。在设立 KPI 时，主要分为三个步骤：

（1）建立评价指标体系。可按照从宏观到微观的顺序，依次建立各级的指标体系。首先，明确企业的战略目标，找出企业的业务重点，并确定这些关键业务领域的关键业绩指标（KPI），从而建立企业级 KPI。其次，各部门的主管需要依据企业级 KPI 建立部门级 KPI。最后，各部门的主管和部门的 KPI 人员一起再将KPI 进一步分解为更细的 KPI。这些业绩衡量指标就是员工考核的要素和依据。

（2）设定评价标准。一般来说，指标是指从哪些方面来对工作进行衡量或评价；而标准是指在各个指标上分别应该达到什么样的水平。指标解决的是我们需要评价"什么"的问题，而标准解决的是要求被评价者做得"怎样"、完成"多少"的问题。

（3）审核关键绩效指标。对关键绩效指标进行审核的目的主要为了确认这些关键绩效指标是否能够全面、客观地反映被评价对象的工作绩效，以及是否适合评价操作。

3. 应用案例——关键绩效指标（KPI）及正负激励法在 Z 电网公司准时停复电管理中的应用

近年来，随着 Z 电网公司配电网集约化的推进，调度业务量显著增长。据统计，Z电网公司停复电延时率高达49%，远超公司标准。通过对2450份设备检修申请单的分析，发现延迟原因主要集中在检修准备不足或超时（39.93%）、现场操作耗时过长（26.03%）和操作时间预估不足（24.06%）。这些延误不仅影响了用户的供电可靠性，引起客户投诉，还干扰了调度操作的流畅，甚至影响电网的运行方式。

为了解决上述问题，Z电网公司采取了以下几项措施：

（1）KPI指标的制定与细化：根据省级工作要求，针对停复电延时问题，明确地市级和县（区）级的关键绩效指标（KPI），进行重点管控。通过具体、可衡量的指标来细化管理目标，旨在精准定位问题所在，便于实施具体改进措施，提升管理的有效性和针对性。

（2）正负激励机制的实施：基于细化的KPI，建立了一套适度的正负激励机制。该机制通过奖励达标和表现优异的个人或团队，同时对延迟责任明显的个人或团队实施处罚，确保责任明确到个人。激励机制旨在促进积极主动改进的行为，加强员工责任感和紧迫感，有效维护计划性停复电的正常秩序。

（3）二八原则的关键因素分析：应用帕累托分析法识别导致停复电延迟的关键因素，集中资源和努力进行改进。这种方法帮助集中有限资源解决影响最大的问题，实现整体性能的显著提升。

（4）全流程自动化管理的开发：开发一套全流程自动化管理工具，自动追踪延迟原因、计算延迟时间、统计指标及奖惩金额，并在线处理申述意见。通过程序化执行，不仅提高了数据处理的速度和准确性，还确保了管理过程的公开透明。自动化管理方式极大地提升了综合管理水平，增强了用户供电可靠性。

自实施"KPI+正负激励法"以来，Z电网公司的停复电管理显著改善。系统自动完成的数据分析大大缩短了单张检修申请的延迟分析时间，从24min降至3.5min，降幅达89.5%。此外，管理工具的应用不仅激发了管理人员和一线员工的责任感和积极性，还将停复电延误率从49%降低至21.3%，显著提升了供电可靠性和服务水平。

## 二、顾客满意度测量

顾客满意度测量是评估组织提供的产品或服务是否满足或超过顾客期望的过程。通过定期收集和分析顾客反馈，组织可以识别提升顾客满意度和忠诚度的机会。

### （一）工作内容

（1）设计问卷和调查方法：基于组织需要评估的特定领域或整体顾客满意度，设计问卷。问卷设计应考虑到问题的清晰性和目标群体的特点，选择适当的调查方法，如在线调查、电话访谈、面对面访谈等，以最大限度地提高响应率和数据的可靠性。

（2）收集和分析数据：实施调查，收集顾客的反馈。使用数据分析软件对收集到的数据进行分析，以识别满意度的趋势、顾客满意度的高低及潜在的改进领域。

（3）报告和行动：基于分析结果，编制报告，向管理层和相关团队提出具体的改进建议。然后，制订行动计划并执行，以提高顾客满意度。

### （二）应用的质量管理工具

（1）满意度调查问卷：直接从顾客那里收集关于产品或服务满意度的反馈，设计时，应确保问题覆盖所有关键领域，同时简洁明了。

（2）数据分析软件：使用如社会科学统计软件包（SPSS）、Excel等软件工具，帮助组织高效地分析调查结果，识别改进的方向和优先级，以及测量改进措施的效果。

---

## 问卷调查法

1. 问卷调查法的定义

问卷调查法是一种通过设计和发放问卷形式来收集数据的研究方法，旨在了解和分析人们的行为、态度、偏好、意见等。这种方法便于大规模地收集信息，并且可以采用纸质或电子形式进行。

2. 应用步骤或要点

（1）明确调查目标：确立调查的目的和需要解决的具体问题。

（2）设计问卷：包括问题的选择、问卷的结构设计，以及问题的表述方式，确保问题清晰、无偏导且容易理解。

（3）确定样本：选择合适的样本大小和抽样方法，确保数据的代表性和有效性。

（4）分发问卷：根据研究需求选择合适的分发渠道，如在线调查、邮件、面对面访谈等。

（5）数据收集与分析：收集回收的问卷并进行数据整理，使用统计分析方法处理数据，提取研究结果。

（6）结果报告：基于分析结果撰写调查报告，总结发现并提出建议或结论。

3.应用案例——云南电力行业顾客满意度测评的探索及实践 ❶

保证国民经济持续健康发展是电力行业的社会责任。关注、关心用电客户对电网企业的产品和服务满意程度及心理感受是电力行业实现企业价值最大化的关键。以下是云南电力行业使用问卷调查方法调查顾客满意度的应用示例。

（1）测评方案制订。测评前，应对整个测评工作方案进行详细策划，重点明确测评的目的、测评指标设定、测评对象确定、测评的基本方法、样本量、调查问卷制作及送达与回收、数据处理等。

（2）调查范围确认。供电组织：所辖供电区域范围内的电力顾客、所在地政府及相关部门（统包市地政府，县区政府和其下属委、办、局及社区管理部门等）。发电组织：云南电力调度中心、云南电网公司电力营销与交易部（有直供顾客的发电组织，还需将该顾客列入调查对象）、所在地政府及相关部门（统包市地政府，县区政府和其下属委、办、局及社区管理部门等）。勘测设计、施工和工程管理（工程总承包、工程监理）组织、修（制）造等组织：所经营服务项目或服务范围内电力顾客。试验研究组织：所提供试验研究或服务范围内电力顾客。

（3）样本量及样本顾客选择。样本顾客的选择，按照工业电力顾客、农业电力顾客、居民电力顾客、服务业电力顾客、特殊电力顾客分类确定适当的比例。样本顾客抽取比例在满足置信度的前提下，可根据各组织顾客情况实事求是地确定。

（4）调查问卷制作。调查问卷根据供电、发勘测设计，施工和工程管理、（工程总承包、工程监理）组织、修（制）造、试验研究等组织的不同情况，主要采用"社会责任""感知质量""感知价值""纵横对比""顾客报怨"及"顾客忠诚"6大结构变量进行测评。

（5）调查问卷所涉的指标确定。供电组织27项；发电组织23项；勘测设计（试验研究）组织25项；施工和工程管理（工程总承包、工程监理）组织25项；修（制）造组织27项。

（6）调查问卷送达与回收。调查问卷的送达与回收由用户委员会负责或由组织所在地社会行风监督员负责。

---

❶ 向溪明.云南电力行业顾客满意度测评的探索及实践［J］.云南电业，2011（02）：45-46.

（7）数据录入、汇总与计算。数据的录入、汇总由专人负责，不得随意更改和增减。电力行业顾客满意度的计算，以回收的有效问卷数据为基础，进行顾客满意度计算。

（8）数理分析。顾客满意度测评分析一般采用概述性统计分析、交叉分析、回归分析、相关分析、因子分析、优先改进分析等。分析的重点在寻找不满意产生的原因并制定相应整改措施，改进工作，提升顾客满意度。

# 第四节　质量改进技术与工具

质量改进是质量管理的持续改进环节，它包括通过分析质量数据和客户反馈，识别和改进质量问题，以及推动质量管理体系的不断完善。这个环节要求组织采取各种措施，如持续改进活动、质量故障分析和根本原因分析等，以提高产品或服务的质量水平，增强组织的竞争力和市场份额。

常见的质量改进技术与工具有 PDCA 循环、DMAIC 方法、QC 小组、目标与关键成果法（objectives and key results，OKR）、7S 管理等，相关工具的应用场景详见表6-5。以下围绕减少资源浪费和持续质量改进两项工作，着重介绍 PDCA 循环、7S 管理两种工具。

表 6-5　　质量改进环节可使用的管理技术与工具

| 序号 | 工具名称 | 工具说明 | 工具复杂程度 | 应用场景 |
| --- | --- | --- | --- | --- |
| 1 | PDCA 循环 | 持续改进过程的循环方法 | 单项工具 | 用于持续改进的过程管理，适用于任何阶段的计划和执行 |
| 2 | DMAIC 方法 | 六西格玛项目中用于系统改进的方法 | 集成工具 | 用于通过定义、测量、分析、改进、控制步骤来改进流程 |
| 3 | QC 小组 | 跨部门的质量控制小组 | 集成工具 | 用于团队合作解决质量问题 |
| 4 | 7S 管理 | 优化工作环境，提升效率安全的综合管理方法 | 集成工具 | 用于改善工作现场的秩序、清洁度、安全性和节能效果 |
| 5 | OKR 方法 | 目标与关键结果指标，帮助设定和跟踪改进目标 | 单项工具 | 用于识别和量化改进机会 |

续表

| 序号 | 工具名称 | 工具说明 | 工具复杂程度 | 应用场景 |
|------|----------|----------|--------------|----------|
| 6 | 变革管理 | 管理组织变革以确保成功实施新的策略、工具或流程 | 集成工具 | 用于管理和引导组织变革，以实现质量改进 |
| 7 | 知识管理 | 组织内的知识创建、分享和应用 | 集成工具 | 用于收集、分享和应用知识，支持质量改进活动 |
| 8 | 鱼骨图 | 识别问题的可能原因并进行结构化分析的工具 | 单项工具 | 用于识别问题的根本原因，适用于问题解决和质量改进 |
| 9 | BPR | 业务流程再造，彻底重构关键业务流程 | 集成工具 | 用于识别和改造低效或过时的流程 |
| 10 | 持续改进文化 | 培育组织中持续改进的文化和氛围 | 集成工具 | 用于鼓励和培养组织内持续改进的思维和行为 |
| 11 | 创新工作坊 | 探索和试验新的质量改进方法和工具 | 单项工具 | 用于鼓励团队思考新的解决方案和改进方法 |

## 一、减少资源浪费

减少资源浪费不仅有助于提升产品和服务的质量，还关系到过程优化、成本降低和效率提升。通过识别和消除浪费，组织能够更加高效地运作，为顾客提供更高价值的产品和服务。

### （一）工作内容

（1）识别浪费：通过对生产过程和服务流程进行细致的分析，识别出存在的各种形式的浪费，包括但不限于过度生产、等待时间、不必要的运输、过度加工、库存过多等。

（2）实施改进措施：针对识别出的浪费点，制定并执行具体的改进措施。这可能包括改进工作流程、重新设计产品以减少材料使用、优化库存管理等策略，以实现资源的有效利用和过程的优化。

### （二）应用的质量管理工具

（1）精益生产工具：精益生产的核心在于消除一切不增加价值的活动。工具和技术，如价值流图、7S管理、持续改进（kaizen）等，都是旨在简化生产流程、减少浪费和提高效率的有效方法。

（2）故障树分析（fault tree analysis，FTA）：FTA是一种系统性的分析工具，用于识别系统、产品或过程中可能的故障原因。通过构建故障树，组织可以更好地理解过程中的潜在问题，从而有效地识别和减少资源浪费。

## 二、持续质量改进

持续质量改进是组织不断追求卓越的过程，目标是通过持续的努力提高产品、服务和过程的质量，以满足甚至超越顾客的期望和需求。这个过程涉及全体员工的参与，从高层管理到前线员工，每个人都在寻找改进的机会。

### （一）工作内容

（1）质量改进计划：首先，组织需要基于详细的质量数据分析和顾客反馈来制定质量改进目标。这些目标应是具体、可测量、可达成、相关和有时限的。然后，根据这些目标制订一套全面的质量改进计划，明确改进措施、责任人、时间表和所需资源。

（2）实施和监控：质量改进计划的执行需要跨部门的合作和资源的合理配置。在执行过程中，持续监控改进措施的进度和效果至关重要，以确保计划的有效实施并及时调整计划以应对任何挑战。

### （二）应用的质量管理工具

（1）PDCA 循环：这是一种迭代的管理方法，用于实现持续改进。通过这四个步骤，组织可以不断评估其改进措施的效果，并根据评估结果进行调整，以实现质量的持续提升。

（2）六西格玛方法：六西格玛是一种旨在通过减少过程变异来改进业务流程的策略。通过定义、测量、分析、改进和控制（DMAIC）的方法论，组织致力于达到每百万机会中不超过 3.4 个缺陷的高质量标准。

---

**应用案例——PDCA 模式下电力企业安全管理体系建设** ❶

电力安全无小事。在电力企业安全生产方面，我国历来都是严抓严管，经过多年的发展，已然取得了较大的成效。然而，电力企业的安全管理现状与国家安全生产的高要求之间还有一定的差距，安全事件时有发生，违章行为仍然多发，安全风险始终存在，因此电力企业的安全管理体系建设对提高企业安全生产管理

---

❶ 李珅，李舟演，李宁，等 . PDCA 模式下电力企业安全管理体系建设［J］. 现代商贸工业，2023，44（11）：77-79.

水平具有重大意义。

上海电力股份有限公司（简称上海电力）在企业安全管理体系建设中运用PDCA循环，通过将零散的安全管理事件进行整合，形成程序化、制度化的持续改进体系。策划阶段，整合分析电力生产中的不安全因素，预测未来一段时间内可能出现的问题，找出原因，制定改进目标与举措，建立预防管理监督机制。实施阶段，根据计划落实各项具体措施，执行操作规范，将工作细节落实到每个环节与岗位，使员工清楚地认识自身的职责，提高安全因素的可靠性。检查阶段，根据计划阶段制定的检查频率、检查方法、检查主体等对各级工作情况开展检查，进行评审，查找问题，开展分析，制定针对性举措并及时整改。改进阶段，对安全工作进行总结，整理、归纳已解决问题，形成经验并标准化，对未解决或新出现的问题进行研究探讨，分析原因并转入下一次循环中，促进上海电力安全管理体系进行动态管理，循环提升。

（1）策划阶段（plan）。将上海电力现有文件与国家电网、安全管理体系建设省试点公司体系文件进行对比分析，分析体系文件的差异，包括归类的差异、内容的差异、数量的差异等，掌握上海电力安全管理体系文件框架结构与优化完善方向。

一是与国家电网体系文件的总体结构对比分析。对比国家电网，从体系文件的归类、内容的覆盖面、分册的划分等方面，明确上海电力与国家电网体系文件的差异，确定差异问题的处理方式、方法，使上海电力体系文件总体结构与国家电网保持一致。

二是与省试点公司体系文件的总体结构对比分析。对比省试点公司，从程序文件的数量、程序文件的内容了解上海电力数量上的缺失、内容上的匹配度问题，进一步明确程序文件的优化完善方向，确定相关文件是否删除、是否合并、是否新增等。

在对比分析的基础上，结合上海电力的现状，明确上海电力安全管理体系的目标，即在文件结构与国家电网保持一致的基础上，优化、完善程序文件流程、内容，根据新业务开展实际，增加新业务相关安全管理体系文件。

（2）实施阶段（do）。为有效推进安全管理体系建设，上海电力制订安全管理体系建设总体工作计划，明确了安全管理体系建设分体系设计、体系建设与体系试运行三个阶段；组建了领导小组、工作小组、工作专班构成的安全管理体系建设组织体系，明确安全管理体系协同推进、沟通反馈、监督通报的建设工作机制，并在省公司层面、试点公司层面多次开展安全管理体系建设宣贯培训，确保各层级能全面掌握安全管理体系建设的重点、难点、关键点，全面、有序地推动安全管理体系建设。

（3）检查阶段（check）。组织开展体系试运行是对安全管理体系建设工作成效的综合性检验。通过选定试点单位、专业，全面、严格按照体系建设的要求开展体系试运行，验证安全管理体系文件是否覆盖安全生产的方方面面，安全管理流程是否与安全生产实际情况一致，安全生产管理责任是否做到无疏漏、责任到人，安全生产管理组织是否健全等。通过试运行发现问题、分析问题、解决问题，及时开展讨论沟通，提出解决方案，及时对安全体系建设内容进行修订与完善。

通过制订试运行方案，以规范试运行实施。明确组织、职责、阶段工作任务及目标，将安全管理文件逐级在省公司专业部门、试点单位各专业部门、工区与班组进行试点实施，检查安全管理制度文件的具体落实情况，明确文件内容覆盖情况、文件所涉流程与实际工作的匹配性，分阶段进行试运行情况汇总、分析，做好过程文件的记录与保存，对试运行中存在的问题进行分析、协调与纠正，修订相关安全管理文件，开展安全相关规章制度"立改废"，形成符合现阶段公司安全管理环境与管理实际的安全管理体系文件，纳入常规安全管理中，并在常规安全管理中进入新的 PDCA 循环。

（4）改进阶段（action）。动态跟踪体系试运行过程，全面掌握体系试运行过程中文件执行情况与实际作业情况；同时，按照安全管理体系建设运行 PDCA 循环工作要求，试运行全过程、信息化流转并保存相关管控数据和记录；制定体系试运行问题收集清单，收集、整理试运行过程中试点单位反馈的问题与建议并讨论沟通，形成可执行的改进措施与建议，并在之后的试运行过程中进行验证。

全面总结、归纳试运行过程中出现的创新点与取得的成绩，挖掘试运行工作中的亮点，形成安全管理体系建设典型性工作经验，并开展推广、交流；正视不足，提出针对性整改意见，落实问题整改，形成安全管理体系建设的 PDCA 循环闭环。

上海电力的 PDCA 循环安全管理体系建设模式，通过全过程、全方位、全员的动态、螺旋式改进方式，推动电力安全管理体系不断处在发现新问题、分析并处理新问题、解决新问题的过程中，使安全管理体系制度文件不断地进行优化与完善，影响安全管理问题的因素不断纳入受控程序，进而推动安全管理体系建设工作形成一个螺旋上升的良性循环。

# 第五节　质量保证技术与工具

质量保证专注于建立和执行质量管理体系，包括进行内部审核和管理评审。在这一阶段，组织需要确保质量管理体系的有效运行，这包括制定和执行质量手册、程序和工作指导书等，以保证产品或服务的质量符合体系要求。质量保证的目的是提升组织的质量管理水平和能力，从而提高产品或服务的整体质量。

常见的质量保证技术与工具有质量管理体系（QMS）、故障模式与效应分析（failure mode and effect analysis，FMEA）、标准操作程序（SOP）、内部审核、外部认证等，相关工具的应用场景详见表6-6。以下将围绕维护质量体系和形成标准化文档两项工作，着重介绍故障模式与效应分析（FMEA）、标准操作程序（SOP）两种工具。

表 6-6　　　　　　　　质量保证环节可使用的管理技术与工具

| 序号 | 工具名称 | 工具说明 | 工具复杂程度 | 应用场景 |
|---|---|---|---|---|
| 1 | 质量管理体系（QMS） | 为组织提供框架和标准来保证产品和服务质量的体系 | 集成工具 | 用于实施和维护组织的整体质量管理活动 |
| 2 | 故障模式与效应分析（FMEA） | 一种用于分析过程中可能出现的故障及其后果的方法 | 单项工具 | 用于预测产品或过程中潜在的故障点，减少风险 |
| 3 | 标准操作程序（SOP） | 详细描述特定操作步骤的文档，以保证一致性和准确性 | 单项工具 | 用于确保一致性和符合质量标准的操作 |
| 4 | 内部审核 | 定期检查内部流程和系统以确保遵守质量管理标准 | 单项工具 | 用于确保内部流程和系统的连续符合性和有效性 |
| 5 | 外部认证 | 外部机构对组织质量管理体系的评审和认证 | 单项工具 | 用于获取或维持质量管理体系的认证 |
| 6 | 质量保证计划 | 确保质量标准得到满足并持续改进的详细计划 | 集成工具 | 用于指导如何实现和维护产品或服务的质量目标 |
| 7 | ISO 标准 | 提供质量管理和保证的国际标准和指南 | 集成工具 | 如 ISO 9001，用于确保组织遵循国际质量管理标准 |
| 8 | 培训和发展 | 促进个人与组织成长的方法 | 集成工具 | 用于提升员工的质量意识和技能 |
| 9 | 连续性计划 | 一种确保企业持续运营的管理策略 | 集成工具 | 用于确保在各种情况下维持质量标准的能力 |

## 一、维护质量体系

维护质量体系是确保组织在满足客户要求和持续改进方面保持竞争力的关键。这个过程涉及对现有质量管理体系（QMS）的持续评估和优化，以适应内外部环境的变化。

### （一）工作内容

（1）定期审核与评估：组织需要定期进行内部和外部审核，以评估质量体系的有效性和合规性。这包括对质量政策、目标、过程和记录的全面审查，确保它们仍然适用于组织的当前运营。

（2）持续改进活动：基于审核和评估的结果，识别改进机会，并实施相应的改进措施。这可能涉及流程优化、风险管理和预防措施的更新，以提高组织的整体质量管理效率。

（3）员工培训和意识提升：确保所有员工都了解质量政策、目标和他们在质量管理体系中的角色与责任。通过定期的培训和沟通，提升员工的质量意识和参与度。

### （二）应用的质量管理工具

（1）风险管理工具：如故障模式与效应分析（FMEA），用于识别和评估潜在的风险，以及制定相应的缓解措施，确保质量体系的有效性和稳定性。

（2）培训管理工具：为了支持员工培训和意识提升，使用培训管理工具（如在线学习平台和培训记录数据库）可以帮助组织规划、执行和跟踪培训活动，确保所有员工都能接受到必要的质量管理培训。

## 二、形成标准化文档

形成标准化文档是建立和维护有效质量管理体系的基础。通过制定和执行质量手册、程序文件和工作指导书等，组织能够确保所有操作过程的一致性和标准化。

### （一）工作内容

（1）文档制定和审批：开发和维护一套全面的文档体系，涵盖质量政策、程序、工作指导书和记录表格等。所有文档应经过严格的审批流程，以确保其准确性和适用性。

（2）文档控制和分发：实施有效的文档控制程序，确保所有相关人员都能够获取最新的和正确的文档。这包括文档的修订、分发、存档和废弃管理，以防止过时或错误的文档被误用。

### （二）应用的质量管理工具

（1）电子文档管理系统（electronic document management system，EDMS）：EDMS 提供了一个集中的平台，用于管理文档的生命周期，包括创建、审批、发布、分发和存档。这样的系统确保文档的一致性和可追溯性，同时提高访问效率。

（2）流程图和标准操作程序（SOP）模板：流程图帮助可视化复杂的过程，而 SOP 模板确保编写一致性和全面性，减少操作差异，提高工作效率。

"

全面质量管理从强调全员参与管理，强调最高管理者亲自领导正逐步

扩展到强调发展质量文化。

"

——欧洲质量组织第 33 届年会

第七章 ▼

# 质量文化
# 与变革

》
《

## 本章重点

- 质量文化的定义、质量文化的四个层次

- 质量文化的建设框架

- 如何实施质量变革

# 第一节  质量文化概述

## 一、质量文化的定义

质量文化是企业在生产经营中形成的常态化行为模式，由质量意识、价值观、行为模式等"软件"和规章制度等"硬件"构成，直接反映企业的产品或服务质量水平。质量文化的形成与全面质量管理模式密切相关，通过将所有员工纳入质量管理环节，培育追求卓越的质量理念，并与企业文化建设相结合，逐步塑造和强化质量文化。可以说，企业质量文化的形成是全面质量管理发展的结果。

## 二、质量文化的重要性

质量文化对于企业的长期稳定发展具有深远的影响，是构建企业核心竞争力的关键要素之一。通过培育深入人心的质量文化，企业能够在各个层面全面提升自身实力，为质量战略的实施提供有力支撑。以下是质量文化对企业质量战略支撑的几个关键方面：

（1）确立共同的质量价值观：质量文化通过确立和传播共同的质量价值观，为企业内部创造一个统一的质量观念和目标。这些价值观成为制定和实施质量战略的指导原则，帮助员工明确工作方向与质量目标的一致性。

（2）促进持续改进与卓越追求：以质量为中心的文化强调持续改进和卓越追求的重要性。在这种文化背景下，企业更容易采纳和实施先进的质量管理体系和持续改进方法，从而推动质量战略的成功实施。

（3）提高适应性和灵活性：在快速变化的市场环境中，质量文化增强了企业的适应性和灵活性。一个强大的质量文化能够使企业更快地响应外部变化，快速调整其质量战略以满足客户需求和市场趋势的变化。

（4）塑造品牌和声誉：质量文化对外传达了企业对质量的承诺，有助于建立和维护企业的品牌和声誉。一个以质量为核心的品牌能够吸引更多的客户，建立客户的信任和忠诚度，这是企业质量战略成功的关键。

（5）强化风险管理：质量文化通过预防为主的原则，帮助企业更好地识别、评估和管理质量相关的风险。这种主动的风险管理方法是实现质量战略目标、保证产品和服务质量稳定性的基础。

总之，质量文化不仅是企业质量战略的重要支撑，而且是贯彻这一战略、实现企业长期成功的关键因素。通过培养和维护一个积极的质量文化，企业能够确保其质量战略得到有效实施。

# 第二节　质量文化的四个层次

根据国标《企业质量文化建设指南》（GB/T 32230—2015），质量文化分为四个层次，即质量意识、质量制度、质量行为和质量物质，四者共同构成一个相互依赖和相互促进的系统，如图 7-1 所示。质量意识是这一体系的核心，它体现了企业员工对质量重要性的内在认识和承诺，是制定有效质量制度的基础。当这种质量意识被转化为具体的质量制度时，包括质量管理的政策、程序和标准，这些制度便成为实现质量目标和持续改进的操作框架。随着质量制度的建立和实施，它进一步引导和塑造了企业员工的质量行为。质量行为的培养和强化，不仅反映了员工对质量文化的接受和认同，也是质量改进和创新的直接动力。为了支持这些质量行为，企业必须在物质层面上做出投入，包括引进先进的技术设备、提供必要的培训资源，以及创造有利于质量管理的工作环境。物质层的建设为质量文化的深入实施提供了必要的条件和支持，确保了质量管理体系的有效运行和持续改进的可能。

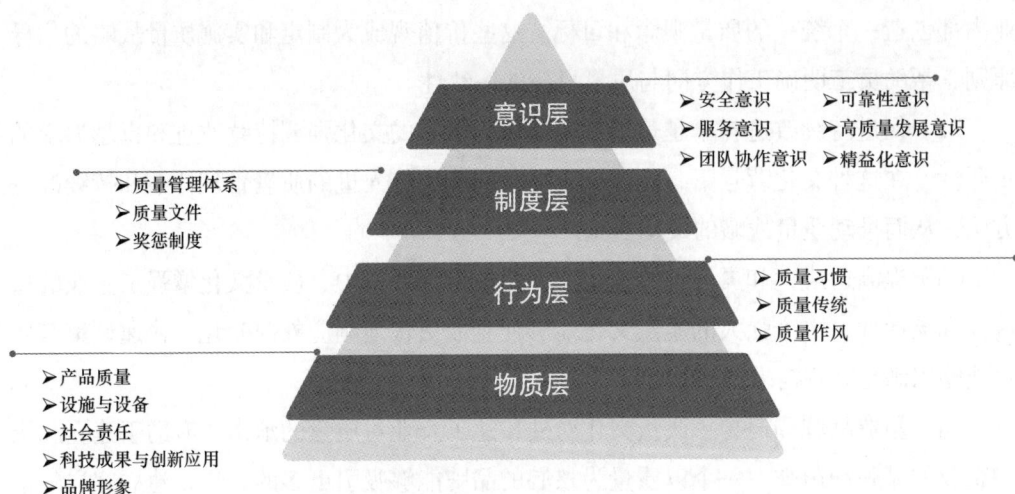

图 7-1　质量文化四个层次

## 一、质量意识层

质量意识是企业及其员工对于产品或服务质量重要性的内在认识与承诺。这种意识深深植根于每位员工的思维中，从企业管理层到一线员工，每个人都明白自身在保障产品质量、满足客户需求方面的责任。质量意识不仅是制定有效质量制度的基础，更是推动质量文化和整个企业持续发展的核心动力。例如，在电网企业中，质量意识有以下几个关键方面，见表7-1。

表 7-1                                                        质量意识的关键方面

| 质量意识 | 详细描述 |
|---|---|
| 安全意识 | 电网企业的员工必须具有高度的安全意识，意识到安全是电网运行的首要前提。这包括对于操作规程的严格遵守、对潜在安全风险的持续警觉及在发现安全隐患时采取的及时行动 |
| 可靠性意识 | 电力系统的稳定和可靠是电网企业的核心任务之一。员工需要认识到，他们的工作质量直接影响电力供应的连续性和可靠性，从而影响社会和经济活动的正常进行 |
| 服务意识 | 虽然电网企业在很多地区可能是自然垄断的运营商，但对客户需求的敏感度和满足客户需求的能力仍然是评价其服务质量的重要标准。质量意识要求员工理解并满足用户对电力供应质量的期望 |
| 高质量发展意识 | 质量意识还包括对更高质量的追求，员工应不断寻找提高工作效率、减少故障率和优化电网运行的方法。这要求员工不断学习最新的技术和管理理念，以适应快速变化的技术和市场需求 |
| 团队协作意识 | 质量意识强调团队合作的重要性，因为电网的建设、运行和维护是一个复杂的系统工程，需要不同部门和专业背景的员工共同努力，才能确保电网的高质量运行 |
| 精益化意识 | 电网企业的精益化意识是指企业全体员工在日常运营中，积极践行精益管理理念，持续追求消除浪费、提高效率和优化服务质量的精神状态与思维方式。具体来说，这意味着从管理层到基层员工都深刻认识到资源的有限性，并致力于通过识别和减少生产和服务过程中的非增值活动（如过量生产、等待、运输、过度加工、库存、动作浪费及不良品产生的浪费），实现电能供应的安全、可靠、高效和可持续。同时，精益化意识还体现在不断学习先进的管理方法和技术，积极参与改进项目，以及对工作流程进行持续优化，以提升客户满意度、增强市场竞争力，并为构建智能、绿色的现代电网体系贡献力量 |

## 二、质量制度层

质量制度层是质量文化的固化部分，是一套旨在确保电力供应和服务质量符合既定标准和顾客期望的管理原则、程序和实践的总和。这个制度通过明确质量目标、制定质量政策、实施质量管理流程和持续改进措施，来指导企业在日常运营中的所有活动。例如，电网企业的质量制度对于维护电力系统的安全、可靠和高效运行至关重要，它不仅有助于降低运营成本、提高顾客满意度和信任度，还能增强企业的市场竞争力。

质量制度通常涵盖以下几个方面，见表7-2。

表 7-2                                  质量制度

| 质量制度 | 详细描述 |
| --- | --- |
| 质量管理体系 | 企业自身的全面质量管理体系，包括质量方针、目标、组织机构、职责分配、工作流程等 |
| 质量文件 | 质量文件涵盖了诸如成型的质量价值观、质量方针与质量目标、质量手册、必备程序、质量记录表单及客户服务政策等其他相关文件 |
| 奖惩制度 | 奖惩制度是一种对企业内部员工行为进行规范和激励的管理制度，包括绩效考核与评价、奖励机制、惩罚措施等 |

## 三、质量行为层

质量行为是员工在日常工作中所表现出的与质量相关的行为和习惯。这包括遵循质量管理政策、标准化操作、持续改进的行为习惯及对待质量问题的态度和处理方式等。例如，员工严格遵守安全规程进行设备维护，积极参与质量改善活动，及时响应并解决客户反馈的问题，这些都体现了企业的质量行为水平。质量行为模式一旦形成，就会成为质量习惯、质量传统和质量作风，引导员工按照既有的质量行为模式去做事。具体质量行为见表 7-3。

表 7-3                                  质量行为

| 质量行为 | 详细描述 |
| --- | --- |
| 质量习惯 | 指员工在日常工作中形成的、自然而然遵循的行为模式，这些习惯反映了他们对质量重视的程度和态度。例如：<br>（1）定期检查和维护设备，以预防故障和事故。<br>（2）在操作前后，进行安全和质量检查，确保所有活动符合标准和规定。<br>（3）对发现的问题进行及时汇报和纠正，防止小问题演变成大问题。<br>（4）持续学习和更新知识，保持对最新安全规范和质量标准的了解 |
| 质量传统 | 企业在长期发展过程中形成的，关于质量管理的共享信仰和实践，它为企业的质量文化提供了历史和传承的基础。例如：<br>（1）企业对质量管理的独特方法和流程，这些已经被证明是有效的并且被历代员工沿袭下来。<br>（2）定期举行的质量意识活动，这些活动旨在表彰质量成就，强化质量的核心地位 |
| 质量作风 | 指企业在处理质量相关事务时展现出的态度和方式，它反映了企业对待质量问题的严肃性和决心。例如：<br>（1）解决质量问题时的迅速和果断，显示了企业对质量问题不容忍的态度。<br>（2）高层管理者对质量的持续关注和支持，通过亲自参与质量管理活动，为员工树立榜样。<br>（3）对外部和内部质量要求的一致性和透明度，确保所有相关方都了解企业的质量标准和目标 |

## 四、质量物质层

质量物质层为质量文化的实施提供了必要的物质支撑。它包括先进的技术设备、培训资源及有利于质量管理的工作环境等。质量物质层的建设确保了质量管理体系的有效运行和持续改进的可能，为企业的质量发展提供了坚实的物质基础，具体质量物质层见表7-4。

表 7-4                            质量物质层

| 物质层面 | 详细描述 |
|---|---|
| 设施与设备 | 包括生产和检测所需的设备、仪器和工具，这些都是确保产品质量的基础。如电网企业所使用的输电线路、变电站设备、智能电能表等硬件设施的质量，反映了企业在物资采购、设备选型、安装调试及维护保养等方面对高质量的追求。客户服务设施与服务材料方面，如营业厅的环境舒适度、自助服务终端的易用性、宣传资料的质量等，这些都属于服务质量的物质表现 |
| 社会责任 | 积极履行社会责任，注重生态环境保护，如环保措施的落实情况、节能减排的实际成效等，是企业质量文化在物质层面的直观展示 |
| 科技成果与创新应用 | 企业应用现代技术和最佳实践方法来提高产品的质量和生产效率。如电网企业在技术研发、新型电力系统建设等方面的投入和产出，如新能源并网技术、智能电网解决方案、储能装置的研发使用等 |
| 品牌形象 | 企业在社会公众心中主动培育、客观呈现、广泛影响的企业形象气质特征，是企业价值观与品牌影响力的整体外显，体现公众特别是客户对公司的评价与认知 |

与其他层面相对，物质层面的提升对质量文化的长远影响较小，仅依靠物质层面的提升，质量文化很难获得持续、快速、健康的发展，质量文化建设需要在物质层面基础之上，推动更高层面的探索和提升。

# 第三节   质量文化建设

质量文化建设是一个长期且系统的工程，需要精心规划和执行，质量文化建设框架如图7-2所示。首先，必须对质量文化进行定位，从意识层面、制度层面、行为层面和物质层面入手，形成合力，构建一个全面的质量文化体系。然后，当企业所处的内外部环境发生变化，或者现有的质量文化无法继续提升顾客满意度时，就需要对质量文化进行调整，以达到自我完善的目的。这是一个持续的过程，需要企业不断地审视和改进。

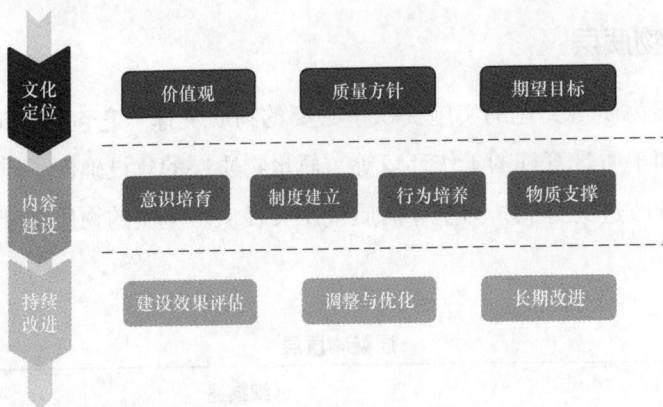

图 7-2　质量文化建设框架

# 一、质量文化的定位

　　质量文化的定位是指确定质量文化的发展方向与期望目标，明确质量价值观和质量方针，并制定相应的成效标准。这里的成效标准应明确表达企业在质量文化建设方面想要达到的状态和水平，明确各项指标的量化目标，或者清晰描述要求达到的某种状态或水平。企业质量文化的定位涉及以下四个关键步骤，如图 7-3 所示。

领导层亲自参与制定质量方针，才能确保它与企业的整体愿景、使命和战略目标一致，并体现企业的核心价值观

将质量价值观、质量方针等融入日常工作流程和决策中，通过培训和沟通活动，让所有员工理解并认同质量价值观与方针

□ 1.领导层的参与

□ 3.整合到日常

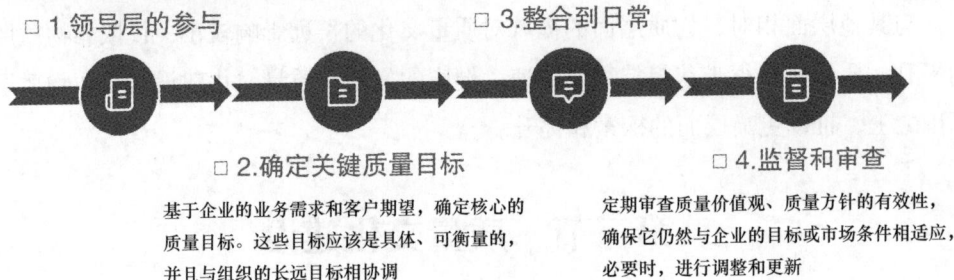

□ 2.确定关键质量目标

□ 4.监督和审查

基于企业的业务需求和客户期望，确定核心的质量目标。这些目标应该是具体、可衡量的，并且与组织的长远目标相协调

定期审查质量价值观、质量方针的有效性，确保它仍然与企业的目标或市场条件相适应，必要时，进行调整和更新

图 7-3　质量文化定位的关键步骤

# 二、质量文化内容建设

## （一）质量意识培育

　　培育质量意识是构建质量文化建设的基石，这对于提升员工对质量的认知、改变员工对质量的态度具有深远影响。因此，企业需采取多维度、系统性的措施来培育员工的质量意识，确保从管理层到一线员工都能深刻理解并践行质量管理的重要性。以

下是培养质量意识的一些主要实践：

（1）塑造沉浸式的质量环境：通过企业文化建设，传播企业的质量方针与目标，确保全体员工对此有共同的认识。企业有被所有员工（包括领导）严格遵循的质量方针，有能够鼓舞员工士气的质量目标，有严格执行的质量制度和质量程序，即使没有培训，员工在日常工作中也能感受到企业的质量要求，这是最基本的，也是最有效的质量意识培育。

（2）定期的质量素养宣贯与培训：组织定期的质量管理知识培训，提升员工对质量管理理论、方法和技术的理解，确保每位员工都能理解他们的工作是如何影响整体质量的。例如，案例分享和研讨会，通过实际案例强化员工对质量问题后果的认识，增强预防为主的质量观念。

（3）沟通与参与：鼓励员工参与质量改进的讨论和决策过程。开放的沟通有助于识别潜在的问题和改进机会。

借助这些措施，企业能够全方位、多层次地培养员工的质量意识，并将其转化为日常工作的自觉行动，从而实现企业质量管理的优质高效。

## 案例：国网西安供电公司质量管理创新工作室

国网陕西省电力有限公司西安供电公司（简称国网西安供电公司）成立质量管理创新工作室，通过开展 QC 小组活动，运用质量管理方法，解决了以往存在的棘手质量问题，在工作机制、管理方法及奖励制度上进行大胆创新，取得了一个个"质"的突破。质量管理创新工作室主要做法见表 7-5。

表 7-5　　　　　　　　　质量管理创新工作室主要做法

| 主要做法 | 具体措施 |
|---|---|
| 建立质量管理工作定点联系制度 | 质量管理骨干与基层单位挂钩联系，定期深入生产一线和 QC 小组，解决实际工作中的质量问题 |
| 建立质量管理工作例会制度 | 每月召开质量管理工作例会，听取各联系点情况汇报，及时解决基层 QC 小组的切实问题 |
| 建立质量管理工作季度研讨活动制度 | 多次邀请陕西省质量管理专家与工作室成员进行创新型 QC 课题的试点及工具方法的应用 |
| 建立公司和基层单位两级年度 QC 成果发布会机制 | 由专家骨干对参加上级发布会的 QC 活动成果统一进行审核，不断提高 QC 成果的质量和水平 |

续表

| 主要做法 | 具体措施 |
|---|---|
| 建立"五五管理"制度 | 将"五抓"即抓规划、抓组织、抓过程、抓队伍、抓成效，和"五常"即常指导、常交流、常总结、常提升、常推新，落实到日常管理工作中，取得了显著成效 |
| 建立和实行岗位绩效工资制度 | 每位员工的岗位薪点工资中明确了成果推广应用、质量管理创新获奖等级的薪点数，薪点值累计达到 4 分，即可晋升一档岗位工资 |

国网西安供电公司将 QC 小组活动与员工的个人成长、企业发展紧密结合，激发了员工积极性和创造性，促进了企业管理水平的提高。

### （二）质量制度建立

质量制度建设是一项复杂的工作，它涵盖了从质量管理体系的构建、过程控制、质量改进到持续提升等多个方面。这也是目前国内多数企业缺失的内容。质量制度建设的具体内容通常包括但不限于以下几个方面。

#### 1. 质量管理体系的构建

企业质量制度建设首先就是体系建设。质量管理体系是管理机构和管理规范的结合体，没有相应的质量管理机构，规章制度往往会失去作用。基于 ISO 9001 等国际质量管理标准，建立全面的质量管理体系（QMS）包括定义质量政策、过程、程序和责任，还包括负责质量管理工作的组织机构、职责和权限，确保所有员工都明白他们在质量提升中的角色和责任。（质量管理体系建设已在本书第三章进行了详细介绍。）

#### 2. 质量文件的编制

质量文件是质量管理工作的具体指导和记录，它涵盖了质量方针与目标、质量手册、必备程序、记录及其他相关文件等各个方面。编写质量文件不仅为企业提供了操作准则与规范，也是满足质量管理标准（如 ISO 9001）认证的必备条件。在质量文件的编制过程中，企业应注重文件的简洁性、实用性和可操作性，确保文件内容既符合标准要求，又能有效指导实际工作，具体示例如图 7–4 所示。

#### 3. 奖惩制度

奖惩制度是激励和约束员工遵循质量标准、持续改进工作流程和提升服务质量的重要机制。一个有效的奖惩制度可以明确质量目标，鼓励优秀表现，同时对不达标的行为采取改正措施。构建和实施奖惩制度时的关键因素包括：

# 目 录

图 7-4 《广船国际质量文化手册（2023 版）》目录

（1）透明的评价体系：确保所有员工都能理解评价标准，知道自己的表现将如何被评价。为达到或超出质量目标的个人或团队设立奖励，如奖金、晋升机会、培训机会、表彰等。奖励机制应覆盖多个方面。对未能达到质量标准的行为设定明确的惩罚措施，如口头或书面警告、绩效降级、扣除奖金等。

（2）公正执行：确保惩罚措施的执行公平、公正，避免偏袒或不公。

（3）定期评估和奖励：定期进行质量绩效评估，及时给予奖励，以保持员工的积极性和动力。定期审查奖惩制度的效果，根据公司发展和员工反馈进行必要的调整。

## （三）质量行为培养

质量行为的培养注重将企业的质量管理理念、制度和标准转化为全体员工日常工作的具体行动，形成良好的质量行为习惯。以下是在行为层方面如何进行质量文化建设的具体措施：

（1）推行标准化作业。确保员工严格按照规章制度进行工作，养成良好的质量习惯。

（2）实践教育。鼓励员工参与质量改进活动，通过亲身参与提升质量意识。如六西格玛项目，在实践中员工会学习如何运用统计学、流程分析和改进工具，培养员工的问题解决能力。

（3）持续改进。建立常态化的质量教育培训体系，定期组织各类专业技能和质量管理知识培训，不断提升员工的专业素养和技术水平，使员工养成持续质量改进法工作的习惯，适应电力行业技术进步和市场变化的需求。

---

### 案例：让标准成为习惯，让习惯符合标准

——国网陕西省电力有限公司西咸新区供电公司开展标准化作业现场观摩活动，标准化作业流程

国网陕西省电力有限公司西咸新区供电公司（简称国网西咸新区供电公司）在330kV沣河变电站开展变电专业标准化作业现场观摩，该公司运检部、建设部、调控中心、变电运维中心、变电检修中心等部门管理专责和班组成员30余人参加观摩，如图7-5所示。本次标准化作业工作现场为110kV沣后Ⅱ开关防拒动检查、例行试验，现场按照作业前期准备、现场布置、作业实施、完工验收四个阶段共20个标准化作业流程开展。此次作业严格落实"四个管住""四双"管理、"看板"管理、"十不干"等要求，树立"先固化、后优化""不懂标准不会干"的意识，将标准化作业的理念深入到班组和工作各个环节。标准化作业结束后，该公司运检部进行了现场点评，一是要认真学习其他公司好的经验，践行"一板一

图 7-5　国网西咸新区供电公司开展标准化作业现场观摩活动

眼、一丝不苟、严精细实、专业专注"的工作作风。二是开展标准化作业必须持之以恒，常抓不懈。三是通过标准化作业的扎实开展，不断提升现场安全风险管控能力，实现现场作业任务清楚、"双辨识"控制措施清楚、作业程序清楚，让标准成为习惯，让习惯符合标准。

### （四）质量物质支撑

企业质量文化的物质层面聚焦于提供必要的基础设施、技术资源和环境条件，以保障质量管理体系的高效实施。这意味着，企业需持续投资设备和技术的更新，确保工具与企业需求相匹配，并严格遵循安全与环保标准等。只有当企业在物质层面为质量文化提供有力的支撑，才能全面提升质量管理水平，增强企业的市场竞争力。以下是一些电网企业关键的策略和措施：

（1）技术创新和设备升级。借助前沿科技与设备，致力于提升电网稳定性及效率，如运用智能电网技术，或对陈旧设施进行改良升级。致力于研发投入，引进先进电力技术及设备，提升输变电设施智能化程度，减少故障发生可能性，确保电网系统的先进性与安全性。电网企业不仅有能力实质性地提升供电服务质量，而且还能彰显在科技创新、节能降耗、安全运营等方面的雄厚实力与良好形象，从而赢得用户与社会的高度信任与赞誉。

（2）优化服务质量。确保电网运行安全稳定，降低停电频率和时长，提升供电可靠率。加强电能质量管理：严格按照国家标准提供高质量的电能，控制电压波动、频率偏移等电能质量问题。客户服务设施方面，提升线上线下服务平台的建设和完善，如加强营业厅等场所的服务设施品质，提供舒适、便捷、高效的客户体验环境，满足不同客户群体的需求。

（3）完善服务体系。一方面，需满足客户服务的多样化和个性化，如多渠道互动，提供多种沟通渠道，如在线客服、社交媒体、电话热线等，以适应不同客户的偏好。个性化服务方面，可通过数据分析和人工智能技术，提供针对个人需求和偏好的定制服务。例如，基于客户历史用电数据的分析，提供节能建议。另一方面，需改进客户服务流程，提供便捷高效的用电报装、缴费、查询、投诉等服务，提升客户满意度。开展社区宣传、用电咨询等活动，增强公众对电网企业的认知度和信任度。

（4）践行社会责任。积极参与节能减排、环境保护等社会公益活动，展现良好的企业公民形象，高效完成国家重大战略任务和突发应急事件下的电力保障工作，体现责任担当。积极承担社会责任，参与和支持社会公益活动，提高公众对公司的认知度和好感，如实施环境管理体系，以减少运营活动对环境的影响。

## 三、质量文化建设的持续改进

### （一）质量文化建设效果评估

企业质量文化建设的成果评估，是一项复杂的系统工程。它旨在精确衡量企业质量文化建设的实际效果，验证是否达到预期目标。通过这种综合评估，企业可以全面了解质量文化建设中的优势和不足，为进一步的改进提供有力的数据支持。同时，也能确保质量文化与企业整体发展目标的一致性，推动企业持续、健康的发展，全面提升企业的市场竞争力。评估可以从以下几个方面展开：

1. 员工参与程度与认知评估

通过问卷调查、访谈等方式了解员工对质量理念的认知程度、认同感及在日常工作中的实践行为。分析员工参加质量培训与教育活动的参与率、考试合格率等数据，反映员工质量知识掌握情况。

2. 质量管理制度执行情况

评估企业各项质量规章制度的制定、发布、更新和完善情况、监测制度执行效果，包括记录管理、内审、纠正预防措施、持续改进等环节的实际运行状况。

3. 质量成果的绩效评估

通过关键指标的变化，如分析电力供应稳定性、电能质量、客户满意度、投诉处理效率等关键绩效指标的变化趋势，考察故障停机次数、平均修复时间等运维服务效能指标，以评价质量改善带来的实际效果。

4. 企业文化融合度

观察质量文化与企业核心价值观、发展战略、品牌形象之间的结合程度，看质量文化是否融入企业的日常管理和决策之中。

查阅企业内部宣传材料、活动组织记录等资料，评估质量文化的传播与普及情况。

5. 外部认可与市场反馈

收集用户、合作伙伴、监管机构、行业协会等社会各方对企业质量工作的评价与反馈意见。或参考各类奖项荣誉、排名、社会责任报告等相关评价结果，以判断企业质量文化建设的社会影响力。

6. 持续改进机制运作成效

检验 PDCA 循环等质量管理工具在企业内部的应用情况及其产生的实际效益。评估企业针对质量问题采取的纠正措施及其后续跟踪验证结果。

### （二）质量文化的调整与优化

调整与优化阶段，确保企业能够根据效果评估的结果和收集到的反馈信息，进行必要的改变，以提高质量管理的有效性和效率。基于质量建设效果评估结果，企业在调整与优化其质量文化时，可以遵循以下路径：

1. 分析评估结果和反馈

整合内部和外部的反馈信息，识别员工、客户和合作伙伴关注的重点问题。针对评估结果中反映的薄弱环节，如员工质量意识淡薄、规章制度执行不力、质量问题处理效率低下等，深入剖析原因。同时，可研究优秀实践案例和标杆企业，对比自身存在的差距，明确改进方向。

2. 确定优化领域

基于上述分析，为所有潜在的优化领域设定优先级，考虑它们对企业目标的影响、改进的可行性和所需资源。对于优先级高的领域，制订详细的优化计划，包括目标、策略、所需资源、时间表和预期成果。

3. 客户导向

将客户需求融入质量文化建设的核心，根据用户反馈调整服务策略，持续优化电力服务质量。

4. 制定改进措施

为解决识别出的问题，制定具体的改进措施，包括流程改进、技术升级、人员培训等。资源分配方面，确保有足够的资源支持改进计划的实施，包括财务、人力和技术资源。表7-6为质量文化改进过程中的主要优化领域及改进措施。

表 7-6　　　　　　　　质量文化改进过程中的主要优化领域及改进措施

| 优化领域 | 改进措施 |
| --- | --- |
| 理念重塑与传播 | 根据评估结果中反映出的问题，重新审视并提炼符合企业发展战略的质量理念，如"零缺陷""客户至上"等核心价值观，并通过培训、会议、内部宣传等多种途径进行广泛传播 |
| 制度修订与完善 | 根据评估反馈，对现有质量管理制度进行修订和完善，确保各项规定更加具体化、操作性强 |
| 流程再造与标准化 | 针对评估中指出的业务流程问题，梳理关键业务节点，简化冗余环节，提升工作效率。推行作业标准化，强化过程 |

5. 实施改进

按照改进计划，开始实施具体的改进措施。同时，实时监控改进措施的实施进度和初步效果，确保计划按照预定路径进行。

6. 评估改进效果

短期评估在实施改进措施后的短期内，评估其效果，确定是否达到了预期目标。长期跟踪对改进措施的长期效果进行跟踪，确保改进成果的持续性。

### （三）质量文化建设的长期性

企业质量文化建设是一项长期且持续的过程，它涉及企业内部管理制度、技术标准的制定与执行，更关乎全体员工的质量意识培养、行为习惯养成及企业整体价值观的塑造。以下几点体现了质量文化建设的长期性：

（1）理念渗透和文化传承。质量文化的建设需要将"质量第一"的核心理念深入企业的各个层面和每位员工心中，这并非一朝一夕就能完成，而是通过长期的教育培训、宣传引导和实践强化来逐步实现。

（2）制度体系构建和完善。制定一套完善的质量管理体系，并随着内外部环境的变化和技术的进步不断修订和完善，确保制度始终能够适应企业发展需求和市场要求，这是一个长期且动态的过程。

（3）全员参与和行为规范。建立起全员参与的质量管理氛围，让每个员工都认识到自己的工作对整体质量的影响，从而形成自觉遵守质量规范的行为习惯，这需要长期的文化熏陶和行为塑造。

（4）组织学习和持续改进。企业在质量管理上追求卓越，必须建立持续改进机制，如 PDCA 循环等，通过对过去问题的反思、经验教训的总结和新的质量管理方法的学习，持续提升质量管理水平。

（5）品牌建设和社会认可。通过高质量的产品和服务赢得客户和社会的认可，树立良好的品牌形象，这一过程同样需要长期坚持和积累，以达到深入人心的效果。

质量文化建设从短期培训、中期实施到长期维护和提升，都需要企业持之以恒的努力，只有这样，才能使质量文化真正成为推动企业持续发展的内生动力。

## 第四节　质量变革的实施

企业的质量变革是一个系统的过程，旨在通过引入新的管理理念、技术、流程优化和员工培训来提高整体效率和产品质量。因此，实施这种变革需要一个明确的路径，以确保变革的有效性和可持续性，质量变革的具体实施路径如图 7-6 所示。

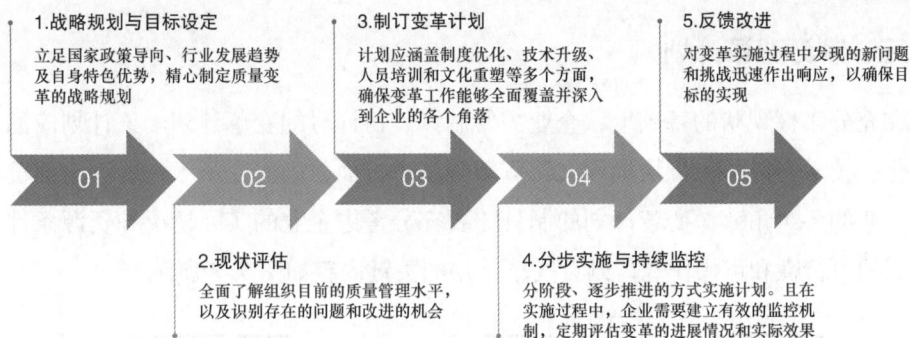

图 7-6　质量变革的具体实施路径

1.战略规划与目标设定
立足国家政策导向、行业发展趋势及自身特色优势，精心制定质量变革的战略规划

2.现状评估
全面了解组织目前的质量管理水平，以及识别存在的问题和改进的机会

3.制订变革计划
计划应涵盖制度优化、技术升级、人员培训和文化重塑等多个方面，确保变革工作能够全面覆盖并深入到企业的各个角落

4.分步实施与持续监控
分阶段、逐步推进的方式实施计划。且在实施过程中，企业需要建立有效的监控机制，定期评估变革的进展情况和实际效果

5.反馈改进
对变革实施过程中发现的新问题和挑战迅速作出响应，以确保目标的实现

## 一、战略规划与目标设定

企业应立足国家政策导向、行业发展趋势及自身特色优势，精心制定质量变革的战略规划，并确立具体、可量化的目标体系，涵盖短期与长期的发展愿景。在此过程中，领导层的核心作用不容忽视。高层领导需深度参与，坚定地支持变革方向，通过实际行动展现对变革的承诺与决心。只有当领导层充分认识到变革的紧迫性和重要性，并积极推动资源配置、政策执行和组织氛围的转变时，变革才能真正扎根于企业之中。

## 二、现状评估

这个阶段的目的是为了全面了解组织目前的质量管理水平，以及识别存在的问题和改进的机会。进行当前状态评估是质量变革的基础，为制订有效的改进计划和策略提供必要的信息和依据。通过这一过程，企业可以确保质量变革措施的针对性和有效性。评估可以从图 7-7 现状评估流程中的几个方面进行。

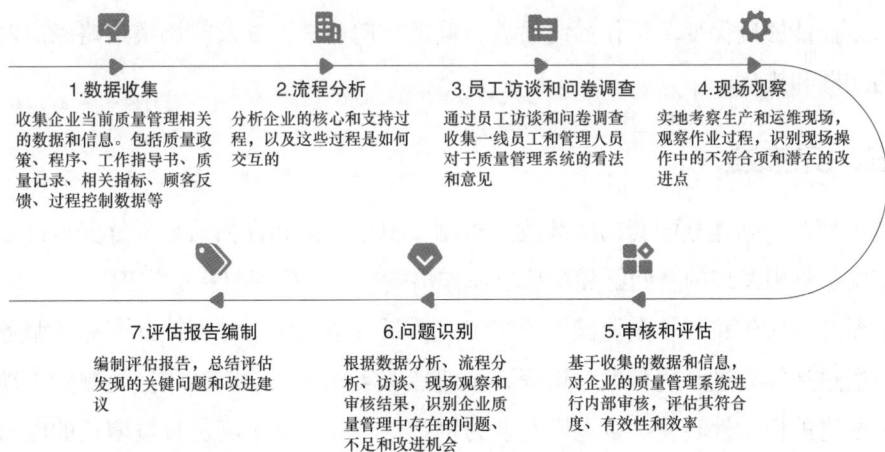

1.数据收集
收集企业当前质量管理相关的数据和信息。包括质量政策、程序、工作指导书、质量记录、相关指标、顾客反馈、过程控制数据等

2.流程分析
分析企业的核心和支持过程，以及这些过程是如何交互的

3.员工访谈和问卷调查
通过员工访谈和问卷调查收集一线员工和管理人员对于质量管理系统的看法和意见

4.现场观察
实地考察生产和运维现场，观察作业过程，识别现场操作中的不符合项和潜在的改进点

5.审核和评估
基于收集的数据和信息，对企业的质量管理系统进行内部审核，评估其符合度、有效性和效率

6.问题识别
根据数据分析、流程分析、访谈、现场观察和审核结果，识别企业质量管理中存在的问题、不足和改进机会

7.评估报告编制
编制评估报告，总结评估发现的关键问题和改进建议

图 7-7　现状评估流程

### 三、制订变革计划

在充分掌握现状的基础上，企业需要制订一份详尽的变革计划。该计划应涵盖制度优化、技术升级、人员培训和文化重塑等多个方面，确保变革工作能够全面覆盖并深入企业的各个角落。变革计划的制订需要充分考虑企业的实际情况和资源条件，确保计划的可行性和可操作性，制订变革计划的关键内容如图7-8所示。

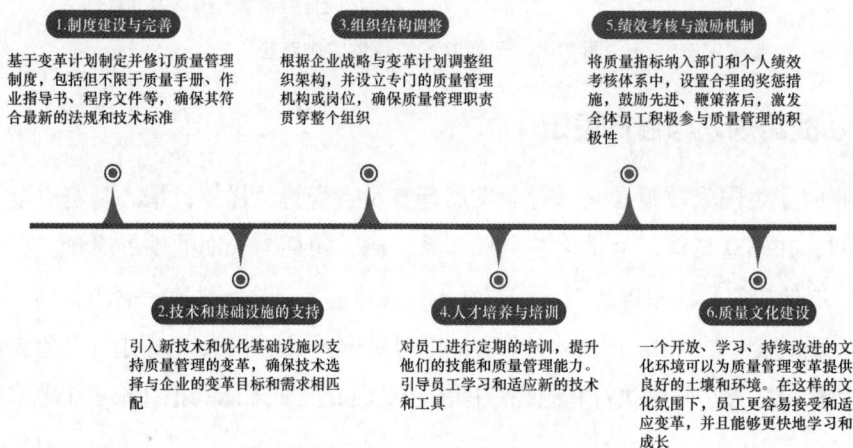

**1.制度建设与完善**
基于变革计划制定并修订质量管理制度，包括但不限于质量手册、作业指导书、程序文件等，确保其符合最新的法规和技术标准

**3.组织结构调整**
根据企业战略与变革计划调整组织架构，并设立专门的质量管理机构或岗位，确保质量管理职责贯穿整个组织

**5.绩效考核与激励机制**
将质量指标纳入部门和个人绩效考核体系中，设置合理的奖惩措施，鼓励先进、鞭策落后，激发全体员工积极参与质量管理的积极性

**2.技术和基础设施的支持**
引入新技术和优化基础设施以支持质量管理的变革，确保技术选择与企业的变革目标和需求相匹配

**4.人才培养与培训**
对员工进行定期的培训，提升他们的技能和质量管理能力。引导员工学习和适应新的技术和工具

**6.质量文化建设**
一个开放、学习、持续改进的文化环境可以为质量管理变革提供良好的土壤和环境。在这样的文化氛围下，员工更容易接受和适应变革，并且能够更快地学习和成长

图 7-8　制订变革计划的关键内容

### 四、分步骤实施与持续监控

计划的实施应采取分阶段、逐步推进的方式。从易于实现的改进措施入手，逐步拓展到更为复杂的变革领域。在实施过程中，企业需要建立有效的监控机制，实时收集内部和外部的反馈信息，定期评估变革的进展情况和实际效果。通过持续的监控和评估，企业能够确保变革工作始终沿着正确的方向前进，并及时调整策略以应对可能出现的问题和挑战。

### 五、反馈改进

基于变革计划建立配套的持续改进机制，根据反馈和评估结果调整变革计划，对变革实施过程中发现的新问题和挑战迅速作出响应，以确保目标的实现。

遵循这一实施路径，企业能够稳步推进质量变革工作，显著提升产品和服务质量水平。通过持续改进和优化运营过程，企业能够实现从被动应对质量问题向主动预防和持续改进的根本性转变。以电网企业为例，这不仅有助于满足日益增长的电力需求和提高客户满意度水平，还将为企业的可持续发展奠定坚实基础。

公共产品的'公共性'，决定了对其质量的评价不能简单等同于对私人产品质量的评价。

——《推进公共产品的高质量供给》光明日报

# 第八章

# 国家电网质量
# 管理实践

**本章重点**

- 国家电网有限公司质量管理概述
- 国家电网有限公司部分单位推行卓越绩效模式的特色实践

# 第一节  国家电网质量管理概述

国家电网有限公司成立于 2002 年 12 月 29 日，是根据《中华人民共和国公司法》设立的中央直接管理的国有独资公司，注册资本 8295 亿元，以投资建设运营电网为核心业务，是关系国家能源安全和国民经济命脉的特大型国有重点骨干企业。

公司经营区域覆盖我国 26 个省（自治区、直辖市），供电范围占国土面积的 88%，供电人口超过 11 亿人。近 20 多年来，国家电网持续保持全球特大型电网最长安全纪录，建成 35 项特高压输电工程，成为世界上输电能力最强、新能源并网规模最大的电网，公司专利拥有量持续排名央企第一。国家电网位列 2023 年《财富》世界 500 强第 3 位，连续 19 年获国务院国资委业绩考核 A 级，连续 11 年获标准普尔、穆迪、惠誉三大国际评级机构国家主权级信用评级（标普 A+、穆迪 A1、惠誉 A+），连续 8 年获中国 500 最具价值品牌第一名，连续 6 年位居全球公用事业品牌 50 强榜首，是全球最大的公用事业企业，也是具有行业引领力和国际影响力的创新型企业。国家电网的企业宗旨、使命、战略定位和企业精神见表 8-1。

表 8-1　　　　　　　　　国家电网有限公司企业文化与战略

| 要素 | 内容 | 内涵 |
|---|---|---|
| 企业宗旨 | 人民电业为人民 | 这是老一辈革命家对电力事业提出的最崇高、最纯粹、最重要的指示，体现了国家电网发展的初心所在。牢记国家电网事业是党和人民的事业，始终坚持以人民为中心的发展思想，深入贯彻创新、协调、绿色、开放、共享的新发展理念，着力解决好发展不平衡、不充分问题，全面履行经济责任、政治责任、社会责任，做好电力先行官，架起党群连心桥，切实做到一切为了人民、一切依靠人民、一切服务人民 |
| 公司使命 | 为美好生活充电 为美丽中国赋能 | "两为"意味着公司存在与发展的根本目的在于服务人民、服务国家。"两美"彰显公司在社会进步和生态文明建设中的作用与价值。<br>"充电"与"赋能"展现公司作为电网企业彰显价值作用的方式，以及由此产生的能动作用。自觉将企业改革发展融入党和国家工作大局，发挥电网企业特点和优势，在全面建设社会主义现代化国家、实现中华民族伟大复兴中国梦的历史进程中积极作为、奉献力量 |
| 战略定位 | 国民经济保障者、能源革命践行者、美好生活服务者 | 国民经济保障者：深刻认识国有企业"六个力量"的历史定位，积极履行经济责任、政治责任、社会责任，为经济社会发展提供安全、可靠、清洁、经济、可持续的电力供应，在服务党和国家工作大局中当排头、作表率。 |

续表

| 要素 | 内容 | 内涵 |
|---|---|---|
| 战略定位 | 国民经济保障者、能源革命践行者、美好生活服务者 | 能源革命践行者：深入落实"四个革命、一个合作"能源安全新战略，充分发挥电网枢纽和平台作用，加快构建新型电力系统，在保障国家能源安全、推动能源转型、服务碳达峰、碳中和中发挥骨干作用，成为引领全球能源革命的先锋力量。<br>美好生活服务者：始终坚持以满足人民美好生活需要为己任，自觉践行党的根本宗旨，把群众观点、群众路线深深植根于思想中、具体落实到行动上 |
| 公司战略 | 一个中心任务 | 高举伟大旗帜，全面贯彻习近平新时代中国特色社会主义思想，守正创新、团结奋斗，以"一体四翼"高质量发展全面推进具有中国特色国际领先的能源互联网企业建设，为中国式现代化赋动作贡献 |
| | 一个总的安排 | 2025 年，基本建成具有中国特色国际领先的能源互联网企业；2030 年，全面建成产品卓越、品牌卓著、创新领先、治理现代的世界一流企业；2035 年，全面建成具有中国特色国际领先的能源互联网企业 |
| | 八项主要目标 | 党的建设得到新加强，综合实力再上新台阶，供电保障能力得到新加强，绿色发展取得新成效，科技创新实现新突破，企业治理取得新进展，服务质效达到新水平，品牌形象实现新提升 |
| 企业精神 | 努力超越追求卓越 | 始终保持强烈的事业心、责任感，向着国际领先水平持续奋进，敢为人先、勇当排头兵，不断超越过去、超越他人、超越自我，坚持不懈地向更高质量发展、向更高目标迈进，精益求精、臻于至善 |

来源：国家电网有限公司网站。

近年来，国家电网突出高质量发展主题，聚焦电力保供、绿色发展、电网建设、设备运维和优质服务等领域的难点问题，深入开展对标管理、QC 小组活动、精益管理、管理创新、职工创新、卓越绩效等质量管理活动，突出问题导向和结果导向，持续推动了公司质量管理水平的提高。通过实施一系列的质量管理活动，国家电网在电能质量、服务质量、工程质量等方面均有了明显提升。部分省的电能质量相关指标如供电可靠率、电压合格率、综合线损率，服务质量相关指标如获得电力指数、客户平均停电时间等均已达到国际一流水平；工程质量方面，国家电网多个工程项目近年先后获得"中国建筑工程鲁班奖""詹天佑奖""国家优质工程奖"等。

国家电网自 2015 年起，就在企业管理中引入了卓越绩效模式，各级单位先后开展了卓越绩效理念宣贯、自评诊断、改进提升、案例提炼等工作，质量管理工作走在了国有企业的前列；2021 年起，国家电网进入深化卓越绩效模式实践新阶段，提出了"双循环、两融合"的管理模式，全面质量管理工作上了一个新台阶。自 21 世纪初，在卓越绩效模式实施的基础上，国家电网各级单位结合自身优势，积极争创各级政府质量奖，相关单位获得了令人瞩目的成绩。国家电网各级单位质量奖获奖情况见表 8-2。

表 8-2 　　　　　　国家电网各级单位质量奖列表（部分）

| 荣誉等级 | 重大获奖荣誉 |
|---|---|
| 中国质量奖（部分） | 国网上海市电力公司浦东供电公司获 2016 年第二届中国质量奖（组织）<br>国网安徽省电力有限公司宿州供电公司许启金启金工作室负责人、高级技师获 2021 年第四届中国质量奖提名（个人）奖 |
| 全国质量奖（部分） | 国网安徽省电力有限公司合肥供电公司获 2023 年第二十届全国质量奖<br>国网浙江省电力有限公司杭州市萧山区供电有限公司获 2019 年第十八届全国质量奖<br>国网江苏省电力有限公司南京供电公司获 2017 年第十七届全国质量奖<br>国网天津市电力公司获 2015 年第十五届全国质量奖<br>国网上海市电力公司获 2009 年第九届全国质量奖<br>国网上海市电力公司市区供电公司获 2006 年第六届全国质量奖 |
| 全国质量奖卓越项目奖（部分） | 国网江苏省电力有限公司 GIL 综合管廊工程获 2022—2023 年第二十届全国质量奖卓越项目奖<br>国网安徽省电力有限公司古泉 ±1100 千伏特高压换流站项目获 2022—2023 年第二十届全国质量奖卓越项目奖<br>国网江苏省电力有限公司泰州 ±800 千伏换流站工程项目项目获 2020—2021 年第十九届全国质量奖卓越项目奖<br>国网江苏省电力有限公司大规模源网荷储友好互动系统项目获 2018—2019 年第十八届全国质量奖卓越项目奖<br>国网国家风光储输示范工程获 2017 年第十七届全国质量奖卓越项目奖<br>国网向家坝—上海 ±800 千伏特高压直流输电示范工程获得 2016 年第十六届全国质量奖卓越项目奖 |
| 省级质量奖（部分） | 国网重庆市电力公司获 2024 年第八届重庆市市长质量管理奖<br>国网北京市电力公司获 2023 年第三届北京市人民政府质量管理奖提名奖<br>国网青海省电力有限公司西宁供电公司获 2022 年第五届青海省质量奖<br>国网河北省电力有限公司秦皇岛供电公司获 2017 年河北省政府质量奖<br>国网上海市电力公司获 2011 年度上海市质量管理奖 |
| 市级质量奖（部分） | 国网安徽省电力有限公司宁国市供电公司获 2024 年第三届宁国市人民政府质量奖<br>国网安徽省电力有限公司芜湖供电公司获 2023 年第八届芜湖市人民政府质量奖银奖<br>国网安徽省电力有限公司霍邱县供电公司获 2023 年第七届六安市人民政府质量奖<br>国网江苏省电力有限公司盐城供电公司获 2021 年度盐城市市长质量奖<br>国网浙江省电力有限公司湖州供电公司获 2021 年湖州市政府质量奖<br>国网浙江省电力有限公司诸暨市供电公司获 2020 年诸暨市政府质量奖<br>国网福建省电力有限公司福州市长乐区供电公司获 2018 年第四届福州市政府质量奖<br>国网四川省电力有限公司绵阳供电公司获 2017 年绵阳市第二届政府质量奖 |

# 第二节　国家电网各单位开展卓越绩效模式的特色实践

## 一、管理成熟度评价标准优化修编实践——国网上海市电力公司 ❶

国网上海市电力公司为提高电网企业卓越绩效评价标准的先进性和适用性，对比

---

❶ 项喆，杨冠群，吴晨，等.优化基于卓越绩效模式的电网企业管理成熟度评价标准［J］上海质量.2022（12）：54-57.

研究马尔科姆·波多里奇国家质量奖、欧洲质量奖等全球质量奖项卓越绩效评价准则的最新变化，参考借鉴其基本理念与评价内容等，结合电网企业卓越绩效管理现状与业务特点，优化完善了电网企业管理成熟度评价标准，促进管理水平提升，国网上海市电力公司管理成熟度评价标准优化修编思路如图 8-1 所示。

| 类目 | 新增 | 修订 |
|---|---|---|
| 基本理念 | 敏捷性与韧性、道德与透明度 | 修订"社会责任"为"社会奉献" |
| 4.1 领导 | 社会福祉等 3 条评价条款 | 融合生态系统等内容，修订 4 条评价条款 |
| 4.2 战略 | 实施计划部署等 5 条评价条款 | 融合交革等内容，修订 2 条评价条款 |
| 4.3 顾客与市场 | 服务供给等 5 条评价条款 | 融合新业务增长等内容，修订 5 条评价条款 |
| 4.4 资源 | 不同员工群体之间公平与否等 2 条评价条款 | 融合韧性等内容，修订 5 条评价条款 |
| 4.5 过程管理 | 业务持续性与韧性 1 条评价条款 | — |
| 4.6 测量、分析与改进 | — | 融合数据和信息的选择、收集，分类整合等内容，修订 3 条评价条款 |
| 4.7 结果 | — | 修订"顾客方面的结果"的 2 条评价内容 |

图 8-1　国网上海市电力公司管理成熟度评价标准优化修编思路

在基本理念层面，新增"敏捷性与韧性"理念，强调电网企业应重视韧性，锻炼敏捷性，提高应对各种中断事件或风险的能力，实现持续健康发展。修订"社会责任"为"社会奉献"，强调电网企业应在全面履行所有适用法律和法规要求的基础上，立足自身所拥有的资源，考虑社会福祉和公众利益，主动履行公共责任，引领和支持影响范围内的环境、社会和经济系统，促进社会全面协调可持续发展，并为员工参与社会奉献创造条件、提供机会、进行鼓励。新增"道德与透明度"理念，强调电网企业在与各相关方的交易和互动中应强调道德行为和透明度，接受相关方监督，企业领导和管理层应一贯地坦诚和公开沟通、担责，并分享清晰和准确的信息。

在评价条款层面，优化"领导"评价类目：修订"高层领导的作用"，融入能源生态系统、维护国网品牌、国网子品牌、塑造电网企业敏捷性与韧性等方面的要求。修订"组织治理"，融入战略落地方面的责任等评价内容。修订标题"社会责任"为"社会奉献"，并新增电网企业把社会福祉与利益纳入日常运营，积极为社会福祉作出贡献等评价条款。

优化"战略"评价类目，融入"敏捷性与韧性""预防及应对灾难与紧急情况"

等评价内容；新增战略目标实施计划的制订与说明、实施计划部署到电网企业各部门、关键供应商，电网企业长短期计划期内的关键绩效指标预测，实施计划的变更等评价条款。

优化"顾客与市场"评价类目：融入寻求新业务增长、业务生态系统等内容，新增如何确定顾客和市场对供电服务的需求及如何优化供电服务供给等条款；新增获取潜在顾客、竞争对手顾客可用信息等条款；新增如何确保在顾客体验过程中公平对待不同的顾客、顾客群和细分市场等条款；新增确定顾客满意测量数据和信息支持整体绩效，应用顾客和市场的数据和信息支持运营决策的制定等评价条款。

优化"资源"评价类目，融入电网企业敏捷性、韧性与优化管控模式，评估企业长期和短期所需的技能、能力、资质和人员配备水平等；融入数字化转型，整合关联不同来源数据以构建新知识等条款；融入以新型电力系统和能源互联网生态圈的视角，识别对战略发展产生重大影响的关键相关方等评价内容。新增促进员工群体之间公平与包容，采取适宜的评价方法和测量指标来分析、评价和提升员工契合程度等评价条款。

优化"过程管理"评价类目，新增一条关于电网企业韧性的评价条款，关注电网企业预测、应对，并从灾难、紧急情况和其他中断中恢复关键业务过程等表现。

优化"测量、分析与改进"评价类目，融入选择、收集、分类、整合数据和信息，监测战略落地和行动计划的进展等评价内容；融入使用关键绩效指标，对比数据与绩效评价方法支持绩效评价，运用绩效评价结果支持企业发展这一评价内容。同时，修订了运用关键对比和竞争性数据，预测未来绩效等评价内容。

优化"结果"评价类目，新增与竞争对手和本行业标杆对比的结果等内容。

## 二、融合卓越绩效模式的企业经营策略体系构建实践——国网江苏省电力有限公司 ❶

面对新型电力系统建设和输配电业务监管的新形势、新任务、新要求，电力企业的经营压力进一步增大。国网江苏省电力有限公司对融合卓越绩效模式的核心理念、评价框架和评分系统，围绕企业经营策略的制订、执行和审计三个重要环节，分析了构建省级电网企业经营策略体系的路径，旨在优化经营策略，提升经营管理效率，促进企业实现高质量发展。

---

❶ 徐帅，吕桂萍，孙媛媛，等. 对标卓越绩效模式构建企业经营策略体系的路径探讨——以国网省级电网企业为例 [J]. 企业改革与管理，2023（24）：121–123.

首先，融合卓越绩效管理模式，国网江苏省电力有限公司借鉴9大核心理念中的"战略导向"和"过程与结果的一致性"作为构建经营策略体系的价值取向。其次，借鉴"6+1"评价模块，明确经营策略体系包含的内容。最后，借鉴卓越绩效的过程和结果评价方法，建立经营策略循环改进提升机制，融合卓越绩效模式的经营策略体系融合卓越绩效模式的经营策略体系如图8-2所示。

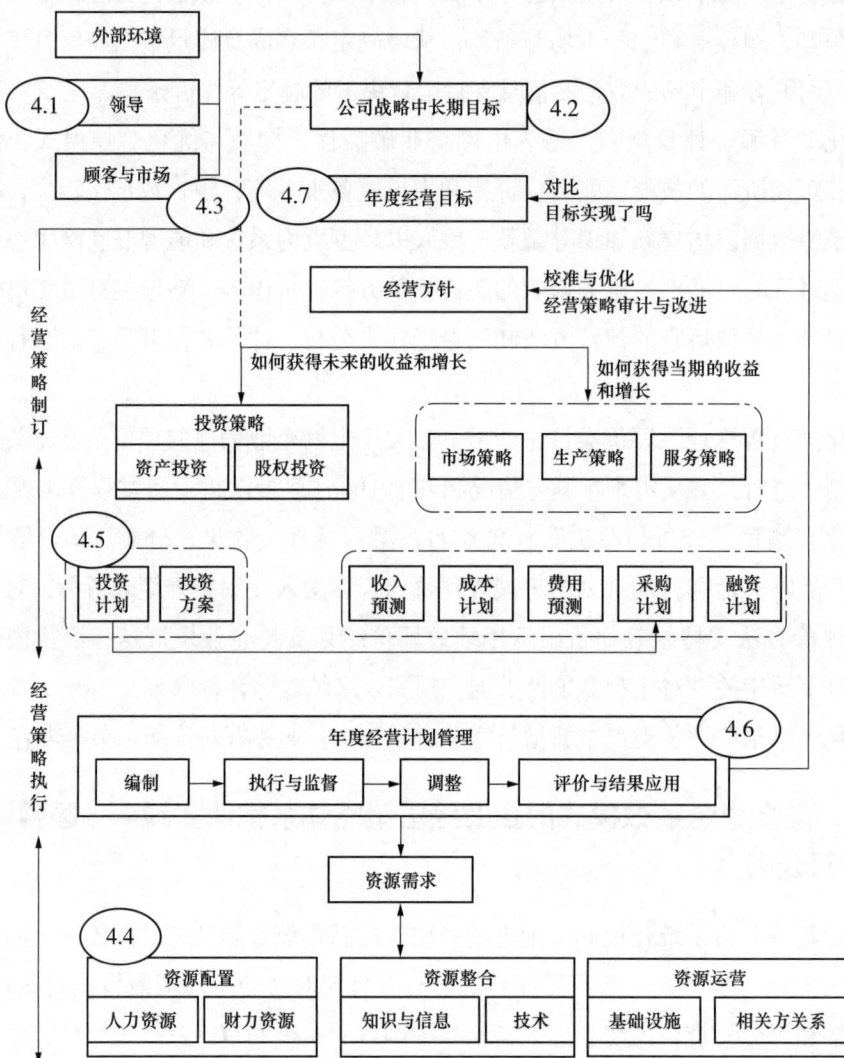

图8-2　融合卓越绩效模式的经营策略体系

（1）制定经营策略。一是下达年度经营目标，包含定性和定量两部分，定量部分主要是核心财务类指标，如营业收入、利润总额、售电量等。定性部分是支撑定量目标所应实现的重点工作目标，如管线建设、管理体系优化等。二是明确经营方针。分析外部环境、新型电力系统、监管要求等因素对年度经营的影响，识别年度经营目标实现的关键因素，对关键因素进行归类，抽象为年度经营方针。三是确定业务策略。按照电网主业价值链，可以将经营方针的具体要求分解为投资、市场、生产和服务四个业务策略，在指定方针中企业既要平衡中长期健康发展的需求，又要兼顾当期现金流和成本费用支出，确保安全、健康、可持续发展。经营方针统驭投资策略、市场策略、生产策略和服务策略，同时几个策略之间相互影响。

（2）执行经营策略。在年度经营目标的驱动下，基于业务策略，导出行动方案，包括投资计划、成本计划、采购计划等，再按照行动方案落实年度经营计划。重点是加强资源管理，一方面，支撑经营计划；另一方面，落实经营策略。一是根据经营方针确定的投资策略、市场策略、生产策略和服务策略，形成年度经营计划；二是分为编制、执行与监测、调整、结果评估与评估结果应用，进行经营计划管理；三是从资源配置、资源整合和资源运营三个方面对资源进行统筹管理。

（3）经营策略审计。执行经营策略审计，完成"决策—执行—评估—反馈—再决策"的闭环管理。经营策略审计的主要内容包括：一是经营策略制定及执行的有效性评估，从经营方针及业务策略的适应性、经营策略组织体系的健全性、资源供给的衔接性、执行管控的有效性四个方面进行，保障战略布局贯彻落实、发展重点有序推进；二是对年度经营目标实现程度的评估，发现年度经营结果与预期目标的差距，分析造成差距的根本原因，校准或优化经营策略制定及执行管理流程、方法和工具。

### 三、卓越绩效模式评价要素量化评价分析实践——国网安徽合肥供电公司 ❶

国网安徽省电力有限公司合肥供电公司运营监测（控）中心按照卓越绩效国家标准各条款评价内容及要求，对过程条款和结果条款分别采用不同的评价模式，其中，过程条款按照"方法（A）—展开（D）—学习（L）—整合（I）"四个维度开展评价，评价结果称作管理成熟度；结果条款按照"水平（Le）—趋势（T）—对比（C）—整合（I）"四个维度开展评价，评价结果称作业绩卓越度；最后加和为公司的卓越管理综合成熟度水平，如图 8-3 所示。

---

❶ 郑中胜，石卓，王海伟 . 大型供电企业卓越绩效模式的研究与实践［J］. 企业改革与管理，2018（01）：196-197.

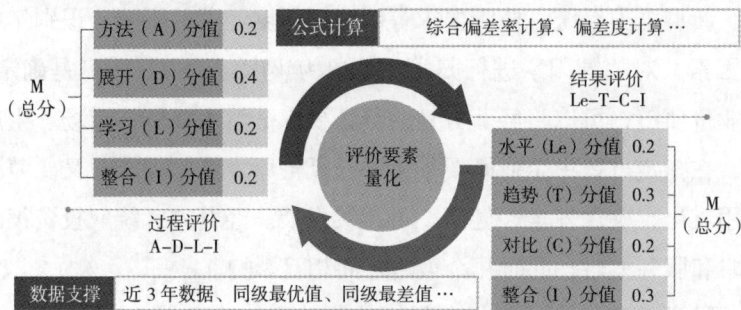

图 8-3　卓越绩效模式评价要素量化评价

过程方面细化为 69 项三级评价条款,根据导则要求及具体工作内容,细化为过程条款评价细则,并依据评分标准对每个条款进行评分。在"四维"的基础上深度展开为"十二性",并赋予不同的分值比例。管理成熟度 $m=$ 方法(A)分值 $\times 0.2+$ 展开(D)分值 $\times 0.4+$ 学习(L)分值 $\times 0.2+$ 整合(I)分值 $\times 0.2$。

结果方面,明确 28 项结果指标,评价数据来自于近 3 年大型供电企业的对标指标考核,根据 3 年数据,分别计算"Le-T-C-I"的分值,业绩卓越度 $n=$ 水平(Le)分值 $\times 0.2+$ 趋势(T)分值 $\times 0.3+$ 对比(C)分值 $\times 0.2+$ 整合(I)分值 $\times 0.3$。其中:

"水平"得分:处于 A 段位的得分率为 100%,处于 B 段位的得分率为 75%,处于 C 段位的得分率为 50%,处于 D 段位的得分率为 25%,处于 E 段位的得分率为 0%。

"趋势"得分:设当年指标值为 $V_1$,上年指标值为 $V_2$,前年指标值为 $V_3$,则指标年均提升率为:

$$V_p = \sqrt{\frac{V_1}{V_3}} - 1 \tag{8-1}$$

"对比"得分:设当年指标值为 $V$,同级单位中指标值最优值为 $V_{max}$,同级单位最差值为 $V_{min}$,公式为:

$$m = \frac{V - V_{min}}{V_{max} - V_{min}} \times 100\% \tag{8-2}$$

"整合"得分:设该指标的得分率均值为 $A$,其中,Le-T-C 得分率分别为 $x$、$y$、$z$,$A=(x+y+z)/3$。该指标对应的过程类目的得分率的平均值为 $A_1$,该指标所在的二级结果类目的指标(Le-T-C)得分率的平均值为 $A_2$。综合偏差率公式为:

$$Q = |A - A_1| \times 50\% + |A - A_2| \times 50\% \tag{8-3}$$

在 0%~10% 之间的指标分值的取 100%。每上升 10%,得分减 20%,减至 0 为止。

为保证过程和结果的匹配度,要求管理成熟度 $m$ 和业绩卓越度 $n$ 之间的偏差不超过 ±5%,偏差度公式为:

$$q = \left| \frac{\sum_{\xi=1}^{69} m_\xi \times 2}{\sum_{\tau=1}^{28} n_\tau \times 3} \right| \times 100\% \qquad (8\text{-}4)$$

在开展定量评价的同时，对每个过程及结果条款进行定性评价，依据评价细则"四个维度，十二性"的具体要求，审视管理状况，对评价细则的内容一一响应。由表及里、由浅入深，发现管理中的优势亮点与短板劣势，并收集足够多的佐证材料支撑自评论断，编写自评价报告。

## 四、融合卓越绩效模式的对标管理实践——国网宁夏宁东供电公司 ❶

国网宁夏电力有限公司宁东供电公司在深化卓越绩效管理的背景下，运用卓越绩效、对标的理念方法和工具，确立了"指标分析、业务分析、管理分析、综合诊断、改进提升"五步卓越诊断法，构建卓越绩效模式与对标管理融合的管理模式，以持续提高公司整体绩效和管理能力，为公司经营管理改进提升奠定了坚实基础，融合卓越绩效模式的对标管理"五步法"如图 8-4 所示。

图 8-4　融合卓越绩效模式的对标管理"五步法"

指标分析共分为三步，从当前指标水平、近 3 年数据的完整性、指标的变化趋势等方面考虑选取重点改进弱项指标，以指标驱动管理提升。第一步分析各指标当前水平。从卓越绩效结果类指标、同业对标指标、企业负责人指标等筛选出相对落后的指标。第二步分析数据的完整性。基于指标数据和分析报告筛选近 3 年指标数据完整的指标，便于业务分析。第三步明确指标的变化趋势。将近 3 年的数据做成趋势图，选

❶　孔学涛．卓越绩效模式与对标管理在电网企业的应用［J］企业战略，2022，12（34）．

取指标趋于下降和始终保持落后水平的指标，最终筛选出短板指标。

业务分析以弱项指标影响因素分析为切入点，从核心流程、支撑流程、理念行为三个方面建立业务分析体系，聚焦工作中突出矛盾和问题，识别影响指标水平的业务问题。通过核心流程分析确定当前核心流程中的损耗构成。通过支撑流程分析了解该业务绩效、组织、能力培养等问题，了解人资、财务、IT支持的有效性。通过理念行为分析，最后通过三个方面的综合分析整合团队最高层次上的各项评估要素，并总结出关键主题。

管理分析通过将业务问题映射至卓越绩效条款，形成指标、业务、管理逐层关联，应用卓越绩效评价体系，按照管理一般规律，挖掘公司管理层面存在的问题，识别弱项指标管理症结，从根本上解决弱项指标管理问题。第一步归类相关业务问题，相关业务部门凭经验提出的问题直接归类，另外较为不明确的业务问题需要先寻找浅层次原因，再进一步按5WHY寻找根本原因。第二步是对应卓越绩效条款、通用企业卓越做法及管理逻辑，对卓越绩效中通用管理事项，提出明确的、系统的做法要求。第三步明确管理根本原因，把业务问题进一步扩展，使其更有体系性，考虑更深入，明确根本原因，杜绝头疼医头，脚疼医脚。

通过对以上指标业务问题和关联的条款进行总结梳理，根据与卓越绩效条款关联情况进行归集分析，总结共性问题。结合共性问题，遵循卓越绩效诊断方法和评分指南，通过整合"四个维度"，逐项开展自查，对公司全业务过程进行定性与定量评价，应用卓越绩效评价体系，瞄准公司发展目标，以系统思维综合分析管理差距，进行管理成熟度评价。

归类整合问题，形成整改清单。根据卓越绩效自评报告中短板目录清单，对问题进行归类整理，形成卓越绩效评价项目整改清单26项。创建改进项目池，遴选改进项目。根据项目整改清单，梳理建立短板改进项目池，并按照短板改进的重要性、急迫性、可行性和改进预期效果"四个维度"，对项目池的短板进行排序，遴选可行的改进项目，形成卓越绩效改进项目池及计划实施的改进项目清单。

明确责任主体，实施改进提升。针对计划实施的改进项目清单，明确责任主体，强化责任落实，保证整改措施落地见效，切实做好改进提升。

> 建设质量强国是推动经济高质量发展的重大举措。推动高质量发展需要树立提高发展质量的意识。

——中华人民共和国国家发展和改革委员会

# 第九章

# 南方电网质量
# 管理实践

**本章重点**

- 中国南方电网有限责任公司质量管理概述
- 南方电网部分单位在全面质量管理方面的特
  色实践

# 第一节  南方电网质量管理概述

中国南方电网有限责任公司（简称南方电网）于 2002 年 12 月 29 日正式挂牌成立，是中央管理的国有重要骨干企业，由国务院国资委履行出资人职责。公司负责投资、建设和经营管理南方区域电网，参与投资、建设和经营相关的跨区域输变电和联网工程，为广东、广西、云南、贵州、海南五省（自治区）和港澳地区提供电力供应服务保障；从事电力购销业务，负责电力交易与调度；从事国内外投融资业务；自主开展外贸流通经营、国际合作、对外工程承包和对外劳务合作等业务。南方电网覆盖五省（自治区），并与中国香港、中国澳门地区以及东南亚国家的电网相联，供电面积 100 万 $km^2$。供电人口 2.72 亿人，供电客户 1.16 亿户。2023 年，全网统调最高负荷 2.34 亿 kW，增长 5.1%；南方五省（自治区）全社会用电量 15835.2 亿 kWh，增长 7.4%；非化石能源电量占比 47.5%。南方电网企业文化理念见表 9-1。

南方电网覆盖近 2000km，拥有包括水、煤、核、气、风、太阳能等多种能源发电能力，总装机容量达 4.44 亿 kW，输电线路长达 27.8 万 km。它以交直流混联方式运行，具备远距离、大容量、超（特）高压输电能力。南方电网掌握了多项核心技术，如特高压直流输电、柔性直流输电等，并建成了世界首个。± 800kV 特高压直流和柔性直流输电工程，体现了其在特高压输电领域的世界领先地位。公司连续 17 年获得国务院国资委 A 级考核，连续 19 年进入世界 500 强（来源：南方电网官网）。

表 9-1  南方电网企业文化理念

| 企业方向 | 具体内容 |
|---|---|
| 企业文化理念 | 企业宗旨：人民电业为人民<br>企业定位：国家队地位平台型企业价值链整合者<br>企业愿景：成为具有全球竞争力的世界一流企业<br>管理理念：依法治企、科学治企、从严治企<br>经营理念：成本、效率、质量、创新、增长、全员<br>安全理念：一切事故都可以预防<br>服务理念：为客户创造价值<br>人才理念：企业第一资源、发展竞争之本<br>团队理念：领导人员，对党忠诚勇于创新治企有方兴企有为清正廉洁；人才队伍，矢志爱国奉献勇于创新创造；员工队伍，爱岗敬业、精益求精、协作共进、创业创效、廉洁从业<br>工作理念：策划、规范、改善、卓越<br>南方电网精神：勇于变革、乐于奉献<br>品牌形象：万家灯火  南网情深 |

自成立以来，南方电网在质量管理方面开展了一系列具有深远意义的管理工作，包括质量管理体系建设、QC 和精益管理的推广、科技和管理创新项目的实施，以及其他一系列质量管理活动。这些工作有效提升了公司的产品质量、服务质量、工程质量，也为公司整体的高质量发展奠定了坚实基础。

南方电网于 2022 年正式启动了全面质量管理的导入与实践工作。根据 2012 版的《卓越绩效评价准则》（GB/T 19580—2012）及相关团体标准，南方电网构建了适合其自身的成熟度评价导则和实施指南，作为推进全面质量管理实践的指导性文件，并在省级、地市级、县级公司开展了多层次的试点工作。南方电网积极推动全面质量管理工作的同时，其各级分子公司及下属单位也有序导入、开展全面质量管理实践。自 2022 年以来，南方电网在各级单位策划并开展了诸如"质量工具应用""标杆创建"等活动，这些活动不仅提高了员工的质量意识和技能，也促进了公司整体质量管理水平的提升。同时，南方电网各级单位结合自身优势，积极争创全国及政府各级质量奖，近年来取得了显著成绩，如南方电网多个单位获得 2022—2023 年度国家级和省级质量奖，成为电力行业的优秀标杆，表 9-2 梳理了南方电网各级单位获得的部分质量奖。

表 9-2　　　　　　　　南方电网各级单位质量奖列表（部分）

| 荣誉等级 | 获奖荣誉 |
|---|---|
| 全国质量奖 | 南方电网广东珠海供电局荣获 2023 年第二十届全国质量奖组织奖 |
| 全国质量奖卓越项目奖 | （1）南方电网深圳供电局有限公司"基于 5G+ 全栈国产化 + 人工智能的城市项目"荣获 2023 年第二十届全国质量奖卓越项目奖；<br>（2）南方电网广东珠海供电局"珠海多端柔性直流配电网示范工程"荣获 2023 年第二十届全国质量奖卓越项目奖 |
| 中国质量奖 | 南方电网超高压输电公司广州局海口分局海缆运维班获第五届中国质量奖提名奖 |
| 省级质量奖（部分） | （1）南方电网广西电网公司获 2022 年第六届广西壮族自治区主席质量奖；<br>（2）南方电网广东电网珠海供电局获 2022 年第七届广东省政府质量奖提名奖 |
| 市级质量奖（部分） | 南方电网广东电网珠海供电局获 2017 年度第四届珠海市市长质量奖 |

# 第二节　南方电网各单位开展全面质量管理的特色实践

## 一、以构建行业标杆为目标的卓越绩效模式创新实践——南方电网深圳供电局

中国南方电网深圳供电局有限公司作为电力行业的领军企业，始终致力于追求卓越和高质量发展。为了持续提升企业的综合竞争力和服务水平，深圳供电局有限公司全面推行卓越绩效管理模式，通过灵活应用理念引领、对标一流、系统诊断、改进提升、固化创新等一系列特色举措，实现了深圳供电局有限公司从对标标杆到成为标杆的跨越（见图 9-1）。

图 9-1　深圳目前已建成 13 个"不停电作业零计划停电"示范区

（1）理念引领，构建卓越绩效文化。深圳供电局有限公司将卓越绩效理念作为企业发展的重要思想基础，针对全员导入卓越绩效 9 大理念。通过设立"追求卓越、共创一流"专题宣传栏目，建立卓越绩效知识库，举办卓越绩效专题培训、"卓越杯"微课大赛、卓越故事会等多种活动，把"全员参与，追求卓越"的理念融入到各部门业务管理中，实现"理念宣讲进班组、卓越意识全覆盖"，在全公司范围内营造了良好的卓越绩效文化氛围。同时，深圳供电局有限公司还建立了完善的奖励机制，对在卓越绩效管理工作中表现突出的个人和团队进行表彰和奖励，营造了追求卓越的文化氛围。

（2）对标一流，明确发展方向。深圳供电局有限公司积极与全球顶尖电力企业进行对标，形成了丰富的对标库。通过对标分析，深圳供电局有限公司明确了自身的优势和不足，并制订了赶超标杆的详细计划。深圳供电局有限公司不断丰富国际先进城市电网企业对标库，包括英国伦敦电力、日本东京电力、新加坡电力等世界顶尖企业，成为深圳供电局有限公司学习和追赶的榜样。此外，深圳供电局有限公司还积极与先进标准如《卓越绩效评价准则》等进行对标，确保企业管理工作能够与国际接轨，不断提升管理水平和竞争力。

（3）系统诊断，精准识别问题。深圳供电局有限公司运用卓越绩效"八大方法"（方法—展开—学习—整合，水平—趋势—对比—整合），对管理现状进行了全面、系统的自评诊断。深圳供电局有限公司以专家代表专题研讨、专家组问题征集、干部培训班问卷调查、收集基层声音等方式，通过部门、分管领导、卓越绩效领导小组三级分析审核，诊断出 19 个系统性问题；基于业务管理框架，对照关键业务事项，诊断出 465 个具体问题，确保管理提升有的放矢。

（4）改进提升，系统推进管理优化。针对诊断出的问题和短板，深圳供电局有限公司制订了详细的改进提升方案。在经营层面，实施系统整合促进管理体系升级；在专业层面，实施业务改进与流程优化；在执行层面，实施现场管理，提升一线生产服务水平。深圳供电局有限公司高度重视问题背后的管理工作，业务部门针对每个指标制订专项提升工作方案，从体制机制、管理方法、工作方法上落实责任，持续开展问题整改和管理提升。同时，深圳供电局有限公司还注重管理协同性和成果先进性，确保改进提升工作能够取得实效。

（5）固化创新，打造标杆样板。在改进提升的基础上，深圳供电局有限公司注重固化创新工作。通过启动四类示范标杆试点（卓越组织、卓越项目、卓越岗位和星级现场），深圳供电局有限公司在业务、组织、岗位、现场等维度形成了具有实战指导价值、可推广可复制的管理经验和管理标准。这些标杆样板的创建不仅为深圳供电局有限公司自身的发展提供了有力支撑，也为电力行业其他企业提供了可借鉴的范例。深圳供电局有限公司通过"与自己比、与目标比、与标杆比"，进行循环改进，实现管理精益、作业规范、运维高效、人员专业的基层"卓越"示范。

深圳供电局有限公司通过卓越绩效模式的创新实践，成功构建了从对标到标杆的卓越管理体系。这一典型实践不仅提升了公司的整体管理水平和竞争力，也为行业树立了质量管理的新标杆。

## 二、以党建全面质量管理引领企业高质量发展实践—南方电网广州供电局

广州供电局有限公司党委把党的领导融入公司治理结构，充分发挥党委把方向、管大局、促落实的领导作用。通过引入全面质量管理理念、方法和工具，创新构建党建全面质量管理实践框架，推动党建工作与企业生产经营的深度融合，形成以全组织管理促进基本组织建设、以全员化管理促进基本队伍建设、以全过程管理促进基本制度建设，多方法促进深度融合的"三全一多"实践，实现了党建工作和企业生产经营在话语体系、方法工具及业绩上的深度融合。广州供电局有限公司深入践行"创先引领、标杆示范"和"中心、窗口、标杆"的使命担当，努力推动一流企业建设并取得良好成效，广州供电局有限公司党建全面质量管理推进节奏如图9-2所示。

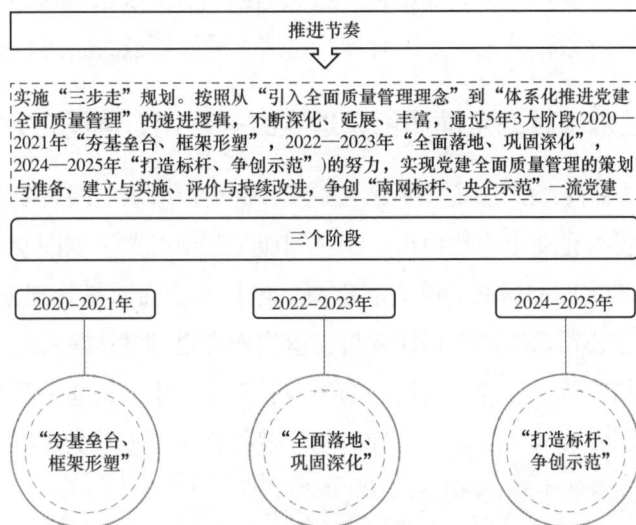

图9-2　广州供电局有限公司党建全面质量管理推进节奏

### 1. 以"三全"理念促进"三基"建设

广州供电局有限公司党建部引入全面质量管理理念，聚焦标准化建设、党建工作与生产经营融合、基层党组织建设等重点，推动上级部署高质量落地和基层党建工作难题有效解决。该党建部借鉴国际质量管理体系要求，形成党建全面质量管理框架及指导手册、制度库、工具库等成果体系。以"三全"理念推进"三基"建设，将全组织、全员化、全流程管理与党建"三基"（基本组织、基本队伍、基本制度）及企业"三基"（基层、基础、基本技能）建设深度融合。

在实践中，广州供电局有限公司党委指导下属海珠供电局将 10 个党支部划分为关键业务型、业务支持型和供电区型三种类型，根据不同类型制定党建工作任务、治理路径和考核评价体系。通过标准化管理，制定"一图一表一清单"，实现党建工作精准化落地，有效提升党建工作质量与实效。

2. 以党建创新践行"人民电业为人民"

广州供电局有限公司坚持守正创新，紧密围绕生产经营实际，创新党组织工作的理念方法工具，不断提升党建工作质量和实效。运用南方电网"解放用户"的实践方法论，充分发挥基层党组织的战斗堡垒作用和党员先锋模范作用，引入网格化管理，创新建立"党员双报到，服务进社区"机制，5012 名党员到居住地社区和属地供电局报到，覆盖全市 1308 个社区。广州塔对岸的 110kV 猎桥变电站作为广州变电站科普中心，构建了央企与公众沟通和表达的有效平台，实现了变电站从纯粹的生产场景到成为社会责任沟通的场景的巨大改变。通过"小切口"推动城市品质"大提升"，其创新实践不仅提升了公司形象，还增强了员工的归属感和社会责任感，树立了电力企业在社会中的良好形象，满足了人民对美好生活、美好环境的向往和追求。

## 三、持续追求卓越的全面质量管理实践——南方电网广东珠海供电局

2023 年 12 月 1 日，中国质量协会年会在京召开，广东电网有限责任公司珠海供电局从全国众多优秀企业中脱颖而出，获全国质量奖组织奖，如图 9-3 所示。这一殊荣充分展示了南方电网品牌的影响力和珠海供电局在全面质量管理方面的卓越成就。广东电网有限责任公司珠海供电局深入贯彻落实南方电网"全员参与、质量为要、共创价值、追求卓越"质量方针，坚持问题导向和系统思维，构建一系列具有电网特色的管理机制，成功完成从"经验式管理"到"现代企业管理"的蝶变，成为南方电网首个荣获中国最高等级组织类质量奖项的单位。

图 9-3　南方电网广东珠海供电局首获"全国质量奖组织奖"

1. 卓越绩效管理的导入与应用

自 2009 年导入卓越绩效管理模式以来，广东电网有限责任公司珠海供电局在过去的 8 年内实现了卓越的业绩，连续 5 年供电可靠性排名全国第一，连续 39 年对澳供电万无一失，连续 14 年获得珠海公共服务满意度第一，近 5 年全员劳动生产率提升了 46%，并建成全南方电网首个单体规模最大的零碳建筑。广东电网有限责任公司珠海供电局先后获评"全国实施卓越绩效管理模式先进组织""广东省政府质量奖提名奖""第二十届全国质量奖卓越项目奖"。

2. 客户服务质量的提升

广东电网有限责任公司珠海供电局的前置供电服务创新，使客户报装当天即可完成线上合同签署及接火送电，成功实现"客等电"到"电等客"的转变。新管理路径下，服务质量也不断攀升，横琴粤澳深度合作区的客户平均停电时间实现 5min 到稳定小于 0.5min 的跨越，快速复电能力达到世界顶尖水平，如图 9-4 所示。

图 9-4　珠海供电局连续 5 年供电可靠性全国第一

3. 基层管理机制的优化

为从基层释放活力，广东电网有限责任公司珠海供电局实施全员新型经营责任制，构建起"横向到边、纵向到底"指标分解承接和落实保障体系，将需要部门统一协调资源而班员较难独立管控的考核项剥离出班组，每个班员只保留三项工作指标和任务，奖罚更为精准有效，进一步激发了全员参与质量管理的荣誉感和责任感。在现代化管理机制的影响下，2023 年配电自动化快速复电成效突破性达到 93.4%，配电自动化终端在线率保持在 99.6% 以上，有效支撑可靠性年度目标的实现。

### 4. 创新管理路径的构建

基层考核"瘦身"之后，广东电网有限责任公司珠海供电局通过构建"理念导入—问题诊断—落实战略—优化提升"的管理路径，形成了"穿透式差异化正反向激励体系及分层分类干部人才培育机制"，并打造了横琴粤澳深度合作区"两高一全"示范区等一系列具有南方电网特色的管理机制。广东电网有限责任公司珠海供电局以全面质量管理为方法，持续在安全生产、电网建设、客户服务、企业运营等领域推动技术创新和管理创新，丰富优质产品、工程、服务供给。

### 5. 持续追求卓越

广东电网有限责任公司珠海供电局深入贯彻落实党的二十大关于高质量发展的总体要求，积极响应南方电网"九个强企"战略部署和改革深化提升行动，持续深化全面质量管理，致力于打造改革创新标杆，为南方电网建设世界一流企业贡献力量。该供电局通过卓越绩效管理模式的实践应用，不断提升管理水平和品牌竞争力，成为南方电网全面质量管理的典型案例，为电力行业提供了宝贵经验，展现了新时代电力企业的创新活力和发展潜力。

## 四、全员发力提升全域质量的高质量发展实践——南方电网云南曲靖供电局

云南电网有限责任公司曲靖供电局充分利用全面质量管理的理念、工具和方法，强化各项工作的目标导向和问题导向，充分整合已有优势，打破部门和专业壁垒，激发各层级、各领域的活力和效能，形成工作合力，推动实现全员参与、全业务覆盖、全过程跟踪的质量管理体系，助推企业经营质量和发展质量的全面提升，推动企业管理成熟度向卓越迈进，在一流企业建设的征程上走出新的路子。

### 1. 从"28到4"：基层工作简洁明了

在全面质量管理实践中，云南电网有限责任公司曲靖供电局确立了"提供持续信赖的高质量电力与服务"的核心理念，以春节"零停电、零投诉"为目标，整合绩效考核、五型企业建设等9类29个指标，构建了"曲靖指标管控一张表"及"倒梯形"指标管控体系，将基层28指标提炼为"四零"（零伤亡、零违法、零停电、零投诉），确保基层专注核心事务。为保证"倒梯形"体系高效运行，曲靖供电局通过党委高位推动，跨部门合作，运用146个问题"问诊法"，识别问题、分析并制定5项任务、33关键措施，打破壁垒，促进部门协同，形成自上而下全力推动高质量电力服务的模式。此外，9家县区局与92家供电所围绕"高质量"目标，实施"一县一特色、一所一优势"项目，强化短板，构建市局至基层班所五层的 PDCA 循环模式，激活各层活

力，共同推进质量管理，确保产品与服务的持续信赖与高质量。

2. 从"抢"到"维"：把功夫下在日常

对云南电网有限责任公司曲靖供电局而言，实现"双零"目标，需要全员参与、全过程管控、全要素配合，是实施全面质量管理的载体，也检验着全面质量管理的成效。在治理线路故障隐患过程中，云南电网有限责任公司曲靖供电局生计、营销、规建等部门统筹指导，会泽供电局强力推进，供电所集中全所各班组人员全体出动，在黑颈鹤保护区开展线路巡维如图 9-5 所示。在全面治理隐患的基础上，把整条线路按10 根电杆一段分为若干段，从巡维难度、故障频率、关注程度三个维度，对每段设置不同的三个不同等级，为后续的跳闸抢修提供针对性。集中治理后，供电局坚持把功夫下在日常，线路主人每次巡维时，需要走遍每根电杆，把金具绝缘子、线路通道等所有要素仔细查看并拍照。

图 9-5　在黑颈鹤保护区开展线路巡维

3. 从"线"到"体"：实现工作全过程管控

云南电网有限责任公司曲靖供电局在全面质量管理实践中，结合安全生产翻身仗行动，积极创新管理模式，探索出一系列有效做法。该供电局通过引入作业视频监控系统，实现了对作业现场关键环节的全程监管，确保安全生产管理不留死角。在全面质量管理实施过程中，坚持"全员参与、全业务覆盖、全过程跟踪"的原则，将质量管理关口前移，每月深入参与生产业务、营销服务、基建工程等领域的作业计划评审工作，特别是对中风险以上的作业计划，严格核查现场监管资源配置，确保风险管控到位。

在质量管理体系建设方面，该供电局采取了一系列集成化管理措施。他们对多年来实施的质量管理小组活动、精益六西格玛管理、质量信得过班组创建、"7S"管理、管理创新等项目进行系统性整合，建立了包含项目库、成果库、工具方法库、课件库和人才库的全面质量管理体系。通过聚焦成果运用、工具推广、人才培养、管理提升和指标创优等关键环节，形成了项目集管理模式，确保全面质量管理持续走深走实。同时，该供电局积极引入全面质量管理卓越绩效模式，创新性地融合创星"三三矩阵"模式、季度多维状态评价画像机制和5层PDCA闭环管理模式，培育"知行＋卓越"质量文化，推动质量管理实现全方位升级。这些创新实践不仅提升了企业管理效能，更为南方电网质量管理体系优化提供了有益参考。

4. 从"边缘"到"重点"：激发每一名员工的活力

云南电网有限责任公司曲靖供电局在全面质量管理方面进行了深入实践和探索，形成了独具特色的管理创新模式。该供电局党委高度重视质量管理体系建设，将其作为企业发展的核心战略来抓。首先，将全面质量管理提升至"一把手工程"的层面，建立了覆盖全层级的管理机制，通过"两讲一谈"（党委书记讲党课、党员上讲台、员工谈体会）在内的多种形式，强化质量理念的宣贯和落实。其次，紧紧围绕"双零"（零投诉、零停电）的高质量发展目标，充分发挥党组织的政治引领作用，推动党建工作与生产工作深度融合。全供电局221个党支部均以"双零"目标为核心开展书记项目和登高计划，形成了鲜明的质量管理特色。最后，严格按照全面质量管理的"全员参与"要求，建立覆盖所有岗位和人员的质量管理网络，通过全方位的质量提升举措，推动企业管理水平整体跃升。特别值得一提的是，该局还注重对以往边缘岗位的管理覆盖，确保质量管理无盲区。通过持续创新和改进，该供电局不仅提升了企业运营的成熟度，更为南方电网其他单位提供了可复制的先进经验，为打造一流企业奠定了坚实基础。

" 质量是维护顾客忠诚的最好保证。"

——通用电器公司总裁

杰克·韦尔奇

# 国内电网企业核心业务质量管理实践

**》 本章重点**

- 电网企业十大核心业务模块的关键质量控制点
- 电网企业十大核心业务模块的关键质量控制措施
- 电网企业十大核心业务模块的质量管理典型案例

第八章和第九章深入探讨了国家电网和南方电网在质量管理方面的成功实践，这些实践为电网企业的可持续发展奠定了坚实基础。在此基础上，第十章将进一步聚焦国内电网企业的十大核心业务，并从业务特征、质量要求、质量控制措施和典型案例四个方面展开探讨。其中，业务特征明确了业务管理内容和框架，分析了电网企业该类业务固有的特点；质量要求基于业务管理内容，明确业务过程一般性质量要求，通过流程分析明确业务过程质量控制点，并对控制点作出重要等级❶评价；质量控制措施基于质量控制点中的若干关键质量控制点❷，通过综合应用先进管理工具或方法，提出针对关键质量控制点的控制措施；典型案例通过选取南方电网和国家电网近年公开发表的典型案例，围绕问题、措施和效果完整阐述全面质量管理与电网企业业务融合应用过程。电网企业核心业务全面质量管理融合应用框架如图10-1 所示。

图 10-1　电网企业核心业务全面质量管理融合应用框架

---

❶　重要等级：基于该质量控制点对该模块（环节）或整个业务质量目标达成的影响程度作出的定性判定，并用得星数值表示，其中"★"表示 1 颗星，"☆"表示 0.5 颗星，获星值越高表示该质量控制点对该模块（环节）或整个业务的质量目标达成的影响程度越重要。

❷　关键质量控制点：指质量控制点重要等级得星数值在 3 颗星（含本数）以上的质量控制点。

# 第一节 电网企业电网规划质量管理实践

## 一、业务特征

### （一）业务概述

电网规划以负荷预测和电源规划为基础，确定在何时、何地投建何种类型的输电线路及其回路数，确保投资成本最优的前提下实现规划周期内所需要的输电能力。电网规划作为建设现代化电网进程中重要的一环，其科学性、合理性和系统性直接影响整个电网的质量，因此科学、系统、实用的规划方案是电网稳定运行的前提条件，是保障现代化电网建设高效实现目标的必要理论指导。电网规划按内容分为输电网规划、高压配电网规划、中低压配电网规划及专项规划；按周期分为五年期规划、三年期规划及年度规划修编；按层级分为网、省、地、县四级。

电网企业电网规划业务框架如图 10-2 所示，电网规划业务涵盖基础信息采集分

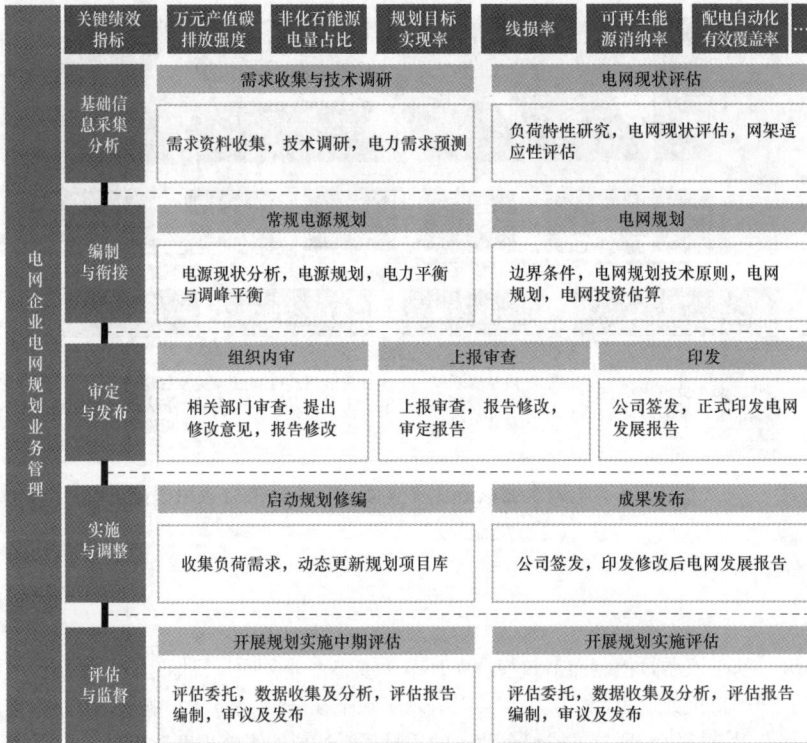

| 关键绩效指标 | 万元产值碳排放强度 | 非化石能源电量占比 | 规划目标实现率 | 线损率 | 可再生能源消纳率 | 配电自动化有效覆盖率 | … |
|---|---|---|---|---|---|---|---|

| 电网企业电网规划业务管理 | 基础信息采集分析 | 需求收集与技术调研 | | 电网现状评估 | |
|---|---|---|---|---|---|
| | | 需求资料收集，技术调研，电力需求预测 | | 负荷特性研究，电网现状评估，网架适应性评估 | |
| | 编制与衔接 | 常规电源规划 | | 电网规划 | |
| | | 电源现状分析，电源规划，电力平衡与调峰平衡 | | 边界条件，电网规划技术原则，电网规划，电网投资估算 | |
| | 审定与发布 | 组织内审 | 上报审查 | 印发 | |
| | | 相关部门审查，提出修改意见，报告修改 | 上报审查，报告修改，审定报告 | 公司签发，正式印发电网发展报告 | |
| | 实施与调整 | 启动规划修编 | | 成果发布 | |
| | | 收集负荷需求，动态更新规划项目库 | | 公司签发，印发修改后电网发展报告 | |
| | 评估与监督 | 开展规划实施中期评估 | | 开展规划实施评估 | |
| | | 评估委托，数据收集及分析，评估报告编制，审议及发布 | | 评估委托，数据收集及分析，评估报告编制，审议及发布 | |

图 10-2 电网企业电网规划业务框架

析、编制与衔接、审定与发布、实施与调整和评估与监督 5 个关键模块；重点关注万元产值碳排放强度、非化石能源电量占比、规划目标实现率、线损率等关键指标。

**（二）业务特点**

电网在保障电力供应、促进经济发展、优化资源配置和清洁能源消纳及保障国家能源安全等方面发挥着重要作用，是现代社会不可或缺的重要基础设施之一。电网规划的特点体现了对电力系统可靠性、可持续性、灵活性和社会可接受性的综合考虑，同时反映了电力系统在设计、建设和运营过程中的一些重要考虑因素。总体而言，电网规划呈现以下业务特点：

（1）可靠性与稳定性：电网规划首要目标之一是确保电力系统的可靠性和稳定性。规划需要考虑负荷波动、设备故障、天气变化等因素，以确保电网能够在各种情况下提供稳定的电力供应。

（2）可持续性与环保：当前电网规划越来越关注可持续性和环境保护，规划需考虑如何整合可再生能源，减少对传统能源的依赖，降低温室气体排放，以符合环境可持续发展要求。

（3）灵活性与可调度性：面对负荷的时变性和不确定性，电网规划需要具备一定的灵活性和可调度性，包括合理规划输电网络、引入储能技术、并采用智能电网技术以提高系统的响应速度和适应性。

（4）区域协同发展：跨区域的电力传输和协同发展是电网规划的重要特点之一，通过合理规划区域间的电力输电网络，可以更好地利用不同地区的能源资源，提高电力系统的整体效益。

（5）社会参与与接受度：电网规划需要考虑社会的需求和期望，因此社会参与和接受度也是规划的重要特点。

## 二、质量要求

电网规划综合实际负荷变化情况、经济效益、能源利用率及周边地区的规划方案等，从多维度、全方面来建设电网架构，以满足现代化电网建设的目标。电网规划核心业务模块对应的质量要求、质量控制点及其重要等级见表 10-1。

表 10-1 电网规划质量要求及质量控制点

| 关键模块 | 质量要求 | 质量控制点 | 重要等级 |
|---|---|---|---|
| 基础信息采集与分析 | 针对电网规划所需的各类数据资料，建立规范统一的数据库 | 数据库规范统一 | ★★★★ |
| | | 基础信息精准性 | ★★☆ |

续表

| 关键模块 | 质量要求 | 质量控制点 | 重要等级 |
|---|---|---|---|
| 编制与衔接 | （1）应结合当地发展战略、规划等因素；<br>（2）应统筹平衡投资规模，评估实施后的电量、电价影响；<br>（3）应统筹策划，确保上下级协同统一；<br>（4）应统筹协同，加强专业融合 | 与市政相关规划的协调性 | ★★☆ |
| | | 上下级规划的衔接性、一致性 | ★★★★☆ |
| | | 与专业规划协同融合性 | ★★☆ |
| | | 非化石能源电量占比 | ★★☆ |
| | | 线损率 | ★★☆ |
| | | 万元产值碳排放强度 | ★★☆ |
| | | 可再生能源消纳率 | ★★☆ |
| | | 万元固定资产售电量 | ★★☆ |
| | | 配电自动化有效覆盖率 | ★★☆ |
| 审定与发布 | 审定应分层分级，逐级修订完善：<br>（1）规划发布后，组织开展项目前期管理；<br>（2）规划实施过程中，可根据情况进行调整 | 审定与发布合规性 | ★★★ |
| | | 规划审查通过率 | ★★☆ |
| 实施与调整 | | 前期项目储备库管理的规范性 | ★★★ |
| | | 规划外项目审批合规性 | ☆☆ |
| | | 规划滚动与调整合规性 | ★★★☆ |
| 评估与监督 | （1）应对规划实施开展监督、监察工作；<br>（2）对规划执行情况进行总结、评估 | 电网规划目标实现率 | ★★★★ |
| | | 规划监督检查有效性 | ★★☆ |
| | | 规划评估机制设计的科学性、可操作性、反馈性 | ★★★☆ |
| | | 规划评估全面性、客观性 | ★★☆ |

## 三、质量控制措施

针对电网规划业务质量要求及质量控制点，表 10-1 中的关键质量控制点可以采取标准操作程序、事后评估、持续完善等工具方法，针对性地采取若干条质量控制措施，网企业电网规划业务关键质量控制点与控制措施具体见表 10-2。

表 10-2　　　　　　电网企业电网规划业务关键质量控制点与控制措施

| 关键模块 | 关键质量控制点 | 工具／方法 | 控制措施 |
|---|---|---|---|
| 基础信息采集与分析 | 数据库规范统一 | （1）标准操作程序；<br>（2）数据治理 | （1）规范数据标准：通过准化管理，统一规范电力规划基础数据定义、格式、来源等；<br>（2）确保数据一致：加强各级电网数据拼接及规划和运行数据衔接一致；<br>（3）强化数据维护：通过专家咨询或专业机构维护规划基础数据库，动态更新有关数据 |

| 关键模块 | 关键质量控制点 | 工具/方法 | 控制措施 |
|---|---|---|---|
| 编制与衔接 | 上下级规划有效衔接、协调统一 | （1）PEST分析；<br>（2）最佳实践研究 | （1）运用宏观环境的分析（PEST），明确规划目标和重点任务；<br>（2）通过最佳实践研究，为编制提供参考借鉴，基于规划目标、重点任务，构建考核体系 |
| | 规划目标实现率 | （1）流程优化；<br>（2）项目后评价 | （1）超前对接外部需求，保持规划的前瞻性；<br>（2）强化规划与建设关联机制，相互延伸服务，协商解决项目落地问题，统筹跟进项目进度，以规划驱动投资计划、基建计划的契合；<br>（3）通过机构变革、流程优化、数字化、项目后评价等措施构建敏捷体系，达到源网荷储再平衡 |
| | 度电碳排放 | （1）智能化改造；<br>（2）资源优化配置；<br>（3）市场机制 | （1）采用先进发电技术和设备，提高非化石能源发电的效率，降低度电碳排放；<br>（2）通过加强跨区域电网建设，实现不同地区间电力互济互补，优化电力资源配置，将可再生能源丰富地区电力输送到需求较大地区；<br>（3）健全电力市场机制，推动非化石能源电力市场化交易，鼓励企业和个人投资可再生能源发电项目，增加非化石能源电力供应 |
| | 可再生能源消纳率 | （1）资源优化配置；<br>（2）需求分析；<br>（3）目标设定 | （1）通过跨区输电通道建设，提高电网联通能力，调动更广泛的系统灵活性资源，满足大规模可再生能源外送和消纳的需求；<br>（2）通过优化电力系统调度运行，制定保障新能源优先发电的实施细则，及配套相关可再生能源并网运行和优先调度管理办法等，挖掘需求方响应潜力，为新能源提供实时消纳空间；<br>（3）明确可再生能源发展目标，引导市场主体预期和行为，为可再生能源发展营造稳定的市场环境；<br>（4）加大对可再生能源电力并网运行和全额保障性收购监管力度，确保可再生能源优先发电权得到保障 |
| | 配电自动化有效覆盖率 | （1）精益化管理；<br>（2）流程优化 | （1）完善线路台账采集校核，进行缺陷识别研究，拓展"精细化巡视+通道巡视"等多作业场景，以提高配电自动化精度和效率；<br>（2）根据线路实际情况，制定有针对性的自动化覆盖策略；对线路进行梳理，建立详细的线路台账，基于台账制订自动化覆盖计划；<br>（3）对配电自动化覆盖率进行持续监控，定期评估覆盖效果，根据评估结果及时调整覆盖策略；<br>（4）及时了解用户对配电自动化需求和期望，根据用户需求优化自动化覆盖方案，同时通过宣传配电自动化的优点和重要性，提高用户对自动化覆盖工作的支持和配合度 |

| 关键模块 | 关键质量控制点 | 工具/方法 | 控制措施 |
|---|---|---|---|
| 审定与发布 | 审定与发布合规性 | (1) 过程流程图;<br>(2) 流程优化;<br>(3) 问卷调查 | (1) 确保规划过程规范: 制定详细的审定流程, 包括规划内容审查、专家评审、公众参与等环节, 确保规划内容的科学性和合理性;<br>(2) 确保规划内容科学: 组织专家对规划内容进行深入评审, 从技术、经济、环境等多个方面对规划进行全面评估;<br>(3) 确保规划公开透明: 通过公示、问卷调查、座谈会等方式, 广泛征求社会各界的意见和建议, 增强规划的公开性和透明度 |
| 实施与调整 | 规划滚动与调整的合规性 | (1) 事后评估;<br>(2) 持续完善 | (1) 广泛征求意见: 通过座谈会、专家咨询会、公示等广泛征求政府、社会和公众的意见和建议, 了解各方需求和关切;<br>(2) 加强政企合作: 与政府和企业建立合作机制, 共同开展规划调整的前期研究和论证工作, 确保规划调整与地方经济社会发展相适应;<br>(3) 提高社会参与度: 及时公开规划调整的相关信息, 让公众了解规划调整的重要性和必要性, 增强公众的参与感和认同感;<br>(4) 实现闭环管理: 对于各方提出的意见和建议, 建立反馈机制, 及时回应, 让各方了解规划调整的进展情况和采纳情况, 促进各方的参与和监督 |
| 评估与监督 | 规划评估机制设计的科学性、可操作性、反馈性 | (1) 流程优化;<br>(2) 数据分析;<br>(3) 事后评估;<br>(4) 持续完善 | (1) 明确评估标准: 根据电网规划的目标和要求, 明确评估流程、评估周期、评估标准和评估指标, 指导开展对电网规划实施效果全面评估;<br>(2) 借助外部资源: 借助外部机构的专业力量和资源, 委托外部机构开展电网规划实施评估工作, 提高评估的准确性和可靠性;<br>(3) 持续改进评估机制: 对评估过程中收集的数据进行深入分析和挖掘, 挖掘成功经验和做法, 找出问题和不足, 提出改进措施和建议;<br>(4) 建立奖惩机制: 据评估结果建立奖惩机制, 对于实施效果显著的单位或部门进行奖励和表彰, 以提高其工作积极性和主动性; 对于实施效果不佳的单位或部门进行督促和改进, 必要时, 进行问责和处罚 |

## 四、典型案例：构建以"一表二维三库"为核心的电网规划精益化管理 ❶

### （一）概述

电网规划精益化管理是落实国家电网"建设具有中国特色国际领先的能源互联网企业"宏伟战略目标的重要组成部分，也是基层供电企业提质增效的必然要求。如何做实电网规划和项目精益化管理则是供电企业基层电网规划管理人员扎实推进战略落地的重要抓手。国网安徽省电力有限公司青阳县供电公司（简称国网青阳县供电公司）在负责基层电网规划时发现基层还存在电网规划资料繁杂，表格繁多，电网诊断分析及项目入库不及时，电网项目立项不精准、缺乏专业协同思考等问题。为此，国网青阳县供电公司提出了实施"一表（一套表）二维（迎峰度夏、迎峰度冬两个维度分析）三库（规划库、储备库、计划库）"的电网规划精益化管理助力企业提质增效，实现电网规划科学、项目精准落地。

### （二）主要问题

一是规划技术指标多、资料繁杂，缺乏一套整合电网规划台账。电网规划技术指标多，各类表格繁杂，部分技术指标重叠、未有效整合，既增加了规划人员负担，也不利于相关人员进行规划整体思考收资。

二是现行规划每年初仅集中修编一次，迎峰度夏、度冬期间暴露的电网问题难以及时纳入项目库，导致相关工程立项滞后，影响次年电网保供能力提升。

三是电网项目管理主要由项目部门单一负责，缺乏各部门专业协同、项目立项管理粗放。传统项目审查会议往往是项目管理单位和项目需求单位的简单单项对接，仅仅是利用会议进行简单宣贯，但由于缺乏一套电网基础台账诊断载体和项目库管理机制，导致各专业部门协同不足，缺少专业化的思考和争端，未形成综合研判，造成项目管理粗放、不精细。

### （三）解决措施

国网青阳县供电公司提出在电网规划台账上，由"多"类表格整合为"一"套表，让规划数据更清晰、更精准；在电网诊断分析上，由每年年初一次修订向迎峰度夏度冬两次分析转变，实现诊断更及时、更精益；在电网项目管理上，从"简单单项对接"向"综合研判确立"转变，实现项目立项更精准、更精益化。

---

❶ 熊欣.构建以"一表二维三库"为核心的电网规划精益化管理［J］.农电管理，2020（09）：64-66.

**1. 举措一：分类整合，突出关键指标，将多类表格整合为一套表**

从电网基本情况和电网诊断分析两个方面，将现有的电网设备台账表、迎峰度夏电网诊断收资、电网规划前期收资表、电网项目库表4类电网规划表格的重复指标进行合并整理，形成含有配电网规模和供电能力、装备水平和网架结构、主变压器、输电线路及配电线路、配电台区7个表格的一套电网规划基础台账表。

**2. 举措二：二维分析，及时诊断研判，建立电网问题整改时序专业协同"一张网"**

为保障电网诊断分析及时准确，建立了发建、调度、运检、营销等物资和财务等相关专业部门协同专业会诊分析机制，结合本年度电网迎峰度夏、迎峰度冬两个时间维度的电网运行情况，及时组织开展电网诊断分析。首先，各基层班组及中心供电所上报电网诊断一套表；其次，发建部组织相关专业部门召开专题电网诊断分析会议，邀请各专业部门从规划、运行、运维、需求等层面，对基层班组上报的电网诊断台账表进行专业会诊，形成专业整改措施，填入表中，将确需整改的电网问题，及时纳入电网规划库，早安排、早落实。

**3. 举措三：三库四档、综合评级排序，形成项目科学立项精准落地闭环评价"一机制"**

三库四档、综合评级排序电网项目闭环管理流程图如图10-3所示。

一是对电网诊断纳入项目规划库，加入预期投资效益评估内容，实施发建、调

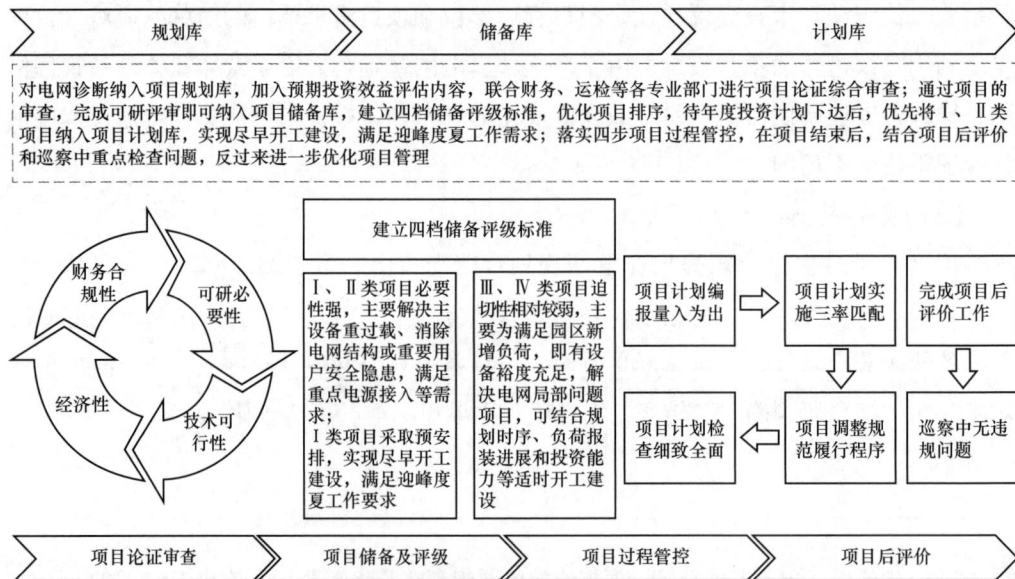

图 10-3　三库四档、综合评级排序电网项目闭环管理流程图

度、运检、营销、物资、财务等各专业部门进行项目论证综合联合审查；通过审查的项目，完成可研评审即可纳入项目储备库。二是建立四档储备评级标准优化项目排序机制即Ⅰ、Ⅱ类项目必要性强，主要解决主设备重过载、消除电网结构或重要用户安全隐患、满足重点电源接入等需求。Ⅲ、Ⅳ类项目迫切性相对较弱，主要为满足园区新增负荷，即有设备裕度充足；优先将Ⅰ、Ⅱ类项目纳入项目计划库，待年度投资计划下达后，Ⅰ类设备项目采取预安排，实现尽早开工建设，满足迎峰度夏工作需求，Ⅲ、Ⅳ类项目可结合规划时序、负荷报装进展和投资能力等适时开工建设。三是落实细目计划编报量入为出、项目计划实施三率匹配、项目调整规范履行程序、项目计划检查细致全面的四步项目过程管控。四是在项目结束后，结合项目后评价工作和巡察中有无违规等重点检查问题，反过来进一步优化项目管理。

### （四）实施效果

管理措施实施后，进一步细化精简了电网规划管理工作。一是电网基础台账由繁变简，减少表格29个，合并整合统计数据310项，表格填报更少更精。二是电网诊断分析由慢变快。电网诊断分析项目修编由年度1次变为2次周期更短，分析更及时。三是电网项目管理由粗变精。形成了三库联动、四档评级标准、专业综合研判的项目管理机制，实现项目管理更加精益化。并且相关举措也被省市公司专业部室采纳，并在电网迎峰度夏诊断分析中应用；课题撰写人也成功入选省市公司规划计划专家人才工作室；负责实施的青阳县朱备镇东桥村配电网规划设计入选省公司美丽乡村配电网竞赛，一项规划获电力行业规划设计一等奖；该类做法对于县级供电企业开展电网规划管理工作具备广泛的推广应用价值，也得到了相关兄弟县级供电企业的借鉴应用。

# 第二节　电网企业电网建设质量管理实践

## 一、业务特征

### （一）业务概述

电网建设业务作为电网规划的具体实施过程，主要包括输配电线路建设、变电设备项目建设及输配电网智能化升级改造等。其中，输配电线路建设旨在提高能源利用率和传输效率，实现电力跨区域传输，提升电网稳定性和安全性，满足经济社会发展电力需求；变电设备项目建设在于保障电力系统的稳定运行、提高电力传输的效率、满足电力需求增长的需要；输配电网智能化升级改造是为提高电网的可靠性和运行效率，降低运营成本，为智能电网的发展打下基础。

电网建设项目整个过程主要是确保技术、安全、质量、进度、造价等各专业的管理要求在项目建设中得以有效执行。电网建设过程主要包括 5 个模块管理，即技术管理、安全管理、质量管理、进度管理和造价管理，电网企业电网建设业务框架如图10-4 所示。

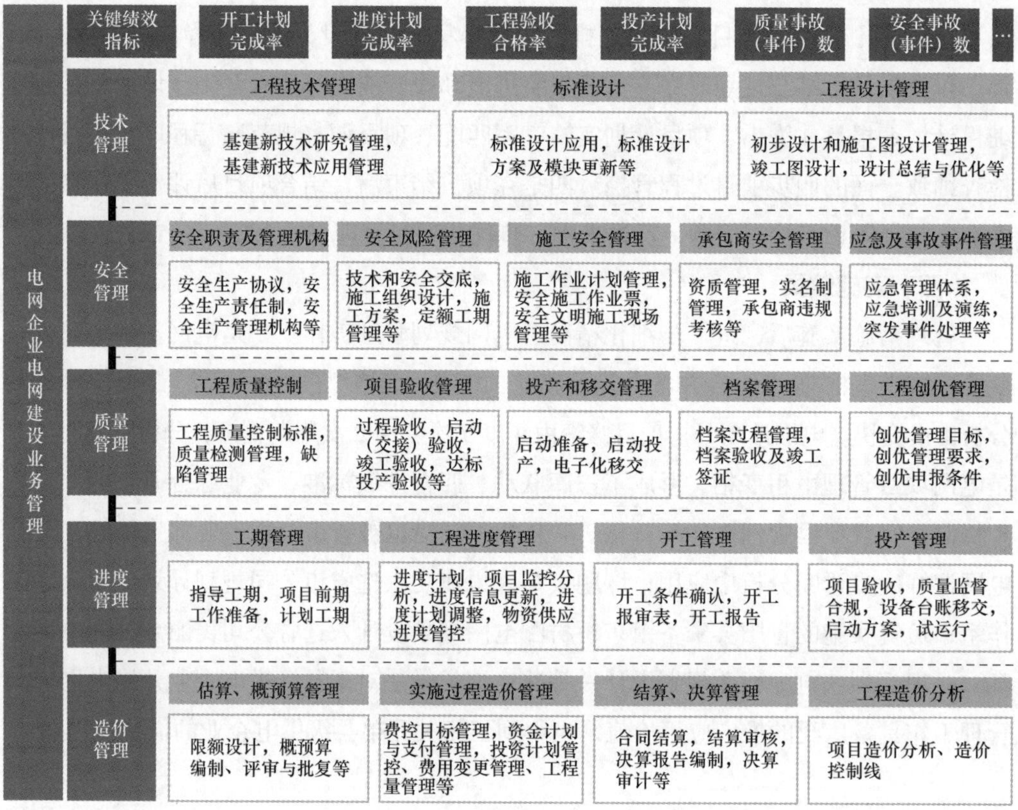

图 10-4　电网企业电网建设业务框架

## （二）业务特点

电网建设在提高能源利用效率、提升电力系统性能、推动区域经济发展等方面具有重要意义：一是通过电网建设整合各个地区的电力资源，将电力资源从富集地区输送到电力需求较大的地区，从而平衡地区间的经济发展，促进区域经济的均衡发展；二是通过配电网建设改造，保障民生用电，更好地满足人民美好生活的用能需要，打通电力供应的"最后一公里"；三是通过智能电网建设提高电力系统的安全性和供电可靠性，实现电网的可持续发展，降低系统发电燃料费用，提高电网设备利用效率，降低线损，从而提升整个电力系统的性能。相较其他类型工程建设，电网建设工程更为复杂，需综合考虑技术、经济、社会、环境等多方面因素，以确保电力系统可靠性、可持续性和适应性。总体而言，电网建设呈现以下业务特点：

（1）投资大、周期长：电网建设是资金密集型领域，设计资金一般都超过千万级以上。同时，政府及企业对工程项目各环节要求极为严格，且建设期间可能面临不确定的技术和市场风险，导致一般输变电工程从立项到建成投运需要2年以上。

（2）区域性明显：电网建设通常需要覆盖广泛的地理区域，不仅需要考虑城市和工业区域的用电需求，还需要考虑，农村和偏远地区的电力供应。

（3）技术要求高：电网工程建设需要多目标开发，以满足发电、生态平衡及环境保护等国民经济各部门需求。同时，相关技术快速发展，建设需紧跟技术创新步伐，及时引入新的技术、新的设备等，以提高电网效率和可持续性。

（4）社会影响大：电网建设对社会和环境有着显著的影响。建设过程中，可能涉及土地使用、环境保护等问题，因此需要进行周密的社会和环境影响评估，并采取措施来减少负面影响。

（5）政策导向强：电网建设受到政府的政策和法规的影响较大。政府可能通过制定规划、提供资金支持等方式来引导和监管电网建设，以确保其符合国家发展战略和能源政策。

（6）设备物资多：电网建设工程实施过程中物资供应数量大、品种多，一般占到工程总造价60%左右，电力建设过程中，物资消耗不均匀，有时物资的供应甚至出现较大的高峰和低谷，且设备质量，尤其是成套设备的质量对工程影响极大。

## 二、质量要求

电网建设工程通常表现出建设成本高、施工期限长、牵扯范围广、操作程序性强等特征，任何作业工序发生质量缺陷，均可能对此工序的电力设备质量造成负面影响，会牵扯到后阶段的审查或重复施工。电网建设承接电网规划，通过具体项目确保电网规划目标落地实施，电网建设工程管理主要包括技术管理、安全管理、质量管理、进度管理和造价管理5个核心模块，通过对电网建设过程各模块的风险识别，明确核心业务模块的质量要求和质量控制点，具体见表10-3。

表 10-3　　　　　　　　电网建设质量要求及质量控制点

| 关键模块 | 质量要求 | 质量控制点 | 重要等级 |
|---|---|---|---|
| 技术管理 | 遵照国家和行业有关工程建设方针、政策和强制性标准及规程规范的要求，开展勘察、设计、施工等管理工作 | 项目库规范率 | ★★★☆ |
| | | 标准设计应用水平 | ★★☆ |
| | | 设计变更管理的合规性 | ★★★☆ |

续表

| 关键模块 | 质量要求 | 质量控制点 | 重要等级 |
|---|---|---|---|
| 安全管理 | 健全安全生产责任制，深化安全生产风险管理体系在基建工程项目中的应用，确保不发生人身事故，安全事故、设备事故和对社会和企业不良影响的安全事件 | 安全事故（事件）数 | ★★★★★ |
| | | 安全风险控制措施有效性 | ★★★☆ |
| | | 《安全施工作业票》管理规范性 | ★★★☆ |
| | | 安全技术交底规范性 | ★★★☆ |
| | | 上岗人员培训合格率 | ★★★☆ |
| 缺陷管理 | 严格遵守国家、行业相关法律法规、标准规范，落实质量主体要求，提升工程质量管理系统性、科学性和经济性 | 工程验收合格率 | ★★★☆ |
| | | 质量事故（事件）数 | ★★★☆ |
| | | 项目档案管理规范性 | ★★★☆ |
| | | 基建工程工作场所健康与安全（workplace health and safety，WHS）完成率 | ★★★☆ |
| 进度管理 | 以指导工期为依据，结合物资指导供货周期和同类工程建设情况，科学、合理确定项目进度计划，并加强实施监控、分享、汇总，确保进度计划有效执行 | 开工计划完成率 | ★★★☆ |
| | | 投产计划完成率 | ★★★☆ |
| | | 进度计划完成率 | ★★★☆ |
| | | 里程碑节点完成率 | ★★★☆ |
| 造价管理 | 以资产全生命周期综合效益最大化为目标，遵循依法合规、科学合理和有效控制的原则，合理确定工程造价水平，实现各阶段工程造价的有效控制 | 工程造价控制水平 | ★★★☆ |
| | | 合同结算准时率 | ★★★☆ |
| | | 基建工程标准设计和典型造价应用合格率 | ★★★☆ |
| | | 变更费用占预备费用比例 | ★★★☆ |

## 三、质量控制措施

针对表 10-3 中的关键质量控制点，可以采取 QC 小组、过程监督、统计过程控制等工具方法，有针对性地采取若干条质量控制措施，具体见表 10-4。

表 10-4　　　　电网企业电网建设业务关键质量控制点与控制措施

| 关键模块 | 关键质量控制点 | 工具 / 方法 | 控制措施 |
|---|---|---|---|
| 技术管理 | 项目库规范率 | （1）QC 小组；（2）数据分析；（3）标准操作程序 | （1）通过 QC 小组专项整治发现问题，研讨对策；（2）通过数据分析，明确不规范项目成因分布情况和关键要因，制定对应措施；（3）制定项目库管理标准，加强执行跟踪检查 |

| 关键模块 | 关键质量控制点 | 工具/方法 | 控制措施 |
|---|---|---|---|
| 安全管理 | 安全事故（件）数 | （1）标准操作程序；（2）绩效考核；（3）积分制 | （1）制定施工作业现场制度，明确要求和标准；（2）通过人员积分制管理，将安全责任传递至参建单位、一线员工、作业现场；（3）建立现场数字化监控平台，加强对施工作业管控，提高现场检查力度，及时排查一切安全隐患 |
| | 安全技术交底规范性 | （1）过程监督；（2）效果评估 | （1）根据项目特点、施工难度、危险源等因素，制订详细安全技术交底计划，明确交底时间、地点、内容和参与人员；（2）根据项目情况和参与人员特点，采用书面交底、口头交底、现场演示等多种方式进行交底；（3）专人负责监督交底实施情况，确保交底内容被正确理解和接受，做好交底时间、地点、参与人员、交底内容等记录，以备后续查阅和追溯；（4）对参与人员进行交底考核或询问，评估交底效果，对于理解不到位内容及时补充和纠正 |
| 质量管理 | 工程验收合格率 | （1）过程监督；（2）质量审核 | （1）严格审核项目物资及设备质量，确保符合设计和施工要求；（2）安排专业人员对关键施工环节进行实时监控，确保施工操作符合规范和设计要求，对于隐蔽工程等重要部分，进行阶段性验收，确保质量达标后进行下一步施工；（3）通过施工人员技能培训和考核，提高专业技能水平和质量意识 |
| | 质量事故（事件）数 | （1）标准操作程序；（2）第三方检测；（3）数据分析 | （1）项目开工前，明确建设各环节质量标准，包括设备性能、材料质量、施工工艺等；（2）委托第三方机构进行质量检测，提供客观、公正质量评估报告，帮助发现潜在质量问题；（3）对项目建设过程质量数据进行收集、整理和分析，分析问题根源并采取相应控制措施 |
| | 基建工程工作场所健康与安全（WHS）完成率 | （1）标准化；（2）第三方评估与监督 | （1）根据工程特点和重要性，合理设置WHS点，确保关键工序和质量控制点得到有效覆盖，并制定明确的WHS点控制标准；（2）对相关人员进行WHS管理和质量控制方面的培训，提高人员质量意识和技能水平，并将WHS点的完成情况纳入绩效考核；（3）通过第三方机构对基建工程WHS点执行监督和评结果，及时优化WHS管理措施 |

续表

| 关键模块 | 关键质量控制点 | 工具/方法 | 控制措施 |
|---|---|---|---|
| 进度管理 | 开工计划完成率 | （1）检查评估；<br>（2）检查表 | （1）确保项目勘查、设计等前期工作充分、细致，避免因为前期工作不足导致开工延误；<br>（2）建立进度监控机制，定期对进度检查和评估，通过定期报告、会议等方式，及时发现问题并采取相应措施；<br>（3）建立激励约束机制，激发员工工作积极性和责任心，通过奖优罚劣保障项目按计划进行 |
| | 进度计划完成率 | （1）WBS工作分解；<br>（2）甘特图 | （1）通过工作分解（WBS）、甘特图等工具，对项目任务进行清晰的任务分解、设置明确的里程碑和可测量的目标，并持续跟踪；<br>（2）通过搭建监控系统，及时收集项目进度信息，持续与项目计划进行比较，及时采取必要行动纠正任何偏差或延迟；<br>（3）通过会议，汇报等机制，建立有效的信息沟通渠道，实现项目团队间信息共享，提高问题处理效率，确保进度有效管控 |
| 造价管理 | 工程造价控制水平 | （1）标准操作程序；<br>（2）定额标准 | （1）基于国家法律法规及公司制度要求，根据项目类型，制定各类项目建设定额标准；<br>（2）通过技能培训和资质考核等方式，提高造价队伍专业水平；<br>（3）制定从立项、设计、实施、竣工验收全过程造价管理业务指导书，并根据项目类别制定业务指导书，形成统一且体系化造价管理制度体系；<br>（4）针对造价管理过程中的典型问题归纳总结，集中研讨，提出解决问题的思路和建议，并汇编成册，为各专业开展工作提供指导借鉴 |
| | 合同结算准时率 | （1）流程优化；<br>（2）标准操作程序 | （1）与合同结算相关方共同制定合同结算制度标准，明确各相关方在各环节工作时间周期，为结算工作准时性完成提供制度保障；<br>（2）搭建业主、监理、施工等相关方沟通联络机制，共同督促结算进度，共同研讨与结算相关问题；<br>（3）将合同结算纳入年度重点工作任务，明确责任主体，作为工作考核关键指标 |

## 四、典型案例：基于穿透式协同控制的配网工程项目管理 ❶

### （一）概述

电网基建投资是供电公司核心业务之一，配电网工程项目是业务实施的重中之

---

❶ 张义娜，朱硕.基于穿透式协同控制的配网工程项目管理［J］.河南电力，2023（11）：60-63.

重。如何优化提升配电网工程项目管理的各个环节，保证工程质量、推进施工进度，成为工作重点。国网河南省电力公司濮阳供电公司（简称国网濮阳供电公司）结合当前配电网工程项目管理实际情况，提出以穿透式协同控制为基本理念配电网工程项目管理。

（二）主要问题

一是配电网工程项目变更频率高。2021年，国网濮阳供电公司配电网工程项目957项，总投资38898.7万元，项目变更频率达到18.8次/百项目，导致项目建设周期延后，项目实施难度加大。二是配电网工程项目物资结余多。"十三五"规划以来，国网濮阳供电公司实施9257项配电网工程项目，工程物资结余量为14500条，累计结余金额达到4500万元，结余物资大量积压，清仓利库工作开展困难。三是配电网工程项目资金调整大。在以往配电网工程项目管理中，存在项目调整数量多、资金调整金额大的问题。2021年，国网濮阳供电公司调整项目180项，涉及资金共3544.4万元，金额调整率为9.1%。

（三）解决措施

1. 举措一：制订整体实施方案，组织协同穿透管理全路径

一是明确管理目标，统筹优化组织机构。梳理相关专业条口下配电网工程项目管理的关键节点和交叉点，识别问题，树立"两零一少"（零事故、零缺陷、少停电）管理目标。结合2022年省公司配电网项目重点工作安排，制订专项行动方案，明晰各部门重点工作和方向。市县公司联合成立配电网基建工程项目管理专项工作小组，负责审定市县公司"两零一少"总体目标和工作方案，统筹组织工作开展。

二是坚持问题导向，推动部门高效协作。建立采集梳理、问题确认、归纳汇总三级改进模式，形成国网濮阳供电公司与基层单位两级问题库，同时针对"两零一少"存在的部门协同问题，制定三项改进措施。

三是履行项目承诺，压实"双轨"主体责任。制定"双轨"承诺机制，编制《县公司项目管理部门确保项目"两零一少"承诺书》，针对2022年配电网项目，设计院承担项目零变更、物资零结余、资金少调整主体责任，项目管理部门承担项目零变更主体责任。在投资计划下达前，相关部门签订对应承诺书，双轨同行，达到项目精准储备要求。

2. 举措二：加强项目源头管控，规划设计穿透管理全过程

重视项目规划质量，从源头做好规划设计管理。

一是突出规划引领，提升投资计划精准程度。修编各类电网规划，以电网规划引领电网建设方案，以电网建设方案指导配电网前期和配电网投资计划；对于不纳入电网规划的项目，不得开展电网建设方案编制；不纳入建设方案的项目，不得列入年度

投资计划。

二是规范设计标准，促进方案质量全面提升。在编制配电网工程设计方案时，要求设计人员以实地调研为基础，深入现场分析改进方案设计漏洞，提高项目可实施性。遵循典设模板要求编制配电网工程项目设计方案，做到内容、时间、格式的"三统一"，实现设计方案有效汇总、协调和平衡。落实各县公司属地责任，满足前期"放管服"应放尽放要求，实现县域独立立项、列入下达，保证后期按图施工，减少调整变更，满足项目精准立项要求。

三是划分监管权责，确保项目变更精准管控。项目管理部门依照变更管理细则，严控工程变更审查，实施变更时，做好准确的计量签证工作。明确划分工程变更权限，如工程变更费用在规定限额以下的变更项目可由供电所和项目管理部门现场决定，并向发展部备案；达到规定限额以上的变更项目，项目管理部门会同规划、设计、财务等相关单位，履行正式手续，方可实施变更，提高工程项目变更的灵活性和精准性。

3. 举措三：强化物结余管控，物资平衡利库全覆盖

一是着力强化复审监督，保证工程物料提报精准。一方面，加强物资需求计划性。遵循"精准提报物资需求"原则，杜绝方案未定、设计图纸未出、结余物资未优先耗用的情况下，盲目申报物资需求计划，导致产生新的结余物资；依据设计物资清册提报物资计划，提报过程严格执行"双签字"制度（设计单位负责设计准确，项目单位负责提报准确），有效解决工程结余率偏高问题。另一方面，保证结余物资应利尽利。遵循"先利库、后采购"的原则，对于 ERP 系统库存结余物资先利库后提报需求，有效降低结余物资存量；加快结余物资周转及利库效率，保证可利用结余物资在工程项目上应利尽利，形成配电网基建工程物资清仓利库、财务 ERP 关闭工作办法。

二是推进物资平衡管理，建立常态利库工作机制。规范物资退库管理流程，下发《关于"超年度投资配网工程物资无法退库"的建议》文件。项目管理部门组织施工单位在项目投运前完成结余物资利库或退库，未完成结余物资退库的项目不得办理施工费尾款结算；工程竣工后，组织开展结余物资技术鉴定。依据《国网濮阳供电公司结余物资管理实施细则》，鉴定可用物资，除应满足规定技术条件外，需同时满足再次利库可用原则。

三是开展清仓利库评价，提升结余物资利库质效。一方面，制定多途径消化工程结余物资措施：优先开展本单位跨县利库，尽最大可能在本单位范围内消纳结余物资；加强项目变更信息沟通，及时开展物资合同变更，规避物资结余风险。另一方面，构

建清仓利库指标评价体系，根据清仓利库评价指标完善形成清仓利库工作考核方案。

4.举措四：深化项目资金管理，协同分析穿透管理全进度

解决资金调整问题，聚焦资金管理需求，协同各部门围绕配电网项目预算和项目执行进度展开工作。深化项目资金管理，协同分析穿透管理全进度如图 10-5 所示。

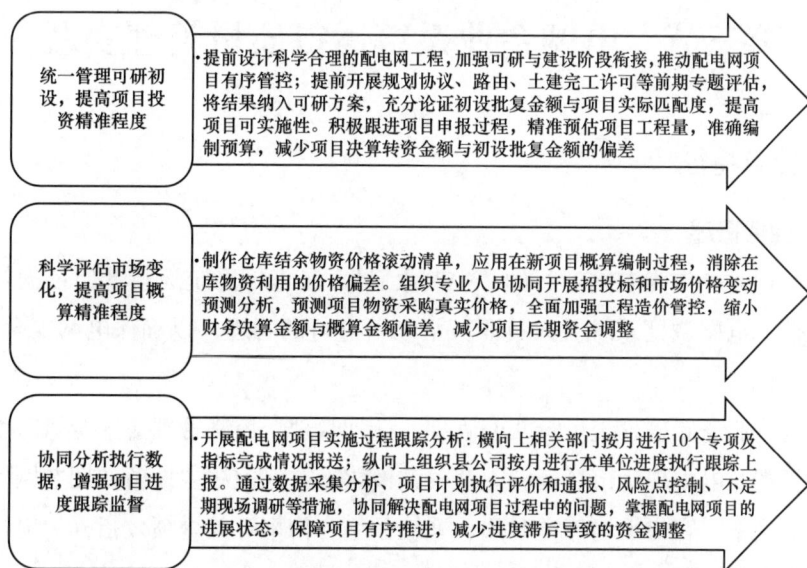

图 10-5　深化项目资金管理，协同分析穿透管理全进度

5.举措五：落实双重机制保障，有效支撑穿透管理全链条

推行矩阵结构项目管理办法，实现对项目流程和关键环节的覆盖管理。按照"规划—设计—建设—结算"运作逻辑，纵向上部门职能协同管理，横向上项目专业定点管理，形成穿透式矩阵结构管理模型。一方面，项目成员在日常工作中接受本部门的垂直领导；另一方面，在执行项目任务时，接受项目主管部门的领导。有效加强各职能部门业务联系，便于相互协调，便于集中专业人员的知识技能，快速推进"两零一少"任务。跟踪监督"两零一少"工作落实情况，结合穿透式矩阵结构管理模型，构建"两零一少"工作双月汇报和点评机制，梳理形成项目落地实施问题台账。

（四）实施效果

一是大幅降低配电网项目变更频率。以配电网工程管理效率效益为导向，严格把控变更审查、明确变更权限，提升项目变更管理水平。2022 年，项目变更频率为10.4 次 /百项目，较 2021 年的 18.8 次 / 百项目降低了 44.7%，有效推进"项目零变更"进程。

二是全面压降配电网项目结余物资。以清仓利库为管理主线，明晰清仓利库途径，充分实现物资资源优化配置，结余物资消纳利用效率明显提升。2022 年，已下达

四个批次配电网项目计划准确率、物资利用率达 100%，工程物资结余量由 2021 年的 14500 条降至 0 条，实现物资零结余。

三是显著减少配电网项目资金调整。动态研判施工环境、投资政策变化，对配电网工程项目实施进度控制，增强项目实施过程合理性，资金可控性大幅提升。

# 第三节　电网企业系统运行质量管理实践

## 一、业务特征

### （一）业务概述

系统运行业务作为电网运行的"控制大脑"，是电网系统运行部门依据规定对电网生产运行、电网调度系统及人员职务活动所进行的管理，以确保电网安全、优质、经济地运行。

系统运行业务涵盖系统运行并网管理、计划管理、控制管理、安全风险管理、评价与改进管理及电力现货市场运营 6 个关键模块；重点关注主设备按期并网率、负荷预测综合准确率、客户平均停电时间、系统频率合格率等关键绩效指标。电网企业系统运行业务框架如图 10-6 所示。

### （二）业务特点

电网系统作为最复杂的人造系统之一，系统运行局部故障产生的不平衡可通过全网快速传播引起全局稳定性问题。电力系统运行具有大规模、复杂性、连续性、安全性、稳定性、灵活性、整体性和社会性等特征，对电力设备、技术和管理要求精益求精，以实现高标准的电力供应和管理服务。总体而言，电网系统运行呈现以下业务特点：

（1）大规模和复杂性：电力系统包括多个电站、变电站、输电线路和配电网等设施，覆盖范围往往涉及不同城市、省份、国家间跨越，具有大规模性。同时，电力系统涉及开关设备、变压器、发电机等多个设备，设备运行中需高度协调配合，具有很强的复杂性和紧密性。

（2）连续性和安全性：电力是经济社会发展必备的能源，为保证全社会正常用电和生产运行，需要电力系统 24h 不间断地运行。同时，电力系统是安全高风险领域，需要进行严格的安全监测和维护，确保电网运行安全和稳定。

（3）稳定性和灵活性：电力供应稳定是电网运行维护的重要目标，需要保持电流、电压和频率稳定，确保电力设备的正常运行。同时，需要根据负荷实时变化及时调整电力供给，以满足不同时间段和各种负荷的需求。

| 关键绩效指标 | 主设备按期并网率 | 负荷预测综合准确率 | 客户平均停电时间 | 系统频率合格率 | 可再生能源弃电量 | 220kV及以上保护正确动作率 | … |
|---|---|---|---|---|---|---|---|

电网企业系统运行业务管理

**并网管理**

| 并网前期管理 | 并网准备管理 | 启动试运管理 | 电网并联网管理 |
|---|---|---|---|
| 系统运行特性、问题、风险研究 | 并网调度协议，通信和自动化业务开通 | 设备并网条件，试运行调度指挥等 | 地方电网并（联）网管理，增量配电网并（联）网管理等 |

**计划管理**

| 综合停电管理 | 用电调度管理 | 发电调度管理 | 水电及新能源管理 |
|---|---|---|---|
| 停电需求，综合停电计划等 | 负荷预测，事故限定序位表等 | 发电基础信息库，发电燃料统计等 | 水电调度运行计划，新能源功率预测和电量预测等 |

| 供需平衡管理 | 节能经济运行管理 | 运行方式管理 |
|---|---|---|
| 短期调度计划，交易结算规则，购售电合同，电能交易计划等 | 年度节能调度运行方案、系统运行经济性分析、网损分析等 | 运行方式技术标准，运行方式编制，年度系统运行计划等 |

**控制管理**

| 系统运行指挥管理 | 系统运行监控管理 | 设备运行监控管理 | 系统运值值班管理 |
|---|---|---|---|
| 实时电力交易管理，实时运行风险管，调度操作管理等 | 系统频率、电压监控管理，系统负荷监控管理等 | 一次设备运行监控管理，二次设备运行监控管理 | 值班人员管理、值班过程管理等 |

**安全风险管理**

| 危害辨识管理 | 风险评估管理 | 风险控制管理 | 回顾评价管理 |
|---|---|---|---|
| 常规危害辨识，非常规危害辨识 | 风险评估 | 风险预警，安全风险分级管控，隐患治理等 | 风险控制措施效果评估，隐患治理效果评估等 |

**评价与改进管理**

| 统计分析管理 | 运行评价管理 | 运行改进管理 |
|---|---|---|
| 系统运行信息统计分析，调度业务信息统计分析，调度信息披露等 | 电力系统运行评价，系统运行评价报告，调度工作评价报告等 | 系统运行改进计划，调度工作整改措施、重要指标的监测与跟踪分析等 |

**电力现货市场运营**

| 交易组织管理 | 技术支撑系统管理 |
|---|---|
| 市场申报、出清管理，实时价格校核管理，信息披露管理等 | 系统模型参数管理，系统需求、权限管理，系统运行监控管理等 |

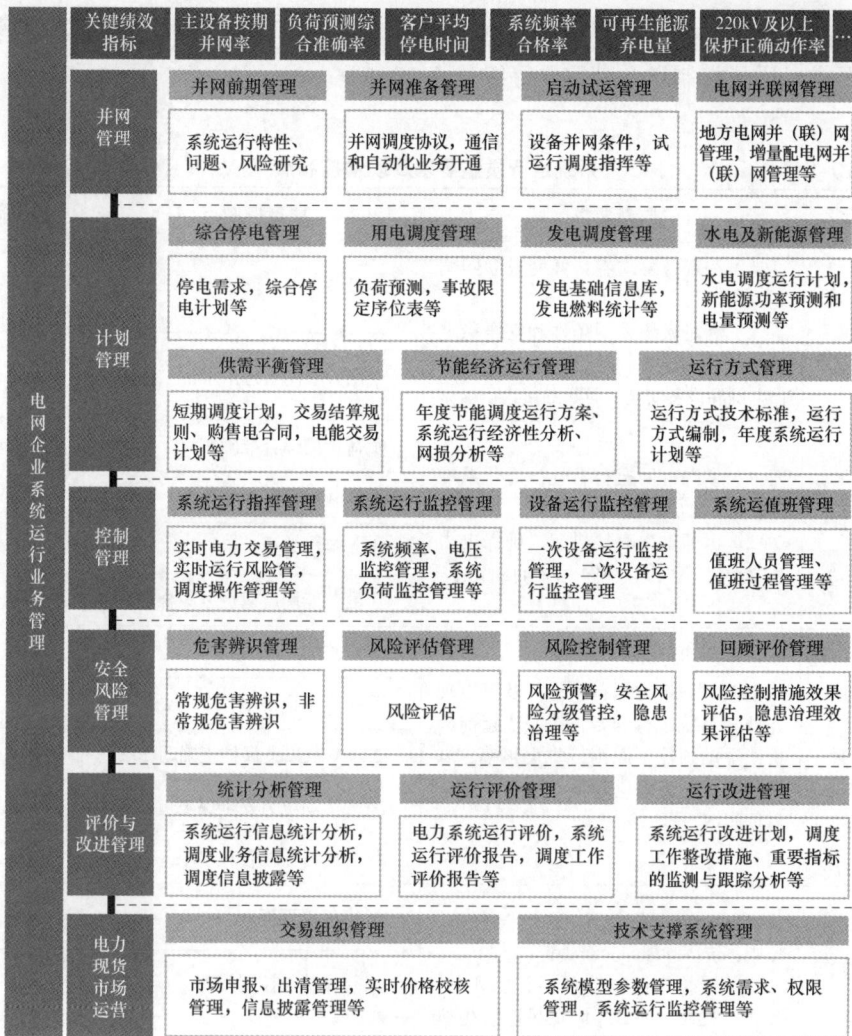

图 10-6  电网企业系统运行业务框架

（4）整体性和社会性：电网中发电厂、变压器、高压输电线路、配电线路和用电设备作为有机整体，不可分割，缺少任一环节，电力运行都无法完成。同时，电能生产与国民经济、人们生活关系密切，电能供应不足或中断，不仅会影响人们的生产生活，严重时，可能酿成社会性灾难。

## 二、质量要求

电网企业系统运行过程对于保障电力系统稳定运行、提高电力供应经济性和安全性、促进可再生能源利用及提升电网企业服务质量等方面都具有重要意义。系统运行过程，质量控制主要聚焦系统运行并网管理、计划管理、控制管理、安全风险管理、评价与改进管理及电力现货市场运营 6 个关键模块。电网系统运行核心业务模块对应的质量要求、质量控制点及其重要等级见表 10-5。

表 10-5　　　　　　　　　　系统运行质量要求及质量控制点

| 关键模块 | 质量要求 | 质量控制点 | 重要等级 |
|---|---|---|---|
| 并网管理 | （1）按调管要求签订并网或联网调度协议；<br>（2）满足系统并网条件和安全稳定运行的技术条件，符合有关规定，确保电网和设备安全、可靠的接入 | 主设备按期并网率 | ★★★★ |
| | | 电网并联网管理水平 | ★★☆ |
| 计划管理 | （1）掌握电网运行特性，优化系统内发电、输电、供电计划；<br>（2）保障电力有序供应，确保电力系统安全、优质、环保、经济运行 | 负荷预测综合准确率 | ★★☆ |
| | | 发电基础信息库完备性 | ★★☆ |
| | | 供需平衡管理水平 | ★★☆ |
| | | 年度节能调度运行方案合理性 | ★★☆ |
| 控制管理 | 全面掌握系统运行状态，及时发现并处理系统运行异常，按照"超前分析，主动预控"原则，防止频率、电压越限，防止输电断面、输变电设备过负荷 | 客户平均停电时间 | ★★★★☆ |
| | | 系统频率合格率 | ★★★★☆ |
| | | 220kV 及以上保护正确动作率 | ★★★★☆ |
| | | 重大活动电力安全保障 | ★★★★☆ |
| | | 设备运行监控管理水平 | ★★☆ |
| 安全风险管理 | （1）坚持"安全第一、预防为主"原则，统一管理、分级负责；<br>（2）严格实施风险的辨识、评估、预警、控制、回顾，降低风险发生概率与后果 | 危害辨识管理 | ★★☆ |
| | | 风险评估与控制管理 | ★★☆ |
| | | 调控自动化信息中断处理及时率 | ★★★★☆ |
| 评价与改进管理 | 系统识别运行管理问题并客观评价，促进调度工作相关制度、规程落实，提升调度运行管理水平 | 统计分析及时、完整、准确 | ★★☆ |
| | | 评价与改进客观 | ★★☆ |
| 电力现货市场运营 | 坚持电力系统安全、优质、经济运行。坚持促进电力供应保障，促进新能源的发展。坚持依法依规落实电力市场交易结果，确保市场公开、公平、公正 | 可再生能源弃电量 | ★★★★☆ |
| | | 交易组织管理水平 | ★★☆ |

## 三、质量控制措施

针对表 10-5 中的关键质量控制点，可以采取流程优化、数据分析、标准操作程序等工具方法，有针对性采取若干条质量控制措施，电网企业系统运行业务关键质量控制点与控制措施见表 10-6。

表 10-6　　　电网企业系统运行业务关键质量控制点与控制措施

| 关键模块 | 关键质量控制点 | 工具/方法 | 控制措施 |
|---|---|---|---|
| 并网管理 | 主设备按期并网率 | （1）模拟运行；<br>（2）事后评估；<br>（3）根因分析；<br>（4）持续改进 | （1）制订详细并网计划，明确关键节点和完成时间，设立专门团队统筹协调各方资源，解决并网过程问题；<br>（2）提前沟通并网技术要求，确保设备符合并网标准，设备安装前进行做好设计审查、施工图纸确认等技术准备工作，对关键设备进行预测试或模拟运行，确保设备性能达标；<br>（3）建立并网反馈机制，收集并网过程存在的问题和改进建议，对问题进行根因分析，制定预防措施；同时，定期对并网流程进行审查和优化，提高并网效率 |
| 计划管理 | 客户客户平均停电时间 | （1）数据分析；<br>（2）绩效考核 | （1）强化主、配电网及各专业的协同、严格审核标准、规范年度停电计划填报，强化停电计划源头管控，提高捆合力度，降低重复计划停电；<br>（2）以季度为基础，对月度工作量进行均衡，将均衡度作为指标纳入考核；<br>（3）提前与客户做好沟通，告知停电信息，减少停电计划执行过程中与用户侧电源沟通时间 |
| | 系统频率合格率 | （1）监测分析；<br>（2）数据分析；<br>（3）检修维护 | （1）调度人员密切关注电网负荷变化，合理安排发电机组出力，及时调整电网功率平衡，以维持系统频率稳定；<br>（2）通过频率监测系统，实时监测电网频率变化，并进行数据分析，及时发现频率偏差原因，制定相应调整策略；<br>（3）定期进行检修与维护关键设备，如发电机组、变压器等，确保设备处于良好工作状态，减少设备故障对系统频率影响 |
| 控制管理 | 重大活动电力安全保障管理水平 | （1）流程优化；<br>（2）风险管理 | （1）突出重大活动"保供电"政治责任，发挥各级党组织领导责任意识和党员先锋模范引领效应；<br>（2）优化业务流程，建立管理手册和工作手册，实现组织策划、过程管理、监督检查各环节要求和规范标准一致；<br>（3）通过风险预控机制、隐患排查机制、领导挂点机制、联动协调机制，重要设备巡检、重点场所值守，及经验总结，形成"保电前中后"全流程管控；<br>（4）借助无人机、机器人、不间断电源等先进装备，完善网架结构，确保重要场所线路满足"N-1"要求；<br>（5）建设保供电指挥平台、可视化系统，电网风险及调度应急辅助系统等平台，实现可视化、穿透式管理 |

续表

| 关键模块 | 关键质量控制点 | 工具/方法 | 控制措施 |
|---|---|---|---|
| 控制管理 | 保护系统正确动作率 | （1）流程优化；<br>（2）标准操作程序；<br>（3）数据分析 | （1）通过设备升级改造，实现调度集约化操作；<br>（2）完善技术系统，实现调度程序化；<br>（3）提高设备操作效率，减轻变电夜间应急值守人员工作强度，降低现场操作风险 |
| 安全风险管理 | 调控自动化信息中断处理及时率 | （1）预警监测；<br>（2）预防管控；<br>（3）模拟演练 | （1）健全电网调控自动化信息监控系统，实现对自动化设备和通信链路的实时状态监测，设置预警机制，一旦监测到异常情况或潜在的中断风险，立即发出预警，以便运维人员及时响应；<br>（2）应用人工智能、大数据等新技术手段，实现对电网调控自动化信息的智能监控和故障快速准确定位；<br>（3）制订详细的应急响应预案，明确不同类型信息中断情况下的应对措施，定期组织应急演练，提升运维人员响应速度和处理能力 |
| 电力现货市场运营 | 可再生能源弃电量 | （1）策略优化；<br>（2）技术应用 | （1）优化调度策略，优先调度可再生能源发电，减少弃电现象，加强与发电企业沟通与协调，合理安排发电计划，确保可再生能源发电的优先上网和全额收购；<br>（2）积极推广储能技术的应用，建设储能电站，提高储能设施的规模和容量，提高电网对可再生能源的接纳能力；<br>（3）健全可再生能源电力市场体系，完善电价形成机制，通过市场手段引导可再生能源消纳；同时，加强与政府部门沟通协调，争取政策支持和资金补贴，推动可再生能源发展和应用 |

## 四、典型案例：数字化转型业务变革双轮驱动，打造新型电力系统行业示范

### （一）概述

2021年，南方电网印发《面向"十四五"电网高质量发展的生产组织模式优化专项行动方案》（简称《行动方案》），明确指出通过"一个突破"（调度操作集约）快速提升工作效率，降低劳动强度，释放人力资源。

### （二）主要问题

深圳供电局有限公司在落实《行动方案》中主要面临的主要问题包括：

（1）设备检修窗口时间固定，在检修高峰期，调度操作量大，工作接近饱和，现场长时间等待频繁出现。

（2）随着调控一体化的深入推进，设备远方操作次数日益频繁，调度人工操作效率有待提升、误操作风险日益增加。

（3）对于包含可遥控设备、不可遥控设备、二次设备在内的综合操作需要在OPEN 3000系统中拟定可遥控设备操作项，在分布式计算机控制系统（distributed computer control system，DCCS）中补写其他操作项。

（4）夜间执行方式调整单占比远大于白天（夜间占比达90%以上），并且绝大部分的方式调整需现场配合操作。

（5）二次操作占比达80%左右，但二次操作的纯操作耗时较短，主要耗时在往返路途，还存在夜间驱车多地问题。

**（三）解决措施**

深圳供电局有限公司电力调度控制中心主动担当、积极作为，基于卓越绩效理念，应用全面质量管理思维及工具，加快推动调控一体化建设和调度集约化操作应用，实现系统操作替代现场人工，快速提升设备操作效率，减轻现场工作压力，充分发挥人力资源效能。

1.举措一：精细化管控，加快设备升级改造，为调度集约操作奠定设备基础

设备是调度集约操作的硬件基础，调度中心牵头资产、变电等相关部门，加快推进设备遥控升级改造。一方面，通过内外部调研分析，明确设备升级改造发展方向和目标，打造具有深圳特色的调控一体化示范基地。另一方面，基于实事求是原则，梳理存量设备现状，制订详细的设备整改计划，按照改造类型细化到周协调、月管控，确保改造目标如期完成。精细化管控举措如图10-7所示。

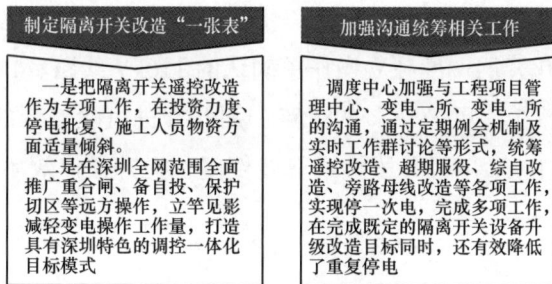

图10-7　精细化管控举措

2.举措二：完善技术系统，提高调度操作效率，提升调度操作防误水平

深圳电网充分发挥调控监控一体化、主配一体的模式优势，结合全国首套超大城市主配一体化调度自动化系统（operational control system，OCS）建设及配自三年专项

建设的成果，从"一键顺控"不断升级为"调度程序化"技术，提升调控软实力。

调度程序化通过图形开票系统实现一键成票，将操作票命令自动分解为可直接用于远程遥控的操作序列功能，经过三审，由 DCCS 系统将全票预演信息映射至 OCS 系统当中，OCS 系统接收全票预演信息进行安全防误校核。下令过程中，采用双重校核确认，在内部安全校核无误的情况下，将单步操作信息再推送到 OCS 系统进行二次校核，根据 OCS 安全校核结果信息进行单步操作步骤调整或者生成单步操作控制信息。整个单步操作过程无误后，DCCS 系统自动进入下一个单步操作程序化控制流程。完善技术系统路径如图 10-8 所示。

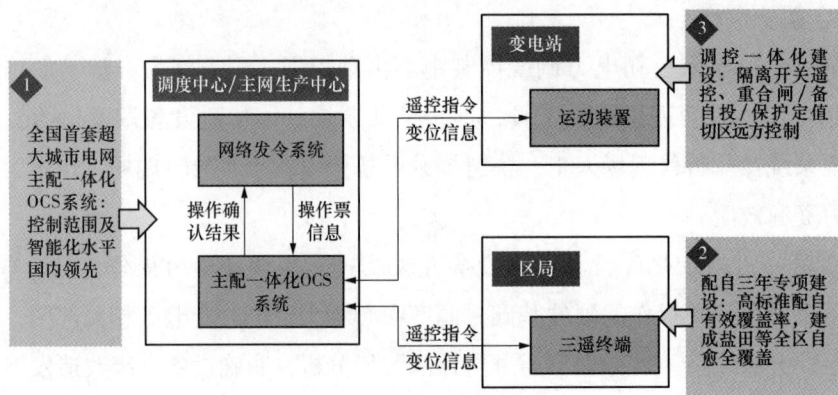

图 10-8  完善技术系统路径

3.举措三：优化操作模式，进一步深化调度集约操作应用，减轻现场工作强度

为深化在生产组织模式优化工作中的"一个突破"作用，调度中心通过分析方式调整及二次设备操作存在的问题，进一步优化操作模式，优化操作模式举措如图 10-9 所示。在常态化开展调度独立操作单确认的 110kV 线路、110kV 线路重合闸的基础上，按照"改造少、见效快"的思路，加开推进风险较低的备自投状态确认、保护定值区切换、110kV 单母分段接线母线倒闸，提升操作效率，减少变电站夜间操作量。

（四）实施效果

调度中心通过优化设备、技术系统、操作模式等，显著提高了操作效率，降低现场劳动强度，充分发挥人力资源效能。一是 2022 年设备改造方面，隔离开关遥控覆盖率已超 80%，提前超额完成年度目标，为实现设备远方遥控功能全覆盖夯实基础。二是迭代升级调度程序化技术，支持主、配电网设备协同，一二次设备融合的功能，并深度融合应用术语校核、拓扑校核、状态校核、潮流校核，确保了调度操作效

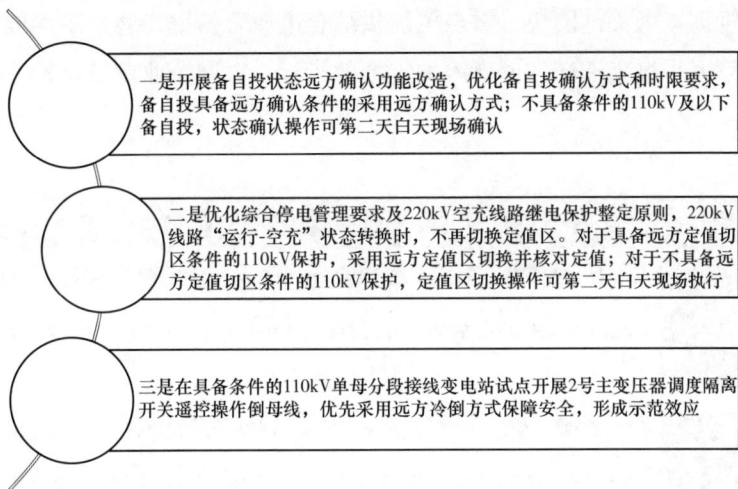

一是开展备自投状态远方确认功能改造，优化备自投确认方式和时限要求，备自投具备远方确认条件的采用远方确认方式；不具备条件的110kV及以下备自投，状态确认操作可第二天白天现场确认

二是优化综合停电管理要求及220kV空充线路继电保护整定原则，220kV线路"运行-空充"状态转换时，不再切换定值区。对于具备远方定值切区条件的110kV保护，采用远方定值切换并核对定值；对于不具备远方定值切区条件的110kV保护，定值区切换操作可第二天白天现场执行

三是在具备条件的110kV单母分段接线变电站试点开展2号主变压器调度隔离开关遥控操作倒母线，优先采用远方冷倒方式保障安全，形成示范效应

**图 10-9 优化操作模式举措**

率与安全。在 110kV 1 号母线停电操作试点中（含站外配电网转电、站内 10kV 母线、110kV 主变压器、母线、线路停电操作，线路保护切区等）耗时实施成效仅 13min，统计 2022 年 110kV 及以上线路"运行—冷备用"程序化操作平均耗时 10min，显著提高了操作效率。三是优化操作模式，调度中心已常态化开展"运行—冷备用"状态转操作，并独立开展 110kV 重合闸投退、备自投确认等二次设备远方操作。节省变电站人力资源超过 20 人，充分发挥了人力资源效能，实现了减员增效，助力公司生产组织模式优化。

# 第四节 电网企业设备运检质量管理实践

## 一、业务特征

### （一）业务概述

设备运检业务目标是确保电网的安全、稳定、经济运行，通过采取科学合理的方法和措施，提高电网设备的可靠性和健康水平，及时发现和排除设备存在的隐患和故障，保障电力系统的正常运行。设备运检主要包括变电运检、配电运检和输电运检等部分，其中，变电运检主要负责变电站及变电设备的运行维护和检修工作，配电运检主要负责配电线路及设备的运行维护和检修工作，输电运检主要负责输电线路及设备的运行维护和检修工作。

设备运检业务管理过程涵盖检修标准管理、检修计划管理、检修实施管理、检修绩效评价管理4个关键模块；重点关注供综合电压合格率、客户平均停电时间、配电变压器故障率、报废资产净值率等关键绩效指标；电网企业设备运检业务框架如图10-10所示。

**图 10-10　电网企业设备运检业务框架**

## （二）业务特点

电网企业设备运检是一个复杂且高度技术化的业务，是保障电力系统稳定运行，确保能源安全供应的关键业务，要求相关人员具备极强的专业知识、良好的应变能力及高效的团队协作能力。总体而言，电网设备运检呈现以下业务特点：

（1）运行环境和系统复杂：电网企业的设备运行环境比较复杂，涉及温度、湿度、海拔、气压等多种因素，需要考虑各种环境因素对设备的影响，同时电网是一个复杂的系统，各个组成部分之间相互关联。电网运检需要考虑不同设备、系统和子系统之间的相互影响，以维护整体的稳定性和安全性。

（2）高度智能化和信息化：随着信息技术的发展，电网运检越来越倚重自动化技术。自动化系统可以实时采集和分析数据，辅助运检员作出决策，提高运检的效率和准确性。电网企业需要利用智能化和信息化技术对设备进行监测、诊断和维护，提高设备的运行效率和可靠性。

（3）实时性要求高：电网运检需要对电力系统的运行状态进行实时监测和调整。

由于电力系统是一个高度动态的系统，对于突发事件或负荷变化，电网运检需要迅速响应，确保系统的稳定运行。

（4）安全性要求高：电网设备运行过程中存在一定的危险性，如高电压、大电流等，要求电网运检人员要具备专业的技能和知识，熟悉各种设备的运行原理和操作方法，遵守安全操作规程，确保设备和人身安全。同时，电网运检还需要采取各种预防性措施，如定期巡检、设备维修、技术改造等，及时发现并消除设备存在的隐患，保证电网的稳定和安全运行。

## 二、质量要求

电网企业设备运检对于保障电力设备的正常运行、提高设备使用寿命、降低维修成本、提高电网运行效率及保障电力供应的稳定性等方面都具有重要的意义。设备运检管理要坚持"应试必试、试必试全，应修必修、修必修好"的原则，在充分开展综合状态评价的基础上，合理制定检修策略。设备检修管理主要包括检修标准管理、检修策略管理、检修计划管理、检修实施管理、检修质量管理、作业安全管理、检修记录及文档管理和统计分析管理等。电网设备运检核心业务模块对应的质量要求、质量控制点及其重要等级见表10-7。

表 10-7 设备运检质量要求及质量控制点

| 关键模块 | 质量要求 | 质量控制点 | 重要等级 |
|---|---|---|---|
| 检修标准管理 | （1）企业应编制设备检修（检验）规程，明确各类设备的维护检修周期、项目和标准；<br>（2）针对每一具体型号设备编制维护检修手册，明确设备维护检修周期、项目及工艺要求；<br>（3）执行部门应编制作业指导书，细化工艺要求和质量控制标准 | 设备检修（检验）规程科学、全面、合规 | ★★★ |
| | | 维护检修手册科学、全面、合规 | ★★☆ |
| | | 作业指导书编制科学、全面、合规 | ★★☆ |
| 检修计划管理 | 应当严格落实规程要求，按照制定检修维护需求、确定检修策略、编制年月周计划的流程，制订检修计划 | 检修维护需求计划合理性 | ★★☆ |
| | | 检修年度计划编制与分解的科学、合理、合规 | ★★★ |
| 检修实施管理 | （1）检修前，应做好物资、工器具、技术资料等准备，对检修过程中可能危及到人身、电网、设备安全的各种因素进行系统、充分的风险评估，落实控制风险的安全、技术和管理措施； | 综合电压合格率 | ★★☆ |
| | | 客户平均停电时间 | ★★★★ |
| | | 配电变压器故障率 | ★★☆ |

| 关键模块 | 质量要求 | 质量控制点 | 重要等级 |
|---|---|---|---|
| 检修实施管理 | （2）应当及时记录设备检修情况，检修工作现场应当规范、准确填写作业文件的工作记录；<br>（3）检修工作完成后，应当同步完成设备检修台账滚动更新 | 变压器可用系数 | ★★☆ |
| | | 变压器强迫停运率 | ★★☆ |
| | | 断路器可用系数 | ★★☆ |
| | | 断路器强迫停运率 | ★★☆ |
| | | 输电线路可用系数 | ★★☆ |
| | | 中压线路故障率 | ★★☆ |
| | | 故障复电时间 | ★★★★ |
| | | 城乡供电服务均等化指数 | ★★☆ |
| | | 报废资产净值率 | ★★☆ |
| 检修绩效评价管理 | （1）充分利用管理平台填报检修计划和完成情况，定期开展检修总结，分析成效与问题，有针对性地制定改进措施，持续提升检修规范化工作水平；<br>（2）根据检修质量监督、检修质量核查发现的问题，以及检修后设备缺陷、临时停运等情况进行综合评价，对检修工作进行绩效考核 | 检修评价的全面性、客观性 | ★★★ |
| | | 检修绩效考核的激励性、公平性 | ★★☆ |

## 三、质量控制措施

针对表 10-7 中的关键质量控制点，可以采取数据分析、需求分析、自动化控制等工具方法，针对性采取若干条质量控制措施，电网企业设备运检业务关键质量控制点与控制措施见表 10-8。

表 10-8　　　　电网企业设备运检业务关键质量控制点与控制措施

| 关键模块 | 关键质量控制点 | 工具/方法 | 控制措施 |
|---|---|---|---|
| 检修标准管理 | 设备检修（检验）规程科学、全面、合规 | （1）数据分析；<br>（2）检查表 | （1）根据设备运行状态、历史故障记录、供应商建议等，制订科学的检修计划，明确检修周期、检修项目、检修方法和预期目标等，确保设备的性能和安全性；<br>（2）详细记录检修过程、问题、处理措施等信息，对检修结果进行系统分析和客观评估，为设备的维护和管理提供依据；<br>（3）建立监督机制，确保检修工作有效执行，定期对检修工作进行检查和评估，发现问题及时整改，确保设备的安全运行 |

| 关键模块 | 关键质量控制点 | 工具/方法 | 控制措施 |
|---|---|---|---|
| 检修计划管理 | 检修年度计划编制与分解的科学、合理、合规 | （1）数据分析；<br>（2）风险评估；<br>（3）持续改进 | （1）对电网设备的历史运行数据、故障记录、维护记录进行全面分析，识别设备的潜在问题和维护需求，结合电网发展规划和预期负荷增长，预测未来一年内的设备运行状态和需求；<br>（2）根据设备类型、重要性和运行状态，制定不同检修策略，如定期检修、状态检修、预防性检修等，设定检修优先级，确保关键设备和重要线路得到优先处理；<br>（3）对检修计划编制与分解过程进行持续改进和优化，提高计划科学性和合理性 |
| 检修实施管理 | 客户平均停电时间－减少客户故障停电时间 | （1）数据分析；<br>（2）流程优化 | （1）通过数据分析、流程分析，明确影响抢修效率的根本原因和提高故障抢修效率的关键环节；<br>（2）优化业务流程，通过调度集中遥控操作，各站点同时并行操作，减少人员相互等待，提高操作效率；<br>（3）利用"二分法"与"三遥法"结合，实现快速定位故障位置、提高故障处置复电效率；<br>（4）在各供电辖区范围内将故障抢修区域划分为边界清晰的"网格"单元，通过化整为零，缩小响应半径，提高响应速度；<br>（5）建立配电网抢修指挥平台和 App 应用，将信息传递由人工电话沟通升级为"配电网指挥信息化平台＋驻点抢修人员手机 App"可视化派单，提高报修地址的快速精准定位，实现抢修过程可视、可观、可控 |
| | 故障复电时间 | （1）流程优化；<br>（2）标准化配置 | （1）优化工作流程，在工作时段优先安排抢修业务；<br>（2）通过设备改造、网架升级减少低压故障；<br>（3）加强值班人员之间的协同，提高抢修交接班效率；<br>（4）做好抢修应急物资储备，确保物资及时、充足供应，推动抢修物资标准化配置 |
| 检修绩效评价管理 | 检修评价的全面、客观 | （1）故障模式与影响分析；<br>（2）可靠性分析 | （1）评价数据应使用真实准确的运行数据、检修记录、故障统计等数据，采用故障模式与影响分析、可靠性分析等工具，确保评价客观；<br>（2）评价应综合考虑检修效率、质量、安全性、成本效益等多个维度，并确保各维度评价标准明确和指标量化可获取；<br>（3）在评价过程中，根据需要可引入第三方机构意见和建议，以获取更全面的视角和客观评价；<br>（4）定期对检修评价体系进行审查和更新，以确保其适应技术进步、设备更新及管理需求的变化 |

### 四、典型案例：基于"大云物移"的智能运检技术推动传统运检模式变革 ❶

#### （一）概述

电网发展已进入特高压交直流混联、区域电网互联，以及配电网自动化加速推进的新阶段，设备规模大幅增长，新设备、新技术加快应用，电网装备水平取得长足发展，与此同时设备规模大幅增长，新设备、新技术加快应用，对设备状态管控能力建设提出更高要求。国家电网以大数据分析为数据基础，以云计算为信息处理基础，实现运检数据智能驱动；以物联网为信息、设备等生产要素的互联基础，以移动互联技术为作业基础，全面推进"大云物移"技术与运检业务的深度融合。

#### （二）主要问题

目前，国家电网在设备、环境和人员的状态管控方面还缺乏有效手段，亟需以智能化为方向，推动现代信息通信技术、设备状态检测技术与传统运检业务的融合，加快智能运检体系建设，引领适应电网快速发展的运检管理和技术变革。以互联网技术为核心、以"工业4.0"为代表的新一轮科技革命和产业变革正在深刻影响传统产业，"大数据、云计算、物联网、移动互联"等现代信息通信新技术为运检技术创新发展和管理模式变革带来了难得的历史机遇。

#### （三）解决措施

国家电网运检部以电网智能运检分析管控系统（见图10-11）为平台，全面融合运检多源数据，发挥一体化生产指挥功能的中枢作用，以推动现代信息通信技术、智能技术与传统运检技术相融合为主线，以设备、通道、运维、检修、生产管理智能化为重点，全面建设智能运检体系，显著提升设备状态管控能力和运检管理穿透力，大力支撑公司"一特四大"战略 ❷ 的实施和坚强智能电网的建设，引领世界范围的电网运检管理模式变革。

---

❶ 周安春，杜贵和，高理迎，等.基于"大云物移"的智能运检技术推动传统运检模式变革［J］.电力设备管理，2018（01）：31-36+41.
❷ "一特四大"：国家电网的战略，是在2009年提出的，旨在通过建设特高压电网作为骨干网架，实现大煤电、大水电、大核电和大型可再生能源基地的集约化开发，以优化全国能源资源配置，提高能源利用效率，促进清洁能源的大规模开发和利用，从而保障国家能源安全和推动能源结构的绿色转型。

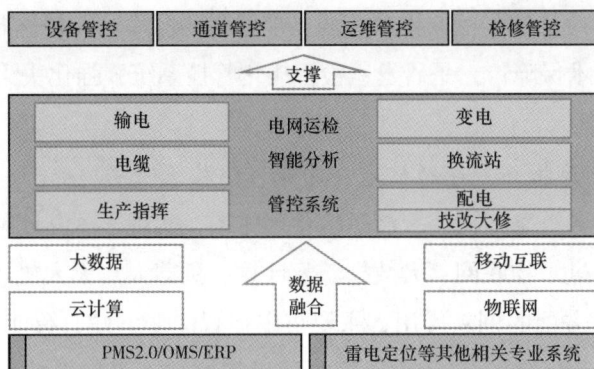

图 10-11　电网智能运检智能化分析管控系统

**1. 举措一：创新生产指挥集约化平台，优化一体化资源协调机制**

创新研发覆盖运检业务全过程的电网运检智能化分析管控系统，打造运检生产指挥集约化平台，深化运检工作各类信息互联互通及大数据深度应用，推进运检资源优化配置和运检工作方式创新发展，实现生产指挥及决策的高度智能化和集约化。一是生产全景、全息大数据展示，打造运检生产"作战地图"；二是强化三级联动（公司总部—省公司—地市公司）指挥机制，畅通信息流动及决策执行；三是完善资源集中调配机制，有效应对生产攻坚战；四是构建全过程智能管控机制，实现生产全局可控、在控。

**2. 举措二：突破设备状态传统感知困局，全面提升设备状态管控力**

充分利用物联网技术建立设备身份识别和状态感知装置、控制装置与设备本体一体化装备，强化生产现场数据的智能采集、实时传输和自动分析，实现人机信息自动交互、设备状态实时掌握、状态异常提前预警、研判评估、辅助诊断等，全面提升设备状态管控力。一是推进设备多源信息互联化，实现状态信息自动感知；二是强化历史追溯与实时采集结合，开展状态趋势智能预测；三是整合环境风险因子，开展环境风险实时预警；四是基于物联网和移动互联技术，自动研判和识别设备异常；五是智能驱动，实现设备状态事前防范。

**3. 举措三：优化业务管控手段，打造"穿透式"运检管理模式**

一是全面优化运检管理的可视化、智能化策略；二是基于多源信息融合分析，优化运检计划；三是生产管理集约置前，强化运检过程穿透式管控；四是深化项目全过程节点管控，提高精益化水平；五是突破运检管理静态评价，实现动态评估和实时预警；六是辅助决策，推进运检管理集约远程指挥。

**4. 举措四：完善智能运检标准，夯实运检管理基础保障**

立足运维、检测、评价、检修等运检全过程，不断健全标准化体系，实现设备、工艺、装备、管理、指挥的全面标准化，夯实运检管理基础，保障运检质量和效率的提升。一是构建运检全过程标准体系，强化管理制度保障；二是提升运检智能化应用水平，强化设备技术保障；三是研发运检智能化管控系统，强化决策平台保障。

**（四）实施效果**

1. 实现了"大云物移"等新技术全面融入运检全业务

围绕运检全业务链条，构建智能运检管理体系，实现了"互联网＋电网运检"的深度融合。重点推进了物联网、大数据、云计算、机器人、无人机、生产现场移动互联等新技术在各个方面的创新应用，主要集中在智能变电站、智能巡检及移动作业、带电检测、在线监测、配电自动化、配电网运行监控、不停电检修、营配调数据贯通、配电网运行管控平台（包括故障研判、工单处置、资源智能调配、抢修智能指挥决策等）、设备智能管理、电网地理空间数据存储应用、灾害预警、通信应用等领域。

2. 显著提升了运检指标和人员效率

在大电网快速发展时代，电网投资规模在"十三五"期间将会增长一倍，运检人员数量则保持稳定。公司以智能化手段为支撑，有效解决了结构性缺员与快速增长的电网规模之间的矛盾，进一步提升了运检指标，330kV 及以上线路故障停运率为 0.110 次 /（100km·年），330kV 及以上变电设备故障停运率为 0.020 次 /（百台·年），换流站平均单极强迫停运率为 0.22 次 /（极·年），10kV 线路故障停运率为 1.78 次 /（100km·年）；全面提升了运检人员的效率，输电人员的效率为 40km / 人，变电人员的效率为 4.25 万 kVA/ 人，配电人员的效率为 0.35 百台 / 人。

3. 全面推动了传统模式向智能运检管理转变

通过智能运检管理模式建立与运行，基于多源系统数据的整合及"大云物移"新技术的深度应用，打破了传统模式下生产时间和空间的限制，实现了以设备状态自动感知及预测、风险实时预警、专家在线会诊、智能辅助决策、远程生产指挥、精益过程管控为代表的实时化、跨空间运检模式，并对现场设备运行状态进行多角度、多维度的分析，优化运检策略、故障缺陷分析，全面推动生产管理模式由"事后应对"向"事前防范"转变，"分散现场管控"向"集约远程指挥"转变，"传统人工生产"向"数据智能驱动"转变。

# 第五节　电网企业客户服务质量管理实践

## 一、业务特征

### （一）业务概述

电网客户服务业务是电网企业在变化的市场环境中，以满足用户电力消费需求为目的，通过一系列与市场有关的经营活动，提供满足消费者需要的电力产品和相应的服务的管理过程。电网营销实质是调整电力市场需求水平、需求时间，以良好的服务质量满足用户合理用电的要求，实现电力供求之间的相互协调，建立企业与用户间的合作伙伴关系，促使用户主动改变消费行为和用电方式，提高用电效率，从而增加企业的效益。

电网客户服务业务涵盖负荷预测与电能交易、业务报装与顾客服务、抄表核算与电费回收、用电检查与线损管理4个关键模块；重点关注百万客户投诉率、第三方客户满意度、获得电力指数、业扩报装效率等关键指标，电网企业客户服务业务框架如图10-12所示。

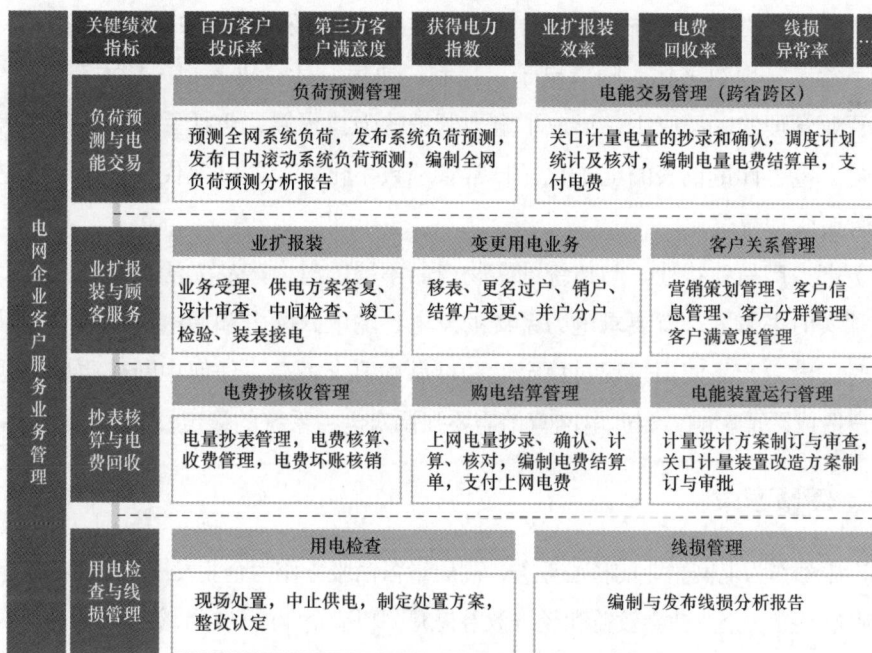

| 关键绩效指标 | 百万客户投诉率 | 第三方客户满意度 | 获得电力指数 | 业扩报装效率 | 电费回收率 | 线损异常率 | … |
|---|---|---|---|---|---|---|---|

| | 负荷预测与电能交易 | **负荷预测管理**<br>预测全网系统负荷，发布系统负荷预测，发布日内滚动系统负荷预测，编制全网负荷预测分析报告 | **电能交易管理（跨省跨区）**<br>关口计量电量的抄录和确认，调度计划统计及核对，编制电量电费结算单，支付电费 | | |
|---|---|---|---|---|---|
| 电网企业客户服务业务管理 | 业扩报装与顾客服务 | **业扩报装**<br>业务受理、供电方案答复、设计审查、中间检查、竣工检验、装表接电 | **变更用电业务**<br>移表、更名过户、销户、结算户变更、并户分户 | **客户关系管理**<br>营销策划管理、客户信息管理、客户分群管理、客户满意度管理 |
| | 抄表核算与电费回收 | **电费抄核收管理**<br>电量抄表管理，电费核算、收费管理，电费坏账核销 | **购电结算管理**<br>上网电量抄录、确认、计算、核对，编制电费结算单，支付上网电费 | **电能装置运行管理**<br>计量设计方案制订与审查，关口计量装置改造方案制订与审批 |
| | 用电检查与线损管理 | **用电检查**<br>现场处置，中止供电，制定处置方案，整改认定 | **线损管理**<br>编制与发布线损分析报告 | |

**图10-12 电网企业客户服务业务框架**

## （二）业务特点

由于电能不能存储，也没有半成品的基本属性，电网企业是产、供、销同时完成，因此电网企业在营销管理上有着与其他企业不一样的特点。总体而言，电网营销呈现以下业务特点：

（1）客户需求导向性。与其他商品市场中的用户与经营者的关系不同，电力用户与生产者、经营者之间由电力线路和电力潮流连接为一体，成为利益共同体，相互间不能自由选择。电力用户是牵动一切电力活动的源头，因此必须以用户为中心，将电力的全部工作与电力用户的需求和利益直接挂钩，增强为用户服务的自觉性，把用户利益纳入电力建设、生产和经营的全过程。

（2）经营活动监管性。在电力行业严格受到政府的监管和干预，通常涉及电力市场的运作、价格、安全、环保等方面，客户服务需要遵守相关法规和政府制定的政策，同时与监管机构保持密切的沟通，通过政府监管，旨在维护市场的公平竞争、保障消费者的合法权益、促进电力行业的可持续发展。

（3）电网结构整体性。电力网络作为电力流通的唯一渠道，具有不可分割性和整体性，直接决定了电网企业的产品是否符合各类用户对电能质量标准要求，关系用户的生产与生活，关系电网企业的经济效益和安全运行。因此，电力营销工作受理用户用电需求时，既要站在客户角度，提供符合用户需求的供电服务，又要注意电网企业安全生产所必需的技术条件，保证电网稳定运行，充分发挥供电的整体作用。

（4）营销管理数字化。随着电子、控制、通信、计算机等相关技术在电力生产、传输、营业管理的广泛应用，形成了电力营销的强技术性，包括手段智能化、信息传输自动化、电力计量仪表的电子化、日常管理数字化等，通过现代科技成果应用，推动电力营销管理智慧化。

（5）电力产品独特性。与传统的实物产品不同，电力产品无法被储存，其生产与消费必须实时平衡，这就要求电力系统的发电、输电、配电和用电必须在同一时间完成。同时，电力产品使用过程对稳定性和可靠性要求极高，任何中断或质量问题都可能对用户造成严重影响，因此电网营销需要强调对电力系统的稳定性和可靠性的保障。

## 二、质量要求

客户服务作为电网企业的核心业务，高质量营销服务作为企业发展基石，必须不断提高服务质量，推动企业社会效益和经济效益提升，塑造企业的良好形象，履行企业的社会责任。电网企业客户服务关键模块对应的质量要求、质量控制点及其重要等级见表10-9。

表 10-9　　　　　　　电网企业客户服务业务质量要求及质量控制点

| 关键模块 | 质量要求 | 质量控制点 | 重要等级 |
| --- | --- | --- | --- |
| 负荷预测与电能交易 | （1）提高对购售电市场动态变化的预见性和可控性，重点是通过计量自动化系统做好顾客生产计划执行情况验证，动态调整负荷预测数据；<br>（2）保障电力供应、促进资源的优化配置，做好长期合同的签订及执行工作 | 售电市场占有率 | ★★☆ |
|  |  | 新兴业务利润占比 | ★★☆ |

续表

| 关键模块 | 质量要求 | 质量控制点 | 重要等级 |
|---|---|---|---|
| 业扩报装与顾客服务 | （1）提升"获得电力"指标水平，加强与外部单位的协作，重点推动行政审批"串、改、并"，实现"水、电、气一网通办"，推进城市绿化道路开挖的备案承诺制实施；<br>（2）强化对工业类顾客的差异化服务 | 百万客户投诉率（＊） | ★★★★☆ |
| | | 获得电力指数（＊） | ★★★★★ |
| | | 地方政府公共服务评价等级 | ★★☆ |
| | | 客户业扩办理超时率 | ★★☆ |
| | | 第三方客户满意度（＊） | ★★★★☆ |
| | | 业扩报装效率（＊） | ★★★★ |
| 抄表核算与电费回收 | （1）有效推动电费发行和电费实收对账省级集中工作；<br>（2）重点做好电费回收高风险顾客管控，做到"一户一册"，持续推动预付费模式 | 电费回收率（＊） | ★★★★ |
| | | 抄表及时率 | ★★☆ |
| | | 自动抄表率 | ★★☆ |
| | | 电费差错率 | ★★☆ |
| 用电检查与线损管理 | （1）大力预防管控顾客用电设施设备故障发生，强化对违约用电、窃电的查处工作；<br>（2）做好10kV及以下有损线损管控，重点抓好线损异常处理 | 客户电气事故事件数 | ★★★☆ |
| | | 《用电检查证》管理规范性 | ★★☆ |
| | | 违约用电、窃电查处规范性 | ★★☆ |
| | | 线损异常率（＊） | ★★★★ |

## 三、质量控制措施

针对表10-9中的关键质量控制点，可以采取标准操作程序、流程优化、根本原因分析等工具方法，有针对性地采取若干条质量控制措施，客户服务关键质量控制点与控制措施见表10-10。

表 10-10　　　　　　　客户服务关键质量控制点与控制措施

| 关键模块 | 关键质量控制点 | 工具/方法 | 控制措施 |
|---|---|---|---|
| 业扩报装与顾客服务 | 百万客户投诉率 | （1）客户画像；<br>（2）流程优化；<br>（3）风险管理；<br>（4）标准操作程序 | （1）基于客户用电性质、负荷特性、诉求情况等，分析客户诉求类型，绘制客户画像；<br>（2）基于客户用电属性（政府、企业、居民）、重要等级（重要、重点、一般）、诉求敏感等级（一级、二级、三级）、用电习惯（节假日、早中晚）等维度，构建差异化管控和服务策略，服务标准和程序；<br>（3）整合服务资源，多渠道协同服务，实现"一点触发，多点联动"的全方位客户对接服务；<br>（4）针对较高投诉风险领域，建立多专业联动工作模式，实现便捷快速回应客户诉求，有效预防客户投诉发生 |

续表

| 关键模块 | 关键质量控制点 | 工具 / 方法 | 控制措施 |
|---|---|---|---|
| 业扩报装与顾客服务 | 第三方客户满意度 | （1）数据分析；<br>（2）流程优化；<br>（3）标准操作程序 | （1）基于客户投诉工单、95598 客户意见单等历史数据分析，明确"客户之声"。梳理政府、上级、客户等相关方管理要求和诉求，优化工作机制，明确服务标准；<br>（2）通过规范员工行为、形象，服务功能分区，物品定置归类等措施，让客户切身感受优质服务过程、体验优质服务场景；<br>（3）通过文化宣传、服务评比等方式，形成员工与客户间彼此尊重、互相关心的服务氛围，同事间比拼赶超的工作氛围 |
| | 获得电力指数 | （1）流程优化；<br>（2）数据共享 | （1）成立重大项目服务专项工作组，统筹资源，高效推动重大项目落地；<br>（2）与政务平台对接，实现电子证照数据共享，实现"一证受理"客户用电申请；<br>（3）总结服务成效，提炼"获得电力"特色亮点，打造"获得电力"服务品牌 |
| | 业扩报装效率 | （1）标准操作程序；<br>（2）持续改进；<br>（3）流程优化 | （1）扩大工程标准设计范围，实现标准设计全覆盖；<br>（2）采用"储备 + 专项"的物资供应模式，持续、动态地优化物资储备品类；<br>（3）推广业扩报装"一站式"服务，简化业扩报装材料，减少审批环节，节省客户办理时间 |
| 抄表核算与电费回收 | 电费回收率 | （1）流程优化；<br>（2）客户标签；<br>（3）信用评分 | （1）通过预付费电力系统，让用户提前购买电力使用配额，减少拖欠电费情况；<br>（2）简化新装大用户和拖欠收费失败用户办理流程，提高拖欠收费成功率，减少欠费问题；<br>（3）建立客户标签体系和信用评分制度，根据用户历史付费情况，实施差异化的管控 |
| 用电检查与线损管理 | 客户电气事故事件数 | （1）数据分析；<br>（2）根因分析 | （1）采用智能化监控系统和故障诊断技术，及时发现和处理电气设备异常情况，降低事故发生概率；<br>（2）对于历史发生的电气事故，进行详细的事故分析和原因调查，找出事故根本原因，制定有效的整改措施；<br>（3）通过多种渠道向用户宣传用电安全知识和注意事项，提高其安全意识和自我保护能力；并开展有针对性的培训演练，提高用户应对电气事故应急处理能力 |
| | 线损异常率 | （1）流程优化；<br>（2）数据分析；<br>（3）事后评估；<br>（4）持续改进 | （1）合理调整负荷和设备容量，确保设备在最佳负载率下运行，同时根据用户无功负荷变化特性进行合理、及时、科学的补偿，最大限度地减少无功电流在系统中的流动，达到降损节能目的；<br>（2）通过优化电源分布、合理选择导线截面、缩短供电半径、减少迂回供电等措施，完善电网布局结构；<br>（3）采用技术手段进行监控和数据分析，准确掌握线路运行情况，及时精确查找线损异常的原因，及时制定针对性措施进行整改优化 |

## 四、典型案例：广州供电局"四办"举措，推动"获得电力"服务水平再提升

### （一）概述

用电营商环境好不好，市场主体说了算。近年来，广州供电局有限公司持续优化用电营商环境，"获得电力"各项指标领跑全国，在 2022 年 5 月中国优化营商环境改革经验国际交流会上，作为全国唯一供电企业向世界发展中经济体分享经验做法。2022 年，广州供电局有限公司大力推广"四办"（主动办、线上办、联席办、一次办）举措，在全国打造"获得电力"标杆示范，如图 10-13所示。

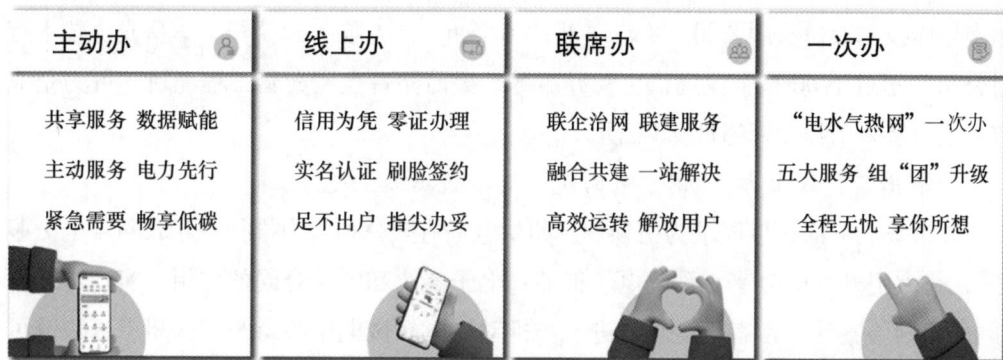

图 10-13　广州供电局有限公司"四办"服务举措，"获得电力"出新彩

### （二）主要问题

一方面，业扩报装工作是供电企业的关键业务类型，主要负责企业和用户连接，已变成供电企业供电质量关键的保障，直接影响客户的用电时间及公司经济效益和社会效益，因此针对业扩流程实现过长等问题采取有效质量管控措施，为用电客户提供优质服务，给供电企业树立良好的社会形象。

另一方面，办电过程群众跑趟作为获得电力评价的一个重要方面。同时，当前大数据时代让"数据多跑路、群众少跑腿"已经成为趋势，为了持续提升用户办电"获得感"，破解用户工程项目筹建中办电"重复交""多头报""来回跑""多次跑"等问题和难题，通过政企数据贯通，互联网 +、容缺受理等方式，提升公司获得电力指数。

### （三）解决措施

广州供电局有限公司坚持自我革新，不断探索可以优化提升服务的方式方法，

通过打造主动服务平台，发挥政企联动机制效能，获取政府政务信息，极大地扩展了顾客基础档案信息，不断挖掘数据价值，结合信息化手段，持续完善服务流程和服务产品，创新以主动办、线上办、联席办、一次办为主要特点的广州"四办"举措。

1. 举措一：主动办，"等待申请"迈向"主动服务"

主动服务提升服务效率。广州供电局有限公司积极融入数字政府建设，通过搭建绿色用能服务平台，对接数字政府，共享项目信息，主动获取企业用电需求，提早为企业提供用电服务。广州供电局有限公司推出"主动办"之后，供电局介入服务的时间，从建设许可阶段提前到了招商引资阶段，实现了"等待申请"向"主动服务"的转变。

截至 2021 年底，广州供电局有限公司已累计为广州小鹏汽车科技有限公司、粤芯半导体技术股份有限公司、广汽零部件（广州）产业园有限公司、华星光电技术有限公司等超过 1900 家企业提供主动办服务，提前储备电网配套工程项目，可为企业节省电力接入工程投资超过 3.5 亿元。

2. 举措二：线上办，"用户来回跑"变"数据线上跑"

以市场为导向、以需求为引领。广州供电局有限公司大力推行"互联网＋电力服务"，着力提升办电效率，深化电子证照、电子签章和电子合同的应用，实现"零证办电""刷脸签约"常态化运转，进一步推动供电领域电子签章与"广州市区块链可信认证平台"成功对接，将"用户来回跑"转变为"数据线上跑"。

截至 2021 年底，广州实现 40 类 107 项用电业务线上办理，业务办理率达 99.6%，电子证照、电子签章功能应用率超 70%，累计超 8.8 万用户使用过电子证照办电，超 7 万用户使用过电子签章签订合同，用户办电真正做到"零上门"。

3. 举措三：联席办，"各自为战"到"集群攻坚"

广州供电局有限公司已建立了一套紧密的政企协同合作机制，创新成立了全国首个"优化用电营商环境联席办公室"，将"各自为战"转变为"集群攻坚"。通过建立合署办公模式，统一调配政企资源，前移决策关口，积极争取输变电项目核准、用地报批等权限事项下放或委托区级实施，推行特定条件下高压电力外线工程免行政审批，推动建设项目办电全过程的内管控、外服务。

联席办在黄埔、南沙先行先试，机制建成以来，推动两区的用电营商环境改革举措文件出台，并不断迭代更新。"优化用电营商环境联席办公室"作为敏捷柔性服务前台，深度融合适应用户需求，大力推进区域行政审批改革，加速迭代更新改革举措，推动"电建""城建"协同。目前，广州市各区已实现联席办全覆盖。

4.举措四：一次办，"来回跑"转为"一次妥"

广州供电局有限公司不断扩宽服务的边界，通过优化"电水气热网"等公共服务办理流程，整合同类材料和环节，把"事事分头办"转变为"一事一次办"。同时，供电服务还进一步延伸到购房、购车等领域，免除用户"来回跑""多头跑"的问题。

在黄埔，广州供电局有限公司打造了全国首个一体化"电水气热网"线上联合服务平台，在报装阶段，用户仅需登录"一个平台"、准备"一套资料"、填写"一张表单"、点击"一键确认"，即可享受"电水气热网"五大业务一次办服务，报装业务办理时间较之前压缩了80%。

### （四）实施效果

广州供电局有限公司"四办"举措作为高压办电服务的典型经验在国家能源局提升"获得电力"实施成效服务水平专刊发表，报送至国务院办公厅，纳入标杆做法在全国复制推广。客户服务满意度在广东省广州市年度公共服务调查中供电服务满意度实现13连冠、21连冠，"获得电力"指标连续两年位列中国营商环境评价第一梯队前列。

# 第六节　电网企业人力资源管理质量管理实践

## 一、业务特征

### （一）业务概述

电网企业人力资源管理是指电网公司开展的针对员工招聘、选拔、培训、评价、激励和发展等方面的综合管理活动。它旨在通过有效的人力资源规划、组织、领导和控制，优化人力资源的配置和利用，提高员工的工作效率和企业的整体绩效，从而支持企业实现战略目标，确保企业能够适应不断变化的市场需求和技术进步，维持和提升竞争力。

电网企业人力资源管理业务框架如图10-14所示，电网企业的人力资源管理涵盖人力资源规划、招聘与人员管理、绩效管理、薪酬福利管理、培训发展管理、员工关系管理等关键模块，重点关注高级职称人才比例、人均素质的当量、全员劳动生产率、人工成本总额、收入差距倍数、培训计划完成率、员工满意度等关键指标。

| 关键绩效指标 | 高级职称人才比例 | 人均素质当量 | 全员劳动生产率 | 人工成本总额 | 收入差距倍数 | 培训计划完成率 | 员工满意度 | … |
|---|---|---|---|---|---|---|---|---|

<table>
<tr><td rowspan="13">电网企业人力资源管理</td><td rowspan="2">人力资源规划</td><td colspan="2" align="center">岗位设置</td><td colspan="2" align="center">岗位管理</td></tr>
<tr><td colspan="2">通过系统收集和分析信息，预测各类岗位的需求量，确定每个岗位的职责、任务、工作环境及所需的技能和资格，编制岗位描述书，建立岗位等级体系</td><td colspan="2">根据组织结构调整、业务发展变化等因素，定期对现有岗位进行调整和优化，确保岗位设置与企业战略相匹配</td></tr>
<tr><td rowspan="2">招聘和人员管理</td><td align="center">招聘计划制订</td><td align="center">招聘实施</td><td align="center">招聘效果评估</td></tr>
<tr><td>根据招聘需求分析结果，制订招聘计划，包括招聘时间表、预算、渠道等</td><td>收集并筛选应聘者简历，开展面试和背景调查，作出录用决定，与候选人签订劳动合同</td><td>定期评估招聘活动的效果，持续优化招聘流程和提高招聘效率</td></tr>
<tr><td rowspan="2">绩效管理</td><td align="center">绩效目标设定</td><td align="center">绩效标准制定</td><td align="center">绩效监控与反馈</td></tr>
<tr><td>结合企业的战略目标，为不同层级的员工设定清晰、可衡量的绩效目标</td><td>明确各岗位的绩效评价标准，包括工作质量、工作效率、团队合作等方面，为绩效评估提供具体依据</td><td>在绩效周期内，定期监控员工的工作进展和绩效表现，及时提供正向或建设性的反馈</td></tr>
<tr><td rowspan="2">薪酬福利管理</td><td align="center">薪酬结构设计</td><td align="center">福利计划制订</td><td align="center">制定薪酬策略</td></tr>
<tr><td>设计合理的薪酬结构，确保薪酬体系的竞争力和公平性，同时符合企业的财务状况和业务目标</td><td>制订和实施员工福利计划，包括健康保险、退休金计划、培训发展机会、休假政策等，提高员工的工作满意度和忠诚度</td><td>基于绩效评估、市场调研和企业财务状况，制定薪酬策略，以适应市场变化和员工发展需求</td></tr>
<tr><td rowspan="2">培训发展管理</td><td align="center">培训计划设计</td><td align="center">培训实施</td><td align="center">培训效果评估</td></tr>
<tr><td>基于培训需求分析结果，制订培训计划，包括培训目标、培训内容、培训时间表和预算等</td><td>执行培训计划，包括内部培训、外部培训、在线学习、工作坊、研讨会等多种形式</td><td>通过问卷调查等方法评估培训效果，包括培训满意度、对工作绩效的影响等</td></tr>
<tr><td rowspan="2">员工关系管理</td><td align="center">员工沟通机制建设</td><td align="center">员工关怀和支持</td><td align="center">工作环境与安全管理</td></tr>
<tr><td>建立和维护开放、双向的沟通渠道，确保员工及时获得组织信息，同时也能向管理层反馈意见和建议</td><td>提供各种员工关怀措施，如健康保健、心理咨询、团队建设活动等，支持员工的个人发展和职业成长</td><td>确保工作环境符合健康和安全标准，预防职业病和工伤事故，提供安全的工作条件</td></tr>
</table>

图 10-14　电网企业人力资源管理业务框架

（二）业务特点

电网企业人力资源管理直接影响企业的运营效率、安全性和竞争力。通过有效管理复杂的组织结构，以及培养高素质的员工队伍，电网企业可以确保运营的稳定性和可靠性。灵活的人才管理和跨地域协调能力可以使企业更好地适应市场变化和政策调整，保持竞争优势。总体而言，电网企业人力资源管理呈现以下特点：

（1）标准化管理：电网企业由于分、子公司、下属企业众多、员工数量多，通常需要实施高度标准化的人力资源管理流程，以保证管理效率和一致性。

（2）稳定性和长期规划：电网企业倾向于强调员工的职业稳定性，同时也更加重视长期的人力资源规划，包括员工的职业路径规划、继任计划和人才储备。

（3）重视员工福利和承担社会责任：电网企业通常提供较为理想的员工福利，包括保险、退休金、住房补贴等，同时也承担更多的社会责任，如提供就业机会、促进区域经济发展等。

（4）内部培训和人才发展：鉴于特定的行业需求，电网企业通常会重视内部培训和人才发展，培训周期较长，充分将内部专家转化为培训资源，以确保员工技能与企业长期发展需求相匹配。

（5）组织文化和价值观：电网企业倾向于培育具有央企特色的组织文化和价值观，如团队协作精神，奉献精神，创新意识，社会责任与公共服务意识，注重合规管理、安全管理和可持续发展等，以增强企业的凝聚力和竞争力。

（6）改革与创新的挑战：电网企业也在不断探索人力资源管理的改革与创新，如推进三项制度改革，以提高管理效率和适应市场变化。

（7）人才专业分布具有显著的专业特征：电网企业的人才专业分布呈现工科特征，员工主要具备电气工程等专业背景，一般会通过管理、金融和其他领域的培训补充专业知识，培养员工成为复合型人才。

## 二、质量要求

电网企业人力资源管理对于提升员工的技能、增强团队合作，确保企业高效运营，实现其长期的战略目标和竞争优势等方面具有重要意义。电网企业人力资源业务核心关键模块对应的质量要求、质量控制点及其重要等级见表 10-11。

表 10-11　　　　电网企业人力资源管理质量要求及质量控制点

| 关键模块 | 质量要求 | 质量控制点 | 重要等级 |
|---|---|---|---|
| 人力资源规划 | （1）突出人才工作战略导向，使人才规模、质量和结构与公司发展相适应，人才工作与公司生产运营、经营管理、业务布局、创新发展等深度融合；<br>（2）按内部改革要求和战略落地需要对工作和职位进行设计和管理，明确各部门、各管理层、各岗位的职责、权限和联系制度，提高整体通力协作效率 | 组织结构的适应性 | ★★★ |
| | | 岗位设置的合理性 | ★★★★ |
| | | 岗位职责的明确性 | ★★☆ |
| | | 用工人数 | ★★☆ |
| 招聘和人员管理 | （1）根据人力资源规划，进行人才盘点，确定员工类型和数量需求，通过岗位分析，识别所需员工的特点和技能，明确员工能力需求；<br>（2）通过招聘、任职资格认证、职称评定、职业技能等级认定等方式，确保聘任人员的类型、数量和能力满足企业的需求；<br>（3）深入推进三项制度改革，健全能上、能下的选人和用人机制，推动形成能者上、优者奖、庸者下、劣者汰的用人导向 | 高级职称人才比例 | ★★★ |
| | | 高技能人才比例 | ★★★★ |
| | | 年轻干部比例 | ★★☆ |
| | | 管理岗位人员人数 | ★★☆ |
| | | 人均素质当量 | ★★★★★ |

续表

| 关键模块 | 质量要求 | 质量控制点 | 重要等级 |
|---|---|---|---|
| 绩效管理 | 实行全面的量化考核，构建与业务类型、员工结构和地区条件相适应的差异化考核模式，使员工、部门和企业整体的绩效协调一致，实现企业的战略实施计划 | 全员劳动生产率 | ★★★★★ |
| | | 人工成本利润率 | ★★☆ |
| 薪酬福利管理 | （1）工资总额预算体现企业效益，加强人工成本投入产出管理，实现工资增长与效益提高同步，"效益升、工资升，效益降、工资降"；<br>（2）坚持"多劳多得"，切实做到收入能增能减，合理拉开同层级收入差距；<br>（3）遵循《中华人民共和国劳动法》《中华人民共和国工会法》等法律法规，保障员工的合法权益，如同工同酬、带薪休假、职业健康安全检查、教育培训、民主管理等 | 人工成本总额 | ★★★★ |
| | | 工资总额 | ★★☆ |
| | | 浮动工资占比 | ★★☆ |
| | | 人事费用率 | ★★☆ |
| 培训发展管理 | （1）根据环境变化、科技发展和战略落地需要，规划未来的人才需求，为员工能力提升提供帮助；<br>（2）制订和实施后备人才培养计划，形成人才梯队，深化后备干部队伍建设，以提高企业的持续经营能力；<br>（3）设计清晰的职业发展路径，识别和培养关键和高潜力人才，通过人才库管理和继任规划确保关键职位的持续领导力；<br>（4）建立多种发展渠道，如行政管理、专业技术、劳动模范等，帮助各层次员工制定和实施个性化的职业发展规划，通过培训、轮岗、晋升等手段，实现学习和发展目标 | 培训计划完成率 | ★★★★ |
| | | 人均培训经费投入 | ★★☆ |
| | | 人均培训时间 | ★★☆ |
| | | 培训人次 | ★★☆ |
| 员工关系管理 | （1）营造和谐环境，制定激励政策，鼓励多通道职业发展，提高员工满意度；<br>（2）持续做好离退休人员服务与管理，确保离退休人员队伍和谐稳定；<br>（3）鼓励员工积极参与多种形式的民主管理和改进、创新活动，并提供时间和资金方面的支持，以提高员工参与度；<br>（4）建立畅通的沟通渠道，广泛听取和采纳员工、顾客和其他相关方的意见和建议 | 员工满意度 | ★★★★ |
| | | QC小组数量 | ★★☆ |
| | | 合理化建议数量 | ★★☆ |

## 三、质量控制措施

针对表10-11中的关键质量控制点，可以采取变革管理、职责矩阵、360度考核、人力成本分析、胜任力模型、培训管理系统、满意度调查等工具方法，针对性地采取若干条质量控制措施，电网企业人力资源管理业务关键质量控制点与控制措施见表10-12。

表 10-12 　　　　电网企业人力资源管理业务关键质量控制点与控制措施

| 关键模块 | 关键质量控制点 | 工具/方法 | 控制措施 |
|---|---|---|---|
| 人力资源规划 | 组织结构适应性 | （1）战略评估；<br>（2）变革管理；<br>（3）敏捷方法 | （1）通过战略评估，定期审查组织结构适应性，确保与组织战略目标一致；<br>（2）采用变革管理方法，确保组织结构变革得到有效落实；<br>（3）采用敏捷方法，促进快速决策和适应性调整，使组织能够更灵活地应对市场变化 |
| | 岗位设置合理性 | （1）组织图；<br>（2）岗位说明书；<br>（3）职责矩阵；<br>（4）问卷访谈；<br>（5）工作日志；<br>（6）海氏评估；<br>（7）因素计点法；<br>（8）人力资源管理系统；<br>（9）技能矩阵；<br>（10）SMART 原则；<br>（11）360 度考核 | （1）使用组织图、岗位说明书、职责矩阵等工具，评估组织结构是否符合战略目标，识别冗余、缺位或重叠；<br>（2）通过问卷、访谈、观察、工作日志等方法，详细描绘岗位职责、技能要求、工作环境、任职资格，确保岗位设置精准；<br>（3）采用海氏评估、因素计点法等方法，对岗位价值进行量化评估，确定等级，确保薪酬、晋升路径公平合理；<br>（4）通过人力资源信息系统管理岗位设置、招聘、绩效、培训、薪酬等，提供数据支持，优化配置决策，提高管理效率；<br>（5）建立员工技能矩阵，横跨部门、职能，识别技能分布、缺口，指导培训发展计划，支持岗位灵活调整与项目团队组建；<br>（6）使用绩效管理工具如 SMART 目标设定、360 度考核，与岗位绩效关联，定期反馈，评估岗位贡献，调整优化配置 |
| | 高技能人才比例 | （1）职业技能培训；<br>（2）职业技能竞赛；<br>（3）表彰奖励；<br>（4）职业技能等级认证；<br>（5）校企合作；<br>（6）技能薪酬体系；<br>（7）职业晋升路径设计 | （1）建立内外结合的培训体系，内部讲师团队+外聘专家，覆盖前沿技术、管理、安全等，建立或合作实训基地，模拟真实工作环境，提供实操练手实践机会，提升技能熟练度；搭建在线学习平台，提供多样在线课程，灵活学习资源，满足个性化需求，提升自我提升；<br>（2）举办或参与行业技能大赛，鼓励员工获取国家、国际技能认证，提升技能可见度；<br>（3）定期进行技能表彰，对优秀技能人才给予物质、荣誉奖励，提升企业内部技能水平；<br>（4）鼓励职工通过获得职业技能等级认证，推动持证上岗，促进人才梯队建设，提升了整体技能水平与服务质量；<br>（5）与职业院校紧密合作，开展订单式培养，定制化技能人才输送，提前锁定优秀毕业生；<br>（6）实施技能工资，技能等级与薪资挂钩，激励技能提升，鼓励员工主动学习提升；<br>（7）设计职业晋升路径，设立首席技师、专家职位，为技能人才提供与管理并行晋升机会 |

| 关键模块 | 关键质量控制点 | 工具 / 方法 | 控制措施 |
|---|---|---|---|
| 人力资源规划 | 人均素质当量 | （1）人才引进；<br>（2）胜任力模型；<br>（3）职业发展规划；<br>（4）分层分级培训体系；<br>（5）在线学习平台；<br>（6）轮岗实践；<br>（7）360 度考核评估 | （1）拓宽招聘渠道，强化人才引进，确保源头人才质量；<br>（2）构建岗位胜任力模型，明确不同层级、角色所需的知识、技能、态度、行为标准；<br>（3）辅助人才规划职业发展路径，为员工提供成长蓝图，指导自我提升的方向和目标；<br>（4）推行分层分级培训体系，包括新员工入职、在职、晋升、领导力、专业技能提升等，运用在线学习平台，提供多样化的在线课程，结合项目实战，如师徒传帮带教、轮岗实践，提升理论与实际操作能力；<br>（5）通过 360 度考核对员工进行定期绩效评估，客观公正地评价员工表现，识别短板，激励与辅导提升点 |
| 绩效管理 | 全员劳动生产率 | （1）精益管理；<br>（2）流程再造；<br>（3）PDCA 循环改进；<br>（4）绩效激励；<br>（5）个性化培训；<br>（6）跨部门协作；<br>（7）数字化转型 | （1）采用精益六西格玛、流程再造，消除浪费，简化工作流程，提高效率；<br>（2）建立 PDCA 循环改进机制，鼓励员工提出改进建议，持续优化工作方式；<br>（3）通过绩效激励使薪酬与成果挂钩，明确奖惩机制，激发员工积极性，提高工作效率；<br>（4）基于岗位需求，定制培训计划，提供专业技能、管理、领导力提升课程；<br>（5）建立跨部门协作机制，提高项目执行效率，解决问题，通过团队建设活动，增强团队凝聚力，提升协作精神，优化团队效能；<br>（6）推进数字化工具应用，如 ERP、大数据、AI、物联网应用，自动化流程，鼓励平台创新，提高生产效率，提升劳动生产率 |
| 薪酬福利管理 | 人工成本总额 | （1）科学预算制定；<br>（2）预算执行监控；<br>（3）薪酬结构优化；<br>（4）组织扁平化管理；<br>（5）灵活用工；<br>（6）数字化工具；<br>（7）发展内部培训；<br>（8）福利设计 | （1）基于业务计划，制定人工成本预算，确保人工成本符合企业战略；<br>（2）监控预算执行，应对内外部环境变化，灵活调整并保持成本控制；<br>（3）构建合理薪酬结构，平衡固定与浮动比例，控制固定成本，与激励绩效挂钩；<br>（4）推行组织扁平化管理，减少层级，提升效率，降低管理成本；<br>（5）合理推行灵活用工，如合同制、外包、临时工，按需调整，控制固定成本；<br>（6）利用人工智能、大数据、云技术，提高效率，减少人工；<br>（7）加强内部讲师培养，减少外聘成本，同时提升员工技能；<br>（8）合理福利设计，控制成本的同时满足员工需求，提高员工满意度 |

| 关键模块 | 关键质量控制点 | 工具/方法 | 控制措施 |
|---|---|---|---|
| 培训发展管理 | 培训计划完成率 | （1）培训需求调研；<br>（2）培训计划制订；<br>（3）培训管理系统；<br>（4）在线学习平台；<br>（5）师资质量控制；<br>（6）激励机制；<br>（7）培训后跟踪与反馈 | （1）定期进行员工能力评估和岗位需求调研，明确培训需求，确保培训内容与实际匹配；<br>（2）制订详尽的培训计划，包括目标、内容、时间、方式、预算、对象、评估标准，合理分配师资、场地、预算、时间、学习资料等资源，确保计划可行性；<br>（3）使用培训管理系统，自动化管理报名、跟踪进度、评估、记录，提高效率；<br>（4）采用在线学习平台，提供在线课程和学习资源，提高学习便捷性；<br>（5）精选内外部师资，确保教学质量，包括内部专家、行业权威、实战经验丰富的讲师；<br>（6）建立培训激励机制，如证书、奖励、晋升加分、表彰，提升参与动力；<br>（7）培训后跟踪，巩固学习成果，通过反馈渠道，收集员工、管理层意见，持续优化培训计划 |
| 员工关系管理 | 员工满意度 | （1）满意度调查；<br>（2）焦点小组；<br>（3）多渠道沟通机制；<br>（4）企业文化建设；<br>（5）团队建设 | （1）定期进行员工满意度调查，收集反馈意见，通过焦点小组深入讨论员工需求，改进管理实践和工作环境；<br>（2）建立多渠道沟通机制，如职工大会、意见箱、匿名调查，鼓励员工反馈，确保政策、决策透明化，提升信任度；<br>（3）建设包容性文化，促进团队合作，提升归属感，强化企业价值观，确保员工认同，提升使命感，促进一致性；<br>（4）定期组织团建活动，增进团队凝聚力，提升员工间关系 |

## 四、典型案例：电网企业人力资源管理数字化转型 ❶

### （一）概述

当前，新技术、新业态和新产业不断催生，要求电力行业重新构架业务流程、客户体验、产品与服务，推进人工智能、机器代替人工等方面的研究与应用，优化人力资源管理体系和机制，激发员工队伍活力。加之国企改革不断深化，要求电网企业统筹优化资源配置，实现人力资源管理效益最优、价值最大。只有确立数字化人力资源管理思维，

❶ 杨申. 电网企业人力资源管理数字化转型的思考及建议［J］. 中国电力教育，2023，422（4）：8–10.

打造数字化人力资源生态系统，才能把人力资源优势转化为推动电网公司改革发展优势。

（二）主要问题

电网企业在人力资源管理方面面临着多重挑战，其中，包括人岗不匹配、人资效能不高、人员流动性不足，以及企业管理层的僵化现象。这些问题共同导致了组织效率的降低和发展潜力的限制。在尝试通过数字化转型解决这些问题时，电网企业还需面对技术整合和数据兼容性障碍、信息安全和隐私保护挑战、组织文化和员工抗拒变革的阻力，以及技能缺口和法律合规性问题。这些挑战要求电网企业不仅要在技术和工具上进行创新和升级，还需要在组织文化、员工培训和法规遵守等方面采取有效措施，以确保人力资源管理的数字化转型能够顺利进行，进而提升整体组织的效能和竞争力。

（三）解决措施

1. 举措一：优化组织架构与业务体系

一是因地制宜开展组织架构优化调整。集团总部层面，坚持直线职能制的"大部制"组织架构模式。按照公司总部"五个中心"（战略决策中心、资源配置中心、资本运作中心、监督控制中心、调度指挥中心）的定位，直线职能制组织架构更有利于公司总部做好投资管控、标准制定、资源配置、监督考核和政策研究，掌控战略导向主动权和监控权。管制类业务单位，以实现社会效益最大化为主要目标，按照"省公司做实、基层供电局强基"的要求，在保持现有机构稳定的基础上适度精简，提高组织运作效率。同时，基层单位需建立适应市场快速变化的精简集约、灵活高效的生产组织方式，抢占市场、留住客户，解决供电服务"最后一公里"的问题。新兴类业务单位积极构建"熵减开放"的组织生态体系和网络，打造以客户为中心的"平台化赋能型＋分布式小前端"组织结构。由前端捕捉客户需求，并转化成内部任务，通过市场化来进行协同。管控与赋能平台向一线前端配置资源并赋能，有效解决组织懈怠、流程僵化、业务固化守成等问题。

二是完善业务发展体系。横向上，进一步细化各板块业务发展方向，加快外部市场开拓布局，推进主业与新兴业务公司之间、各新兴业务公司之间的协调联动，在充分发挥各自优势资源的基础上，抱团参与市场竞争，全面推进产业发展。纵向上，规范同类型新兴业务公司之间的竞争行为和方式，优化完善投资、经营考核、监督问责等方面的制度，营造良性的竞争氛围。

2. 举措二：建立数字化人力资源智能管理体系

数字化时代，平台经济体不断涌现，需要通过平台思维关联穿透员工的选、用、育、留全过程，形成开放的人才系统和布局，推动基于职位和能力的人力资源管理向基于价值创造的人力资本管理转变。

（1）拓宽选人视野。将业务部门和员工作为人力资源服务的客户，追求人力资源管理与客户需求的快速匹配。招聘和配置职能转变为人才供应链管理和建设，构建相互交融、开放共享的社会化的人力资源生态和创造价值的协同生态圈，解决当前公司员工流动性不足、人岗不匹配和效能不高等问题。

（2）追求用人价值。以价值创造为核心，推动 KPI 绩效管理逐渐向 OKR 管理转变。依靠组织平台形成内外部人才的竞争机制，有利于企业寻找、吸引和保留真正需要的人才，有效破除企业管理人员能上不能下、人员能进不能出的怪圈。

（3）提升育人实效。将传统的培训职能转变为组织能力规划和人员赋能管理，打造学习型组织，通过赋能员工提升数字化应用与工作技能、数字化沟通与协同能力，解决传统培训针对性不强的问题。

（4）创新留人模式。让人力资本参与财富分配，推动按劳分配、按要素分配向按照共享分配模式转变，推动岗位价值分配向利润分享分配转变，充分激发各层级的积极性。

3. 举措三：推动人力资源数字化转型

以"解放客户"为核心，提出"1323"人力资源管理数字化转型建设路径如图10-15 所示，即搭建以人机协作为基础的智能化运作模式，打造一个智慧人力资源管理平台；推进以技术应用为核心的数字化运营，重构三种数据形态；开展以应用场景为需求的智能化洞察，增强两种数字化能力；深化以能增值为主线的制度机制，发挥三方面的保障作用。

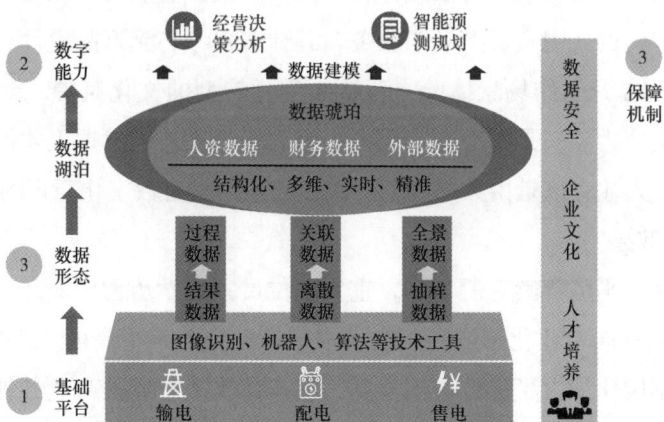

图 10-15 "1323"人力资源管理数字化转型框架图

（1）搭建以人机协作为基础的智能化运作模式，打造一个智慧人力资源管理平台。推动人工操作与智能化应用相互合作，打造以流程机器人为代表的智能操作员和以人工智能为代表的智能分析员为一体的智慧人力资源管理平台。推进以技术应用为核心的数字化运营，重构三种数据形态：一是由结果数据转向过程数据，进行过程管控；二是由抽样数据转向全量数据，做到全面监测；三是离散数据转向关联数据，挖掘数据价值。运用大数据、图像识别、流程机器人等智能技术，整合人力资源内外部数据（包括人力资源业务数据、员工行为数据、财务数据等），建立全面、开放的数据分析体系，推动人力资源与各项业务深度融合。

（2）开展以应用场景为需求的智能化洞察，增强两种数字化能力。从生产力指数出发，把人力资源问题回归到真实的业务场景中，融入企业战略制定、业务运营到员工管理的方方面面。一是增强经营决策分析支持能力。通过对历史数据、实时数据和关联数据开展多维分析，优化人力资源管理，通过"人力资本DNA""人才画像"等分析看板，量化、分析、监测各类人才队伍整体情况和各类人力资源管理机制的运行情况，获得关键洞见，提升基于数据的洞察、设计、决策、监测的人力资源管理能力。二是提升预测规划能力。利用大数据和智能化技术搭建各类数据预测模型，使预测功能深入业务前端，实现准确的人才规划与预测、高效的人才识别与寻源及敏捷型组织等，辅助长期经营决策规划，助力企业战略目标落地。

（3）深化以才能增值为主线的制度机制改革，发挥三方面的保障作用。一是注重信息安全，发挥数据安全保障作用。人力资源业务数据涉及干部、用工、薪酬等大量敏感信息。建议在省地两级单位成立专门的领导和工作小组，厘清管理界面，明确责任主体，加强数据安全的监督，强化整体过程管控，确保人力资源业务数据零泄密、零损失、零丢失。二是营造"沉浸式体验"氛围，发挥企业文化保障作用。基于员工需求，提供客户化的人力资源产品与服务，并让客户参与到产品设计、服务完善、品牌推广过程中，提升工作场景体验，营造数字化转型的文化氛围，激发员工个体活力，提高团队生产力。三是培育数字化人力资源管理人才，发挥人才保障作用。未来的人力资源管理人才应该是由数字化资产武装起来的具有数字化意识的员工。

**（四）实施效果**

一是干部队伍平均年龄有所下降，重要岗位员工高学历占比提升，高技能占比持续增长，人员配置向专业化程度高、技术水平高、技能水平高的"三高"方向发展。二是常态化、制度化加大了岗位进出力度，加速优秀人才成长为业务骨干，倒逼"慵懒散"员工提升个人能力及工作业绩，激发干事、创业积极性。三是盘活重要岗位资源，持续优化人力资源配置，提升人力资源效能和员工队伍建设水平，为构建核心人才梯队提供抓手。

# 第七节　电网企业财务管理质量管理实践

## 一、业务特征

### （一）业务概述

电网企业财务管理是指在电力市场环境下，通过运用现代财务理论和方法，对企业资金的筹集、使用、管理和控制进行全面系统的规划、组织、指挥、协调和监督的过程。其目标是优化资产结构，降低财务成本，提高资金使用效率，增强企业的盈利能力和竞争力，保障企业的财务安全与持续健康发展，最终实现企业价值的最大化。

电网企业财务管理业务框架如图 10-16 所示，电网企业的财务管理涵盖全面预算

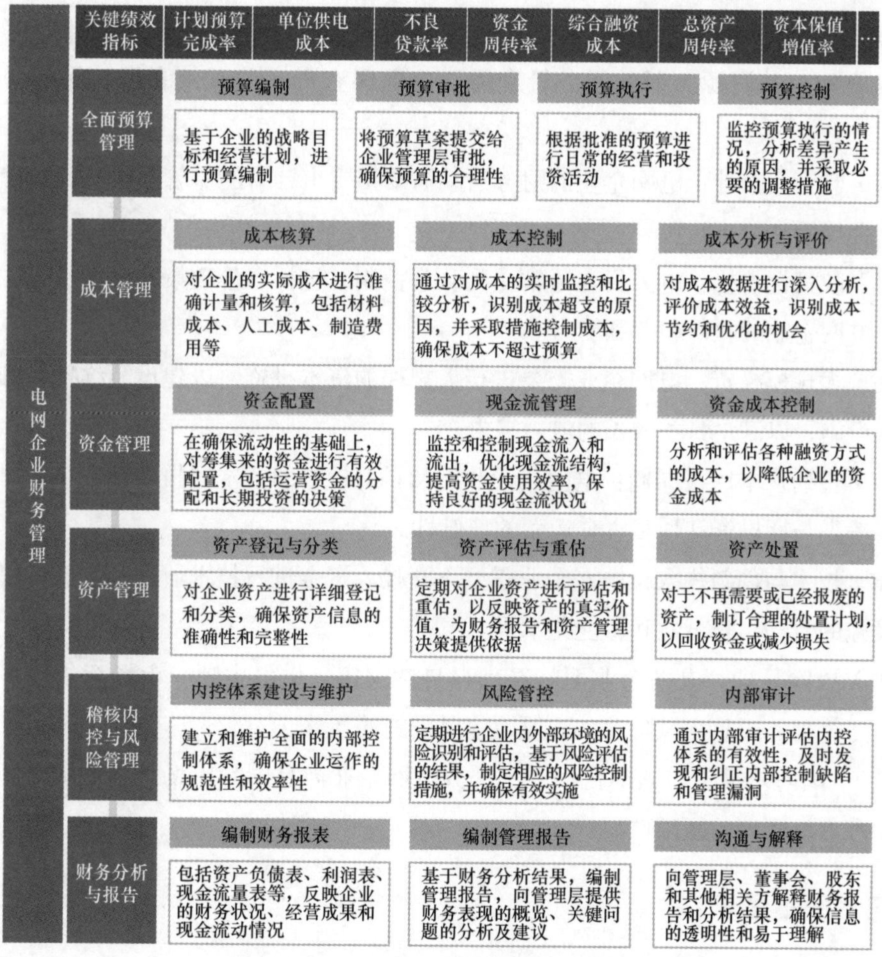

| 关键绩效指标 | 计划预算完成率 | 单位供电成本 | 不良贷款率 | 资金周转率 | 综合融资成本 | 总资产周转率 | 资本保值增值率 | … |
|---|---|---|---|---|---|---|---|---|
| **全面预算管理** | **预算编制**<br>基于企业的战略目标和经营计划，进行预算编制 | | **预算审批**<br>将预算草案提交给企业管理层审批，确保预算的合理性 | | **预算执行**<br>根据批准的预算进行日常的经营和投资活动 | | **预算控制**<br>监控预算执行的情况，分析差异产生的原因，并采取必要的调整措施 | |
| **成本管理** | **成本核算**<br>对企业的实际成本进行准确计量和核算，包括材料成本、人工成本、制造费用等 | | **成本控制**<br>通过对成本的实时监控和比较分析，识别成本超支的原因，并采取措施控制成本，确保成本不超过预算 | | | **成本分析与评价**<br>对成本数据进行深入分析，评价成本效益，识别成本节约和优化的机会 | | |
| **资金管理** | **资金配置**<br>在确保流动性的基础上，对筹集来的资金进行有效配置，包括运营资金的分配和长期投资的决策 | | **现金流管理**<br>监控和控制现金流入和流出，优化现金流结构，提高资金使用效率，保持良好的现金流状况 | | | **资金成本控制**<br>分析和评估各种融资方式的成本，以降低企业的资金成本 | | |
| **资产管理** | **资产登记与分类**<br>对企业资产进行详细登记和分类，确保资产信息的准确性和完整性 | | **资产评估与重估**<br>定期对企业资产进行评估和重估，以反映资产的真实价值，为财务报告和资产管理决策提供依据 | | | **资产处置**<br>对于不再需要或已经报废的资产，制订合理的处置计划，以回收资金或减少损失 | | |
| **稽核内控与风险管理** | **内控体系建设与维护**<br>建立和维护全面的内部控制体系，确保企业运作的规范性和效率性 | | **风险管控**<br>定期进行企业内外部环境的风险识别和评估，基于风险评估的结果，制定相应的风险控制措施，并确保有效实施 | | | **内部审计**<br>通过内部审计评估内控体系的有效性，及时发现和纠正内部控制缺陷和管理漏洞 | | |
| **财务分析与报告** | **编制财务报表**<br>包括资产负债表、利润表、现金流量表等，反映企业的财务状况、经营成果和现金流动情况 | | **编制管理报告**<br>基于财务分析结果，编制管理报告，向管理层提供财务表现的概览、关键问题的分析及建议 | | | **沟通与解释**<br>向管理层、董事会、股东和其他相关方解释财务报告和分析结果，确保信息的透明性和易于理解 | | |

电网企业财务管理

**图 10-16　电网企业财务管理业务框架**

管理、成本管理、资金管理、资产管理、稽核内控与风险管理、财务分析与报告等关键绩效指标，重点关注计划预算完成率、单位供电成本，不良贷款率、资金周转率、综合融资成本、总资产周转率、资本保值增值率等关键指标。

### （二）业务特点

电网企业财务管理的特点包括受政策与监管影响较大，高度稳健的资金管理、长期投资回报周期等。这些特点意味着电网企业在财务管理上需要更加注重政策合规性、风险控制、资金运营效率、长期投资规划，以确保企业的稳健运营和可持续发展。总体而言，电网企业财务管理具有以下特点：

（1）国家政策导向：电网企业财务管理受到国家政策和宏观经济目标的影响，经营和财务管理需要符合国家发展战略和政策方向。

（2）国有资本注入：电网企业通常可以获得国家的资本注入，以支持其发展和运营。这包括政府资本金、低息贷款和政府补贴。

（3）国有资产管理：电网企业拥有重要的国有资产，如输电线路、变电站等基础设施和公共资源，因此财务管理需要确保国有资产的有效利用、保值增值和维护。

（4）监管和审计：电网企业的财务活动需要接受审计署的监管和审计，以确保透明度、合规性和防止腐败。

（5）政策性价格：电力行业通常受到政府控制，包括电价政策和市场准入，这可能影响电网企业的收入和盈利能力。

（6）大规模投资：电网企业需要进行大规模的资本投资，以建设、维护和升级电网基础设施，以满足日益增长的电力需求。

（7）长期资本回报周期：电网建设和运营具有较长的资本回报周期，企业财务管理需要考虑长期投资计划和资金运营的稳健性。

（8）技术与创新投入：电网企业需要不断投入资金进行技术研发和创新，以提升电网设施的效率、安全性和智能化水平。

（9）风险管理：电网企业面临着来自自然灾害、供电中断、市场竞争等多种风险，财务管理需要重视风险评估和风险应对措施的建立。

（10）国内外投资与国际化经营：部分电网企业涉足国际市场，这增加了跨境资金流动和外汇管理的复杂性。

## 二、质量要求

电网企业财务管理对于确保企业的财务稳健，提高资金使用效率，支撑企业战略决策，促进企业合规、可持续发展等方面都具有重要意义。电网企业财务管理业务核心关键模块对应的质量要求、质量控制点及其重要等级见表 10-13。

表 10-13　　　　　　　　　　财务管理质量要求及质量控制点

| 关键模块 | 质量要求 | 质量控制点 | 重要等级 |
|---|---|---|---|
| 全面预算管理 | 围绕发展战略目标，编制年度预算，优化资源配置，加强边界管控，提升经营效益与运营效率 | 计划预算完成率 | ★★★★ |
| 成本管理 | （1）全面覆盖所有成本要素，准确计算和分析各项成本，确保成本数据的真实性、可靠性和完整性；<br>（2）及时更新和报告成本信息，以便快速响应市场变化和管理需求，持续推动成本优化和控制流程的改进 | 单位供电成本 | ★★★★ |
| | | 营业成本 | ★★★ |
| | | 成本费用占比营业收入 | ★★★ |
| | | 资产维护成本 | ★★★ |
| 稽核内控与风险管理 | 打造智慧财务管理体系，推进财务稽核关口前移，通过业务协同分级稽核、业财集成实时监督、稽核结果动态跟踪，实现对业务的在线稽核和风险评价 | 不良贷款率 | ★★★ |
| | | 财务风险预警准确率 | ★★★★ |
| 资金管理 | 全面推进卓越资金管理体系建设，深化收付款集中管控，防范资金安全风险、提高资金使用效率和效益 | 资金集中率 | ★★★ |
| | | 资金周转率 | ★★★ |
| | | 营运资金比率 | ★★★ |
| | | 货币资金余额 | ★★★ |
| 资产管理 | （1）坚持科学投资、稳健投资、精准投资，实施资产形成前期、过程、运营、退出、标准成本、绩效评价与监督的全流程管控；<br>（2）构建基于物联网的资产管理体系，统筹兼顾需求能力和效率效益，提升电网投资质效 | 资产总额 | ★★★ |
| | | 资产负债率 | ★★★★ |
| | | 总资产周转率 | ★★★★ |
| | | 固定投资项目转固率 | ★★★ |
| | | 净资产收益率 | ★★★★ |
| | | 经济增加值 | ★★★ |
| 财务分析与报告 | 保障财务报告的准确性、及时性、可读性和合规性，提高财务透明度，分析企业财务健康状况，支撑企业的战略决策 | 营业收入 | ★★★★ |
| | | 人均营业收入 | ★★★ |
| | | 净利润 | ★★★★ |
| | | 利润总额 | ★★★★ |

## 三、质量控制措施

针对表 10-13 中的关键质量控制点，可以采取全面预算管理、成本效益分析工

具、内部审计、信贷风险评估模型、财务管理系统等工具方法，针对性地采取若干条
质量控制措施，电网企业财务管理业务关键质量控制点与控制措施见表 10-14。

表 10-14　　　　　电网企业财务管理业务关键质量控制点与控制措施

| 关键模块 | 关键质量控制点 | 工具/方法 | 控制措施 |
|---|---|---|---|
| 预算管理 | 计划预算完成率 | （1）全面预算管理；<br>（2）滚动预算；<br>（3）财务管理系统；<br>（4）绩效考核；<br>（5）预算风险评估；<br>（6）跨部门协调 | （1）实施从企业战略出发，涵盖所有部门和业务活动的全面预算管理，确保预算与战略目标紧密对齐，提高完成率；<br>（2）通过滚动预算定期更新预算，如季度或半年度，及时调整预算以适应环境变化，提高预算的灵活性和准确性，使预算目标更切合实际；<br>（3）使用 ERP、财务管理系统等信息技术工具，自动化预算编制、追踪、分析，提高数据准确性和处理效率，及时监控预算执行情况；<br>（4）将预算完成情况纳入绩效考核体系，激励部门和个人执行力，提高预算执行的积极性和重视度；<br>（5）定期进行预算风险评估，识别内外部风险点，制定应对措施，减少预算执行偏差，保障预算目标的实现；<br>（6）加强部门之间沟通协调，确保预算制定、执行的共识，解决资源冲突，协同合作提升预算完成效率 |
| 成本管理 | （1）单位供电成本；<br>（2）营业成本；<br>（3）成本费用占营业收入比重；<br>（4）资产维护成本 | （1）成本中心会计；<br>（2）作业成本法；<br>（3）预算管理；<br>（4）成本效益分析；<br>（5）财务管理系统；<br>（6）绩效考核；<br>（7）节能减排；<br>（8）成本风险控制 | （1）通过设立成本中心，明确区分固定成本与变动成本，细化成本归属，便于追踪与分析，为成本控制提供基础；<br>（2）使用作业成本法，将成本分配到具体作业，更准确地分析供电服务成本构成，识别成本驱动因素，优化成本结构；<br>（3）定期进行成本效益分析，如成本效益分析（CBA）、投资回报率（ROI）等，评估项目或服务成本效率，优化资源配置；<br>（4）利用 ERP 系统、财务管理系统、大数据分析工具等，自动化成本数据收集、处理，实现精准成本分析与预警，提升决策速度；<br>（5）将成本控制与员工绩效考核挂钩，设立节约奖励机制，鼓励成本意识与行为，形成全员成本控制文化；<br>（6）实施节能减排措施，如智能电网改造、绿色供电技术应用，减少能耗，降低环境成本，同时符合可持续发展要求；<br>（7）识别成本风险，建立风险管理体系，如市场、政策、汇率风险等，采取预防措施，减少不确定性对成本的影响；<br>（8）定期分析资产维护成本变化趋势，推动资产预测性维护；<br>（9）优化资产维护标准和流程，提高维护工作的效率和质量，减少不必要的成本开支 |

| 关键模块 | 关键质量控制点 | 工具/方法 | 控制措施 |
|---|---|---|---|
| 稽核内控与风险管理 | 不良贷款率财务风险预警准确率 | （1）财务风险评估模型；<br>（2）财务管理系统；<br>（3）财务指标监控；<br>（4）大数据分析；<br>（5）内部控制；<br>（6）定期合规审计；<br>（7）专项培训；<br>（8）信息集成；<br>（9）应急响应机制 | （1）应用财务风险评估模型，如风险价值模型、信用评分模型、违约概率模型，量化风险敞口，提高预警精准性；<br>（2）通过财务管理系统监控关键财务比率，如流动比率、资产负债率、速动比率、现金流覆盖率，设置阈值，异常即触发预警；<br>（3）集成ERP、客户关系管理（customer relationship management，CRM）、供应链系统多源数据、全局视图、综合分析，确保预警信息全面、无遗漏；<br>（4）运用大数据分析处理海量财务、市场数据，预测财务风险趋势，提升预警时效性；<br>（5）建立健全内控体系，如规范流程、审批、授权、复核对账，降低操作风险，提升预警的可靠性；<br>（6）定期进行合规性审计，确保遵循行业、法规要求，如财务报告标准，确保数据准确性，避免合规风险，支撑预警的合法性；<br>（7）定期财务风险管理培训，提升员工风险意识，包括预警知识、案例分析，确保团队对风险敏感性，加强预警执行力；<br>（8）建立风险应对预案，一旦预警触发，快速响应机制启动，减缓风险，降低损失，验证预警的实用性 |
| 资金管理 | 资金集中率 | （1）财务管理系统；<br>（2）流动性风险评估 | （1）使用财务管理系统进行资金集中管理，确保最大化资金利用效率；<br>（2）合理配置现金流，确保资金流向合理，定期进行流动性风险评估，确保资金集中管理不会对企业的资金流动性造成负面影响 |
| | 资金周转率 | （1）财务管理系统；<br>（2）现金流管理；<br>（3）流动资金管理 | （1）使用财务管理系统监测资金周转率，定期分析资金周转情况，识别改进机会；<br>（2）优化现金流管理，预测和规划现金流入和流出，提高资金的周转效率；<br>（3）优化流动资金管理，确保资金流转效率，缩短应收账款和存货的周转周期 |
| | 营运资金比率 | （1）财务管理系统；<br>（2）营运资金风险预警机制；<br>（3）短期融资工具 | （1）使用财务管理系统监测营运资金，优化营运资金的结构和水平，确保企业运营的资金需求得到满足，同时保持资金使用的效率；<br>（2）建立营运资金风险预警机制，一旦营运资金比率低于预设阈值，立即采取补救措施；<br>（3）灵活运用短期融资工具，如银行贷款、商业票据等，调节营运资金的短缺 |

| 关键模块 | 关键质量控制点 | 工具/方法 | 控制措施 |
|---|---|---|---|
| 资金管理 | 货币资金余额 | （1）财务管理系统；<br>（2）短期投资策略；<br>（3）流动性资金比率分析 | （1）使用财务管理系统实时监控货币资金余额，优化现金持有量，减少闲置资金，同时确保货币资金余额能满足企业短期内的支付需求；<br>（2）对超额现金进行短期投资，如货币市场基金，既保证流动性又提高资金的收益率；<br>（3）定期进行流动性比率分析，确保企业具有足够的流动性资金来应对突发事件 |
| 资产管理 | 资产总额 | （1）全面资产盘点；<br>（2）资产管理制度；<br>（3）资产管理软件；<br>（4）风险预警系统 | （1）定期进行全面资产清查核对，按流动性、固定资产、无形资产等分类管理，确保资产清单准确；<br>（2）建立和完善资产管理制度，明确资产购置、折旧、报废、转移、租赁等流程，规范管理；<br>（3）运用ERP、资产管理软件、集成资产数据库，实时监控资产状态，提升管理效率与透明度；<br>（4）建立风险预警系统，监控市场、信用风险，降低资产损失，保障资产安全 |
| | 资产负债率 | （1）财务管理系统；<br>（2）预算管理；<br>（3）资产优化；<br>（4）财务规划；<br>（5）政策支持；<br>（6）内部审计 | （1）通过财务管理系统监控资产负债率，流动比率，速动比率等关键财务指标，及时发现负债状况变化；<br>（2）实施严格的预算管理，控制资本支出和债务规模，确保借款与投资回报合理，防止过度负债增长；<br>（3）通过资产剥离、重组、出售非核心资产，提高资产周转率，优化资本结构，降低负债率；<br>（4）通过长期财务规划，考虑未来资本需求，维持适宜的资产负债比率；<br>（5）紧跟国家政策，利用优惠贷款政策、补贴、税收减免，减轻债务负担，优化负债结构；<br>（6）加强内部审计，确保财务数据准确性，监控负债管理政策执行，及时纠正偏差 |
| | 总资产周转率 | （1）财务管理系统；<br>（2）预算管理；<br>（3）应收账款管理；<br>（4）绩效考核 | （1）使用财务管理系统监测总资产周转率，通过资产清理、有效配置固定资产和流动资产，及时处置闲置或低效资产等措施，提高资产使用效率；<br>（2）通过预算管理，控制资本性支出，确保投资项目回报率，避免无效投资积压，提高总资产周转率；<br>（3）实施积极的收账款政策，缩短账期，催收账款流程自动化，减少坏账，加快资金回收，提高周转；<br>（4）将资产周转率纳入绩效考核，建立激励机制，提高各部门对资产效率的关注与责任感 |
| | 净资产收益率经济增加值 | （1）财务管理系统；<br>（2）杜邦分析法；<br>（3）资产结构优化；<br>（4）投资策略优化；<br>（5）绩效考核 | （1）运用财务管理系统和杜邦分析法分解净资产收益率为权益乘以总资产收益率和权益乘数，找出影响净资产收益率的关键因素，明确提升方向；<br>（2）定期评估和优化资产结构，剥离非核心、低效资产，提高资产质量，集中资源于高回报领域；<br>（3）优化投资策略，审慎选择项目，确保投资回报高于资本成本，提升总体净资产收益率；<br>（4）将净资产收益率纳入绩效考核，激励管理层与员工，提高对净资产收益率的关注与执行力 |

续表

| 关键模块 | 关键质量控制点 | 工具 / 方法 | 控制措施 |
|---|---|---|---|
| 财务分析与报告 | 营业收入人均营业收入 | （1）市场调研工具；<br>（2）业务拓展策略；<br>（3）客户关系管理；<br>（4）产品与服务创新；<br>（5）品牌营销；<br>（6）定价策略；<br>（7）绩效考核 | （1）运用市场调研分析工具，精准识别市场需求趋势，定制化服务，满足客户需求，提升市场份额；<br>（2）基于市场调研，拓展业务，向新能源、智慧城市建设、智能电网服务、能源互联网服务延伸，开辟收入渠道，与地方政府、其他企业合作，共建智慧城市，拓宽市场；<br>（3）通过客户关系管理系统，加强与现有客户的关系，深化客户洞察，提供定制化服务，提高客户满意度，制订市场推广计划，吸引新客户，扩大客户基础；<br>（4）持续开展产品和服务创新，推出符合市场需求的新产品和服务，增加客户黏度，提供高附加值的服务，如智能电网、绿色能源解决方案、能源管理咨询等；<br>（5）强化品牌营销，整合线上、线下营销渠道，利用社交媒体、数字营销工具，增强品牌影响力，拓宽市场覆盖；<br>（6）在监管框架内，优化定价策略，考虑成本与市场需求，合理定价，提高营收，同时确保社会稳定；<br>（7）将营收指标纳入绩效考核核心指标，激励营销团队，提高销售积极性，驱动收入增长 |
| | 净利润 | （1）效益评估工具；<br>（2）财务优化模型；<br>（3）绩效考核 | （1）应用效益评估工具评估各项业务和项目的效益，淘汰不盈利或效益低的部分；<br>（2）应用财务优化模型，通过改进运营效率和成本管理，优化成本结构，降低运营开支，提升成本效率，增加利润；<br>（3）将净利润纳入绩效考核，激励部门和团队，提高盈利能力 |
| | 利润总额 | （1）市场调研与分析工具；<br>（2）业务绩效管理系统；<br>（3）全面风险管理体系；<br>（4）绩效考核 | （1）应用市场调研与分析工具制定市场拓展策略，开发新的利润增长点，增加利润总额；<br>（2）应用业务绩效管理系统来监控和管理企业的业务绩效，提升利润总额；<br>（3）建立全面风险管理体系，识别与评估市场、信用风险控制，降低不确定性对利润的影响；<br>（4）将利润指标纳入绩效考核，建立激励机制，鼓励团队对利润增长的贡献，提高团队的积极性 |

## 四、典型案例：IT 信息共享与精益思维财务管理模式创新 ❶

### （一）概述

随着全球化竞争加剧，IT 信息共享成为企业尤其是大型集团企业降本增效的捷

---

❶ 张玉缺 .IT 信息共享与精益思维财务管理模式创新——以南方电网为例 [J]. 新会计，2018，112（4）：33–36.

径，打破传统管理模式，开拓适应数据应用思维的管理模式越来越受企业欢迎。南方电网致力于企业级信息系统建设，在管理流程上极力推崇精益管理，在财务管理模式上坚持将精益管理导入财务管理，推动实现业务财务数据的联动互用的实践，这一管理模式对于大型集团公司具有较强的借鉴意义。

### （二）主要问题

电网企业在推进企业级信息系统建设、实施精益管理及其在财务管理中的应用时，面临的主要问题包括技术集成和数据兼容性的挑战、管理流程的重构和员工培训、改变企业文化和观念以适应精益管理的理念，以及确保管理创新与电网安全稳定运行与长期发展战略相匹配。这些问题涵盖了技术、管理、文化和战略等多个层面，要求电网企业在推动管理创新的同时，克服内部惯性和抵抗，采取综合措施来有效应对这些挑战。

### （三）解决措施

为适应电力体制改革和经济新常态，推动财务转型，南方电网以"创建管理精益、服务精细、业绩优秀、品牌优异的国际一流电网企业"为发展战略和目标，以实现国有资产保值增值为财务管理目标，以精益管理为手段，以精选、精确、精准、精细、精干为指南，构建全网"一本账"和基于精益管理的财务集约化管理模式，如图10-17所示。

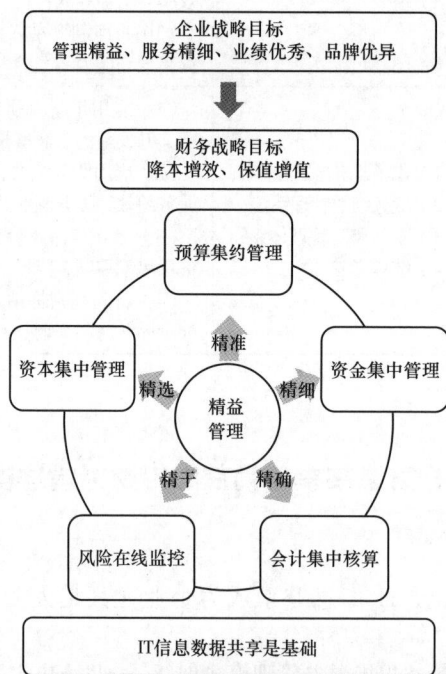

**图10-17 南方电网基于精益管理的财务集约化管理模式**

1. 举措一：以"精确"为原则进行会计集中核算

南方电网通过建立财务共享中心，将组织结构扁平化，企业信息传递的节点减少、路径变短，大幅提高会计核算的精确性和规范性，节约企业的交易成本，使财务管理向精益化方向转变。南方电网经过多年的投资建设，构建了多功能一体化的财务共享信息化平台，满足了财务集约化所需要的全集团"一本账"、远程登录、在线审批等功能，为财务集约化管理提供了基础。

2. 举措二：以"精准"为原则建设全面预算管理体系

南方电网以实施财务集约化管理为契机，建设"精准"化的预算管理体制，提高企业的全面预算水平。一是建立并完善省、市、县三级公司全面预算管理标杆体系，跟踪电力系统及国内外同行业先进指标，借助 IT 数据共享平台，对预算管理的流程进行重组和优化。二是要求省、市、县级公司的全体员工参与，制定统一的成本标准和指标定额，对全面预算指标及标准拟定草案，预算管理委员会根据整体规划进行宏观协调，形成最终方案。三是实施精细科学的滚动预算管理，将各项业务、管理、后勤纳入预算体系，保证预算无缝隙的执行，推行滚动预算，保证预算动态的完整性和持续性。

3. 举措三：以"精细"为先导对资金进行集中管理

在 IT 数据信息共享的基础上，南方电网在财务管理信息系统中增设了资金集中管理模块，主要包括资金收入归集、账户管理、资金计划、资金监控、资金预算、资金支付、融资管理等功能。一是资金收入归集，通过财务共享中心，使所有销售业务收入统一归集到财务中心账号，实现了资金的统一归集。二是账户管理，通过外部银行账户实现对外部资金收付款的集中，通过内部账户实现共享中心与成员单位之间的转账和存款。三是资金计划，县级各个子公司根据以前年度的收支计划规划资金需求，形成资金需求报告，提交给集团公司。四是资金预算，实现了资金的低备付，县级单位根据本单位的资金收支计划编制预算，并报上级审批，减少资金占用。五是融资管理，企业贷款主要完成内部企业在生产经营过程中资金短缺，暂时从其他单位贷款的业务，提高了集团内部资金的周转效率。六是银企直联，可以通过网络实现收款、付款的处理，同时可以实现对银行账户的实时监管。

4. 举措四：以"精选"为原则实现投资集中管理

对投资进行集中管理，可以避免因各个县级分公司决策失误而给集团公司带来的财务风险。南方电网坚持以为企业创造价值增值为原则进行投资，从公司运营、项目投资和股权投资等多个层面，加强与政府和各出资方共同合作，探索创新股权多元化和利益共享化等合作共赢机制，提高资本的投资效率。一是在股权投资策略方面，以控股为主、参股为辅，拓展电网价值链，适度发展相关多元产业。二是通过加大国际市场投资来增强自身的实力，根据投资目的国的实际情况采取差异化投资策略。三是投资决策以项目责任制为原则，明确项目负责人的权、责、利，要求对项目投资完成充分的市场调查、详细的投资计划书和完善的项目执行规划制度等。四是任何投资项目都要经过层层审批，严格控制投资规模，做到"精选"资本投资，严控投资风险，进一步提高资本运营效率。

5. 举措五：以"精干"为原则实施风险控制

我国电网企业属于国家重点建设企业，国有资金保值增值要求南方电网必须建立全面的风险管理体系。首先，全面风险管理体系要与企业战略目标相匹配，构建"精干"风险管控体系，提升企业整体执行能力。其次，风险管理要从合规内部控制向管理内部控制转变，将内部控制管理信息系统与 ERP 管理系统数据进行有效衔接，有效提升内部管控水平。最后，建立基于业务流程的风险防范体系，结合企业的实际状况，有针对性地构建服务于企业各环节业务流程的风险防范体系，包括基础环境体系、运作机制体系与管理信息系统。基础环境体系主要是对信息系统进行横向防范，做到每个环节、每个业务点的全面覆盖；运行体制体系主要是对企业的纵向数据系统进行全面防范，实现纵横贯通的风险管理；管理信息系统主要是对职能模块的数据进行全面风险管理，通过全体员工的共同协作，达到真正的风险"一张网"，为企业稳健运转提供强有力的支撑。

**（四）实施效果**

IT 信息共享模式通过数据共享使财务管理工作以战略目标为出发点，结合企业降本增效的财务目标，在资本运作、预算管理、资金整合、风险防范、财务共享服务、价值创造等方面发挥重要作用，通过信息化推动了财务管理的战略转型，有效实施了财务集约化管理的"大财务"战略。南方电网以信息网络为基础实现资源整合，通过共享服务平台实现动态的财务、业务、管理信息一体化，实现了信息的高效传递和流程简化，使上游企业及时掌握市场需求信息，提高响应速度，提高了整个价值创造过程中的资金流速度，提高了资金利用效率，降低业务环节的成本，形成以顾客需求为中心、业务财务一体化的价值管理模式。

# 第八节　电网企业供应链管理质量管理实践

## 一、业务特征

### （一）业务概述

电网企业供应链管理是指在电网企业的生产和运营过程中，对物资的采购、接收、存储、保管、调拨、使用、报废等全过程进行有效的计划、组织、指挥、协调、控制和监督的一系列活动，旨在提高物资使用的效率和效益，减少物资成本，优化库存水平，确保电网企业在施工、维修、抢修和日常运营过程中物资供应的及时性和充足性，从而支持电网的可靠运行和电力供应的稳定。

电网企业供应链管理业务框架如图 10-18 所示，电网企业供应链管理涵盖计划与需求管理、采购管理、合同管理、履约管理、质量监督管理、仓储配送管理、逆向物资管理、供应商管理、供应链风险管理 9 个关键模块，重点关注计划准确率、公开采购率、合同签订及时率、项目物资准时供货率、到货抽检全口径合格率、物资周转率、物资绿色回收处置率等关键指标。

## （二）业务特点

有效的供应链管理对于电网企业至关重要，可以确保设备及时、高效地供应和维护，提高电网运营的稳定性和可靠性，同时降低成本并优化资源利用，促进企业持续健康发展。总体而言，电网企业供应链管理呈现以下特点：

（1）物资种类繁多和规格复杂：电网企业所需物资包括各种电气设备、建筑材料、办公用品等，这些物资种类繁多，规格各异。管理这些物资需要精确的分类、标准化和规格化。

（2）采购周期长，使用寿命长：电网设备等物资通常具有较长的采购周期和使用寿命。这就要求供应链管理要有良好的前瞻性和计划性，以保证在长周期内的物资供应稳定性。

（3）存储与保管要求高：由于电网设备等物资的特殊性，存储和保管对环境、安全等方面有较高的要求，需要专门的仓储设施和严格的管理制度来确保物资的安全和完好。

（4）物流配送复杂：电网建设和维护遍布广泛，物资的配送需要覆盖广阔的地理区域。这要求供应链管理系统具有高效的物流配送能力，以保证及时准确地将物资送达使用地点。

（5）资金投入大：电网设备和材料通常投资较大，因此供应链管理直接关系企业的资金流和成本控制。有效的供应链管理可以帮助企业节约成本，提高资金使用效率。

（6）与项目管理紧密相关：电网企业的供应链管理通常与具体的电网建设和维修项目紧密相关，需要与项目进度、设计变更等因素同步进行，确保物资供应与项目需求相匹配。

（7）信息化和智能化需求高：随着科技的发展，电网企业越来越倾向于通过信息

| 关键绩效指标 | 计划准确率 | 公开采购率 | 合同签订及时率 | 项目物资准时供货率 | 到货抽检全口径合格率 | 物资周转率 | 绿色回收处置率 | ... |
|---|---|---|---|---|---|---|---|---|

<table>
<tr><td rowspan="10">电网企业供应链管理</td><td>计划与需求管理</td><td colspan="2">需求预测与分析<br>基于历史数据、战略目标、重点工作、项目需求,进行物资需求预测和分析</td><td colspan="2">需求计划制订<br>根据需求预测结果,制订详细的物资需求计划,包括物资类型、数量、规格和采购时间等</td><td colspan="3">需求审批<br>建立需求审批流程,确保所有物资需求都经过适当的审核和批准</td></tr>
</table>

**计划与需求管理**
- 需求预测与分析:基于历史数据、战略目标、重点工作、项目需求,进行物资需求预测和分析
- 需求计划制订:根据需求预测结果,制订详细的物资需求计划,包括物资类型、数量、规格和采购时间等
- 需求审批:建立需求审批流程,确保所有物资需求都经过适当的审核和批准

**采购管理**
- 采购需求分析:基于物资需求计划,分析具体的采购需求,包括物资规格、数量、交货时间等
- 采购策略制订:根据采购需求,制定合适的采购策略,如集中采购、长期合作协议或竞争性谈判等
- 供应商选择与评估:通过对供应商的质量、价格、信誉等方面进行综合评估,选择最合适的供应商

**合同管理**
- 合同准备与起草:基于采购需求和谈判结果,起草合同文档,包括但不限于交货条款、价格条款、质量要求、违约责任等
- 合同审查与签订:对合同草案进行内部审查,确保合同条款明确、公平且符合双方利益,审查无误后,进行合同批准流程,并签订合同
- 合同归档管理:合同签订后,将合同文档及相关文件进行归档管理,便于日后查询和审计

**履约管理**
- 合同执行跟踪:监控供应商按合同条款执行的情况,包括物资的生产、交付、质量等,确保合同的准确履行
- 变更管理:处理合同执行过程中出现的变更请求,评估变更对项目成本、进度的影响,并按照合同约定的变更管理程序进行管理
- 团队建设与文化塑造:管理与履约相关的文件,包括合同变更文件、交付记录、验收报告等,以便于日后查询和审计

**质量监督管理**
- 物资验收检查:对到货物资进行质量验收检查,确保物资符合采购规格和质量要求
- 质量监督与巡检:定期对储存和使用中的物资进行质量监督和巡检,及时发现质量问题和隐患
- 质量问题处理:建立质量问题反馈和处理机制,对质量问题进行跟踪、调查和处理,确保问题得到及时纠正

**仓储配送管理**
- 仓储规划与布局:合理规划仓库的布局,优化存储空间,确保物资的安全存储和快速流转
- 库存管理:实施规范的入库流程和有效的库存控制策略,监控物资库存水平,进行库存盘点,避免过度库存或缺货
- 配送管理:根据需求及时准备和分发物资,实施需求驱动的出库策略,安排物资配送至指定地点

**逆向物资管理**
- 物资检验与分类:对逆向物资进行检验和分类,根据物资的状态和质量,决定其再利用、修复、再制造或处置的途径
- 废旧物资处置:对无法再利用的物资进行环保处置,包括危险废物的安全处理和有价值物资的回收再利用

**供应商管理**
- 供应商评估与认证:对潜在供应商进行综合评估,并进行必要的现场审核,以确定其是否符合企业的供应商标准
- 供应商绩效监控:建立供应商绩效评价体系,定期评价供应商的交货、质量、服务等表现,以监控其履约情况
- 供应商关系管理:通过定期的沟通、协作和反馈机制,维护和提升与供应商的合作关系,共同解决问题,寻求持续改进

**供应链风险管理**
- 风险识别:通过调研、历史数据分析和专家咨询等方法,识别供应链中可能面临的各种风险
- 风险评估与应对:对识别出的风险进行评估,分析它们对供应链运作的潜在影响,确定风险的优先级制定相应的应对策略
- 应急准备与恢复计划:制订应急准备计划和业务连续性计划,确保在突发事件发生时能快速恢复供应链的正常运作

**图 10-18　电网企业供应链管理业务框架**

化和智能化手段来提升供应链管理的效率和准确性。这包括供应链管理系统的建设、物联网技术的应用等。

## 二、质量要求

电网企业供应链管理对于确保物资供应的稳定性和效率，支撑电网的可靠运行和持续发展等方面都具有重要意义。电网企业供应链管理核心关键模块对应的质量要求、质量控制点及其重要等级见表 10-15。

表 10-15　　　　　　　　　供应链管理质量要求及质量控制点

| 关键模块 | 质量要求 | 质量控制点 | 重要等级 |
|---|---|---|---|
| 计划与需求管理 | 统一标准、统一申报平台，制订年度采购批次计划，强化集中采购目录和批次计划管理，覆盖所有采购需求，加强计划全面性、准确性评价 | 需求计划准确率 | ★★★★★ |
| | | 需求上报及时率 | ★★☆ |
| 采购管理 | 依法合规地开展招标采购工作，保证招标投标活动当事人的合法权益，提高经济效益、保证招标质量 | 物资采购集中度 | ★★★ |
| | | 公开采购率 | ★★★ |
| | | 智能评标品类占比 | ★★☆ |
| 合同管理 | 合同的起草、审查和批准，以及合同履行过程中的监控和管理，确保遵守所有适用的法律法规和行业标准 | 合同签订及时率 | ★★★★★ |
| | | 合同付款及时率 | ★★★ |
| | | 合同归档及时率 | ★★☆ |
| | | 合同变更流程的合规性 | ★★☆ |
| | | 合同纠纷处理的合规性 | ★★☆ |
| 履约管理 | 确保供应商及时、准确地交付高质量的物资和服务，以支持企业的运营效率和项目实施 | 项目物资准时供货率 | ★★★★★ |
| | | 签约履约服务满意度 | ★★☆ |
| 质量监督管理 | 优化供应商管理体系、促进信息共享及业务协同、强化质量监督和技术监督等手段，推进设备材料"零缺陷"入网，实现采购设备的本质安全，保障电网安全可靠运行 | 到货抽检全口径合格率 | ★★★★ |
| | | 自主检测比率 | ★★☆ |
| | | 因设备质量原因导致的三级及以上事故占比 | ★★☆ |
| 仓储配送管理 | 以整体效率效益最优为目标，加大仓储资源共享，提升物流服务水平，实现降本增效 | 网省储备集中度 | ★★★ |
| | | 平均库存下降率 | ★★★ |
| | | 库存周转率 | ★★★★★ |
| 逆向物资管理 | 树立资产全生命周期管理理念，退役资产做到账、卡、物一致，其他逆向物资做到账实一致，提升再利用和处置效能 | 逆向物资绿色回收处置率 | ★★★ |
| | | 逆向物资处置及时率 | ★★★★ |

续表

| 关键模块 | 质量要求 | 质量控制点 | 重要等级 |
|---|---|---|---|
| 供应商管理 | （1）对供应商进行全面的评估和筛选，建立和维护高效、可靠、合规的供应商网络；<br>（2）对供应商绩效的进行持续监控和评价，建立明确的沟通渠道和改进机制，促进供应商的持续改进和合作 | 绿色供应商评价比率 | ★★★ |
| | | 供应商服务满意度 | ★★★★★ |
| 供应链风险管理 | 发挥供应链职能监督作用，保障供应链业务规范高效，实现综合效益最优，做到事前防范、事中控制、事后反思全周期管理闭环，监督与改进相结合 | 供应链风险预警率 | ★★★★ |

## 三、质量控制措施

针对表 10-15 中的关键质量控制点，可以采取需求预测分析软件、标准化管理、供应商管理系统、自动化流程、仓储管理系统、物流管理系统等工具方法，针对性地采取若干条质量控制措施，电网企业供应链管理业务关键质量控制点与控制措施见表10-16。

表 10-16　　　　电网企业供应链管理业务关键质量控制点与控制措施

| 关键模块 | 关键质量控制点 | 工具/方法 | 控制措施 |
|---|---|---|---|
| 计划与需求管理 | 需求计划准确率 | （1）信息化系统；<br>（2）需求预测分析软件；<br>（3）协同工作平台；<br>（4）标准化管理 | （1）利用企业资源规划（enterprise resource planning，ERP）、电子商务平台（electric commerce platform，ECP）等信息化系统，集成物资需求计划、采购、库存、合同管理等模块，实现数据共享和流程自动化，提高计划编制的效率与准确性；<br>（2）应用基于历史数据和人工智能的预测分析工具，如时间序列分析、机器学习模型，来预测物资需求，减少人为判断的误差；<br>（3）构建跨部门、跨层级的物资需求协同平台，确保项目管理部门、财务部门、物资部门之间信息的及时沟通与同步，提高需求计划的全面性和时效性；<br>（4）制定物资需求计划的标准模板和编制指南，明确需求提报的格式、内容要求，减少因信息不全或不准确导致的计划偏差 |
| | 物资采购集中度 | （1）集中采购管理系统；<br>（2）标准化管理；<br>（3）集中招标与竞价机制 | （1）利用信息技术建立统一的采购平台，实现采购需求汇总、供应商管理、招投标、合同管理、订单跟踪等功能，提高效率和透明度；<br>（2）采购政策与流程标准化，制定统一的采购政策和操作流程，确保所有采购活动遵循相同的规则，减少违规操作风险；<br>（3）定期进行采购活动的合规性审查和内部审计，确保采购流程合法、透明，预防和纠正不当行为 |

续表

| 关键模块 | 关键质量控制点 | 工具/方法 | 控制措施 |
|---|---|---|---|
| 计划与需求管理 | 公开采购率 | （1）电子招标平台；（2）机器人流程自动化（RPA）；（3）供应商关系管理系统 | （1）通过电子招标平台，使用机器人流程自动化技术开展采购，确保所有步骤符合公开采购的要求；（2）通过供应商关系管理系统收集供应商反馈，及时优化公开采购流程 |
| 合同管理 | 合同签订及时率 | （1）电子合同管理系统；（2）标准化合同模板；（3）集中采购与框架协议；（4）供应商管理平台；（5）智能审批与流程优化 | （1）建立或优化电子合同管理平台，实现合同的在线起草、审批、签订、存储、跟踪和管理，自动化提醒功能，大大缩短了合同流转时间；（2）制定各类物资采购合同的标准化模板，包含通用条款和格式，减少合同起草时间，确保合同内容的规范性；（3）采用集中采购模式，与供应商签订长期框架协议，减少单次合同签订频次，提高签订效率，满足日常物资快速响应需求；（4）构建供应商门户，集成合同签订、执行、绩效评价、支付等功能，加强与供应商的沟通，提高协同效率；（5）运用工作流自动化技术，使审批流程智能化，减少人为干预，确保合同审批的及时性和一致性 |
| | 合同付款及时率 | （1）电子支付系统；（2）流程审计 | （1）应用电子支付系统确保及时付款；（2）定期进行付款流程审计，确保付款流程的合规性和效率 |
| 履约管理 | 项目物资准时供货率 | （1）供应商管理系统；（2）需求预测分析工具；（3）智能库存管理；（4）电子招投标平台；（5）电子合同管理平台；（6）项目物资供应风险应对机制 | （1）通过供应链管理系统，实现供应商、物流、仓库、项目现场的实时信息共享，提高协调效率，及时响应物资需求；（2）利用先进的预测分析工具，整合历史数据、项目计划，精确预测物资需求，提前规划采购，减少紧急采购；（3）应用物联网（IoT）技术，实现库存自动监控、预警，结合供应商管理库存（vendor managed inventory，VMI）系统，降低库存的同时保证供应及时；（4）通过电子招投标平台，缩短采购周期，提高透明度，吸引更多供应商竞争，确保优质物资及时到位；（5）通过电子合同管理平台，跟踪合同执行进度，自动提醒关键节点，及时处理异常，保证按约履行，保障物资供应无延误；（6）建立项目物资供应风险应对机制，包括备选供应商和应急采购策略，减少供货中断的风险 |
| 质量监督管理 | 到货抽检全口径合格率 | （1）数字化质量管理系统；（2）智能检测设备；（3）大数据分析； | （1）采用信息化手段，建立物资质量管理系统，集成从供应商管理、采购、到货、检验、入库、使用全链条的数据，实现全程可追溯；（2）利用智能化检测设备和自动化检测工具，如X射线检测、超声波探伤仪等，提高检测的准确性和效率，减少人为误差；（3）分析历史抽检数据，利用大数据技术识别质量问题趋势、供应商风险，针对性地加强高风险品项的抽检频率，提升整体合格率； |

续表

| 关键模块 | 关键质量控制点 | 工具/方法 | 控制措施 |
|---|---|---|---|
| 质量监督管理 | 到货抽检全口径合格率 | （4）标准化流程；<br>（5）供应商绩效评价系统 | （4）建立标准化抽检流程，包括抽样方法、检验标准、判定规则等，确保检验过程的一致性和公正性；<br>（5）搭建供应商质量绩效评价系统，实时反馈抽检结果，与供应商共享，促使供应商自我改进，形成质量提升的良性循环 |
| 仓储配送管理 | 网省储备集中度 | （1）集中储备管理系统；<br>（2）标准化管理；<br>（3）区域储备中心布局 | （1）开发或采用集成化的物资储备管理系统，实现全省物资储备信息的统一管理，包括储备计划、库存状态、需求预测、物资调配等，提高信息透明度和响应速度；<br>（2）推动物资的标准化和通用化，减少物料种类，便于集中管理，同时提升跨区域、跨项目的物资调配灵活性；<br>（3）科学规划区域储备中心的地理位置和储备规模，基于物流成本、响应时间、灾害风险等因素，优化储备分布，提高应急响应效率 |
| | 平均库存下降率 | （1）供应链管理系统；<br>（2）智能补货策略；<br>（3）大数据分析；<br>（4）库存分类管理；<br>（5）供应商协同平台 | （1）采用先进的供应链管理系统，集成采购、库存、销售、财务、物流等模块，实现库存信息实时共享，提高管理效率；<br>（2）应用智能补货策略，如连续补货模型、经济订货点法等，根据实际消耗动态调整库存水平，减少冗余量，确保满足需求的同时最小化库存；<br>（3）运用大数据分析，分析历史销售、维修记录、季节性需求等数据，预测未来库存需求，精准安排采购，避免过量库存；<br>（4）采用ABC分析，将库存物资按价值、需求频度分类管理，对A类物资更频繁监控，C类减少关注，优化库存结构；<br>（5）建立供应商协同平台，与供应商共享库存信息，采用供应商管理库存（VMI）等模式，减少自有库存，提高响应速度 |
| | 库存周转率 | | |
| 逆向供应链管理 | 逆向物资绿色回收处置率 | （1）物流管理系统；<br>（2）逆向物资绿色回收标准和流程 | （1）通过物流管理系统监测逆向物资，定期评估回收流程的效率，识别瓶颈，实施改进措施；<br>（2）制定逆向物资绿色回收标准和流程，确保其按照环保标准处理 |
| | 逆向物资处置及时率 | （1）逆向供应链管理信息系统；<br>（2）自动化评估工具；<br>（3）分类标准化处置流程；<br>（4）回收对接平台；<br>（5）电子竞价系统 | （1）建立逆向供应链管理信息系统，实现废旧物资的在线登记、评估、分类、处置申请、跟踪，提高处置流程的透明度和效率；<br>（2）利用自动化评估工具和算法，基于物资类型、市场价值、残值、环境影响等因素，快速评估适宜的处置方式，减少决策时间；<br>（3）制定废旧物资分类标准，如可再利用、有害、无害化处理等，不同类别采取不同处理方式，优化处置路径；<br>（4）与专业回收商、环保处理公司建立合作平台，形成快速响应机制，缩短处置周期，同时确保环保合规处置；<br>（5）引入电子竞价系统，对于有价值的逆向物资进行公开竞价出售，提高处置效率，增加回收价值 |

续表

| 关键模块 | 关键质量控制点 | 工具/方法 | 控制措施 |
|---|---|---|---|
| 供应商管理 | 绿色供应商评价比率 | （1）供应商管理系统；<br>（2）绿色供应商认证 | （1）通过供应商管理系统对其绿色绩效进行定期审计，确保其符合环保标准和要求；<br>（2）引入绿色供应商认证，认证合格的供应商享有优先合作机会或其他激励措施 |
| | 供应商服务满意度 | （1）供应商关系管理系统（SRM）；<br>（2）电子交易平台；<br>（3）供应商绩效评价体系；<br>（4）供应商培训与支持；<br>（5）供应商沟通机制 | （1）采用先进的供应商关系管理系统（SRM）系统，集成供应商信息管理，从注册、评价、合同管理、绩效监控到支付全过程，实现供应商服务的信息化、透明化；<br>（2）建立电子交易平台，提供在线询价、招标、下单、合同签署、结算等功能，简化流程，提高交易效率，方便供应商操作；<br>（3）建立供应商绩效评价体系，定期对供应商的服务、质量、交货及时性、响应速度等进行评估，结果作为合作调整依据；<br>（4）为供应商提供培训资源，包括技术、标准、政策解读、管理培训等，提升供应商能力，确保双方合作质量；<br>（5）建立多渠道沟通机制，定期召开供应商大会、建立供应商咨询委员会，收集反馈，解决供应商问题，增进互信 |
| 供应链风险管理 | 供应链风险预警率 | （1）供应链风险管理系统；<br>（2）大数据分析；<br>（3）风险仪表板；<br>（4）供应商风险评估；<br>（5）供应链风险应急预案和响应流程 | （1）部署供应链风险管理系统，实时监测供应链各个环节，从供应商绩效、物流、库存水平到市场需求波动，自动识别潜在风险；<br>（2）运用大数据分析，识别风险模式，预测供应链中断、价格波动、供应商稳定性等风险，并提前预警；<br>（3）通过风险仪表板，可视化展示供应链关键指标，如交付周期、库存周转率、供应商健康指数，直观反映供应链状态，快速识别风险信号；<br>（4）定期进行供应商风险评估，采用五力模型等工具，将供应商按风险等级分类管理，对高风险供应商加强监控和预警；<br>（5）制订供应链风险应急预案和响应流程，确保在风险发生时能够快速有效地采取行动 |

## 四、典型案例：RPA 技术在电网供应链管理工作中的应用探索 ❶

### （一）概述

电网企业供应链管理工作涉及物资从规划设计到退役回收的全过程，推进供应链管理工作的数字化转型，不仅能够提高供应链管理质效，还能为绿色现代数智供应链的建设提供助力。RPA❷ 技术凭借其非侵入性、规则性强、易操作、不间断等特点，

❶ 叶湖芳，刘亚斐.RPA 技术在电网物资管理工作中的应用探索［J］.物流工程与管理，2023，45（12）：118–120.

❷ RPA：英文全称为 robotic process automation，即机器人流程自动化技术，能够根据设定的规则替代人工进行业务操作，在电力物资供应链中具有广阔的应用前景。

在供应链管理工作的数字化转型过程中具有广阔的应用空间。当前，电网企业物资供应链的需求计划、采购、仓配等关键业务已初步完成数字化建设，实现了大部分业务的无纸化办理及业务运行状况的动态在线监测，为 RPA 的部署实施奠定了基础，依托数字化管理平台及电网供应链管理业务的操作逻辑，可实现供应链管理业务的数字员工操作替代人工操作。

### （二）主要问题

由于工作内容的复杂性和广泛性，电网供应链管理工作存在以下几种现实困境：一是跨系统，供应链管理工作往往涉及多个信息系统，在处理业务时经常需要跨系统进行操作；二是重复性，由于单个业务往往会产生很大的单据量，在操作时需要不间断地进行重复性操作；三是耗时长，供应链管理工作涉及多个责任主体，需要处理的业务量非常庞大，因此往往需要花费大量的时间用于业务操作；四是易出错，在处理数量庞大且重复性强的业务时，人工操作往往会出现细节失误，从而导致工作的准确性受到影响。

### （三）解决措施

当前，RPA 技术已经被引入电网供应链管理工作，在多个业务环节提高供应链管理工作的办理效率和质量，能够替代人工完成供应链管理工作中逻辑明确、重复性强、业务量大的部分业务。

1. 举措一：计划审查应用

国网陕西省电力有限公司物资分公司开展 RPA 技术在"计划审查前置工作"应用场景的建设，通过自动读取未读邮件、识别服务请求类型、调用对应处理程序、自动反馈处理结果，缩短计划审查前置工作的处理时间，提供全天候可持续的物料维护服务。

2. 举措二：招标采购应用

国网陕西省电力有限公司榆林供电公司、国网陕西省电力有限公司信息通信公司开展 RPA 技术在"智能采购"应用场景的建设，改变传统的物资招标需求由项目管理人员手动创建申请的模式，创新使用 RPA 技术实现物资采购申请自动填报，提升业务效率，节省时间成本，充分释放员工生产力。

3. 举措三：合同管理应用

针对年底合同数量多，时间紧的情况，国网重庆市电力公司物资分公司合同管理部积极转变工作思路，运用 RPA 流程机器人一键实现合同起草、送审、归档下载等操作，辅以质量控制表，保证工作的准确性，解决了合同签订环节高重复性、高机械性的问题，部署 RPA 技术前后合同管理流程对比如图 10-19 所示。自启用该项技术以来，该公司合同管理部累计签订合同700余份，节约时长5000min多，提高人工效率90%以上。在避免手工处理出错的同时，将员工从重复单调的流程中解放出来，投入到更有价值的工作中去。

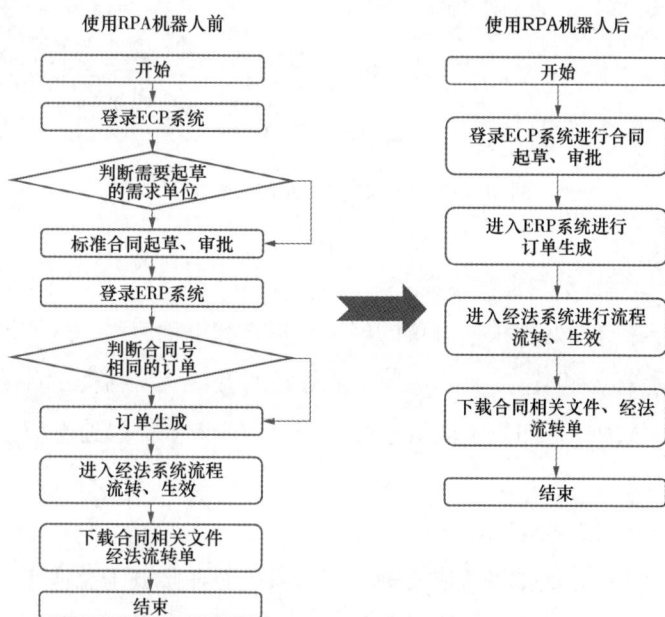

**图 10-19　部署 RPA 技术前后合同管理流程对比**

4.举措四：企业级 RPA 服务中心

国网信息通信产业集团有限公司基于机器人流程自动化 RPA 技术开展产品研发，完成 RPA 工具产品自研并创建"小喔"RPA 产品品牌，"小喔"RPA 产品架构图如图 10-20 所示，快速打造基层减负新型赋能。企业级 RPA 服务中心以共享共用为理念，以 RPA 技术为支撑，融合图像识别、自然语言识别与处理分析等先进智能技术，赋能电网业务发展。

**（四）实施效果**

1.成效一：提高操作效率

RPA 通过自动化执行重复性高的任务，如数据录入、报告生成等，显著提高供应链管理流程的操作效率。这种自动化减少了人为错误，提高了数据处理的准确性。更重要的是，它释放了员工，使他们能够专注于更具策略性和分析性的任务，如供应链优化、成本控制策略制定等，从而提升整体业务运作的效率。

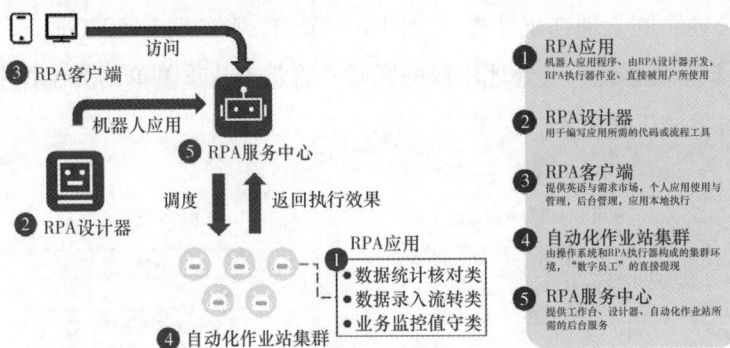

图 10-20　"小喔"RPA 产品架构图 ●

### 2. 成效二：加速物资采购流程

RPA 技术能够自动处理采购订单的创建、提交和审批流程，这不仅缩短了采购周期，还加快了物资的采购速度，确保项目能够按时获得所需物资。自动化采购流程降低了手动处理的烦琐性，加快了决策速度，使电网企业能够迅速响应市场变化和项目需求。

### 3. 成效三：降低运营成本

RPA 通过自动化和优化供应链管理流程，帮助企业降低了总体运营成本。自动化减少了对人力资源的依赖，降低了因手动错误导致的成本，同时提高了库存管理的效率，减少了库存积压和物资浪费。通过更精确的需求预测和库存控制，企业能够实现更高的资产周转率和更低的持有成本。

# 第九节　电网企业信息管理质量管理实践

## 一、业务特征

### （一）业务概述

电网企业信息管理是一种涉及收集、处理、存储、传输、分析和使用与电力系统运行、维护、规划和决策支持相关的信息和数据的管理活动，旨在优化电网的性能，提高电力供应的可靠性和效率，同时确保信息安全和数据保护。

电网企业信息管理业务框架如图 10-21 所示，电网企业的信息管理涵盖识别与开发信息源、信息系统建设、信息基础设施建设、数据资产和知识管理、数据质量管

---

● 王舒 . 人工智能赋能电网数字化发展［N］. 国家电网报 .2022-1-11（1）.

理、数据安全管理等关键模块，重点关注全域数据采集率、信息系统运行率、数字化指数、最佳实践推广数量、数据管理能力成熟度、数据安全能力成熟度等关键指标。

| 关键绩效指标 | 全域数据采集率 | 信息系统运行率 | 数字化指数 | 最佳实践推广数量 | 数据管理能力成熟度 | 数据安全能力成熟度 | … |
|---|---|---|---|---|---|---|---|

电网企业信息管理

**识别和开发信息源**

| 需求分析 | 信息源评估 | 数据集成 | 数据仓库建设 |
|---|---|---|---|
| 分析企业内外部市场环境需求，明确信息源的需求方向和范围 | 评估潜在信息源的可靠性、有效性，确定哪些信息源满足实际需求 | 通过技术手段（如ETL工具、API接口等）整合来自不同信息源的数据 | 构建数据仓库或数据湖，便于后续的查询、分析和报告生成 |

**信息系统建设**

| 需求分析 | 系统设计 | 系统开发 | 系统部署 |
|---|---|---|---|
| 基于业务需求，分析所需的技术规格和框架 | 设计系统的技术架构，系统接口，用户交互界面 | 根据设计文档，开发各功能模块，并进行集成测试 | 为系统部署准备硬件和软件环境，完成数据迁移和上线部署 |

**信息基础设施建设**

| 硬件设施建设 | 软件系统建设 |
|---|---|
| 根据业务需求选择合适的服务器硬件，建立企业内部网，并配置存储设备 | 安装和配置操作系统，部署数据库系统，安装并配置各类应用程序 |

**数据资产和知识管理**

| 数据仓库建设 | 知识库建设 |
|---|---|
| 构建数据仓库或数据湖，便于后续的查询、分析和报告生成。遵循法规和行业标准，确保数据的合规性 | 收集、整理和归纳企业内部和外部的知识资源，根据知识内容和用途，对知识资源进行分类和组织，建立知识库或知识图谱 |

**数据质量管理**

| 数据质量与监控 | 数据清洗和修复 | 数据质量改进 |
|---|---|---|
| 对数据进行全面评估，实时监测数据质量指标，及时解决数据质量问题 | 对数据进行清洗和预处理，确保数据的准确性和完整性，对发现的数据质量问题进行修复 | 分析数据质量问题的根本原因，制订数据质量改进计划 |

**数据安全管理**

| 安全设施建设 | 安全政策与标准制定 | 安全监控与审计 |
|---|---|---|
| 部署防火墙设备、入侵检测系统，采用数据加密技术 | 确定企业的信息安全政策，制定符合行业标准和法律法规要求的安全标准 | 实时监控系统和网络安全事件，进行定期的安全审计，及时修复漏洞 |

图 10-21 电网企业信息管理业务框架

## （二）业务特点

电网企业信息管理整体具有复杂性、实时性和安全性的特点，包括数据量大、多元化数据类型、跨部门合作等。有效的信息管理能帮助电网企业实现资源优化配置、提高运营效率、降低成本、改善服务质量，促进数字化转型，增强竞争力，从而更好地满足用户需求，保障电网稳定运行，推动能源可持续发展。总体而言，电网企业信息管理具有以下特点。

（1）数据量大：电网企业需要处理和管理巨大量的数据，包括电力生产、传输、分配及消费的数据。这些数据不仅量大，而且复杂，涉及各种不同的数据类型和格式。

（2）实时性：电力供应的连续性要求电网的信息管理系统能够实时监控和响应各种情况。实时数据处理对于确保电网安全和高效运行至关重要。

（3）安全性：电网系统的安全对于国家的能源安全和社会稳定至关重要。因此，电网企业的信息管理系统必须具备强大的安全防护能力，以防止数据泄露、系统入侵等安全威胁。

（4）系统集成：电网企业的信息管理涉及多个子系统，如电力调度系统、市场交易系统、客户管理系统等，这些系统之间需要高度集成和协调工作。

（5）技术应用：电网企业的信息管理业务依赖于先进的信息技术，如大数据分析、云计算、物联网（IoT）、人工智能（AI）等，以提高效率和决策的准确性。

（6）合规性：电网企业在信息管理上需要遵循严格的行业标准和法规，确保业务操作符合国家的能源政策和行业规范。

（7）用户体验：随着电力市场的逐步开放和消费者需求的多样化，电网企业的信息管理越来越注重服务和用户体验，包括提供个性化服务和优化用户界面。

## 二、质量要求

电网企业信息管理对于支持电网的智能化和自动化、提高电网的运行效率，响应速度和灵活性、降低运营成本并提升服务质量等方面具有重要意义。电网企业信息管理核心业务关键模块对应的质量要求、质量控制点及其重要等级见表 10-17。

表 10-17　　　　　　　　信息管理质量要求及质量控制点

| 关键模块 | 质量要求 | 质量控制点 | 重要等级 |
|---|---|---|---|
| 信息化发展规划 | 开展信息化需求调查和分析，制订长短期的信息化发展计划，积极、系统地推进信息化建设 | 信息化发展规划的前瞻性、适应性 | ★★★ |
| 识别和开发信息源 | （1）根据战略和日常经营的需求，识别和开发内部信息源；<br>（2）通过与行业协会、顾客、供方和合作伙伴等的外部合作，识别和开发外部信息源，尤其是国际对标和同业标杆情报信息源；<br>（3）通过信息系统向员工、供方和合作伙伴及顾客提供相关数据和信息，以提高供应链整体效率和快速反应能力 | 全域数据采集率 | ★★★★ |
| 信息基础设施建设 | （1）优选软硬件供方及其产品，部署并搭建符合业务需求的信息系统平台；<br>（2）与供方密切合作、培养软硬件维护人员，确保信息系统软硬件的可靠性、安全性、易用性 | 信息系统运行率 | ★★★★ |
| | | 信息系统用户满意度 | ★★★ |

| 关键模块 | 质量要求 | 质量控制点 | 重要等级 |
|---|---|---|---|
| 数据资产与知识管理 | （1）明确数据资产与知识管理机构和职责，有效管理知识资产；<br>（2）明确知识管理过程，建立知识管理平台和知识库，收集和传递来自员工、顾客、供方和合作伙伴等方面的相关知识，识别、确认、分享和应用最佳实践 | 数字化指数 | ★★★★ |
| | | 数字化创新发展指数 | ★★★ |
| 数据质量管理 | （1）业务管理部门根据业务需求，明确本业务域数据在创建、传输、加工阶段需要遵循的质量标准；<br>（2）在数据创建、传输、加工阶段，确保数据、信息和知识的准确性、完整性、可靠性、及时性、安全性和保密性等质量属性；<br>（3）建立有效的问题收集及沟通机制，参照业务问题解决思路，基于数据认责管理模块与数据质量管理模块，开展源端数据质量问题的整改处理 | 数据管理能力成熟度 | ★★★★ |
| 数据安全管理 | 按照常态化、体系化、实战化理念，建立全场景网络安全防护体系机制并持续改进，不断提高数据、信息和知识的安全性 | 数据安全能力成熟度 | ★★★★ |

## 三、质量控制措施

针对表 10-17 中的关键质量控制点，可以采取数据采集平台、物联网、IT 服务管理软件、知识管理系统、数据加密技术等工具方法，针对性地采取若干条质量控制措施，电网企业信息管理业务关键质量控制点与控制措施见表 10-18。

表 10-18　　电网企业信息管理业务关键质量控制点与控制措施

| 关键模块 | 关键质量控制点 | 工具 / 方法 | 控制措施 |
|---|---|---|---|
| 信息化发展规划 | 信息化发展规划的前瞻性、适应性 | （1）SWOT 分析；<br>（2）PESTLE 分析；<br>（3）平衡计分卡；<br>（4）信息化发展路线图；<br>（5）德尔菲法 | （1）运用 SWOT 分析、PESTEL 分析、平衡计分卡等工具分析信息化发展趋势，制定具有前瞻性的规划，确保与总体规划保持一致；<br>（2）绘制信息化发展路线图，设定清晰的目标、里程碑和阶段性成果，保证规划的连续性和可实现性，同时保持对未来趋势的敏感性；<br>（3）组织信息化战略规划研讨会，运用德尔菲法讨论创新发展趋势，指导创新发展方向，确保创新发展规划与总体规划保持一致 |

续表

| 关键模块 | 关键质量<br>控制点 | 工具 / 方法 | 控制措施 |
|---|---|---|---|
| 识别和开<br>发信息源 | 全域数据<br>采集率 | （1）物联网技术；<br>（2）数据采集与集中器；<br>（3）网络优化；<br>（4）预测性维护；<br>（5）数据接口统一；<br>（6）数据协议标准化；<br>（7）数据分析与反馈 | （1）广泛应用物联网技术，如智能电能表，实现远程自动数据采集，提升数据实时性和准确性；<br>（2）在电网关键节点部署数据采集与集中器，增强信号接收与数据集中器，使用高增益天线，提高信号强度，确保偏远或信号弱区域的数据也能有效传输；<br>（3）持续优化网络覆盖，通过基站布设点、网络增强、频段优化，减少数据传输盲区，确保数据连续、稳定；<br>（4）利用人工智能、机器学习技术，对设备状态预测性进行维护，减少因设备故障导致的数据采集中断，提升采集稳定性；<br>（5）推动设备接口、数据协议标准化，减少兼容性问题，提高系统间数据交换效率，利于数据统一管理；<br>（6）建立数据质量反馈机制，分析数据采集效率，定期评估，根据反馈调整采集策略，不断优化数据采集流程 |
| 信息基础<br>设施建设 | 信息系统<br>运行率 | （1）IT 服务管理框架；<br>（2）系统监控工具；<br>（3）容灾备份方案；<br>（4）自动化运维工具；<br>（5）定期性能评估；<br>（6）信息系统培训；<br>（7）服务台系统 | （1）采用 IT 服务管理框架，规范服务策略、设计、转换、交付、运营，提高服务管理水平；<br>（2）部署系统监控工具，实时监控系统性能、网络、应用、数据库状态，快速响应故障；<br>（3）制订容灾备份方案，定期备份数据和系统，配置灾备中心，如热备切换，确保灾难恢复迅速，保证业务连续性；<br>（4）引入自动化运维工具，自动化部署、配置管理，减少人为错误，提高运维效率；<br>（5）定期性能评估，如负载测试、瓶颈分析，优化数据库查询、应用代码，提升系统性能，确保响应速度；<br>（6）通过信息系统培训，提升员工信息系统管理能力，获得信息安全等认证，提升团队管理能力，确保高标准运维；<br>（7）建立服务台系统，统一问题记录、追踪、处理、反馈，提升用户体验 |
| | 信息系统<br>用户<br>满意度 | （1）用户满意度调查工具；<br>（2）信息系统和网络监测工具 | （1）运用用户满意度调查工具，收集用户对信息系统的反馈；<br>（2）使用信息系统和网络监测工具，分析用户行为和偏好；<br>（3）根据用户满意度调查和行为偏好分析结果，定期调整系统特性，提高用户体验 |

| 关键模块 | 关键质量控制点 | 工具/方法 | 控制措施 |
|---|---|---|---|
| 数据资产知识管理 | 数字化指数 | （1）数字化转型规划；<br>（2）数字化平台建设；<br>（3）数据湖；<br>（4）数据仓库；<br>（5）人工智能；<br>（6）机器学习；<br>（7）机器人流程自动化；<br>（8）云计算；<br>（9）移动和远程办公工具；<br>（10）数字化培训；<br>（11）数字化绩效管理 | （1）明确数字化转型战略，结合企业愿景，制定详细的路线图，确立数字化目标、优先级，确保战略落地实施与业务对齐；<br>（2）搭建统一的数字化平台，如企业资源规划（ERP）、客户关系管理（CRM）、供应链管理（supply chain management，SCM）系统，集成数据流，提升业务效率；<br>（3）构建数据湖、数据仓库，集中存储企业数据，通过大数据技术，提供数据分析、挖掘，支持决策，提升数据驱动能力；<br>（4）应用人工智能、机器学习，实现预测性维护、智能客服、智能调度、机器人流程自动化（RPA），减少人工错误，提高效率；<br>（5）采用云计算服务，提高资源弹性、降低IT成本，支持业务快速扩展，保障数据安全，提升服务可用性；<br>（6）推广移动办公工具，加强团队协作，提高工作效率，支持远程工作，响应速度；<br>（7）通过数字化培训，提升员工数字化技能，强化数字化思维，培养创新文化，鼓励尝试，形成持续学习氛围，推动变革；<br>（8）使用KPI、OKR考核数字化相关指标，量化绩效，透明管理，激励机制，提升员工积极性 |
| | 数字化创新发展指数 | （1）数字化创新项目孵化中心；<br>（2）创新项目管理工具 | （1）设立数字化创新项目孵化中心，推动数字化创新项目的策划和启动；<br>（2）使用创新项目管理工具，提高数字化创新项目管理成熟度 |
| 数据质量管理 | 数据质量管理成熟度 | （1）数据治理体系；<br>（2）数据质量管理系统；<br>（3）数据标准管理；<br>（4）元数据管理；<br>（5）主数据管理；<br>（6）数据质量管理培训；<br>（7）数据质量审计 | （1）构建全面的数据治理体系，明确数据管理政策、角色与职责、流程、标准，确保数据从产生到消亡的全生命周期管理规范化；<br>（2）部署数据质量管理系统，实时监控数据质量，检测、清洗、纠正错误、异常，提高数据准确性；<br>（3）遵循行业、国际数据标准，制定企业内部数据标准、编码规则，确保数据的标准化和兼容性；<br>（4）强化元数据管理，统一数据字典，确保数据定义、格式、来源、用途一致，减少歧义，提升数据互操作性；<br>（5）实施主数据管理，集中管理核心业务实体数据，如客户、设备信息，保证数据唯一性、完整性，避免冗余；<br>（6）加强数据质量管理培训，提升员工数据管理技能，建立数据文化；<br>（7）定期进行数据质量审计，检查数据治理执行情况，确保合规性，及时发现问题，保障数据安全和隐私 |

| 关键模块 | 关键质量控制点 | 工具/方法 | 控制措施 |
|---|---|---|---|
| 数据安全管理 | 数据安全管理成熟度 | (1) 数据安全政策；<br>(2) 身份与权限管理；<br>(3) 数据加密技术；<br>(4) 数据脱敏；<br>(5) 日志管理与监控系统；<br>(6) 数据备份；<br>(7) 数据安全培训；<br>(8) 数据安全合规审计；<br>(9) 威胁情报服务 | (1) 建立全面的数据安全政策和标准，明确数据分类、访问控制、保护级别，确保符合国家和行业规范；<br>(2) 实施严格的身份验证与权限管理，如多因素认证（multi-factor authentication，MFA）、基于角色的访问控制（role-based access control，RBAC），限制数据访问范围；<br>(3) 对敏感数据进行端到端加密，无论是传输中还是静态存储，使用安全套接字层/传输层安全（secure sockets layer，SSL/transport layer security，TLS）、高级加密标准（advanced encryption standard，AES）等算法，保护数据免遭窃听和泄露；<br>(4) 处理敏感信息，如个人、关键业务数据，使用脱敏、假名化技术，确保分析的同时保护个人隐私；<br>(5) 部署日志管理与监控系统，记录数据操作，异常行为检测，如安全信息和事件管理（security information and event management，SIEM）、入侵检测系统（intrusion detection system，IDS），及时响应；<br>(6) 实施定期数据备份策略，灾难恢复计划（disaster recovery planning，DRP），确保数据丢失、破坏时快速恢复；<br>(7) 定期安全意识教育，强化员工的数据保护意识，识别钓鱼、恶意软件，培养良好的习惯，减少内部威胁；<br>(8) 定期合规性审计，确保符合通用数据保护条例（general data protection regulation，GDPRC）、ISO 270001 数据安全规范；<br>(9) 利用威胁情报服务，了解行业安全动态，提前预警，准备应对新兴威胁，如勒索软件、零日攻击 |

## 四、典型案例：电网企业数据运营全流程体系设计 ❶

### （一）概述

某电网企业拥有海量电网生产、企业经营、客户服务、新兴产业等数据资源，围绕"资产优质，运营高效，应用赋能"的运营目标，构建包含运营服务、服务支撑、运营保障三个关键维度的数据运营体系，促进公司数据价值释放最大化。某电网企业数据运营体系框架如图 10-22 所示。

1. 运营服务

健全数据应用服务目录、数据资源目录及其匹配的服务，以数据/产品方式对内

---

❶ 魏延才，杨天光，康春婷，等.电网企业数据运营全流程体系设计［C］//2022 电力行业信息化年会论文集，北京：中国电机工程学会，2023：139-143.

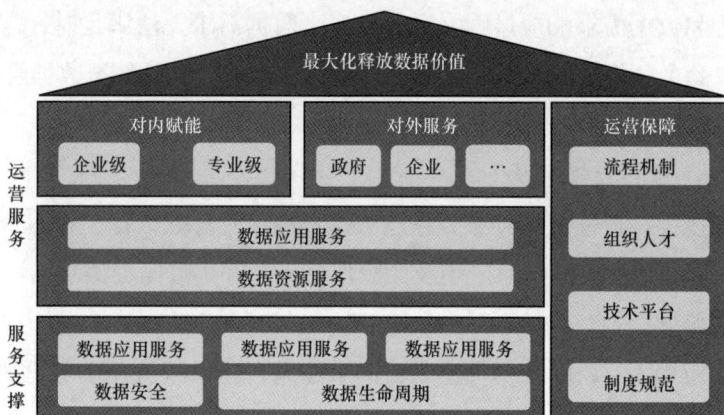

图 10-22　某电网企业数据运营体系框架

服务于公司及专业领域，对外服务于政府、企业等。

2. 服务支撑

（1）数据架构：提升数据模型、元数据及数据分布管理与应用能力。

（2）数据质量：提升质量监测、分析、整改、考评闭环管理能力。

（3）数据标准：提升数据、主数据、参考数据、指标数据标准应用能力。

（4）数据安全：提升安全策略制定、安全管理及安全审计能力。

（5）数据生命周期：强化数据应用开发设计、数据运维及退役过程管理能力。

3. 运营保障

为提升数据管理与运营效率，提供必要的流程、组织、技术、制度等方面的支撑。

（二）主要问题

随着多年的信息化建设，某电网企业同步开展了数据管理与数据运营工作，初步构建了数据管理体系，并基于数据运营服务平台促进数据在各部门之间的共享和应用，夯实数据运营基础，但还存在以下不足之处。一是数据基础管理有待夯实，当前数据接入以 T+1❶ 为主，实时类数据接入相对较少，无法有效满足业务需求。且数据盘点不及时，导致数据表与字段信息缺失，导致业务人员使用困难。数据共享负面清单覆盖不全，自动智能识别手段缺失，制约了数据共享应用效率。二是数据运营体系尚未建立，当前的数据管理体系主要偏向数据管理与运维，数据运营理念有待加强，运营模式有待转变，服务对象与范围有待进一步明确。三是运营服务过程不够流畅，

---

❶ T+1：传统意义上的数据仓库主要处理 T+1 数据（即今天产生的数据分析结果明天才能看到），T+1 的概念来源于股票交易，是一种股票交易制度，即当日买进的股票，要到下一个交易日才能卖出。

当前数据管理和数据需求响应过程完全分离，当数据需求无法满足时，需求响应流程终止，缺少一套全面规范的数据申请流程，数据需求响应未延伸至数据管理前端。

**（三）解决措施**

**1. 举措一：完善数据架构**

完善数据模型，梳理数据分布，盘点数据资源，管理元数据，构建资源目录，推进数据集成，深化数据分布关系应用及元数据分析，夯实数据资源基础管理。

主要做法如下：

（1）深化应用 SG-CIM 数据模型❶，按需建设自建系统应用的数据逻辑/物理模型，明确数据结构、数据操作、数据的约束条件。

（2）梳理数据分布，明确数据在组织、流程和系统等方面的分布管理，权威数据源为数据工作提供参考。

（3）开展数据资源盘点，建设数据资源目录，明确共享清单、负面清单及数据责任人，促进数据共享。

（4）开展分布关系应用，如数据认责、数据溯源、量化数据热度、优化数据存储和集成关系等。

（5）按照 SG-CIM 数据模型规范整合多源异构数据，如结构化数据、量测数据、非结构化数据等，实现各部门、各层级数据互联互通。

（6）开展元数据获取、存储、维护、分析及质量管理等活动，让数据描述更清晰、可用。

（7）开展元数据分析，如血缘分析、链路分析、影响分析等。

**2. 举措二：提高数据质量**

构建数据质量管理体系，推进公司数据质量问题监测、根本原因分析、整改提升、评价考核全环节闭环管理，持续提升公司数据质量管理水平。

主要做法如下：

（1）分析数据质量需求，明确数据质量目标，定义并迭代优化数据质量评价指标、校验规则与方法。

（2）根据数据质量规则及评估指标，开展数据质量监测评估，跟踪并发布数据质量问题，重大质量问题成立专项小组跟踪。

（3）开展数据质量问题根本原因分析与影响评估，定期发布评估报告，指导质量

---

❶ 统一数据模型（SG-CIM）：是国家电网参考国际标准（IEC 61970/61968/62325）和行业最佳实践（SAP/ERP），结合公司核心业务需求、在运系统数据字典等，采用"业务需求驱动自顶向下"和"基于现状驱动自下向上"相结合的模式，基于面向对象建模技术而构建的企业数据模型。

整改提升及质量风险预防。

（4）制订并实施数据质量整治及预防方案，有序推进数据质量提升。

（5）周期性开展数据质量管理考核评价，加大重大质量问题考评力度，并纳入部门绩效考核。

3. 举措三：保障数据安全

贯彻落实国家电网安全策略与标准，常态开展安全风险排查，定期开展数据安全审计，高质量推进问题整改，保证在安全合规前提下最大化发挥数据价值。

主要做法如下：

（1）基于国网数据安全策略和标准，明确安全责任，落实数据安防措施，确保数据收集、传输、存储、处理、使用和销毁各环节合规受控。

（2）建设并维护数据安全风险知识库，常态开展数据隐患排查、识别分析安全风险，制定风险预案并监督实施。

（3）记录监控数据负面清单及其他应用需求实施审批与共享行为，定期组织开展数据安全审计并发布数据安全审计报告，督办问题整改。

4. 举措四：规范数据标准

规范并完善业务术语、主数据、参考数据、指标数据定义规则，保障数据一致性，减少歧义，提升数据易用性。

主要做法如下：

（1）继承总部业务术语规范，按需适时丰富并完善，在数据接入、元数据管理、数据质量管理、数据安全管理、数据共享管理等方面保证数据统一，减少歧义。

（2）继承总部主数据及参考数据编码规则，按需适时丰富并完善，保证公司内应用系统、工具平台、企业中台主数据和参考数据的一致性。

（3）继承总部指标数据规约，建立并按需完善指标数据字典，明确指标数据责任主体、管理要求，推进指标数据的统一规范化定义、采集与应用。

5. 举措五：数据生命周期管理

规范化开展数据设计和开发、数据运维、数据退役等服务，推进数据及其应用生命管理闭环管理。

主要做法如下：

（1）制订并实施数据解决方案，开发数据应用，包括数据库方案、数据采集整合与交换方案、数据产品设计方案等。

（2）开展数据采集、处理、存储、应用等过程相关组件和数据的日常监控与维护，保证数据及时、准确、安全接入，为数据应用提供持续可用的数据资源。

（3）建立数据归档/恢复、退役/再服役、销毁等策业务组，保证过程可控前提下开展退役/再服役工作。

**6.举措六：数据运营保障**

为了充分实现各类数据汇聚接入，拓展在不同场景下的应用分析，需进一步确保数据运营工作有计划、有条理、有组织，研究构建包含流程机制、组织人才、技术平台、制度规范在内的"四位一体"运营保障机制，实现数据应用标准统一、安全合规，使用便捷。

（1）流程机制。结合运营核心业务，梳理数据运营体系关键流程共计11个，某电网企业数据运营体系关键流程见表10-19。

表 10-19　　　　　　　　　某电网企业数据运营体系关键流程

| 流程类别 | 流程名称 |
|---|---|
| 数据服务 | 数据共享服务管理流程 |
| | 产品服务管理流程 |
| | 兔面清单梳理流程 |
| | 产品问题处理流程 |
| | 数据资源盘点流程 |
| 数据架构 | 元教据管理流程 |
| | 数据接入流程 |
| 数据质量 | 数据质量管理流程 |
| 数据安全 | 数帮安全风险管理流程 |
| 数据生命周期 | 数据归档/销毁管理流程 |
| | 欲据复用管理流程 |

（2）组织人才。为了提高质量推进数据运营相关工作，在某电网企业内部组建数据运营领导小组，下设综合组、工作组、业务组，进一步明确相关职责，某电网企业数据运营组织机构与职责见表10-20。

表 10-20　　　　　　　　　某电网企业数据运营组织机构与职责

| 角色 | 机构 | 职责 |
|---|---|---|
| 决策组 | 网络安全和信息化领导小组 | 总体负责数据运营工作的统筹协调和总体推进 |

| 角色 | 机构 | 职责 |
|------|------|------|
| 决策组 | 网络安全和信息化领导小组 | 负责跨部门资源协调及重大问题决策 |
| 综合组 | 互联网部 | 负责数据运营流程机制、制度规范审核 |
| | | 负责数据运营服务工作协同推进与工作成果检查 |
| 工作组 | 信通公司 | 负责对内数据运营服务，包括数据及产品需求到实现的全生命周期管理工作 |
| | | 负责对内运营服务支撑工作，包括数据架构、数据质量、数据安全、数据标准、数据生命周期等工作 |
| | | 负责对内技术平台运营，包括数据中台、数据门户等日常运营维护 |
| | 绿能公司 | 负责对外数据运营服务，包括数据及产品的全生命周期管理工作 |
| | | 负责对外运营服务支撑工作，包括数据架构、数据质量、数据安全、数据标准、数据生命周期等工作 |
| | | 负责对外技术平台运营，包括能源大数据中心等日常运营维护 |
| 业务组 | 公司各业务部门 | 参与数据开放共享审批及源端数据接入 |
| | | 负责各专业的源端数据治理、安全、质量、标准的归口管理 |
| | 公司各单位 | 负责源端数据治理、安全、质量、标准具体工作 |
| | | 提出数据服务需求，负责数据运营服务的需求响应评价 |
| | | 参与数据运营服务具体工作 |

同时，建立数据运营人才培育机制，做好选育留用工作，为公司培养一批专业能力强、综合素质高的数据运营人才。优化人才选拔机制，通过招聘、测评、流动等方式，精准化、差异化实现人才选拔；创新人才培养机制，通过培训实施、学习资源建设、师资资源建设及各类活动，为人才培养搭建丰富渠道；拓展人才使用机制，通过复合型人才培养、专业晋升通道、岗位合理流动等方式，拓宽人才使用通道；优化人才考核机制，通过对不同人员多角度、全方位的考核，实现科学识别及评价人才；丰富人才激励机制，设计多维激励方式，对专家人才、专项人才实施差异化激励措施，加强选树宣传，营造良好氛围。

（3）技术平台。依托数据中台，以拉近数据中台与用户距离，促进中台价值释放为目标，构建面向业务人员的数据资源便捷检索、服务集中管理、需求在线收集、产品可视化展示及多维自助分析"一站式"数据运营平台，提升数据资产管理和产品培育能力，为中台数据业务优化赋能。

（4）制度规范。制定数据运营相关技术标准、管理规范，推进数据运营规范、有序、稳定、高效。技术标准方面，健全公司数据技术标准体系，制定数据运营标准体系，通过数据运营管理办法及配套细则等全面指导和规范全公司数据运营的整体工作；管理规范方面，结合数据运营需求，完善数据管理工作规范，制定数据运营工作各类业务指导书或工作规范，指导数据运营人员开展工作，实现每一项工作"有据可循"。

**（四）实施效果**

随着前期数据资源盘点、负面清单梳理、数据目录构建、数据质量治理等工作的完成，某电网企业已初步建成数据运营体系，并在组织、机制、流程、规范等方面进一步提供了运营保障，确保了数据长期好用、可用。同时，在数据价值创造方面，为内外部数据分析挖掘、数据产品研发和新业务创造提供了高效的数据赋能环境，在保障数据基础的前提下，实现了数据对内共享服务。

# 第十节　电网企业创新管理质量管理实践

## 一、业务特征

### （一）业务概述

电网企业创新管理是指电网公司在经营和技术发展过程中，系统地规划、组织、指导、控制和改进创新活动的过程和方法。这涉及新技术的引进、研发和应用，以及新业务模式的探索和实施，旨在提高电网运行效率、保障电力供应的可靠性、响应市场变化及满足社会和环境的持续发展需求。电网企业创新管理不仅包括技术创新，还包括管理创新、商业模式创新等方面，通过持续的创新活动来增强企业的核心竞争力，确保企业长期稳定发展。

电网企业创新管理业务框架如图 10-23 所示，电网企业的创新管理涵盖创新规划、创新项目管理、创新成果管理、创新人才管理、创新平台管理、创新评价考核等关键业务模块，重点关注科技创新指数、创新项目管理成熟度、技术标准数量、发明专利数量、管理创新成果数量、成果转化收入、成果推广应用数量等关键指标。

### （二）业务特点

电网企业创新管理着重于技术创新、业务模式创新和管理创新的结合，以应对不断变化的能源产业环境和市场需求，提升企业竞争力和可持续发展能力。这种创新管理不仅能推动电网企业实现技术升级和效率提升，还能促进资源优化利用、降低能

| 关键绩效指标 | 科技创新指数 | 创新项目管理成熟度 | 技术标准数量 | 发明专利数量 | 管理创新成果数量 | 成果转化收入 | 成果推广应用数量 | … |
|---|---|---|---|---|---|---|---|---|

**电网企业创新管理**

**创新规划**

- **战略目标设定**：明确的创新战略目标，使命、愿景和战略规划相一致
- **技术趋势分析**：对技术领域趋势进行分析和评估，确定未来的发展方向
- **市场需求评估**：了解市场需求，确保创新项目与市场需求相匹配
- **资源调配计划**：制订相应的资源调配计划，确保资源合理利用和优先分配

**创新项目管理**

- **项目规划**：确定项目的目标和范围，制定项目计划和预算，并建立项目团队
- **项目实施**：管理项目进度、质量、范围、资源、风险、沟通、变更，确保项目成果交付
- **经验总结与分享**：总结项目经验和教训，提炼出成功的经验和失败的教训，并与组织内部分享

**创新成果管理**

- **成果收集与归档**：管理并归档公司内部产生的创新成果，确保创新成果的完整性和可追溯性
- **知识产权管理**：确保对创新成果的知识产权进行有效管理和保护，维护企业的创新竞争优势
- **成果转化与推广**：将具有商业化潜力的创新成果进行技术转化和商业化推广

**创新人才管理**

- **人才培养与发展**：设计和实施创新人才的培训计划，提升人才的专业能力和创新能力
- **激励机制设计**：制定激励政策和机制，激发人才的工作积极性和创新潜能
- **团队建设与文化塑造**：建立开放、包容、鼓励创新的企业文化，营造良好的创新氛围

**创新平台管理**

- **平台规划与建设**：制定创新平台的发展规划和建设方案，确定平台的定位、功能、服务范围等
- **资源整合与共享**：整合企业内外的创新资源，建立资源共享机制，促进资源优化配置和利用
- **平台运营与管理**：管理和运营创新平台，确保平台的稳定运行和持续改进

**创新评价考核**

- **制定评价指标体系**：根据企业的创新战略和目标，制定综合的评价指标体系
- **绩效评估与分析**：对创新活动和成果进行绩效评估和分析，找出问题和改进的空间
- **评价反馈与改进**：对创新成果的商业价值和社会效益进行评估，为成果的价值实现提供依据

图 10-23　电网企业创新管理业务框架

源生产和传输成本，推动清洁能源发展，进而为社会提供更可靠、高效、环保的能源服务，助力电网企业在新能源时代的发展。总体而言，电网企业创新管理具有以下特点：

（1）政策引导与市场导向：受政府政策引导，电网企业在创新管理中注重政策合规，同时积极借助市场机制推动创新，灵活应对市场需求和变化。

（2）技术创新导向：电网企业作为技术密集型行业，其创新管理重点通常在于技术的进步和应用，包括电网建设、运行维护技术、新能源接入技术、智能电网技术等。

（3）技术驱动的管理创新：电网企业以技术创新为核心，通过引入先进的信息技术、智能化设备等，推动管理创新。如利用大数据、人工智能等技术优化电网运行管理，提高效率和可靠性。

（4）人才培养与创新文化建设：注重人才培养，建设具有创新意识和能力的团

队，倡导创新文化，鼓励员工提出和实践创新想法，推动企业创新发展。

（5）生态环保与可持续发展：重视生态环保和可持续发展，在创新管理中注重清洁能源的利用和环保技术的研发，致力于打造绿色、低碳的能源体系。

（6）规模经济与网络特性：电网企业通常具有规模经济特征，其创新管理需要考虑如何在庞大的网络系统中实现成本效益最优化。

（7）合作与开放性：在当前的市场环境下，电网企业的创新管理越来越需要跨行业合作和开放创新，与不同的相关方，如政府机构、科研院所、供应商和消费者合作，共同推动技术和服务创新。

（8）国际合作与标准对接：积极与国际先进企业开展合作，借鉴国际先进经验和技术，同时与国际标准对接，提高自身技术水平和竞争力。

## 二、质量要求

电网企业创新管理对于提高企业技术水平和管理水平、优化资源配置、适应日益变化的能源行业和社会需求等方面都具有重要意义。电网企业创新管理核心业务关键模块对应的质量要求、质量控制点及其重要等级见表10-21。

表 10-21　　　　　　　　　　创新管理质量要求及质量控制点

| 关键模块 | 质量要求 | 质量控制点 | 重要等级 |
|---|---|---|---|
| 创新规划 | 创新规划适应行业趋势与自身发展需求，有清晰合理的创新方向和目标，合理规划支撑资源 | 创新规划的前瞻性和适应性 | ★★★ |
| 创新项目管理 | （1）创新项目策划依托重大科研团队、联合实验室、专家委员会等优势力量，着力提升项目策划质量；<br>（2）创新项目管理落实"放、管、服"要求，完善分级责任担当机制，建立以质量与贡献为导向的管理机制；<br>（3）创新项目经费严格执行公司财经纪律，建立与完善创新项目经费投入保障机制，强化统筹，提高经费使用效率 | 报告期发布的技术标准数量 | ★★★★ |
| 创新成果管理 | （1）知识产权管理以保护技术创新为目标，逐步提升专利质量，开展高价值专利培育，加强专利运营和价值创造；<br>（2）科技成果转化在确保国有资产保值增值的原则下，深入推进科技成果使用权、处置权、收益分配方式改革，强化创新项目技术服务合同关于知识产权的约定，享有应得权益，共同承担风险；<br>（3）科技成果推广应用强化协同，推动创新成果在本业务领域的应用 | 累计有效发明专利拥有数 | ★★★★ |
| | | 管理创新成果获奖等级和数量 | ★★★★ |
| | | 创新成果转化收入 | ★★★ |
| | | 创新成果推广应用数量 | ★★★ |

续表

| 关键模块 | 质量要求 | 质量控制点 | 重要等级 |
|---|---|---|---|
| 创新人才管理 | （1）创新人才队伍建设坚持自主培养与外部引进并举，有序推动高层次科技人才及团队的精准支持工作；<br>（2）加强重大科研团队管理，充分发挥团队在整合创新资源、突破难点问题、培养科技人才、培育领先成果、推动成果应用等方面的作用，促进跨部门、跨单位、跨专业技术协同；<br>（3）持续完善创新人才评价机制，建立健全以创新、质量、贡献为导向的评价体系，并在项目支持、奖励评优、职称评定、人才选聘等工作中强化对评价结果的应用 | 创新人才管理机制的合理性、有效性 | ★★★ |
| | | 创新团队统筹管理效能 | ★★☆ |
| 创新平台管理 | （1）创新科研平台实行动态管理，统筹开展申报、认定、评估与考核等工作；<br>（2）实行人财物相对独立与开放式管理机制，搭建科学完备、运转有效的管理体系，探索产学研协同创新模式，提升科技创新基础能力，服务高质量发展 | 创新平台运行效能 | ★★★ |
| | | 研发经费投入产出 | ★★★★ |
| 创新评价管理 | 创新评价考核应坚持质量、绩效、贡献为核心的评价导向，建立健全符合科研活动规律的评价制度 | 创新评价指标、流程的合理性 | ★★★ |
| | | 创新评价反馈改进机制的有效性 | ★★☆ |

## 三、质量控制措施

针对表 10-21 中的关键质量控制点，可以采取标 SWOT 分析、PESTLE 分析、项目管理工具、技术标准管理平台、知识产权管理系统、科技成果管理平台等工具方法，针对性地采取若干条质量控制措施，电网企业创新管理业务关键质量控制点与控制措施见表 10-22。

表 10-22　　　　电网企业创新管理业务关键质量控制点与控制措施

| 关键环节 | 关键质量控制点 | 工具/方法 | 控制措施 |
|---|---|---|---|
| 创新规划 | 创新规划的前瞻性和适应性 | （1）SWOT 分析；<br>（2）PESTLE 分析；<br>（3）平衡计分卡；<br>（4）情景规划； | （1）运用 SWOT 分析、PESTEL 分析、平衡计分卡等工具，结合行业报告、市场研究、技术白皮书等信息，深入分析宏观经济环境、政策导向、技术发展趋势和社会需求变化，确保规划具有前瞻性；<br>（2）运用情景规划，通过构建不同的未来情景模型，包括最佳情景、基准情景和最坏情景等，评估不同条件下的策略效果，增强规划的弹性和适应性； |

| 关键环节 | 关键质量控制点 | 工具/方法 | 控制措施 |
|---|---|---|---|
| 创新规划 | 创新规划的前瞻性和适应性 | （5）技术雷达图；<br>（6）技术路线图；<br>（7）德尔菲法 | （3）绘制技术雷达图，识别新兴技术，优先投资重点，如区块链、人工智能在电网中的应用，把握创新方向；<br>（4）制定详细的技术发展路径图，明确短期、中期、长期的研发目标和关键里程碑，引导资源合理配置，确保技术创新与企业发展战略紧密对接；<br>（5）组织创新规划研讨会，运用德尔菲法讨论创新发展趋势，指导创新发展方向，确保创新发展规划与总体规划保持一致 |
| 创新项目管理 | 报告期发布的技术标准数量 | （1）标准化管理平台；<br>（2）标准化管理体系；<br>（3）标准化工作小组；<br>（4）专项培训；<br>（5）外部专家咨询；<br>（6）国际合作；<br>（7）激励机制 | （1）通过标准化管理平台，定期调研行业需求，结合技术发展趋势，规划标准制定优先级；制订发布计划，明确报告期技术标准目标、时间表，保证有序发布；开展跨部门、跨单位合作，跟踪标准进度、版本控制、文档管理。加速标准编审定稿过程；<br>（2）建立全面的标准化管理体系，包括标准制定、发布、实施、监督和评估。在研发初期就将标准化工作纳入项目管理，确保技术创新成果及时转化为技术标准，缩短标准从研发到发布的周期；<br>（3）成立标准化工作小组，负责技术标准的规划、编制、审核和发布工作；<br>（4）聘请行业内外专家，提供专业评审，确保标准先进性、实用性：<br>1）加强国际合作，积极参与国际标准化组织（ISO）、国际电工委员会（IEC）、国际电信联盟（ITU）等国际组织，推动标准互认接轨，联合发布标准，扩大影响力，提高国际认可度；<br>2）定期组织标准化培训，提高员工标准化意识、编写技能，提升标准质量；<br>3）构建标准化激励机制对标准制定贡献者奖励，鼓励创新，提高积极性 |
| 创新成果管理 | 累计有效发明专利拥有数 | （1）知识产权管理体系；<br>（2）知识管理平台；<br>（3）专利信息自动化工具；<br>（4）创新竞赛；<br>（5）产学研合作；<br>（6）专项培训；<br>（7）绩效考核；<br>（8）激励机制 | （1）建立完善的知识产权管理体系，包括从专利的挖掘、申请、维护到商业化全过程的管理，确保每一项技术创新都能得到有效保护；<br>（2）利用知识管理平台，收集、整理并分享科研成果和技术资料，促进知识的传播与复用，激发新的创新灵感；<br>（3）运用专利信息自动化工具，自动采集和管理专利信息，简化专利撰写、质检流程，以及自动提醒年费缴纳和年费监管，减少管理疏漏；<br>（4）定期举办创新大赛，鼓励员工提出新想法，优秀项目可获得资金和资源支持进行孵化，加快成果转化速度； |

| 关键环节 | 关键质量控制点 | 工具/方法 | 控制措施 |
|---|---|---|---|
| 创新成果管理 | 累计有效发明专利拥有数 | | （5）通过产学研合作，引入外部智力资源，共同研发前沿技术，提升创新能力，并促进高质量专利的产出；<br>（6）定期组织知识产权培训，增强员工的创新意识和专利保护能力，培养一批懂技术、懂法律的复合型人才；<br>（7）将发明专利申请数量和质量纳入企业及个人的绩效考核体系，明确创新目标，形成持续的创新驱动力；<br>（8）设置专项奖励基金，对成功申请发明专利的团队和个人给予经济奖励或职业晋升机会 |
| | 管理创新成果获奖等级和数量 | （1）创新战略规划；<br>（2）创新协作平台；<br>（3）创新项目管理；<br>（4）知识管理平台；<br>（5）产学研合作平台；<br>（6）创新激励机制 | （1）制定创新战略，明确创新目标，结合企业发展，设定获奖级别和数量指标。确保创新资源充足，资金、人才、技术、设施等，支撑创新活动；<br>（2）打造创新协作平台，整合内外部资源，促进技术创新，建立跨部门创新团队，鼓励多学科合作，提升创新效率；<br>（3）通过创新项目管理，建立科学筛选机制，确保项目潜力大、符合获奖标准，同时做好项目里程碑跟踪，确保项目按计划推进，符合质量要求与时间表；<br>（4）通过知识管理平台，整合与共享专业知识资源、促进跨部门协作、提供在线学习工具和智能化信息检索途径，加速问题解决与创意生成，从而系统性地提升创新效率与成果产出；<br>（5）通过产学研合作平台，与高校、科研机构合作，共享资源，提升研发实力，参与国际竞赛、合作，拓宽视野，提升国际获奖可能性；<br>（6）建立创新激励机制，对获奖项目团队高额奖励，激励创新热情，在绩效考核方面，将获奖成果纳入绩效，与晋升、奖金挂钩 |
| | 创新成果转化收入 | （1）创新成果评估机制；<br>（2）成果转化平台；<br>（3）知识产权管理；<br>（4）商业模式创新机制；<br>（5）产学研合作平台 | （1）建立创新成果评估机制，对研发成果的市场潜力、技术成熟度、经济价值进行系统评估，优先级排序，指导转化重点；<br>（2）搭建线上、线下成果转化平台，集成成果展示、需求对接、交易、融资服务等功能，促进供需双方快速匹配，加速转化流程；<br>（3）强化知识产权布局与保护，确保研发成果的专利、版权、商标等权益，利于成果转化过程中的谈判与市场保护，增加收入来源；<br>（4）探索多元商业模式，如技术许可、产品化、解决方案服务、合作开发等，拓展收入渠道，最大化成果市场潜力；<br>（5）构建产学研用合作平台，与高校、研究机构、行业伙伴、用户建立长期合作机制，共享资源，加速成果应用验证与推广 |

续表

| 关键环节 | 关键质量控制点 | 工具／方法 | 控制措施 |
|---|---|---|---|
| 创新人才管理 | 创新人才管理机制的合理性、有效性 | （1）创新人才战略规划；<br>（2）胜任力模型；<br>（3）人才测评工具；<br>（4）人才数据库；<br>（5）创新柔性团队；<br>（6）在线学习平台；<br>（7）导师制度；<br>（8）绩效管理；<br>（9）激励机制；<br>（10）创新文化营造 | （1）明确创新导向的人才发展战略，结合企业战略目标，定位关键岗位与能力需求，制定人才发展路径图；<br>（2）构建基于创新需求的胜任力模型，明确所需知识、技能、能力、行为标准，指导人才选拔、培养、评估；<br>（3）使用心理测评、360度评估、能力测试等工具，精准识别人才潜能、匹配度，提升选拔质量；<br>（4）建立人才数据库，动态管理人才档案，跟踪发展、评价，预测人才流动，优化人才结构，确保合理配置；<br>（5）建立跨部门、跨专业的创新柔性团队，鼓励多学科合作，创新工作室，增强团队创新协同，快速迭代，提升解决问题的能力；<br>（6）建立在线学习平台，提供多样课程、微课件，鼓励自主学习，结合项目实战培训、海外研修，提升专业水平与领导力；<br>（7）实施导师制度，一对一指导，高级工程师、经理指导新晋人员，加速成长，传授经验，传递创新文化；<br>（8）设计灵活的绩效体系，如OKR，结合创新成果与行为指标，激励创新行为，持续反馈，推动个人与团队进步；<br>（9）多元化激励，包括股权、奖金、晋升、荣誉、创新奖、工作环境优化，强化创新贡献认可，增强动力；<br>（10）营造创新文化，容错文化，鼓励尝试、分享，失败后反思学习，提升创新的环境，激发创新潜能 |
| 创新平台管理 | 创新平台运行效能 | （1）创新管理平台；<br>（2）敏捷项目管理工具；<br>（3）知识管理系统；<br>（4）大数据分析工具；<br>（5）商业智能（business intelligence，BI）工具；<br>（6）云计算服务；<br>（7）人工智能辅助工具；<br>（8）远程协作工具；<br>（9）创新平台技术支持 | （1）构建统一的数字化创新管理平台，整合项目管理、知识分享、资源调度、数据分析等功能，实现一站式管理，提高效率；<br>（2）采用敏捷项目管理工具，灵活跟踪项目进度，便于团队协作，快速响应变化；<br>（3）建立知识管理系统，收集、分类创新案例、技术文档，促进知识共享与复用，减少重复工作；<br>（4）运用大数据分析工具和商业智能（BI）系统，对创新项目数据进行深度挖掘，洞察趋势，指导决策，优化资源配置；<br>（5）利用云计算服务，提供弹性计算能力，支持快速扩展，满足高峰期需求，降低IT成本，提高运行效率；<br>（6）应用人工智能辅助工具，如AI辅助专利搜索、智能推荐系统，加速技术方案匹配，提高创新效率和精准度；<br>（7）利用远程协作工具增强团队跨地域协作，提升沟通效率，缩短决策周期；<br>（8）建立专业的技术支持团队，解决员工在使用创新平台过程中遇到的问题 |

| 关键环节 | 关键质量控制点 | 工具/方法 | 控制措施 |
|---|---|---|---|
| 创新平台管理 | 研发经费投入产出 | （1）项目管理软件；<br>（2）预算与成本控制；<br>（3）知识管理系统；<br>（4）研发绩效评价体系；<br>（5）产学研合作平台 | （1）采用先进的项目管理软件、敏捷管理工具，对研发项目进行精细化管理，跟踪进度、成本、资源分配，确保高效执行；<br>（2）建立严格的预算管理体系，明确研发经费预算分类、预算编制、执行监控，通过预算控制工具，合理分配和优化经费使用，避免浪费；<br>（3）建立研发知识库，积累、分享研发经验和成果，促进知识复用，减少重复工作，提升研发效率；<br>（4）构建研发绩效评价体系，将研发成果、经费使用效率纳入考核，激励创新，鼓励研发团队提升产出；<br>（5）构建产学研用合作平台，与高校、研究机构合作，共享研发资源，加速技术突破，提高成果转化效率 |
| 创新评价管理 | 创新评价指标、评价流程的合理性 | （1）平衡计分卡；<br>（2）SMART原则；<br>（3）层次分析法；<br>（4）360度反馈；<br>（5）六西格与DMAIC；<br>（6）PDCA循环；<br>（7）透明化管理 | （1）运用平衡计分卡（财务、客户、内部流程、学习与成长、创新）多维度评价，全面考量，确保创新成果与企业战略一致，促进短期与长期平衡；<br>（2）设定评价指标时，遵循SMART原则，确保指标清晰、可操作，与创新目标紧密结合；<br>（3）利用层次分析方法确定评价指标权重，通过配对比较，确保评价体系的合理性和逻辑性；<br>（4）采用360度反馈机制，从上级、同事、下级、客户等多角度收集评价反馈，确保全面性与公正；<br>（5）运用六西格玛的DMAIC（定义、测量、分析、改进、控制）过程，持续优化评价流程，确保评价的精确度和质量；<br>（6）建立PDCA循环，定期复审评断评价流程，持续改进评价体系，适应创新需求变化；<br>（7）通过透明化管理，确保评价过程和结果透明，沟通机制畅通，员工理解评价标准，增加信任度，提升参与感 |

## 四、典型案例：省级电网企业以战略为引领的管理创新模式建设 ❶

### （一）概述

国网河北省电力有限公司以"激发活力、资源共享、交互融合、提素增效"为导向，以体系、管理、组织、成果、保障"五要素"为主要内容，以战略落地为主线，

---

❶ 李响，王杉杉. 省级电网企业以战略为引领的管理创新模式建设［J］. 企业管理，2022（S1）：52-53.

以高质量发展为引领，建立"全管理出新、全流程管控、全方位合作、全业务保障"管理创新工作模式（见图 10-24），强化管理创新全过程控制，形成"全面沟通、任务协同、创新管控、信息传播"的一体化交互平台，指导国网河北省电力有限公司科学、有序、高效地开展管理创新，实现管理创新工作的标准化、规范化管理，提升管理创新组织、策划、实施、提炼、应用"五种能力"，实现奖项数量、质量提升。

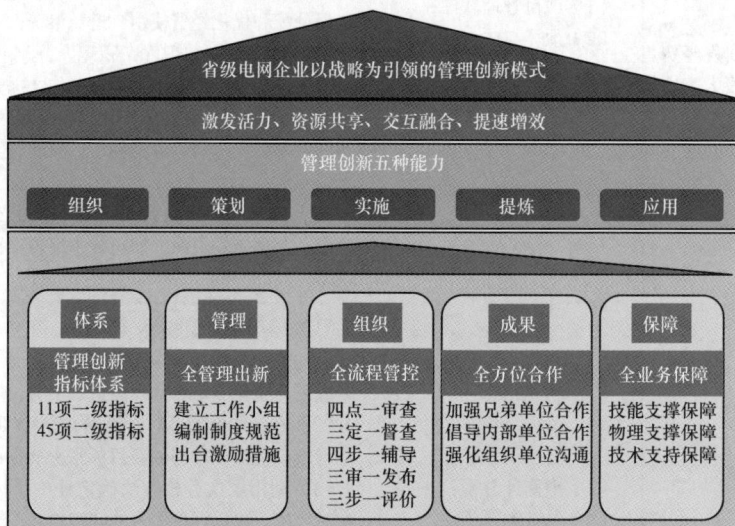

**图 10-24　省级电网企业以战略为引领的管理创新实践示意**

### （二）主要问题

（1）问题一：创新需求不统一，参与意愿不足。由于企业内部部门之间的沟通不畅和目标不一致，导致创新需求难以形成统一的认识，进而影响全员的参与热情。缺乏明确的创新方向和激励机制，员工可能觉得创新活动与个人职业发展关系不大，从而不愿意投入时间和精力参与创新项目。

（2）问题二：创新攻关效能低。电网企业在进行创新攻关时，往往面临资源配置不合理、项目管理不到位、技术难题攻克周期长等挑战。这些问题可能源于缺乏有效的项目管理工具和方法，以及在创新过程中难以快速响应市场变化和技术发展趋势。此外，团队协作不够紧密也会导致信息孤岛现象，阻碍创新解决方案的快速迭代和优化。

（3）问题三：创新成果转化应用难，因为缺乏与市场需求对接的渠道，或是成果转化过程中遇到的技术标准、法规认证等方面的障碍。此外，企业内部缺少有效的机制促进成果的商业化进程，如缺乏跨部门合作、资金支持不足或缺少专业的市场推广策略。这些因素共同作用，使得创新成果难以转化为企业增长的新动力。

**（三）解决措施**

**1. 举措一：紧跟战略需求，确立管理创新指标体系**

国网河北省电力有限公司管理创新工作贯彻国家电网"两会"精神，对接国家电网战略，从年度管理创新计划申报方向将国网河北省电力有限公司年度重点工作分解为 11 项一级指标，45 项二级指标，聚焦安全、质量、效率、效益、服务等方面，有效推动管理变革，充分发挥管理创新基础性、系统性、牵引性、推动性作用，切实提升公司管理水平，为推动公司高质量发展提供坚强管理支撑。

**2. 举措二：全管理出新，筑牢管理创新秩序**

一是建立工作小组，实现全层级一体联动。国网河北省电力有限公司成立管理创新工作领导小组和工作小组，构建"省—市—县"管理创新工作三级联动机制，实行一体化管理。二是编制制度规范，推动全流程统一规范。宣贯《管理创新工作指引》，促进创新能力提升，为深入推进公司战略目标落地赋能聚力。修订《管理创新成果评审标准》，实现管理创新成果评审的科学、客观、公正。三是出台激励措施，激发全员创新热情。完善管理创新项目奖励机制，加大奖励额度，对管理创新开展过程中效果突出的项目进行奖励，在强化过程管控的同时提高员工创新积极性。

**3. 举措三：全流程把控，强化创新组织管理**

一是开展"三定一督查"，夯实项目落地实施。按照"谁立项谁负责"的原则，各部门、各单位"定人、定责、定机制"，有计划、有步骤地抓好管理创新项目的落实；建立管理创新项目督导组，采用沟通交流、进度汇报、专业辅导会等形式，对各管理创新项目进行调研和督导。二是开展"四步一辅导"，强化成果培育力度。明确"调研收资、挖掘亮点、明确框架、总结提炼"四步法，编写管理创新成果报告；针对重点项目，邀请内外部专家，对成果大纲、初稿、成稿提出修改意见，提升创新成果质量。三是开展"三审一发布"，科学评选高质量成果。完善公司管理创新成果"规范性审查、专业评审、综合审定"三级评审模式，滚动修订成果规范性评价、专业评审标准，在经过成果三级评审后，公司统一发文表彰和推广优秀成果。四是开展"三步一评价"，注重成果转化应用。按照"成果分享学习、制订推广计划、成果推广转化"三步组织管理创新成果的推广、应用，推动管理创新成果转化为生产力。

**4. 举措四：全方位合作，提高创新成果质量**

一是加强兄弟单位合作，联合实施项目。开展项目目标统一、项目流程统一、项目计划统一、项目机制统一、项目文化统一的"五统一"行动，建立重点工作牵头单位项目责任制和配合单位工作协同制，把推进项目目标实现作为衡量管理成效的重要标准。二是倡导内部单位合作，形成内部合力。鼓励各部门、各单位、各专业开展

"跨部门、跨专业、跨层级"的系统性、综合性管理创新实践，营造良好的项目研究和实施环境。三是强化组织单位沟通，积极回报成果。强化与国家电网、政府机构、高等院校、能源企业合作，与国网经济技术研究院有限公司、国网能源研究院有限公司、中国电力科学研究院有限公司等科研机构建立战略合作关系，与华北电力大学等高校及中国电力企业联合会等行业协会建立良好的协作关系，同时加强与中企联控股集团有限公司、中国电力企业联合会、省企联、国家电网等管理创新组织单位的沟通和联系，畅通管理创新申报渠道。

5. 举措五：全业务保障，确保改革正常运转

一是开展人才库建设，提供技能支撑保障。按照"逐级推荐、全面覆盖"的原则，采取"二级单位推荐—公司统一选拔"的程序，组织开展管理创新人才申报、推荐及选拔工作。二是开展成果库建设，提供物理支撑保障。在公司网页建立优秀成果库，通过自主学习、培训等手段全面开展"成果库"应用。三是开展专家库建设，提供技术支持保障。按照"部门产生、自愿申报"的原则，采取"部门推荐—公司审核"的程序，组织开展管理创新专家申报、推荐及选拔，经公司管理创新成果评审委员会审定，确定专家库名单，专家库专家在管理创新计划甄选、公司内部优秀成果评审、成果培训辅导等阶段发挥重要的技术支持作用，对各阶段管理创新成果质量把关，保证管理创新实施质效和成果质量。

**（四）实施效果**

1. 成效一：解决业务问题，驱动公司转型发展

国网河北省电力有限公司找准管理创新与重点工作的结合点，确定管理创新重点项目，解决了一批企业管理问题，促进了管理创新与企业经营管理深度融合，推动各专业创新发展，提升了企业核心竞争力。

2. 成效二：提高管理水平，支撑公司战略落地

国网河北省电力有限公司以服务生产经营为目标，以解决企业发展难题为目的，以催生优秀管理创新成果为抓手，加强优势业务领域创新攻关，做好国家电网各级重点项目的实施并确保成效，从而有效规范了公司创新项目的管理。

3. 成效三：取得丰硕成绩，打造公司管理品牌

国网河北省电力有限公司不断总结提炼过程成果，以规范化的形式编制完成一系列管理创新文件，形成可复制模式，对管理创新工作高效常态化运作具有较高的指导作用，管理创新工作质量的系统性得到有效提升。

"绝不盲目追求利润，始终要关注质量和客户需求。"

——索尼创始人

盛田昭夫

# 第十一章

# 国外电力企业质量管理实践

**≫**   **本章重点**

**≪**

- 法国电力集团（EDF）在全面质量管理方面
  的特色实践
- 新加坡能源（SPGroup）在全面质量管理
  方面的特色实践

# 第一节　法国电力集团（EDF）质量管理实践

## 一、法国电力集团介绍

法国电力集团（Electricité de France，EDF）是法国的一家全球领先的电力公司，是负责全法国发、输、配电业务的国有企业。作为欧洲最大的电力公司之一，法国电力集团是世界能源市场上的主力之一，是全球范围内最大的供电服务商之一，致力于提供安全、可靠、低碳的能源服务，为社会和经济发展作出重要贡献。作为综合性能源企业，法国电力在核电、火电、水电和可再生能源发电方面具备全面的世界级工业竞争力，除了传统的发、输、配电各个环节，其业务还涵盖电力销售、天然气供给、碳排放、能效管理和能源大宗贸易等各个环节。此外，为了完成公共服务事业的使命，法国电力集团还负责电力设施的设计、建设和运营，提供包括电力投资、工程设计及电力管理与配送在内的一体化解决方案。对于 EDF 来说，质量管理不仅关系公司的经济效益，更直接关联到社会责任和核安全问题。图 11-1 为法国中部的贝尔维尔核电站。

**图 11-1　法国中部的贝尔维尔核电站**

法国电力集团（EDF）的质量管理理念主张安全至上、持续改进、客户导向、合规运营。这一理念是在长期的核电发展中逐渐形成的。

（1）安全至上：法国电力集团（EDF）非常重视核电站的安全，这一理念贯穿于整个公司的运营之中。

（2）持续改进：法国电力集团（EDF）追求的不仅是满足现有标准，还在寻求持续改进和优化。

（3）客户导向：以满足和超越客户需求为核心目标，不断提供更可靠、更环保的电力服务。

（4）合规运营：严格遵守国际和法国的能源法规和标准。

质量管理基本策略上，强调风险管理、技术创新、人才培养。其中，风险管理策略上，通过系统化的风险评估，识别并及时解决潜在问题。技术创新策略上，投资于研发，不断寻求技术突破，以保持在核电产业的领先地位。人才培养策略上，大量投资于员工培训和发展，特别是在安全和质量管理方面。

## 二、法国电力集团（EDF）质量管理体系特色实践

法国电力集团（EDF）一直以来致力于建立和维护卓越的质量管理体系，以确保其业务的稳健运作和客户满意度的持续提高。在这一过程中，法国电力集团（EDF）采取了一系列特色实践，其中，重点关注数据质量管理及强调质量改善项目管理。

### （一）注重数据质量管理

法国电力集团（EDF）非常重视数据质量与数据处理能力的管理。安排了专门的数据质量管理专家负责数据质量管控，确保数据提取、数据质量、分析技术及工具的有效性。这有助于精确分析市场消费群体，为企业决策提供支持。

1. 建立独立机构支持运营决策

法国电力集团通过客户关系管理数据库全面搜集用户信息，包括客户名称、电费计价方式、用电行为等特点，成立了职能服务型的运营分析中心，负责分析客户数据，支撑销售管理。该部门以项目形式向六个业务部门提供客户行为分析支持，改善服务质量，实现客户保留。工作职责包括：沟通获取相关数据，清理内部数据、整合外部源数据，采用分析方法预测电力需求变化、区分客户特点，按忠诚度、利润率、生命周期价值及产品关联性对客户进行打分，确保法国电力具备营销需求所需的工具。

分析型客户关系管理部通过克服数据复杂性问题，提供了有效的销售支持。一是为各部门提供一致的关键业绩指标，帮助营销更精准地找到目标客户并推出营利性新产品，从而扩大市场份额。二是提供的信息让法国电力根据客户需求改进产品和服务，优化资源分配，如提高呼叫中心响应速度。三是通过分析成果实现客户服务本地化，提高了法国电力的商业运作灵活性。

2. 运用大数据技术挖掘数据资产价值

法国电力集团已安装 3500 万个智能电能表，每年产生 1.8 万亿次抄表记录和

600TB 数据。这些数据结合气象、用电合同和电网数据构成大数据。数据具有时间序列特性和分布式来源，需要实时处理。为此，研发部成立了大数据项目组，旨在借助大数据技术实现用电负荷精细测量，降低信息决策系统与运行操作系统之间的延迟。短期目标是将分布式智能技术集成于原有业务系统，包括智能路由器、分布式数据库、数据处理和复杂事件实时处理技术，同时支持统一集中式控制。

3. 实施专业化管理提升数据质量

法国电力集团认识到，数据质量问题事关重大。IT 部门存在一定的能力局限性，尤其是在面对技术应用、企业流程甚至是整个组织等跨专业性、全局性问题时。其通过研究发现，在应用数据开展分析之前，相较于个人对不同信息系统中数据的单次提取和数据质量管理行为，采取建立大数据库对数据进行集中，由专门的数据质量管理专家对数据质量进行管控、自动集中监测的方式，有助于提升数据库的性能，促进数据质量管理经验的分享及规避个人处理能力的不足。

## （二）强调质量改善项目管理

作为电力行业的世界领先企业之一，法国电力集团（EDF）在质量改善项目管理领域拥有丰富的机制和实践经验。法国电力集团（EDF）深知在竞争激烈的市场中保持领先地位的重要性，因此致力于建立健全质量改善项目管理体系，该体系包括标准化合同、项目管理承诺及科技创新，以确保项目的高质量和有效运作。

1. 标准化合同

法国电力集团（EDF）根据生产标准订立对应的合同。这有助于确保项目在质量、时间和成本方面达到预期目标。同时，法国电力集团（EDF）还制定了新的反应堆供应商资格认证机制，为重大项目设定更为严格的认证标准和记录体系。

法国电力集团（EDF）于 2020 年启动"卓越"计划，以提升重大核电项目的生产质量、技术和管理水平，进而使法国核工业的工艺和品质达到最高水准。该计划首年预算为 1 亿欧元（约合 1.12 亿美元）。根据"卓越"计划，法国电力集团（EDF）对客户供应关系进行深入调研，并寻求更为均衡的风险分摊机制，以提升生产质量。此外，法国电力集团（EDF）还依据生产标准订立对应的合同，同时制定新的反应堆供应商资格认证机制，以便为重大项目设定更为严格的认证标准和记录体系。

法国财政部长布鲁诺·勒梅尔（Bruno LeMaire）发布了关于弗拉芒维尔（Flamanville）核电厂 3 号 EPR 机组建设项目的审计报告。该审计由法国汽车制造商标致雪铁龙集团（PSA Peugeot Citroen）前任董事长兼 CEO 让·马丁·佛尔兹（Jean-Martin Folz）负责。让·马丁·佛尔兹在该报告中表示，中国台山核电厂 EPR 机组的成功投运证明了 EPR 概念和设计的可行性。然而，在现有经验基础上，还应进一步改进 EPR 机组的可建设性，同时降低建设成本，以便恢复核电机组的规模化建设。应让·马丁·佛尔兹的要求，法国电力集团（EDF）需就导致新核电项目延期和成本增加的技术缺陷等问题制订解决方案，并向法国政府提交一份行动计划。

法国电力集团（EDF）董事长兼 CEO 让·伯纳德·莱维（Jean-Bernard Lévy）表示，"卓越"计划不仅为恢复法国民众对核工业的信心打下基础，而且能有效应对让·马丁·佛尔兹报告中指出的各项挑战。而该计划的终极目的旨在确保核能作为碳中立能源继续在应对气候变化的攻坚战中发挥关键作用。

2. 项目管理承诺

法国电力集团（EDF）在项目管理方面承诺对大型项目实施更有效的监管，并根据项目推进状态完善相关准备工作，这有助于降低项目返工率，提高生产质量，用户平均停电时间指数（customer average interruption duration index，CARD）和电能质量改进工具（CART）中的电能质量承诺如图 11-2 所示。

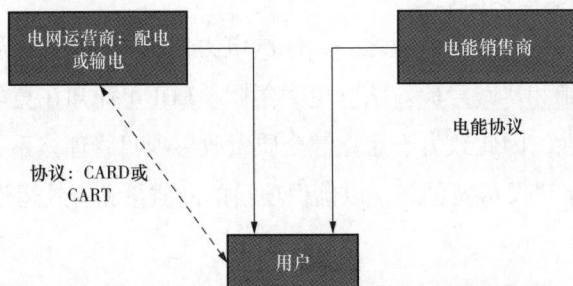

图 11-2　CARD 和 CART 中的电能质量承诺

法国电力集团（EDF）发布报告计划新建 6 台 EPR2 机组。法国电力集团（EDF）首席执行官让·伯纳德·列维（Jean-Bernard Lévy）表示，该计划与法国电力集团（EDF）的法国核电机组维护和升级项目相呼应。

法国电力集团（EDF）介绍称，目前，EPR 机组已在中国投运，同时芬兰、法国和英国也有项目在建。然而，欧洲 EPR 项目遭遇超期和超支，因此有必要对其重新设计，使其建造和运行更具便捷性和经济性。

法国电力集团（EDF）工业质量与核技能部门主管阿兰·特兰泽（Alain Tranzer）表示，EPR2 项目的主要目标之一是降低欧洲 EPR 建设项目的返工率，最终目标是较弗拉芒维尔（Flamanville）核电厂 3 号机组降低 90%。法国电力集团（EDF）最新预估显示，弗拉芒维尔 3 号机组造价将达到 124 亿欧元（约合 138.9 亿美元），是初始预算的 3 倍多，投运时间也要推迟。

在项目管理方面，法国电力集团（EDF）已针对年中节点作出两项承诺，包括对大型项目实施更有效的监管，以及根据项目推进状态，完善相关准备工作。目前，英国的欣克利角 C（Hinkley Point C）核电项目的返工率相比于弗拉芒维尔核电厂 3 号机组已减少一半。

3. 科技创新

法国电力集团（EDF）拥有全球顶级的核电站反应堆设计和控制能力，以及放射性废物管理和核设施拆除能力。这些科技创新能力有助于不断改进项目管理和质量控制，法国电力集团（EDF）研究与发展部开发的质量管理模型图如图 11-3 所示。

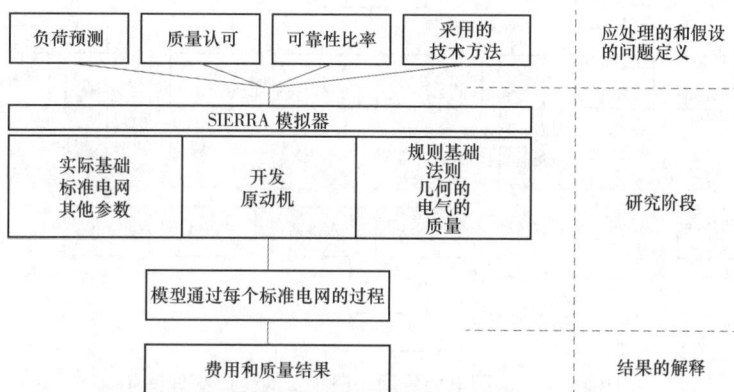

图 11-3　EDF 研究与发展部开发的质量管理模型图 ❶

在科技侧，法国电力集团（EDF）成立研发中心，创立核电设计和废物管理科技公司，收购法马通公司（Framatome），并创立孵化器和风险投资基金。法国电力集团（EDF）并购了 Framatome 75.5% 的股份，掌握了核电站反应堆的设计、建设安装、控制和维护等全球顶级专业能力，并且创建了致力于废物处理和退役活动的全资子公司西克里夫公司（Cyclife），成为欧洲放射性废物管理及核设施退役和拆除方面的领导者。法国电力集团脉冲能创未来计划（EDF pulse croissance）是法国电力集团（EDF）专门用于孵化和支持初创企业的机构。法国电力集团的脉冲创投（pulse ventures）管理集团的风险投资基金，主要投资碳中和领域科技企业。集团研发事业部在法、德、英、中、美、新和意等地设立研发中心，拥有 2663 名研发人员。

## 三、典型案例：法国电力集团（EDF）核电站的质量管理实践

法国电力集团（EDF）参与英国的欣克利角 C（Hinkley Point C）核电站项目是一个值得关注的典型案例。这一项目对法国电力集团（EDF）而言具有战略意义，旨在

---

❶ 李芬辰 . 法国电力公司的规划与电能质量方针［J］. 供用电，1995（05）：50-53.

为英国提供清洁能源并成为该国能源结构的重要组成部分。该项目是英国近年最大的基础设施投资，旨在提供可靠、高效的核能电力。法国电力集团（EDF）在英国的欣克利角C核电站项目中的参与凸显了质量管理在清洁能源领域的关键地位。作为主要投资者和运营商，法国电力集团（EDF）将质量置于核心位置，通过引入先进的反应堆技术和高效能源管理系统，致力于确保核电站的高效、可靠运行，法国电力集团（EDF）的生产管理框架如图11-4所示。

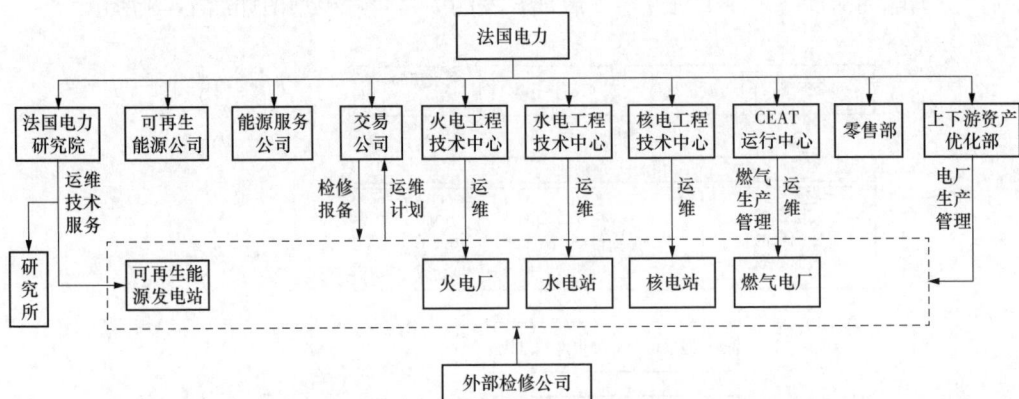

图 11-4　法国电力集团（EDF）的生产管理框架

在英国欣克利角C（Hinkley Point C）核电站项目中，法国电力集团（EDF）实施了一系列严格的质量管理措施，以确保项目建设和运营的高质量标准。

首先，法国电力集团（EDF）严格把控设备与技术质量，从反应堆核心到辅助设施全面进行质量控制，确保所有关键部件和系统符合最高安全性和可靠性标准。其次，作为跨国企业，EDF注重与众多相关方的协作，包括政府监管机构、当地社区及其他合作伙伴，通过紧密合作确保项目不仅满足质量要求，也符合法规和社会期望，从而提升项目可持续性。此外，法国电力集团（EDF）在项目中重视环境影响，采用清洁能源技术并进行全面评估，体现了对质量和可持续发展的双重承诺。

欣克利角C（Hinkley Point C）核电站项目的成功建设不仅是清洁能源发展的重要里程碑，也是质量管理在大型基础设施项目中的成功实践。法国电力集团（EDF）通过强化质量管理，为清洁能源行业树立了标杆，彰显了其在可持续发展领域的引领地位。

## 四、法国电力集团（EDF）质量管理实践启示

法国电力集团（EDF）的质量管理实践为全球能源产业提供了值得学习的模式。其以安全为核心，结合持续创新和人才培养，全方位地推动了质量管理的实施。这种全面、科技驱动、人员参与和以客户为中心的质量管理模式值得学习和借鉴。

质量管理的全面性：质量管理不仅仅是产品的质量，还包括了服务、环境等方面的质量。

持续创新的重要性：通过持续创新，法国电力集团（EDF）保持了其在全球核电产业的领先地位。

人才的培养与投入：良好的质量管理需要培训有素的人才支持，人力资源在质量管理中的作用不容忽视。

以客户为中心的思维方式：所有的质量管理工作，最终都是为了满足客户的需求和期待，客户导向思维在质量管理中起到了关键作用。

# 第二节　新加坡能源集团（SP Group）质量管理实践

## 一、新加坡能源集团（SP Group）介绍

### （一）新加坡能源集团（SP Group）简介

新加坡能源集团（SP Group）如图 11-5 所示，是亚太地区一家主要的能源公司，为客户提供驭能未来的低碳智慧能源方案。新加坡能源集团（SP Group）在新加坡和澳大利亚拥有并运营电力与燃气的输配和经销事业，并在亚太区推行永续能源方案。作为新加坡国家电网经营者，新加坡能源集团（SP Group）为新加坡工业、商业和住宅客户提供世界级的电力与燃气的输配、分销和市场支持服务。除了传统的能源服务，新加坡能源集团（SP Group）也为新加坡和区域客户提供一系列可再生能源和可持续能源方案，如光伏、微电网，商业区域和城镇住宅供冷供热系统、电动车快速充电和数字化能效管理系统等。

图 11-5　新加坡能源集团（SP Group）

## （二）新加坡能源集团质量理念与策略

新加坡能源集团（SP Group）的质量管理理念强调"以客户为中心、不断创新、追求卓越、可持续发展"。为客户提供高质量、高效率的服务是其根本的使命和责任。同时，新加坡能源集团（SP Group）相信通过持续的质量改进和员工的参与，可以确保客户满意和业务成功。

新加坡能源集团（SP Group）质量管理基本策略如下：

（1）客户为中心：公司坚持以客户为中心的理念，定期收集和分析客户反馈，以了解他们的需求和期望。

（2）集成质量管理体系：新加坡能源集团（SP Group）实施了集成质量管理体系，涵盖了 ISO 9001、ISO 14001 等国际标准，确保了质量、环境和健康安全的协调发展。

（3）数据驱动的决策制定：通过分析大数据，了解客户需求和市场趋势，以数据为基础制定决策，确保决策的准确性和效率。

（4）可持续发展策略：将可持续发展整合到整个质量管理流程中，确保公司在追求经济效益的同时，也关注社会责任和环境保护。

## 二、新加坡能源集团（SP Group）质量管理体系特色实践

新加坡能源集团（SP Group）作为新加坡领先的能源公司，致力于提供可靠、高效的能源服务，并始终将客户满意度和质量管理置于首位。为了实现该目标，新加坡能源集团（SP Group）采用了"零缺陷"质量战略，并实施了先进的数字化能源管理，以确保其质量管理体系的高效运作和持续改进，新加坡电网管理的策略方向图如图 11-6 所示。

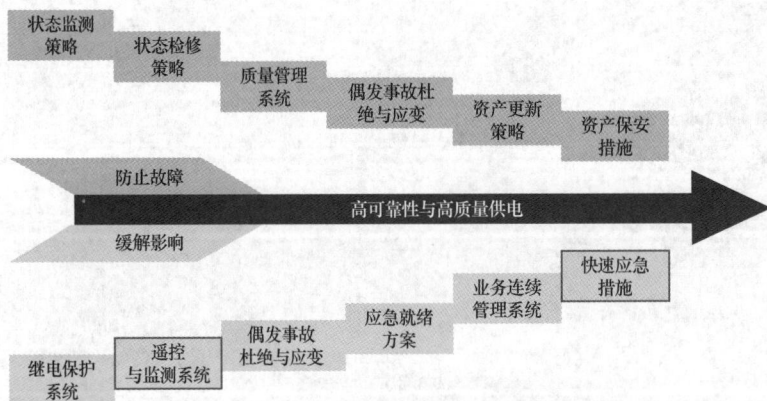

图 11-6　新加坡电网管理的策略方向图

### （一）"零缺陷"质量战略

新加坡能源集团（SP Group）采用了"零缺陷"质量战略的最佳实践模型（optimize plan learn execute，OPLE）如图 11-7 所示，即全面质量领导（total quality leadership）、过程管理（process management）、员工参与（employee involvement）和客户导向（customer focus）。这个模型帮助企业系统地实现质量目标，并确保质量管理体系与组织的实际业务过程紧密结合。

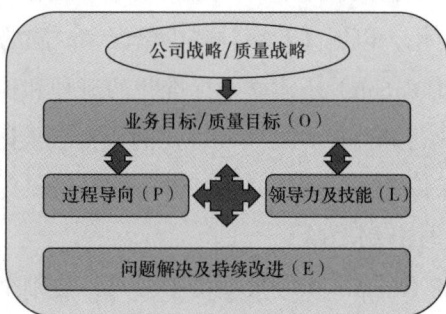

图 11-7　OPLE 模型

**1. 全面质量领导——高层管理的承诺与行动**

新加坡能源集团（SP Group）实施了全面质量领导，确保高层管理人员对质量目标的重视和领导。他们通过建立明确的质量政策和目标，以及制订质量改进计划，向全体员工传达了对质量的重视和承诺。高层管理人员积极参与质量管理活动，为质量管理提供了强有力的支持和指导。

首先，他们确保制定了明确的质量政策和目标，这些目标旨在提高服务质量、减少能源浪费及保障客户满意度。这些政策和目标不仅被制定出来，而且还被积极传达给全体员工，确保每个人都清楚了解公司对质量的承诺和期望。

其次，高层管理人员还通过制订质量改进计划，将质量目标转化为具体的行动计划。这些计划包括改进现有的业务流程、引入新的技术和方法、提高员工培训水平等方面。这些计划不仅是为了解决当前的质量问题，更是为了确保公司的长期发展和竞争优势。

最后，高层管理人员本身也积极参与质量管理活动。他们参加质量评审会议、审查质量报告、支持质量培训等活动，展现了对质量管理的重视和关注。他们不仅是质量管理的决策者，更是质量管理的倡导者和推动者，为质量管理提供了强有力的支持和指导。

**2. 过程管理——策略、实施与成果**

新加坡能源集团（SP Group）重视过程管理，注重对业务过程的持续改进和优化。其采用了系统的过程管理方法，对关键业务过程进行了深入分析和优化，以确保过程的稳定性和一致性。通过建立和执行标准化的流程和程序，提高了工作效率，降低了错误和缺陷的发生率，实现了质量的持续改进。

新加坡能源集团（SP Group）通过内部审核和评估程序，定期对各个关键业务过程进行审查和分析。这些审查包括对能源供应链的管理、客户服务流程、能源生产和分配流程等方面。通过这种方式，可以识别出存在的问题和瓶颈，并制订相应的改进计划。

一旦问题被识别出来，新加坡能源集团（SP Group）会实施一系列措施来优化这些业务过程。例如，引入了新的技术和工具来自动化和优化一些繁琐的流程，或者对现有的流程进行调整和简化，以提高效率并减少错误和缺陷的发生。

新加坡能源集团（SP Group）还建立了标准化的流程和程序，以确保每个关键业务过程都得到了统一的执行和监控。这些标准化的流程会被记录在文件中，并向员工进行培训和沟通，以确保每个人都清楚并了解自己的责任和义务。

3. 员工参与——培训与激励之路

新加坡能源集团（SP Group）积极推动员工参与，鼓励全体员工积极参与到质量管理活动中来。通过培训和教育，强化员工的质量意识并提高员工的技能水平，使其能够主动参与质量改进和问题解决过程。新加坡能源集团（SP Group）定期组织各种形式的培训和工作坊，旨在向员工传授质量管理的理论知识和实践技能。这些培训课程涵盖质量管理工具和技术、问题解决方法、团队合作技巧等内容，使员工能够具备应对各种质量挑战的能力。

除培训外，新加坡能源集团（SP Group）还通过内部沟通渠道，如公司内部网站、员工通信等，向员工传达质量管理的重要信息和要求。这有助于增强员工对质量管理的认识和理解，激发他们参与质量管理活动的积极性。

同时，新加坡能源集团（SP Group）还建立了一套奖励和激励机制，以鼓励员工积极参与质量改进和问题解决。这些奖励和激励包括奖金、表彰、晋升机会等，以及其他非物质性的激励，如员工表彰会、荣誉证书等。这些奖励和激励措施旨在激发员工的积极性和主动性，鼓励他们提出改进建议和质量优化方案，从而推动质量管理的持续改进。

4. 客户导向——客户满意度与业务增长

新加坡能源集团（SP Group）将客户导向视为公司的核心价值观，并通过一系列实践措施确保客户需求和期望始终置于首位。

（1）建立有效的沟通机制：新加坡能源集团（SP Group）通过多种渠道与客户进行密切的沟通，包括在线平台、客户服务中心、电话联系等。这些沟通渠道使得客户可以随时随地与公司进行联系，并及时反馈他们的需求、意见和投诉。

（2）了解客户需求和反馈：新加坡能源集团（SP Group）积极倾听客户的声音，

通过定期的调研、问卷调查、客户反馈会议等方式了解客户的需求和反馈。他们不仅关注客户的满意度，还注重了解客户的期望、诉求和挑战，以便有针对性地改进产品和服务。

（3）持续改进和优化产品和服务：基于客户的反馈和意见，新加坡能源集团（SP Group）不断改进和优化他们的产品和服务。这包括调整产品功能、改进服务流程、提高服务质量等方面的改进措施。通过不断提升产品和服务的质量和可靠性，新加坡能源集团（SP Group）致力于提高客户的满意度和忠诚度。

（4）实现持续的业务增长和发展：通过不断改进和优化产品和服务，提高客户满意度和忠诚度，新加坡能源集团（SP Group）能够实现持续的业务增长和发展。满意的客户往往会成为忠诚的长期客户，并通过口碑和推荐带来更多的业务机会，为公司的业务增长和发展注入源源不断的动力。

**（二）数字化能源管理**

新加坡能源集团（SP Group）的数字化能源管理体系是一项集成了多种先进技术的系统，旨在实现能源使用的智能化管理和优化。

1. 物联网技术

新加坡能源集团（SP Group）利用物联网技术在能源网络中部署了大量传感器和设备，实现了对能源使用情况的实时监控。这些传感器可以安装在电力输配电网、能源生产设施、能源消费设备等关键节点，覆盖了整个能源系统。传感器能够实时采集各种数据，包括电力负荷、能源流向、设备运行状态、能源消耗情况等。

这些数据通过网络传输到中央系统，进行实时分析和处理。新加坡能源集团（SP Group）建立了先进的数据处理和分析平台，利用大数据技术和人工智能算法对数据进行深入分析。通过实时监控和数据分析，能够及时捕捉到能源系统的运行状态，并发现潜在的问题或异常情况。例如，当某个区域的电力负荷突然增加，系统可以立即发出警报，并通过分析数据来确定原因，可能是由于某个设备故障或突发事件导致的。这种实时监控和预警能力可以帮助新加坡能源集团（SP Group）及时采取措施，防止潜在的故障或事故发生，保障能源系统的稳定运行。

此外，通过对历史数据的分析，系统还可以识别出能源使用的模式和趋势，为未来的能源规划和优化提供参考。例如，系统可以分析某个区域的能源需求随季节、时间和天气变化的规律，从而优化能源分配和调度，提高能源利用效率。

2. 人工智能

新加坡能源集团（SP Group）在人工智能领域的应用旨在利用大数据和先进的算

法来优化能源分配，提高能源使用效率，并预测未来的能源需求，从而实现能源系统的智能化管理。

首先，新加坡能源集团（SP Group）通过收集大量的能源数据，包括电力负荷、能源生产和消费情况、气象数据等，建立了一个庞大的数据集。然后，他们利用人工智能算法对这些数据进行深入分析。这些算法包括机器学习、神经网络、数据挖掘等技术，能够从数据中发现隐藏的模式和规律。

通过对数据的分析，新加坡能源集团（SP Group）能够更好地理解能源使用模式。他们可以识别出不同时间段和地区的能源需求特征，包括高峰期和低谷期、工作日和周末等。这些信息使得他们能够根据实际需求调整能源分配策略，避免能源浪费和过度消耗，从而提高能源利用效率。

新加坡能源集团（SP Group）还利用人工智能算法预测未来的能源需求。通过对历史数据的分析和建模，他们能够预测未来几小时、几天甚至几周的能源需求情况。这种预测能力使得他们能够提前做出相应的调整，确保能源供应的充足性和稳定性，同时避免能源过剩或不足的情况发生。

3. 综合能源支撑服务

新加坡能源集团（SP Group）作为能源管理领域的先驱，通过其综合能源服务的提供，致力于推动绿色、可持续能源的发展，为新加坡和其他地区的可持续发展贡献重要力量。其中，光伏发电是其重要项目之一，通过在建筑物的屋顶、停车场的遮阳棚等区域布设光伏板，利用太阳能进行电力发电，减少对传统能源的依赖，降低碳排放，实现了对可再生能源的充分利用。这不仅有助于减缓气候变化的影响，还为未来能源供应的可持续性提供了重要支持。

新加坡能源集团（SP Group）还致力于打造高效的区域供冷供热系统，为大型建筑、商业区和工业园区提供节能环保的供暖和制冷服务。通过集中式供冷供热系统的建设和管理，能够有效降低能源消耗，减少能源浪费，从而进一步减少碳排放。这种系统不仅提高了能源利用效率，还为用户提供了更加舒适和可靠的供暖和制冷服务，为节能减排事业作出了实际贡献。

同时，新加坡能源集团（SP Group）还在积极推动电动车充电网络的建设，为电动交通的发展提供了关键支持。通过在公共场所、商业区和私人停车场等地建设充电设施，为电动车提供便捷的充电服务，推动了电动交通的普及和发展。这不仅有助于减少道路交通排放，改善城市空气质量，还为建设清洁、低碳的城市交通体系奠定了坚实基础。

### 三、典型案例：新加坡能源集团（SP Group）在可再生能源领域中的质量管理实践

新加坡能源集团（SP Group）在质量管理方面展现了显著的实践和努力。作为新加坡主要的能源服务提供商，新加坡能源集团（SP Group）在确保能源服务的可靠性和高效性方面一直处于前沿地位。新加坡能源集团（SP Group）于2019年启动了太阳能项目，通过积极投资于太阳能电站，将清洁能源整合到其能源网络中。这个项目使得公司确保了先进技术的高效整合，维护了设备的可靠性和性能。这不仅提高了清洁能源的产量，也强调了新加坡能源集团（SP Group）在能源领域质量卓越的承诺体现了它在推动可持续发展中的关键角色。

尽管新加坡能源集团（SP Group）在可再生能源领域取得了显著进展，但仍面临季节性和不稳定性的挑战。例如，太阳能发电在阴雨季节或夜间明显减少，导致电力供应波动。这种不确定性要求新加坡能源集团（SP Group）实施更为复杂的能源管理策略，包括依赖其他可再生能源或储能技术来弥补波动。此外，高度依赖太阳能的系统可能在天气突变时经历不稳定性，需要引入智能化系统来调整和平衡能源供应。这些挑战要求新加坡能源集团（SP Group）在技术创新和智能系统方面不断演进，以应对可再生能源的季节性和不稳定性带来的复杂性。

作为回应，新加坡能源集团（SP Group）加强了数据监控系统，实时监测能源产生和分配的关键参数，以更好地调整和平衡能源供应，提高能源服务的可靠性。公司还通过引入技术创新和智能化系统，提高了能源生产和分配的效率。这一努力不仅加强了能源供应的稳定性，还使新加坡能源集团（SP Group）处于能源行业的领先地位。同时，新加坡能源集团（SP Group）注重员工培训和安全标准，确保员工具备最新的技术和安全知识。通过与供应商和合作伙伴建立紧密的关系，公司保障了从供应商获取的设备和材料符合高质量标准，确保供应链的透明度和可追溯性。

### 四、新加坡能源集团（SP Group）质量管理实践启示

新加坡能源集团（SP Group）的质量管理实践提供了一个全面、集成、以客户为中心的优秀内容。它的质量管理体系不仅关注了产品和服务的质量，还涵盖了环境和社会责任。通过强调数据驱动的决策、持续改进文化、员工的参与和发展，新加坡能源集团（SP Group）为客户提供了可靠、高质量的电力服务，同时也为社会和环境作出了贡献。

（1）技术与质量并重：新加坡电力的实践告诉我们，技术和质量是相辅相成的，先进的技术可以大大提高质量管理的效果。

（2）客户为中心：无论公司的规模和业务领域如何，都应始终以客户为中心，了解并满足他们的需求。

（3）员工的培训和发展是关键：新加坡电力重视员工培训，认为只有不断提高员工的技能和知识，才能确保质量的持续改进，并通过各种机制推动了全公司范围的持续改进文化。

" 以质量管理和力求变革为核心，而非以数量为核心。"

——三星集团前会长

李健熙

# 第十二章

# 电网企业开展全面质量管理的问题和建议

- 电网企业在推行全面质量管理中普遍遇到的一些问题（从管理意识、机制设计及操作实践三个层面展开），如图 12-1 所示。

- 笔者针对这些常见问题的实施建议

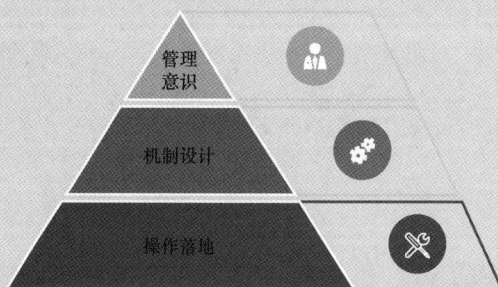

图 12-1　电网企业全面质量管理经验教训及实施建议重点

# 第一节　国内电网企业全面质量管理常见问题

## 一、管理意识层面

### （一）领导对全面质量管理重视程度不够，相关工作未亲自参与

在电网企业推行全面质量管理过程中，经常出现高层领导对全面质量管理理念、方法的理解不够全面和深入，导致推进方向和策略失误的问题。

第一，领导层对该工作的重视程度不足，公司一把手没有亲自参与该项工作；"全面质量管理工作必须是一把手工程"，在工作的关键节点，一把手必须亲自参与、亲自指挥、亲自协调。只有这样，各级干部与员工才能够重视这项工作，公司的各项资源也能向这个项目倾斜。某些领导未意识到推行全面质量管理是一项体系化、系统性，且深入基层管理细胞的工作（在某些情况下，甚至有必要对企业管理体系进行重构）。在决策时，认为全面质量管理就是"赶时髦"或者单纯完成某项特定工作任务。因此，并未下定决心要全面、深度地推行全面质量管理，在行动上也停留在开开会、布置任务、喊喊口号等方面，并未深度参与和统筹推动，导致全面质量管理在企业流于表面或浅尝辄止，并未深度推行。这样的全面质量管理工作就是一阵风，推行几年也不会有真正的成效。

第二，未意识到全面质量管理是一项循序渐进、持续开展的工作，需根据企业所处的发展阶段和自身特点，匹配不同的应用策略。如在管理基础较为薄弱的企业，需以基础管理提升、管理标准化建设等工作为首要目标，先打牢管理基础，再寻求企业管理创新提升。某些管理者经常出现"急功近利"的心态，上来便"以结果论"，锚定在短期内实现某些关键指标的提升，或以质量奖项申报为第一目标，忽视循序渐进和持续应用，从基础做起。此外，推行节奏过快，未根据员工基础素质和技能情况匹配培训教育及工作方式，员工可能因为无法快速适应而产生抵触情绪。领导层要意识到全面质量管理工作的推进，是一个长期持续的过程；"一年两年才刚起步，三年五年才能见到成绩"，这个说法并不夸张。

### （二）全面质量管理仅依靠某一部门推行，专业部门参与不深

领导层若未意识到全面质量管理需要全员参与、全员学习的情况下，会出现一系列工作职能分工不明、资源协同配置不到位等问题。

首先，由于电网企业各部门职责划分的原因，全面质量管理推行工作通常会落到

某一部门（如企管部 / 办公室 / 发展部 / 创新部等），由某一个部门或科室来牵头，甚至由某一个专责来负责；其他各部门、各层级人员不了解，或者主观上不愿参与，导致全面质量管理工作推行不佳，或者根本无法推进等问题。如在某供电企业，领导只安排企管部负责推行全面质量管理，未明确各专业部门"全员全面、深度参与"的工作原则，其他专业部门事不关己，导致企管部只能简单收集资料，拼凑出自评诊断报告、改进提升计划等成果文件，因此完全失去了推行全面质量管理的意义。全面质量管理工作的推进，离不开规划、基建、生技、营销、调度、人力资源等部门的深度参与，在专业问题的诊断、改进、实施等方面，这些部门才是主角，企管部只是协助的角色。

其次，领导层未认识到推行全面质量管理需建立在员工熟练掌握相关知识、理念、方法工具基础之上，忽视了全员学习的重要性（并且这个学习需要贯穿全面质量管理的全过程和各个阶段），导致员工在工作过程中缺乏相关概念和知识技能，很多工作也无从下手。

最后，领导层未认识到推行全面质量管理需做好相关资源的配置，如人力资源配置（关键部门需要专职岗位来推进，需要大量多频次的人员培训、需要聘请外部专家来参与等）、财务资源配置（必要的外部调研学习、人员培训、理念宣贯 / 氛围营造等费用支出）、信息技术资源（与公司现有的信息系统、技术资源有效结合）等，导致相应工作无法有效开展，全面质量管理推行效果不佳。

**（三）全面质量管理与已有管理体系融合不足，沦为"两张皮"**

在推行全面质量管理过程中，未根据企业特征和管理现状进行灵活调整和应用，并与现有的管理体系融合不足，导致推行效果不佳。

第一，在自评标准的选择和建立方面，由于电网企业的行业特殊性，机械套用卓越绩效国标或行业团标，并不能完全适合企业开展管理成熟度自评和诊断，在推行过程中会出现"水土不服"的现象。如果企业未对其进行适用性修编或灵活调整，则会存在部分标准条款完全不适用、自评效果不佳、问题浮于形式等问题。

第二，在开展全面质量管理体系的顶层设计时，未充分继承发展已有的质量管理活动及成果（如精益生产、QC小组、职工创新等），也未与企业已有的专业管理体系进行充分融合（如组织绩效管理体系、战略管理体系、资产管理体系、人力资源管理体系、对标管理体系等），而是"另起炉灶"，重新建立一套新的评价标准体系、改进提升体系等。不仅造成管理上"政出多门，标准不一"，而且极大增加了管理负担和基层业务工作量。

## 二、机制设计层面

### （一）常态化工作组织及岗位缺失，部门间协同不足

在全面质量管理推行中，有些企业没有明确的推进组织和专职岗位，相关工作都是企管部 / 办公室某些岗位兼着在做，很多大型地市电网企业就只有一个专责来负责这项工作，而这个专责还同时负责管理创新、对标管理等其他专业工作。在营销部 / 生技部等专业部门层面，负责全面质量管理工作的同事也不固定，这就造成工作效果大打折扣。

另外，企业内缺乏有效的协同工作机制，部门间壁垒严重，部门间的沟通协作难度大；即使企业建立了全面质量管理工作小组，但小组往往流于形式，缺少实质性的推进机制，也缺乏奖惩考核机制，这就造成很多工作无法落实到专业部门，即使布置了，完成效果也很不理想。

### （二）人才队伍建设不足，配套的人才发展机制缺失

企业在全面质量管理人才队伍的建设方面，存在整体性和持续性两方面的欠缺。整体性欠缺方面，主要表现为只针对某几个人或某一群体（如只针对关键部门的管理专责或各部门负责人）进行全面质量管理的教育培训，而忽视全员（特别是基层员工）。持续性欠缺方面，主要表现为只在全面质量管理的初期开展相关教育培训，而未随着工作阶段的推进，开展各阶段对应的培训（如理念标准宣贯、自评实操培训、改进提升培训等），以及未开展定期、常态化的人员培训。

此外，在人才考核激励、晋升通道等方面，企业往往没有将全面质量管理工作同已有的人才培养体系结合起来，员工的积极性存在不足。以上几点，均需要在企业的人才培养体系方面进行优化。

### （三）成果固化机制不健全，好的做法不能有效推广

包括全面质量管理在内，很多管理体系建立后，效果往往不是一蹴而就的，需要一定过程和时间的沉淀。由于体制性原因，很多企业开展全面质量管理往往存在"一阵风"的现象，"虎头蛇尾""光打雷不下雨""换个领导就换个样"，这就很难产生好的成果，即使有成果，系统内也难以有效推广。

第一，企业没有把全面质量管理融入已有的企业管理体系，现在电网企业都有管理创新、科技创新、软课题、QC 项目等管理手段，全面质量管理如何跟上述的管理手段进行充分融合，有效提升管理短板、解决管理痛点，很多企业没想清楚，未能充分发挥全面质量管理工作这个"总抓手"的作用，相关工作"各做各的"，工作效果不突出、也产生了很大的浪费。

第二，即使公司内已经出了一些好的成果，由于电网企业在部门之间、单位之间信息壁垒高筑，好的实践经验和教训并未得到有效传播和利用，好的成果也未通过制度化、标准化的方式固定下来，没有构建相应的管理成果库，未形成可持续和可复制的管理模式，造成好的经验、做法不能移植到其他单位（甚至难以移植到本单位的其他部门）。

## 三、操作落地层面

### （一）基层工作负担多、压力大，质量工作疲于应付

中高层在总体方案制订、工作策划、标准制定等方面的工作量很大，越到基层和班组，工作应该越简单。班组层面，按照标准化的流程，做好本班组的本职工作；遇到问题，可以自己分析问题、解决问题；管理指标也能够达到公司的管理要求；上述这些工作完成了，本班组的全面质量管理工作也就完成了。针对某个基层岗位，很多时候只需要完成某一件事情，本岗位的质量管理工作也就完成了。基层工作不是越系统、越复杂越好，应该是越简单、越聚焦越好。最好的状态是每个岗位只需要完成一两件核心工作，每个岗位的工作都完成了，本班组 / 部门的质量管理也就做得很好。

有些企业在全面质量管理的推行过程中，没有把握基层工作的特点，没有贴合基层的工作实际，盲目下发工作任务，增加了基层工作负担，最终基层班组也只是疲于应付，实际效果可想而知。

### （二）基层班组缺乏专业工具的应用，质量工作流于表面

此外，在工作推行过程中，基层员工由于没有掌握质量管理相关的工具和方法，很多工作流于形式，工作效果大打折扣。例如，在自评诊断查找自身问题的过程中，靠经验进行总结汇报式的自评描述，而非深度应用 ADLI 的框架和方法开展自评；在改进提升过程中，靠经验进行业务问题的根本原因分析和改进措施制定，而没有应用专业的、定量和定性相结合的 QC 工具、精益 / 六西格玛专业工具，导致问题分析流于表面，改进提升效果不佳。最终，全面质量管理工作也只是走过场，并未能发挥巩固优势、提升短板的作用。

### （三）企业未建立深入人心的质量文化，质量工作流于形式

企业现有的文化体系跟质量管理的融合不足，导致多数企业没有建立适合本企业的质量文化。在质量管理工作中，可能过于注重表面的形式和文档记录，而忽视了实质性的过程改进和质量意识的真正植入，使得质量文化成为"纸上谈兵"，无法在实际工作中得到有效落实。质量管理工作中，未能充分调动全体员工的积极性，无论是培训还是质量管理说动，特别是基层员工的参与度不高，使得质量改进成为少数管理

层的事情，而非企业全员的共同责任。此外，在某些企业中，可能因为保守思想或风险规避，缺乏持续改进和创新的动力，导致质量管理水平停滞不前，不能适应市场、政策和技术的快速变化。

# 第二节　国内电网企业全面质量管理实施建议

## 一、管理意识层面

### （一）领导层亲历亲为，统筹推动全面质量管理工作实施

首先，电网企业领导要加强对全面质量管理理念方法的学习，思考全面质量管理如何为企业增值。要下定决心，全面、持续地推行全面质量管理，做好打"持久战"的准备。其次，对企业当前所处的发展阶段进行评估（通过对标，了解自身的管理现状，以及自身质量管理的水平，也就是管理成熟度），通过各种管理手段补短板、打牢基础管理，补短板的同时也要巩固好自身的优势。最后，将全面质量管理工作打造成"一把手"工程，领导亲自抓、亲自参与，并根据自身情况，设立涵盖企业高层领导者、中层管理者的全面质量管理领导机构和工作机构；制订长、短期全面质量管理工作方案，高层领导在各阶段和各环节实时决策、深度参与、协调资源及成果质量把控，统筹推进全面质量管理工作。

### （二）推行"全员学习、全员参与"，构建全方位的工作体系

（1）要秉持和践行"质量跟我有关"的理念，组织引导企业"全员学习、全员参与"。在全员学习层面，针对企业各层级、各专业员工，开展差异化培训工作，如针对领导层主要聚焦理念、标准的学习，针对基层员工主要聚焦方法工具的学习等。

在全员参与层面，要明确"领导统筹推进，牵头部门协调支撑，各专业部门深度参与"的工作方针，切实保障质量管理全面覆盖，同专业管理深度融合；可以说，各个专业部门的质量管理才是公司质量管理的核心工作。全面质量管理工作（包括标准修编、自评诊断、改进提升、总结固化）均由各部门在公司统筹安排下组织实施，牵头部门（如企管部、发展部、创新部等）主要负责统筹安排、活动组织及问题协调等。

（2）完整配置所需的各种资源要素，构建全方位的工作体系，如人才培养体系（自评师/评审师培养、质量改进人才培养等）、短板的分析与改进体系（如何识别短板，如何将短板闭环改进）、质量文化体系（包括文化打造、氛围营造等）、内外部资源（包括内部专家团队开发、外部专家指导引入等）等内容，确保全面质量管理相关资源配置到位。

### （三）与现有业务管理深度融合，在已有成果上继承创新

首先在制定全面质量管理推行策略时，要梳理企业现有的业务管理体系，并在全面质量管理自评标准修编时，将业务管理的核心要求融入自评标准中，实现全面质量管理在自评标准层面与业务管理体系的融合。其中，在过程管理层面，要将各专业管理中的重点管理要求、核心业务流程融入过程管理的自评标准中，并且尽可能保留灵活性，给基层自由创新的空间。在结果管理层面，要把结果评价指标同各专业管理现有的绩效指标深度融合。每个专业、分子公司要有自己的质量评价指标，并且这个指标简单、易懂、能够对比分析。

此外，运用全面质量管理框架，将企业已有的质量管理活动进行整合，如针对自评诊断发现的问题进行分类，差异化使用管理创新、软课题、QC、技术创新、精益六西格玛的 DMAIC 等活动进行承接，运用这些传统的质量管理手段，实施闭环改进。即使设计一些新的质量管理活动，如质量论坛、质量改进月等，也要跟企业已有的活动结合起来。总而言之，全面质量管理不是新鲜事物，要继承发展，要避免"两张皮"。

## 二、机制设计层面

### （一）构建多层级组织体系及工作机制，提供组织保障

第一，电网企业要牢牢把握全面质量管理"一把手工程"特性，在推行之初，要成立以企业主要领导为首的领导小组，为全面质量管理工作"指方向、定基调、控节点、评成效"，高层领导要统筹谋划、专题研究、亲自部署，并协调解决过程中的难题。成立涵盖各部门主要负责人及核心业务骨干的全面质量管理工作小组，负责贯彻领导小组的决策事项，组织落实全面质量管理的各项应用工作（包括学习掌握理念知识和方法工具、进行自评标准修编、实施自评诊断和改进提升等），配合领导层及牵头部门协调解决工作推进中的有关问题，整合调动各方资源，保障全面质量管理工作落到实处。

第二，在工作推行过程中，建立定期沟通协商机制（如启动会、推进会、周会及月度例会等），实时沟通工作推进过程中的问题阻碍和待解决事项，必要时，由高层领导进行协调和统筹安排（关键会议，一把手必须参与）。建立联合办公机制，如在某专业部门的自评诊断和改进提升过程中，组建"1+1+$N$"工作小组，"1+1+$N$"自评诊断工作体系如图 12-2 所示，即由 1 名牵头部门工作人员（负责工作的组织和协调），1 名自评师（内部或外部均可，负责自评诊断的技术指导），$N$ 名专业部门人员（包含 1 名部门负责人和若干名骨干成员，负责本专业的自评诊断和改进提升实施）。这样，以高效的工作协同可切实提高本专业相关工作的效率。

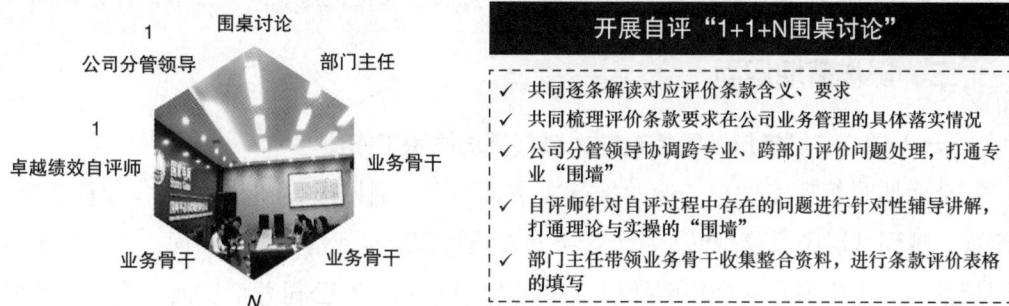

| 开展自评"1+1+N围桌讨论" |
| --- |
| ✓ 共同逐条解读对应评价条款含义、要求 |
| ✓ 共同梳理评价条款要求在公司业务管理的具体落实情况 |
| ✓ 公司分管领导协调跨专业、跨部门评价问题处理，打通专业"围墙" |
| ✓ 自评师针对自评过程中存在的问题进行针对性辅导讲解，打通理论与实操的"围墙" |
| ✓ 部门主任带领业务骨干收集整合资料，进行条款评价表格的填写 |

图 12-2 "1+1+N" 自评诊断工作体系

### （二）构建差异化人才培养体系，打通人才发展通道

全面质量管理的胜负在于"人"。首先，企业要构建全方位的全面质量管理人才培养体系。一是明确人才培养需求，梳理需要培养哪些人才，如推进者、自评师/评审员、质量改进人才等。二是明确培训方式，是自己开设培训班，还是组织人员参加外部机构培训活动（如中国质量协会开设的各类培训班）。每种培训方式各有利弊，在推行初期，应以参与外部培训班为主；进入常态化开展后，以企业自己开设培训班进行培训为主。三是针对不同层级人员，开展差异化教育培训，确保各层级人员能够掌握全面质量管理工作推行过程中所需具备的技能。

然后，企业要把全面质量管理人才的发展通道与现有的人才发展通道结合起来。如在职级、职称的晋升评审时，针对获得"自评师/评审员"的员工或者取得一些质量奖项的员工，增加他们在考评时的权重，让员工有动力、有意愿去参与各类质量管理活动。

### （三）建立成果闭环与推广机制，固化已有的改进成果

（1）电网企业要重视自评诊断中发现的问题、短板，针对各项问题进行分类，有些需要上级单位的参与才能改进的，就通过专题项目的形式上报上级单位；有些是本单位就可以改进的，通过管理创新/精益管理/QC项目的形式来实施改进。然后，通过把改进举措固化到管理流程中，将其制度化、标准化、流程化，实现问题短板的管理闭环。

（2）电网公司应构建改进项目的"成果库""案例集"，及时评估和总结优秀改进项目、典型案例，在公司推广应用优秀的管理经验和改进项目，建立全面质量管理成果固化机制，最终形成"自评诊断—问题聚焦—改进提升—固化推广"的闭环机制。并积极搭建分享交流平台，如"质量论坛""质量周""质量竞赛"等活动。牵头部门要为专业部门赋能，提供全面质量管理理论、工具和方法支撑，专业部门为全面质量管

理实践提供验证环境，营造全面质量管理和专业管理相互促进、共同发展的良好氛围。

## 三、操作落地层面

### （一）建立"倒梯形"管控机制，减轻基层质量工作负担

全面质量管理工作在企业的推行应该是一个"倒梯形"，上层的工作比较系统、全面，越到基层应该越简单。从上至下，在策划、承接和落实三个层面，工作任务的层层推进，更应该是一个"倒梯形"如图 12-3 所示。在公司总部层面，在工作策划和顶层设计时，秉持"专业融合"的原则，将全面质量管理与已有的管理体系相融合，形成"全面质量管理+"的模式，具体工作包括设计总体方案、对标管理、设计评价标准、评价流程等。在各部门 / 单位层面工作承接时，要对工作任务进行层层筛选、分类，再针对不同的基层岗位进行任务分配，明确工作计划、改进计划、改进方案的落实等。在基层岗位的落地操作层面，应该更聚焦，响应"减负"的要求，基层班组只需完成本专业的核心工作，会应用管理工具、会分析问题、会解决问题，这样基层的质量管理工作就完成了。

图 12-3　全面质量管理"倒梯形"管控机制

### （二）强化基层工具方法的应用，促进质量问题的解决

基层的质量管理工作可以简单总结成一句话：在质量管理全过程中，基层员工会分析问题、会解决问题。因此，企业要注重引导基层员工摒弃经验主义，养成"遇到问题，先找工具方法"的习惯。针对基层员工，要强化方法工具的学习和应用。可通过体系化的方法工具培训、编制方法工具手册、典型案例学习等方式，使员工切实掌握全面质量管理工作各阶段所需的工作载体及方法工具（相关工具和方法，可以参考第六章　质量管理技术与工具）。

此外，企业可在管理工具数字化等方面开展研究，通过数字化手段提升管理工具使用的广泛性和适用性，提升方法工具使用效率和便捷性。

### （三）建立全员质量意识，培育全面质量管理文化

建立全员质量意识，确保每个员工都能认识到自己在质量管理体系中的角色和责任。通过质量培训、工作坊、质量日等活动，提升员工的质量知识和技能，鼓励员工提出改进建议，形成自下而上的质量改进机制。根据企业实际情况，建立和完善符合实际操作的质量管理体系，避免形式主义，确保制度既有指导性又具可操作性。建立有效沟通机制，确保质量信息的透明和流畅交流，建立质量问题报告和反馈渠道，鼓励员工上报问题而不必担心惩罚，形成开放的沟通文化。建立与质量表现挂钩的激励机制，对表现优异的个人或团队给予奖励，同时对质量问题实施严格的责任追究，确保质量目标与个人利益紧密相连。将质量文化作为企业品牌建设的一部分，通过质量口碑提升品牌形象，形成独特的竞争优势。将"质量第一"的理念融入企业文化和价值观，让质量成为企业的 DNA。

以质量和服务取胜，为客户提供价值，才是企业永续发展之道。

——松下创始人

松下幸之助

# 第十三章

# 电网企业质量管理
# 未来面临的挑战

**本章重点**

- 新技术、新理念和可持续发展理念对电网企业质量管理的挑战
- 相关方要求的变化对电网企业质量管理所带来的挑战

# 第一节　新技术对电网企业质量管理的影响

2023 年，中共中央、国务院印发了《质量强国建设纲要》（简称《纲要》），该《纲要》不仅概述了质量在推动社会经济发展中的重要地位，也强调了面对新一轮科技革命和产业变革的挑战，提高质量和效益的必要性。通过实施这一战略，旨在促进中国制造向中国创造的转变、中国速度向中国质量的转变，以及中国产品向中国品牌的转变，最终 2035 年将实现质量强国的目标。

新技术、新理念对电网企业质量管理的影响与《纲要》的要求紧密相关，主要体现在以下三个方面：

一是《纲要》强调通过技术、标准、品牌、质量、服务等核心经济发展优势的培育，推动经济高质量发展。对于电网企业而言，这意味着利用新技术，如物联网、大数据、云计算等来优化电网运营，利用新理念如需求侧管理等提高能源分配的效率和可靠性，从而提升产品质量、工程质量和服务质量，促进经济高质量运行。

二是《纲要》提出要增强产业质量竞争力。加快大数据、网络、人工智能等新技术的深度应用，促进现代服务业与先进制造业融合发展。这意味着电网企业要积极运用新技术、新理念来提升产业质量，着力提升关键环节、关键领域质量管控水平。

三是《纲要》中提到的绿色发展导向，要求企业注重环境保护和资源高效利用，大力发展绿色供应链。电网企业在升级改造和新技术应用中，需要考虑减少碳排放、提高能效和采用可再生能源等方面，以支持可持续发展目标。

根据《纲要》的要求，可以将质量维度总结为四个类别：产品质量、工程质量、服务质量和产业质量。新技术、新理念与各质量维度的关联性可以用图 13-1 和图 13-2 来概括，列举内容并不全面，仅举例。

以下从新技术、新理念、ESG 及相关方要求的变化四个方面阐述电网企业质量管理的发展趋势和方向（见图 13-1、图 13-2）。本章主要介绍未来电网企业质量管理发展的挑战，第十四章主要针对本章提出的挑战阐述未来电网企业质量管理的相应做法。

电网新技术为电网的现代化和智能化发展提供了强大动力，不仅提高了电网的运行效率和可靠性，还促进了能源的可持续发展。主要的电网新技术可以分为三大类：智能电网技术、智能数字技术（云大物移智链）、能源管理与优化技术。这些技术类别共同构成了现代电网全面质量管理的核心，每一类都在提高电网的效率、可靠性和智能化水平方面发挥着重要作用。随着这些技术的不断发展和融合，未来的电网将更加高效、灵活和可持续。

| 产业质量维度 | 供应商 | 电网公司 | 客户 | 其他相关方 |
|---|---|---|---|---|
| 与新技术、新理念的关联性 | ➢ 智能电网技术（如高级计量框架配电自动化技术、储能技术）要求供应商不断研发与提供先进的产品和解决方案，以满足电网公司对提高电网效率和可靠性的需求<br><br>➢ 云计算和大数据技术使供应商能够提供更加智能化和高效的服务，如基于数据分析的维护和优化服务，帮助电网企业优化资源分配和运营策略<br><br>➢ 数字孪生技术和电网仿真模拟技术为供应商和电网公司提供了合作开发和测试新设备、新技术在实际电网环境中应用的平台，降低实施风险 | ➢ 人工智能、物联网（IoT）、移动互联网等技术帮助电网公司提高运营效率，实现远程监控、智能维护和服务个性化，提升电网运营的智能化水平<br><br>➢ 全生命周期管理理念和ESG原则指导电网公司在规划、建设、运营和维护电网过程中考虑环境、社会和治理因素，实现可持续发展<br><br>➢ 智慧城市和智能电网理念促进电网公司与城市规划、建设者协同工作，共同打造高效、可靠和环境友好的城市能源系统 | ➢ 高级计量架构和需求侧管理使客户能够更有效地管理自己的能源使用，参与到电网的需求响应计划中，提高能源使用效率，降低成本<br><br>➢ 能源管理系统（energy management system，EMS）帮助客户优化能源消费，通过实时监控和分析能源使用数据，实现更加经济和环保的能源使用 | ➢ 区块链技术可以提高能源交易的透明度和安全性，促进电力市场的健康发展，为监管机构、环保组织等提供可靠的数据支持<br><br>➢ 云计算、大数据和人工智能等技术的应用促进了跨行业合作，如与金融、保险、建筑等行业的数据共享和服务创新，推动了整个产业生态的质量提升 |

图 13-1  新技术、新理念与产业质量的关联性

| 质量维度 | 产品质量 | 工程质量 | 服务质量 |
|---|---|---|---|
| 主要类别 | 电力供应可靠性与稳定性<br>供电安全 | 施工质量<br>项目管理 | 客户服务<br>故障响应 |
| 与新技术、新理念的关联性 | ➢ 储能技术提高了电力供应的稳定性和质量<br>➢ 云计算、大数据、物联网和人工智能提高了电网的运行效率和供电质量<br>➢ 电网仿真模拟技术和数字孪生技术提高了电网的设计和运营质量<br>➢ 能源管理系统（EMS）提高了能源的使用效率，确保了电力供应的质量和可靠性 | ➢ 电网仿真模拟技术有助于在实际施工前识别问题和优化方案，提高工程的可靠性和安全性<br>➢ 全生命周期管理理念有助于提高整个工程项目的质量和可持续性<br>➢ 配电自动化技术、云计算、大数据、物联网、人工智能、数字孪生技术等可以优化工程设计和施工过程，提高工程质量 | ➢ 高级计量架构、配电自动化技术、云计算和大数据技术能够优化故障响应和电力分配策略，提高服务质量和用户满意度<br>➢ 移动互联网和人工智能使得客户服务更加便捷和智能<br>➢ 需求侧管理提高了系统效率和用户参与度，改善服务体验<br>➢ 智慧城市和智能电网通过集成先进技术来优化城市和电网服务 |

图 13-2  新技术、新理念与产品质量、工程质量、服务质量的关联性

# 一、智能电网技术

智能电网技术是现代电力系统的关键组成部分，它不仅推动了电网的数字化转型，也大幅提高了能源管理的效率和可靠性。这些技术主要包括高级计量架构（advanced metering infrastructure，AMI）、配电自动化技术和储能技术等。这些技术的综合应用，不仅可以提升电网的经济性和可持续性，也为应对未来能源挑战奠定了坚实的基础。

### （一）高级计量架构

高级计量架构（AMI）是一个集成系统，用于电力消费的实时或准实时监测、管理和通信。AMI 系统包括智能电能表、通信网络和数据管理系统。它允许电力公司和消费者访问关于能源使用的详细信息，并支持如需求响应和动态定价等高级电网管理功能。通过 AMI 系统，电网运营商能够更有效地监控和管理电网，优化资源分配，同时为消费者提供更多的能源使用信息和节能选择。AMI 系统可以提升电网的服务质量和产品质量。AMI 系统对电网公司质量管理的影响主要有以下几点，见表 13-1。

表 13-1　　　　　　　　　　　AMI 对电网公司质量管理的影响

| 主要影响因素 | 对电网公司发展的影响 |
| --- | --- |
| 实时数据收集与监测 | AMI 系统可以实时收集电力使用数据，提供了更频繁和精确的数据更新。这使电网企业能够实时监测电力系统的性能和健康状况，迅速识别潜在风险 |
| 远程读数和控制 | AMI 系统允许远程读取电能表数据，而不需要人工抄表。这降低了成本和错误，并提供了更及时的数据。此外，它还使电网企业能够通过远程操作实施断电、恢复电力等操作，提高了服务的灵活性 |
| 负荷管理和优化 | 通过实时数据，AMI 系统使电网企业能够更好地管理电力负荷。这包括负荷预测、峰值负荷管理和分布式能源集成，有助于优化电力分配和减少能源浪费 |
| 故障检测和快速响应 | AMI 系统可以帮助快速检测故障，如电力中断或异常波动，这有助于提前采取措施，减少停电时间和服务中断 |
| 数据分析和预测 | AMI 系统产生了大量的电力使用数据，可以用于数据分析、预测和建模，这有助于预测潜在风险、制定更好的质量管理策略，并支持数据驱动的决策制定 |

### （二）配电自动化技术

配电自动化技术是智能电网的一部分，它们包括一系列用于提高配电系统效率、可靠性和灵活性的技术和设备。这些设备通过实时监测和自动控制电网的运行，来优化电力的分配和管理。主要包括：智能传感器、远程控制器、高级通信技术、数据管理系统等。2024 年 2 月，国家发展和改革委员会、国家能源局颁布的《关于新形势下配电网高质量发展的指导意见》（发改能源〔2024〕187 号）提出要"进一步拓展网络通信、大数据、自动控制等技术的应用范围，持续提升配电自动化有效覆盖率，逐步提升负荷控制能力。"配电自动化技术可以提升电网的服务质量和工程质量。配电自动化技术对电网公司质量管理的影响主要有以下几点，见表 13-2。

表 13-2                配电自动化技术对电网公司质量管理的影响

| 主要影响因素 | 对电网公司发展的影响 |
|---|---|
| 调整电力分配 | 配电自动化系统可以根据实时需求动态调整电力分配，这有助于平滑电力负荷，避免过载或电压不稳定，提高电力质量 |
| 快速故障检测和定位 | 自动化设备能够自动检测电力系统中的故障，并确定故障的位置，这有助于快速定位问题并提高恢复速度，减少了服务中断时间 |
| 数据分析和预测 | 配电自动化技术产生大量的数据，这些数据可以用于分析电力系统的性能。通过数据分析，电网企业可以预测潜在问题，制定更好的质量管理策略 |
| 鼓励用户参与 | 配电自动化技术可以提供实时数据和信息给终端用户，使他们更好地理解自己的能源使用情况，这鼓励用户更积极地参与能源管理，从而改善电力系统的质量 |

## （三）储能技术

储能技术指的是一系列用于存储能量以备后用的技术和方法。这些技术可以存储多种形式的能量，如电能、热能或机械能，并在需要时释放出来。储能技术在电网管理中尤为重要，因为它们可以帮助平衡电力供需，特别是在可再生能源，如太阳能和风能的利用中。常见的储能技术包括电池存储（如锂离子电池）、抽水蓄能、压缩空气储能、飞轮储能和热能存储等。这些技术有助于提高电网的稳定性和效率，特别是在面对高峰负荷或可再生能源产能波动时。2024 年 2 月，国家发展和改革委员会、国家能源局颁布的《关于新形势下配电网高质量发展的指导意见》（发改能源〔2024〕187 号）提出要"推动新型储能多元发展。基于电力系统调节能力分析，根据不同应用场景，科学安排新型储能发展规模。引导分布式新能源根据自身运行需要合理配建新型储能或通过共享模式配置新型储能，提升新能源可靠替代能力，促进新能源消纳。"储能技术可以提升电网的服务质量和产品质量。储能技术对电网公司质量管理的影响主要有以下几点，见表 13-3。

表 13-3                储能技术对电网公司质量管理的影响

| 主要影响因素 | 对电网公司发展的影响 |
|---|---|
| 应对紧急情况 | 储能系统具备快速响应的能力，可以在电力系统出现紧急情况时提供备用电源，这有助于减少停电事故的发生和持续时间，提高电网的可靠性 |
| 维持电网的频率和电压稳定性 | 储能系统可以帮助维持电网的频率和电压稳定性，它们可以迅速响应电力系统的波动，防止频率偏离标准值，从而确保电力系统的稳定运行 |

续表

| 主要影响因素 | 对电网公司发展的影响 |
| --- | --- |
| 平衡电网的负荷需求 | 储能系统可以在瞬间平衡电网的负荷需求，减少负载不平衡引起的问题，这有助于提高电力质量，避免电压下降和电力波动 |
| 提供备用电源 | 储能系统可用作备用电源，为电网提供应急电力，当主要电源出现故障或停电时，储能系统可以迅速接管供电，减少服务中断时间 |
| 降低输电损失 | 储能系统可以降低输电损失，通过储存电能在电网中远程传输时，减少能量损失，提高电能传输效率 |
| 支持可再生能源集成 | 储能技术有助于更有效地整合可再生能源，因为它们可以存储多余的可再生能源，并在需要时释放，这有助于降低对传统化石燃料的依赖，推动可再生能源的应用 |

## 二、智能数字技术（云大物移智链）

智能数字技术如云计算、大数据、物联网（IoT）、移动互联网、人工智能和区块链在电网领域正发挥着革命性作用。这些技术的融合不仅提高了电网的智能化水平，也极大地增强了电网的运行效率、可靠性和安全性，为电网管理和能源优化提供了前所未有的强大动力。智能数字技术可以提升电网的产品质量、服务质量和工程质量。2024年2月，国家发展和改革委员会、国家能源局颁布的《关于新形势下配电网高质量发展的指导意见》（发改能源〔2024〕187号）提出："提高电网装备能效和智能化水平。创新应用数字化技术，加强配电网层面源网荷储协同调控。挖掘电力数据价值，促进电网数字技术与实体经济深度融合。"以下从云计算、大数据、物联网、移动互联网、人工智能、区块链等几个角度分析智能数字技术对电网企业质量管理的影响。

### （一）云计算

云计算是一种通过互联网提供计算资源和服务的技术。它允许用户和企业通过网络访问服务器、存储、数据库和一系列应用服务。云计算的关键优势在于它提供了灵活性、可扩展性和成本效益，使得用户可以根据需求扩展资源，同时无需担心维护和升级物理硬件。云计算为电网管理提供了强大的数据处理能力和存储能力。它可以实现电网数据的高效处理、分析和存储，支持高级数据分析和预测建模，从而提升电网的运行效率和可靠性。云计算对电网公司质量管理的影响主要有以下几点，见表13-4。

表 13-4 云计算对电网公司质量管理的影响

| 主要影响因素 | 对电网公司发展的影响 |
|---|---|
| 实时监测和响应 | 云计算允许电网企业实时监测电力系统的运行状态。通过传感器和监测设备收集的数据可以在云端进行实时分析，帮助及时识别问题并采取必要的措施，以保持电力系统的稳定性和可靠性 |
| 大数据分析 | 云计算提供了强大的大数据分析工具和平台，使电网企业能够深入挖掘和分析数据，发现潜在的趋势和模式，这有助于预测性分析、质量控制智能化和优化决策制定 |
| 降低 IT 成本 | 云计算减少了电网企业自行建立和维护大型 IT 基础设施的需求，从而降低了 IT 成本。企业可以按需购买云服务，减轻了硬件和维护的负担 |
| 协作和远程工作 | 云计算支持协作工具和远程工作方式，使电网企业的团队能够更加协同工作，即使在分布式环境下也能保持高效 |
| 提高安全性和可靠性 | 云服务提供商通常投入大量资源来确保数据的安全性和可靠性，这有助于电网企业保护关键数据和系统免受威胁 |

## （二）大数据

大数据技术指的是处理和分析大量复杂数据集的技术和工具。这些数据集通常比较庞大和复杂，以至于传统的数据处理应用软件难以有效处理。大数据技术涵盖数据的收集、存储、分析、可视化等多个方面，旨在从这些大型数据集中提取有价值的信息和洞察。大数据技术使电网能够分析和处理海量的数据，如用电量数据、设备性能数据、环境数据等。通过分析这些数据，电网管理者可以更好地理解和预测电网负荷，优化资源配置，及时发现和预防故障。大数据对电网公司质量管理的影响主要有以下几点，见表 13-5。

表 13-5 大数据对电网公司质量管理的影响

| 主要影响因素 | 对电网公司发展的影响 |
|---|---|
| 负荷管理和优化 | 大数据分析有助于电网企业更好地理解能源需求模式，这可以用于优化能源供应，提高供电效率，并在高峰期间降低负荷，而且有助于减少电网过负荷和能源浪费 |
| 质量控制和监测 | 大数据可用于监测电力系统的质量和性能。通过实时监测设备和线路的数据，可以及时识别电压问题、频率变化等，确保电力质量在合格范围内 |
| 故障诊断和维护 | 大数据分析有助于更准确地诊断设备故障和问题的根本原因，这可以提高维护效率，降低停机时间，减少维修成本 |
| 履行环境责任 | 大数据可以用于监测电力系统的环境影响，包括碳排放和能源效率，这有助于电网企业遵循环境、社会、治理（ESG）标准，提高可持续性，降低环境影响 |
| 客户服务和响应 | 大数据分析可以用于改进客户服务，了解客户需求，这有助于提供更个性化的服务，解决客户的问题，并提高客户满意度 |
| 决策制定和策略规划 | 大数据提供了更多的信息和见解，支持电网企业的决策制定过程，这有助于制定更有效的策略，优化资源分配，提高决策的准确性 |

### （三）物联网（IoT）

物联网（IoT）技术是一种使物理设备能够通过互联网相互连接和交换数据的技术。物联网技术通过传感器和智能设备将电网的各个组成部分连接起来，实时监控电网设备的运行状态和性能。这有助于及时检测和响应电网问题，提高电网的响应速度和服务质量。物联网对电网公司质量管理的影响主要有以下几点，见表13-6。

表 13-6        物联网对电网公司质量管理的影响

| 主要影响因素 | 对电网公司发展的影响 |
| --- | --- |
| 实时监测和数据采集 | 物联网设备可以连接到电网中的各种设备和传感器，实时监测电力系统的运行状态。这包括监测变电站、输电线路、变压器等关键组件的性能数据。通过物联网，可以采集大量实时数据，用于分析评估电力系统的质量性能 |
| 远程控制和自动化 | 物联网技术允许远程控制电网设备和系统，以优化运行和响应变化的需求，这有助于提高电力系统的可靠性和效率 |
| 质量控制和电力质量监测 | 物联网设备可以实时监测电力质量参数，如电压、频率、谐波等，这有助于电网企业及时识别质量问题，并采取措施来维护高质量的电力供应 |
| 提高安全性 | 物联网设备可以帮助电网企业提高安全性，监测和检测潜在的安全漏洞和入侵，这有助于保护电力系统免受恶意攻击和故障的影响 |
| 改善客户服务 | 物联网还可以用于改善客户服务。通过连接到客户设备的物联网，电网企业可以更好地了解客户的需求和使用情况，提供个性化的服务，并更快速地响应客户的问题和投诉 |

### （四）移动互联网

移动互联网（mobile internet）技术是指通过移动设备如智能手机、平板电脑等访问互联网的技术。它使得用户可以在任何地点，只要有无线网络覆盖，就能访问互联网和相关服务。这种技术包括无线通信技术（如3G、4G、5G）、移动应用程序、移动网站等，为人们提供了灵活的在线连接方式，使得信息获取、通信和娱乐等活动更加便捷。移动互联网使得电网管理者和消费者可以实时接入电网信息。通过移动应用，用户可以实时查看和管理自己的电力使用，而电网运营商可以通过移动设备远程监控和管理电网。移动互联网对电网公司质量管理的影响主要有以下几点，见表13-7。

表 13-7        移动互联网对电网公司质量管理的影响

| 主要影响因素 | 对电网公司发展的影响 |
| --- | --- |
| 故障诊断和维修 | 移动应用和云计算技术允许现场工程师使用移动设备进行故障诊断。他们可以查看设备信息、维修历史和维修手册，以更有效地解决问题，这提高了维修效率和设备可靠性 |
| 提供实时客户服务 | 移动互联网允许电网企业提供实时客户服务，客户可以使用移动应用或网站查询电力使用情况、提交问题和获得支持，这提高了客户满意度和响应速度 |

续表

| 主要影响因素 | 对电网公司发展的影响 |
|---|---|
| 数据分析和决策支持 | 移动互联网为电网企业提供了更多数据分析和决策支持工具。工程师和管理人员可以使用移动应用访问数据仓库、分析报告和预测模型，以更好地了解系统性能、负载需求和问题趋势 |
| 开发移动应用 | 电网企业可以开发定制的移动应用程序，以满足特定的质量管理需求。这些应用程序包括实时监测、维修指南、客户支持、环境报告等功能，提高了工作效率和数据可用性 |
| 监测环境影响 | 移动互联网技术也有助于电网企业监测环境影响。例如，通过移动应用和传感器，可以实时监测碳排放、能源消耗等环境参数，以符合可持续性标准和环保法规 |

### （五）人工智能

人工智能（AI）技术是指模拟、延伸和扩展人类的智能行为的技术。它包括机器学习、自然语言处理、计算机视觉等多个子领域。AI 技术使机器能够学习、理解和执行复杂任务，如语音识别、图像分析、数据挖掘等。AI 技术可以通过学习和分析电网数据，对电网运行进行优化。AI 可以帮助预测电网负载，优化发电和分配，甚至在发生故障时自动进行故障诊断和响应。[1] 人工智能对电网公司质量管理的影响主要有以下几点，见表 13-8。

表 13-8　　　　　　　人工智能对电网公司质量管理的影响

| 主要影响因素 | 对电网公司发展的影响 |
|---|---|
| 数据分析和优化 | 人工智能可以分析历史数据、实时监测数据和环境数据，以优化电力系统的运行。它可以帮助电网企业更好地管理能源供应、负载分配和电力分布，以提高系统效率和可靠性 |
| 质量控制 | 人工智能可用于智能化质量控制，特别是在生产过程中。视觉识别技术和声音分析可以帮助监测设备和产品的质量，减少缺陷率 |
| 实时监控和故障检测 | 人工智能可以实时监测电力系统，识别异常情况，并发出警报，这有助于更快地检测和解决问题，提高电网的稳定性和可靠性 |
| 智能化供应链管理 | 人工智能可以优化供应链，包括能源采购、库存管理和物流。它可以根据需求预测、价格波动和交通状况作出决策，降低成本并确保供应链的可靠性 |

### （六）区块链

区块链技术是一种分布式账本技术，它通过网络中的多个节点来记录和存储数

---

❶ 李振伟，苏涛，张丽丽．人工智能技术在智能电网中的应用分析和展望［J］．通信电源技术，2020，37（05）：152-153.

据，形成一系列以区块链形式连接的数据。区块链的关键特点包括去中心化、透明性、安全性和不可更改性。区块链技术在电网管理中的应用可以增强数据安全性和透明性。它能够为电网交易提供安全的记录和追踪，如能源交易和碳排放权交易，同时提高这些活动的效率和可靠性。❶区块链对电网公司质量管理的影响主要有以下几点，见表13-9。

表 13-9　　　　　　　　　区块链对电网公司质量管理的影响

| 主要影响因素 | 对电网公司发展的影响 |
| --- | --- |
| 供应链追溯 | 区块链可以用于供应链的追溯，包括原材料采购和设备交付。电网企业可以跟踪设备和材料的来源，确保它们符合质量标准，降低供应链风险 |
| 记录故障追踪和维护 | 区块链技术可以用于设备的故障追踪和维护记录，每次维护和修复都可以被记录在区块链上，供后续参考，这有助于提高设备的可靠性和质量管理 |
| 记录合规性和法规遵循 | 区块链可以用于记录合规性和法规遵循方面的信息，包括环境法规、安全标准等，这有助于电网企业确保其运营符合法规要求，降低合规风险 |
| 跨界合作 | 区块链技术可以促进不同电网企业之间的合作，它可以建立信任的共享平台，促使企业更好地解决共同的质量管理问题 |

## 三、能源管理与优化技术

在能源管理与优化技术领域，能源管理系统、电网仿真模拟技术和数字孪生技术正发挥着重要作用。它们为电网的高效运行和能源优化提供了强大支持，极大地提升了电力系统的管理水平和决策效率，为实现更加可持续的能源未来奠定了坚实基础。

### （一）能源管理系统

能源管理系统（EMS）是一种高级计算机系统，旨在实时监测、控制和优化电力系统的运行。EMS主要用于电力公司、电网运营商和电力系统运维团队，以确保电力系统的安全、稳定和高效运行。EMS使用先进的软件和硬件工具来优化电力生产和分配，提高电网的效率和可靠性。❷EMS可以提升电网的产品质量。能源管理系统对电网公司质量管理的影响主要有以下几点，见表13-10。

---

❶ 柳扬，沈建良，开末平，等.基于区块链的智能电网安全管控研究与应用［J］.制造业自动化，2023，45（06）：23-28+34.
❷ 虞斐，孔繁虹，许哲雄.智能电网下的新型能源管理系统设计方案［J］.华东电力，2009，37（07）：1175-1178.

表 13-10     能源管理系统对电网公司质量管理的影响

| 主要影响因素 | 对电网公司发展的影响 |
|---|---|
| 提升能源效率 | EMS 通过实时监测和分析能源使用情况，帮助电网企业识别能源浪费和低效的设备运行。通过优化能源分配和设备控制，EMS 有助于提高能源效率，减少能源浪费，降低能源成本 |
| 管理和平衡负荷 | EMS 允许电网企业有效地管理负荷，包括负荷预测、峰时负荷控制和负荷均衡，这有助于避免负荷过载，提高电力系统的可靠性 |
| 实时监测和故障检测 | EMS 通过实时监测电力系统的状态和性能，能够快速检测到潜在问题和故障，这有助于及时采取措施，减少停电时间，提高电网的可用性和可靠性 |
| 制定和优化节能策略 | EMS 支持电网企业制定和执行节能策略，包括设备升级、能源采购优化、设备维护等。它可以帮助企业降低能源成本，并遵守环境法规 |
| 降低维护成本 | EMS 的预测性维护功能有助于提前发现设备故障和问题，减少维护成本，延长设备寿命 |

### （二）电网仿真模拟技术

  电网仿真模拟技术是一种用于模拟电力系统运行和行为的工程工具和方法。它通过计算机软件或硬件仿真，模拟电力系统中各种组件、设备和运行条件的行为，以评估电力系统的性能、稳定性和可靠性。电网仿真模拟技术是电力系统规划、运营和维护的重要工具，可以帮助电网企业更好地理解和优化电力系统的运行，提高系统的可靠性和效率。[1]电网仿真模拟技术可以提升电网的工程质量。电网仿真模拟技术对电网公司质量管理的影响主要有以下几点，见表 13-11。

表 13-11    电网仿真模拟技术对电网公司质量管理的影响

| 主要影响因素 | 对电网公司发展的影响 |
|---|---|
| 评估和优化电力系统性能 | 电网仿真模拟技术可以帮助电网企业评估电力系统的性能，包括电压稳定性、频率稳定性、功率流动等。通过模拟不同情景和负荷条件，企业可以识别潜在的性能问题，并采取措施来优化电力系统的运行，提高系统的可靠性和效率 |
| 评估可再生能源集成的影响 | 随着可再生能源的增加，电网仿真模拟技术可以帮助企业评估可再生能源的集成对电力系统的影响。它可以模拟可再生能源的波动性，以确定如何调整电力系统以更好地容纳这些能源，并确保系统的稳定运行 |
| 评估电力系统稳定性 | 电网仿真模拟技术可用于评估电力系统的稳定性，包括小幅扰动和大规模干扰的稳定性。通过模拟不同的干扰情景，企业可以确定必要的控制策略来维持系统的稳定性 |
| 优化电力系统运行策略 | 电网仿真模拟技术可用于优化电力系统的运行策略，以最大程度地提高能源效率、降低成本和减少碳排放。企业可以模拟不同的运行策略，以找到最佳的运行方式 |

---

[1] 贺之渊，刘栋，庞辉. 柔性直流与直流电网仿真技术研究 [J]. 电网技术，2018，42（01）：1-12.

### （三）数字孪生技术

数字孪生技术是一种创建物理对象、系统或过程的虚拟模型的技术。这种模型通过收集现实世界中的数据来模拟和预测其物理对应物的性能和行为。通过这种技术，可以在虚拟环境中测试和验证改进方案，然后，再在现实世界中实施，从而提高决策的准确性和效率。数字孪生技术可以创建电网的虚拟副本，用于测试、模拟和优化电网操作，以减少风险。❶ 数字孪生技术可以提升电网的工程质量和产品质量。数字孪生技术对电网公司质量管理的影响主要有以下几点，见表 13-12。

表 13-12 数字孪生技术对电网公司质量管理的影响

| 主要影响因素 | 对电网公司发展的影响 |
| --- | --- |
| 设备性能预测 | 数字孪生技术通过创建电力系统的数字模型，可以用于模拟和预测设备的性能。这有助于提前识别潜在问题，优化设备维护计划，降低突发故障的风险，从而提高电网的可靠性和稳定性 |
| 优化运营策略 | 通过模拟电力系统的运行，数字孪生技术可以帮助电网企业优化运营策略，提高能源效率并减少资源浪费 |
| 实时监测和响应 | 数字孪生技术可以与实际电力系统实时数据进行集成，实现对电网状态的实时监测，这使得电网企业可以快速地识别异常情况并采取即时行动，确保系统的安全性和可靠性 |
| 为新技术集成提供平台 | 数字孪生技术为新技术的集成提供了平台。例如，如果电网企业计划引入可再生能源或电动车充电设施，数字孪生技术可以用来模拟和评估这些新技术对电力系统的影响 |

依据各项技术在电网系统中的作用和职责，可以将以上新技术分为数据层、控制层和存储层、分析层三类：数据层提供基础数据，控制层和存储层使用这些数据进行有效的操作和优化，而分析层则提供高级洞察和预测，指导整个系统的优化运行。这一分类能帮助我们理解各种技术和过程是如何协同工作的，以及它们在整个电网系统中的定位，新技术在电网中的关联性见表 13-13。

表 13-13 新技术在电网中的关联性

| 类别 | 技术名称 | 作用与关联性 |
| --- | --- | --- |
| 数据层 | 高级计量架构（AMI） | 为能源数据提供实时收集，与云计算和大数据密切相关，支持数据分析和能源管理 |
| | 物联网（IoT） | 设备和传感器网络，提供数据收集和远程监控功能，支撑云计算和大数据分析 |

---

❶ 胡守超. 智能电网数字孪生技术发展方向及应用 [J]. 太阳能学报，2023，44（11）：576.

续表

| 类别 | 技术名称 | 作用与关联性 |
|---|---|---|
| 控制层和存储层 | 配电自动化技术 | 提高电网的效率和可靠性，与物联网、云计算和人工智能协同工作 |
| | 移动互联网 | 支持远程访问和控制，与物联网和云计算结合，增强自动化能力 |
| | 储能技术 | 存储多余能源，与能源管理系统结合，优化能源使用 |
| | 能源管理系统 | 管理和优化能源流，结合大数据和人工智能实现更高效的能源使用 |
| 分析层 | 云计算 | 提供强大的数据处理和存储能力，支撑大数据分析和人工智能算法 |
| | 大数据 | 处理大量数据，为人工智能和能源管理提供决策支持 |
| | 人工智能 | 通过算法提高决策和预测的精确性，与云计算和大数据紧密结合 |
| | 电网仿真模拟技术 | 模拟电网运行，与人工智能和数字孪生技术结合，用于预测和规划 |
| | 数字孪生技术 | 创建数字化的电网模型，用于模拟和优化，与电网仿真和人工智能相结合 |
| | 区块链 | 提供安全的数据存储和传输方式，支持能源交易和数据的透明性 |

# 第二节　新理念对电网企业质量管理的影响

在当今电力行业，新的管理理念如全生命周期管理、智慧城市和智能电网及需求侧管理正日益成为电网企业质量管理的关键因素。这些理念不仅推动着电网运营的技术创新和效率提升，还在电力供应、能源利用效率及环境影响方面带来深刻变革。全生命周期管理强调从设计到退役的每个阶段对设备的全面控制，智慧城市和智能电网则侧重于利用先进的信息技术实现电网的智能化运营，而需求侧管理则通过有效调节电力需求来优化能源使用。这些理念的实施，为电网企业提供了质量管理的新路径，帮助他们在日益复杂的能源市场中保持竞争力。

## 一、全生命周期管理理念

全生命周期管理理念是一种全面的管理方法，旨在优化项目、产品或服务从开始到结束的每一个阶段的性能、成本和风险，以实现更高效和可持续的管理。这一理念强调在整个生命周期内全面考虑和管理所有相关方面，包括技术、财务、操作和环境因素。通过这种全面的管理方法，组织能够更有效地控制成本，提高效率，降低风险，并确保项目或产品的可持续发展。

2020 年 5 月 24 日，在参加十三届全国人大三次会议湖北代表团审议时，习近平总书记指出，要把全生命周期管理理念贯穿于城市规划、建设、管理的全过程和各个环节。这一指示突显了全生命周期管理在提高城市管理效率和可持续性方面的重要性。

2022 年，在中共中央政治局第四十次集体学习时，习近平总书记强调使用全周期管理方式，推动各项措施在政策取向上相互配合、在实施过程中相互促进、在工作成效上相得益彰。这一强调不仅扩大了全生命周期管理理念的应用范围，也提出了在管理实践中应如何有效实施这一理念，以确保各项政策和措施能够在整个管理过程中相互支持，共同促进目标的实现。

综上所述，全生命周期管理理念通过对项目、产品或服务全生命周期的全面管理，不仅优化了性能和成本，还降低了风险，推动了可持续发展。这种理念的实施要求在规划、执行和监控各阶段考虑所有相关因素，确保决策和行动在整个生命周期中都是相互协调和支持的。全生命周期管理理念可以提升电网的产业质量和工程质量。全生命周期管理理念对电网公司质量管理的影响主要有以下几点，见表 13-14。

表 13-14　　　　全生命周期管理理念对电网公司质量管理的影响

| 主要影响因素 | 对电网公司发展的影响 |
|---|---|
| 提升供应链整体环保水平 | 在电网设备资产的管理中，全生命周期管理理念促使企业实施低碳生命周期成本（LCC）采购，推动低碳设计、材料、制造工艺的使用，并在设备采购中考虑这些因素。这样的做法不仅促进了低碳转型，而且提升了供应链的整体环保水平 |
| 智能运维和成本控制 | 企业通过布局智能运维系统，调整运维标准和方式，提升了运维的效率和质量。同时，企业也在推进生产成本的精准量化，优化成本分配和管理，增强成本控制的有效性 |
| 资产管理的闭环控制 | 全生命周期管理还涉及对电网设备的末端控制，如设备报废和回收处理，以及闲置物资的有效利用，确保资源的最大化利用和环保 |
| 增效挖潜和价值驱动 | 电网企业通过全生命周期管理，挖掘现有资产的潜力，优化投资结构，提高资产运营的效率和效益 |

## 二、智慧城市和智能电网

习近平总书记在党的二十大报告中强调，打造宜居、韧性、智慧城市的重要性，这体现了以习近平总书记为核心的党中央对新时代新阶段城市发展规律的深刻理解和战略布局。智慧城市和智能电网的概念正符合这一战略方向，旨在通过将先进的信息和通信技术整合到城市管理和电网运营中，提高能源效率，促进可持续发展，并提升城市居民的生活质量。这种策略包括使用智能电网技术以实现电力供应的更优管理，同时应用数据分析、物联网（IoT）设备和其他智能系统，优化城市服务和基础设施。目标是创造一个更加高效、可靠且环境友好的城市环境，实现习近平总书记提出的宜居、韧性、智慧城市的愿景。❶ 智慧城市和智能电网可以提升电网的产业质量和服务质量。智慧城市和智能电网对电网公司质量管理的影响主要有以下几点，见表 13–15。

表 13–15 　　　　　　智慧城市和智能电网对电网公司质量管理的影响

| 主要影响因素 | 对电网公司发展的影响 |
| --- | --- |
| 智能监控和数据分析 | 智慧城市和智能电网利用传感器、监测设备和智能电表等技术，实时监控电力系统的运行状态和能源消耗情况。这种实时数据的收集和分析使电网企业能够更精确地监测电力质量、设备状态及需求变化，从而更快速地识别问题并采取措施 |
| 需求侧管理 | 智慧城市和智能电网推动了需求侧管理的发展。通过智能电能表和设备，电网企业能够与消费者密切合作，以调整能源使用时间、负荷控制等方式来平衡供需，提高电力系统效率 |
| 可再生能源整合 | 智能电网更容易整合太阳能、风能等可再生能源。智慧城市的建设通常包括可再生能源项目，这些能源通过智能电网平稳地注入电网，提供了更多的清洁能源供应 |
| 数据安全和隐私保护 | 智能电网和智慧城市需要大量的数据交换和共享，这引发了对数据安全和隐私保护的关注。电网企业应采取措施来确保数据的安全性和隐私性，以保护用户信息和电力系统的稳定 |

## 三、需求侧管理

需求侧管理（demand-side management，DSM）是一种电力系统管理策略，旨在通过调整终端用户的电力需求，以平衡供需关系、提高电力系统的效率和可靠性，并促进能源节约和可持续性。需求侧管理有助于减少电力系统的压力，降低高峰负荷，提高电力系统的可靠性，降低能源成本，促进可持续能源的应用，减轻对环境的影响。这对于实现可持续电力供应和满足不断增长的电力需求至关重要。❷ 需求侧管理对电网公司质量管理的影响主要有以下几点，见表 13–16。

---

❶ 周建其，方景辉，朱晓峰，等．智能电网与智慧城市的契合与研究［J］．华东电力，2012，40（05）：840–844.

❷ 潘玉婷．智能电网下电力需求侧管理［J］．中国新技术新产品，2018（22）：143–144.

表 13-16                       需求侧管理对电网公司质量管理的影响

| 主要影响因素 | 对电网公司发展的影响 |
|---|---|
| 平衡负荷 | 需求侧管理可以通过分时电价、负荷控制等策略，帮助平衡电力系统的负荷。这有助于降低高峰时段的负荷压力，减少电力系统的过负荷风险，提高可靠性 |
| 提高能源效率 | 通过能源效率提升措施，如建筑能效改进、工业过程优化等，需求侧管理有助于减少能源浪费，降低电力需求，减轻对环境的影响，并降低用户的能源成本 |
| 可再生能源集成 | 需求侧管理促进了可再生能源的集成，用户可以更灵活地利用太阳能、风能等可再生能源，这降低了对传统电力的需求，有助于推动可持续能源的应用 |
| 减少电力系统压力 | 通过负荷控制、需求响应等策略，需求侧管理有助于降低电力系统的负荷，减轻高峰时段的电力需求，降低系统的压力，提高可靠性 |
| 电力存储利用 | 需求侧管理支持电力存储系统的应用，将多余的电力储存起来，以在高峰时段释放，有助于平衡供需，提高电力系统的稳定性 |

# 第三节    ESG 对电网企业质量管理的挑战

ESG 代表环境（environmental）、社会（social）和治理（governance），是评估公司和组织在可持续发展方面表现的框架。其中，环境方面关注公司的环境影响和可持续性实践，社会方面关注公司对社会的影响和社会责任，治理方面关注公司治理结构和道德准则。ESG 标准帮助企业和投资者更全面地评估企业的综合表现，考虑可持续性、社会责任和透明度等因素，推动商业实践朝着更可持续的方向发展。ESG 可以提升电网的产业质量。

ESG 因素对电网质量管理提出了许多挑战，以下从几个层面具体分析，ESG 对电网企业质量管理的挑战图示如图 13-3 所示。

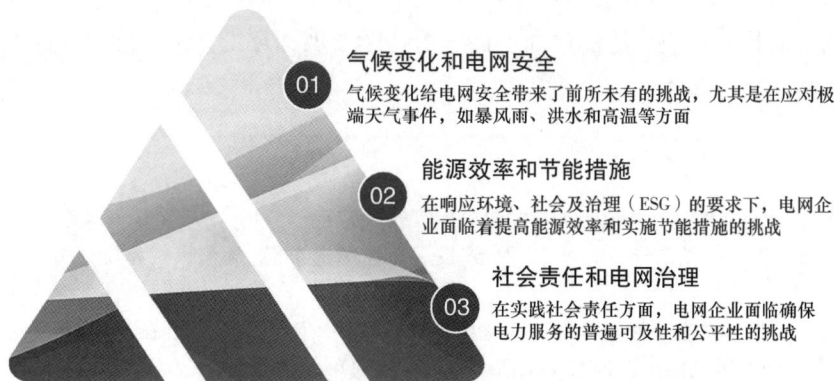

01 气候变化和电网安全
气候变化给电网安全带来了前所未有的挑战，尤其是在应对极端天气事件，如暴风雨、洪水和高温等方面

02 能源效率和节能措施
在响应环境、社会及治理（ESG）的要求下，电网企业面临着提高能源效率和实施节能措施的挑战

03 社会责任和电网治理
在实践社会责任方面，电网企业面临确保电力服务的普遍可及性和公平性的挑战

图 13-3    ESG 对电网企业质量管理的挑战图示

## 一、气候变化和电网安全

气候变化给电网安全带来了前所未有的挑战，尤其是在应对极端天气事件，如暴风雨、洪水和高温等方面。电网企业面临着加强其基础设施以抵御这些天气影响的紧迫任务。2024年2月，国家发展和改革委员会、国家能源局颁布的《关于新形势下配电网高质量发展的指导意见》（发改能源〔2024〕187号）提出："强化应急保障能力建设，提升电网综合防灾能力。"因此，必须对现有电力基础设施进行加固，如通过加强输电塔和电线的结构，以承受极端天气的冲击。同时，引入更高标准的建筑材料和技术，如防水和防风的设计，是至关重要的。[1]此外，随着全球气候变化加剧，电网还必须适应由此带来的负荷变化，如由于气温升高而导致的冷负荷增加。这要求电网在设计和运营中要考虑未来气候变化的影响，实现更加灵活和可持续的能源供应。为此，开发和部署分布式能源资源，如太阳能和风能，成为减少对单一能源供应的依赖、提高电网的弹性的关键步骤。[2]同时，智能电网技术的引入，包括高级预测工具和自动化管理系统，对于更好地预测和应对气候变化引起的能源需求波动至关重要。

此外，电网企业需要制订和实施详尽的应急响应和恢复计划，以确保在极端天气事件发生时能够迅速采取行动，使对电网的影响最小化。这包括建立快速恢复系统，以便在天气事件导致的电网损害后能够迅速恢复供电。在长期规划方面，企业应评估气候变化趋势及其对电网运营和需求的潜在影响，并利用模型和仿真工具来预测未来的气候模式，以便更好地规划和设计电网基础设施。同时，与政府机构、地方社区和行业合作，共同开发适应气候变化的策略和解决方案是至关重要的。对公众进行教育，提高对气候变化及其对电网影响的认识，鼓励采取节能减排措施，也是电网企业的一项重要责任。通过这些综合性措施，电网企业不仅能够有效应对气候变化带来的直接挑战，而且能在更广泛的层面上促进可持续发展和环境保护，确保在面对未来的挑战时电网的稳定和安全。

---

[1] 孙建明，顾昱.2007年气候变化与湖州电网安全稳定运行分析［C］中国气象学会.中国气象学会2008年年会城市气象与城市可持续发展分会场论文集.湖州市气象局；湖州市电力局，2008.

[2] 陈国华.智能电网在应对全球气候变化中的战略作用［C］中国工程院能源与矿业工程学部，上海市中国工程院院士咨询与学术活动中心，上海市能源研究会.新形势下长三角能源面临的新挑战和新对策——第八届长三角能源论坛论文集.江西洪屏抽水蓄能电站洪屏建管部，2011.

## 二、能源效率和节能措施

在响应 ESG 的要求下，电网企业面临着提高能源效率和实施节能措施的挑战。首先，这意味着电网运营需要优化，以实现更高的输电和分配效率。这不仅涉及升级老旧的电网设施，还包括采用先进的技术，如智能电网技术，来减少能源损耗并提高整体运行效率。例如，通过使用更高效的变压器和电缆，以及实现更智能的电网监控和管理，可以显著降低电力传输过程中的能量损失。此外，电网企业还需推广高效的电力设备和技术，如使用节能型变压器和电动机，以减少整个系统的能源需求。

另外，节能措施还要涉及消费者和商业用户层面。这包括鼓励他们采用更节能的设备和实践，以减少整体能源消耗。例如，电网企业可以通过实施分时电价策略（time-of-use，TOU）来激励用户在非高峰时段使用电力，从而减轻高峰时段的电网负担。此外，提供节能咨询服务、能源审计和激励措施，如节能设备的补贴，也能促使消费者和企业采取更节能的行为。通过这些措施，电网企业不仅可以提高自身的能源效率，还能帮助用户降低能源成本，共同推动社会的可持续发展。这些节能措施是实现 ESG 目标的关键部分，对于建立一个更环保、更经济、更可持续的能源系统至关重要。

## 三、社会责任和电网治理

在实践社会责任方面，电网企业面临确保电力服务的普遍性和公平性的挑战，尤其是对于边远地区和经济弱势群体。为满足这些区域的电力需求，电网企业需要采用创新解决方案，如建立微电网、部署分布式能源资源或提供太阳能系统。❶ 此外，电网企业应提供教育和培训项目，帮助社区成员更好地理解和利用这些能源技术。同时，在灾害和紧急情况下，提供支持和服务，确保电网的快速恢复和连续供电。

在电网治理方面，重点在于确保决策过程的透明度和公正性。这需要电网企业建立明确的治理结构，反映不同群体的观点和需求，特别是要考虑普通消费者的利益。增加董事会和管理层的多样性，建立有效的沟通机制，以及遵守高标准的道德准则和业务实践，对于提高治理质量至关重要。这些措施不仅有助于提升企业的公众信任和满意度，还能够为社会和环境的可持续发展作出重要贡献。总之，通过实现良好的社会责任和电网治理，电网企业可以有效地提升自身的声誉和竞争力，同时促进社会整体的可持续发展。

---

❶ 张燕.社会治理视角下的公共企业社会责任研究［D］.昆明：云南财经大学，2017.

# 第四节　相关方要求的变化对电网企业质量管理的挑战

电网企业的全面质量管理受到客户、政府、员工、供应商及合作伙伴的多方面要求与期望。这些要求不仅关系电网的运行效率和可靠性，还涉及安全、环境保护和社会责任等方面，相关方要求的变化图示如图 13-4 所示。

**客户要求**
对更可靠电力供应的需求；
对可再生能源和绿色电力的需求；
对更高效率和便捷性的需求；
对个性化服务和实时数据的需求；
对价格透明度和公平性的关注

**政府要求**
电力辅助服务市场建设加速；
输配电定价政策的变化；
可再生能源配额制

**员工要求**
重视薪酬和福利的提升；
关注工作环境和安全措施改善；
更多的职业发展培训；
平衡工作与生活；
重视企业文化和价值观；
保持技术创新

**供应商及合作伙伴要求**
加强技术创新；
采取更多绿色低碳措施；
提升产业链供应链韧性和安全水平；
更加重视数据安全和隐私保护；
加强风险管理

**图 13-4　相关方要求的变化图示**

## 一、客户要求

电力客户需求的变化给电网企业的质量管理带来了一系列挑战，这些变化主要体现在以下几个方面，见表 13-17。

表 13-17　　　　　　　　　　　　　客户需求变化的体现

| 客户需求的变化 | 具体解释及案例 |
| --- | --- |
| 对供应可靠性水平的需求增加 | 随着技术的发展和生活质量的提升，客户对电力供应的可靠性和稳定性要求越来越高，任何停电或电力质量问题都可能严重影响他们的日常生活和商业活动 |
| 对可再生能源和绿色电力的需求上升 | 越来越多的客户倾向于使用可再生能源，如太阳能和风能，以减少对环境的影响。他们可能要求电网公司提供更多的绿色电力选择或支持家庭和商业的分布式能源生成。例如，全球范围内风能和太阳能发电的增长仍然显著。例如，2021 年，中国、日本、蒙古国、越南、阿根廷、匈牙利和萨尔瓦多等国家风能和太阳能占总电力需求的比值首次超过 10%。荷兰、澳大利亚和越南在过去两年内将超过 8% 的总电力需求从化石燃料转移到风能和太阳能上 |

续表

| 客户需求的变化 | 具体解释及案例 |
|---|---|
| 对更高效率和便捷性的需求 | 客户越来越意识到能源效率的重要性，他们寻求高效的电力使用解决方案以降低电费成本。如客户期望通过云计算、移动互联网、多媒体可视化技术等先进技术的应用，能享受远程"面对面"电力人工服务；基于视频互动和远程移动互联技术，实现电子签名、自动填单等业务办理技术，实现电力营销全业务线上申请，足不出户随时随地完成业务申请、用电咨询、故障报修、缴纳电费等业务办理，利用大数据处理和云计算技术，能被快速定位故障点，高效完成故障处理 ❶ |
| 对个性化服务和实时数据的需求 | 随着数字技术的发展，客户希望能够实时监控他们的能源消费，并期望电网公司提供更加个性化和灵活的服务，如基于应用程序的消费追踪和定制化的用电建议 |
| 对价格透明度和公平性的关注 | 消费者对电力定价的透明度和公平性越来越敏感，他们希望电网企业提供清晰的定价结构，合理的费率，以及针对不同用户类别的公平计费 |

以上变化给电网企业的质量管理带来了一系列挑战：随着客户对电力供应可靠性和稳定性要求的提高，电网企业需要加强基础设施建设和维护，以确保不间断的电力供应。同时，越来越多的客户倾向于使用可再生能源，这要求电网企业有效整合如太阳能和风能等新型能源。此外，客户对电力服务的个性化需求和高效率使用也在增加，这要求电网企业采用更先进的技术和管理方法，提供更灵活、高效的服务。随着数字化技术的发展，客户对实时数据和信息透明度的需求也在提升，电网企业需不断改进其信息系统和客户服务模式，以适应这些变化。

## 二、政府要求

政府对电网企业监管的变化主要包括以下几个方面，见表 13-18。

表 13-18　　　　　　　　　政府对电网企业监管的变化

| 政府要求的变化 | 具体解释及案例 |
|---|---|
| 加强电力安全监管工作 | 2023 年 8 月，国家能源局综合司颁发《关于认真贯彻落实全国安全生产电视电话会议精神　进一步加强电力安全监管工作的通知》（国能综通安全〔2023〕96 号），要求认清当前形势，全面落实电力安全生产责任；坚持以点带面，深入开展风险隐患排查整治；紧盯新兴领域，切实加强生产运行安全管理；强化兜底保障，持续完善突发事件应对措施 |

❶ 韦亚敏，胡泳，李爽 ."互联网+"背景下电力客户需求变化分析［J］.电力需求侧管理，2016，18（S1）：66-68.

续表

| 政府要求的变化 | 具体解释及案例 |
|---|---|
| 输配电定价政策的变化 | 为贯彻落实党中央、国务院关于深化电力体制改革的决策部署，更好保障电力安全稳定供应，促进电力行业高质量发展，2023 年 5 月，国家发展和改革委员会印发《关于第三监管周期省级电网输配电价及有关事项的通知》（发改价格〔2023〕526 号），在严格成本监审基础上核定第三监管周期省级电网输配电价，进一步深化输配电价改革 |
| 可再生能源配额制 | 从 2018 年起，国家能源局为省级电网公司和大型工业企业制定了可再生能源消费配额，旨在将现有的可再生能源容量整合到电网中 |

以上变化给电网企业的质量管理带来了一系列挑战：首先，市场化改革要求电网企业适应更加多元化和竞争激烈的市场环境，这对他们的运营策略和质量控制提出了新要求。同时，整合可再生能源和储能设施对于保持电网稳定性和可靠性管理提出了新挑战，尤其是在整合间歇性能源的同时维持电力供应和质量。此外，提升能效和减少碳排放的政策要求电网企业在技术和管理上进行创新。最后，随着消费者对电力服务质量要求的提升，电网企业需要提高客户服务的效率和响应速度，以满足更高的服务标准。

## 三、员工要求

员工要求的变化主要包括以下几个方面，见表 13-19。

表 13-19 员工要求的变化 ❶

| 员工要求的变化 | 具体解释 |
|---|---|
| 关注工作环境和安全措施改善 | 电力行业的工作环境往往较为严苛，因此员工更加关注安全措施和健康条件的改善 |
| 重视薪酬和福利的提升 | 随着生活成本的上升，员工越来越重视薪酬和福利的提升，他们希望获得更具竞争力的工资、更全面的健康保险等 |
| 更多的职业发展培训 | 员工希望公司能提供更多的职业发展机会和技能培训，以适应快速变化的技术环境和行业要求 |
| 重视企业文化和价值观 | 员工更加重视企业文化和价值观，希望所在的企业能够展现出社会责任感，如在环境保护和可持续发展方面的努力 |
| 减轻工作负担 | 电网企业在制度流程等方面往往需要员工做出专业领域以外的额外劳动，一定程度上增加了工作量和劳动时间。员工希望减轻额外的工作负担，减少工作压力 |

---

❶ 尹泓翔.国有企业改革中员工利益要求及其实现机制研究——对广州和深圳三十家企业的实证研究［D］.杭州：浙江大学，2005.

　　以上变化给电网企业的质量管理带来了一系列挑战：首先，员工对安全工作环境的日益重视迫使企业提升安全标准，包括更多的安全培训、先进设备的采购及工作流程的优化。其次，员工对薪酬、福利和工作生活平衡的更高期望要求企业在人力资源管理上作出调整，如实施更有竞争力的薪酬结构和更灵活的工作安排。最后，为满足职业发展和技能提升的需求，企业还需加大员工培训和教育的投入。在技术更新与创新方面，员工的期待推动企业不断投资于新技术，如自动化、数据分析和网络安全，以提升运营效率。同时，企业需塑造以质量为核心的文化，鼓励员工参与质量改进，强调质量优先的价值观，并将环境管理融入质量管理体系，以应对环境保护和可持续发展的挑战。总体来看，这些变化要求企业在保证服务质量的同时，兼顾员工满意度和社会责任。

## 四、供应商及合作伙伴要求

　　供应商和合作伙伴要求的变化主要包括以下几个方面，见表 13-20。

表 13-20　　　　　　　　　　　供应商和合作伙伴要求的变化

| 供应商和合作伙伴要求的变化 | 具体解释及案例 |
| --- | --- |
| 建立稳定的合作共赢关系 | 通过战略合作伙伴关系，双方能够实现资源共享、优势互补、风险共担、利益共享 |
| 采取更多绿色低碳措施 | 供应商和合作伙伴要求电网企业采取更多的绿色低碳措施，以提升企业的社会形象和品牌价值。例如，国家电网开辟风电、太阳能发电等新能源配套电网工程建设"绿色通道"，确保电网电源同步投产 |
| 提升产业链供应链韧性和安全水平 | 电网企业需要确保其采购的材料和设备质量可靠，来源可信，这需要建立更复杂的供应链管理系统和合作伙伴关系。例如，国家电网加快建设绿色现代数智供应链，推动能源电力产业链供应链高质量发展 |
| 更加重视数据安全和隐私保护 | 随着数字化技术的发展，供应商和合作伙伴要求电网企业更加重视数据安全和隐私保护，以防止数据泄露和网络攻击 |
| 加强风险管理 | 为减少可能的损失，供应商及合作伙伴要求电网企业加强风险管理，包括灾害风险、供应链中断和市场波动等方面的风险。例如，国家电网增强对极端天气事件的风险评估和应对措施，以及加强对供应链中断和市场波动的管理 |

　　以上变化给电网企业的质量管理带来了一系列挑战：首先，技术创新要求电网企业不断采用最新技术和设备，如智能电网和可再生能源集成，以提高电网的效率和可靠性。其次，绿色低碳的要求需要企业采取措施减少碳排放，增加可再生能源的使用，改善能源效率。最后，数据安全和隐私保护成为重要议题，电网企业必须加强对网络安全和用户数据隐私的保护。风险管理方面，电网企业需要应对自然灾害、供应链中断和市场波动等风险。总的来说，这些挑战要求电网企业在技术、运营、合规性等多个方面进行创新和改进。

"简化不能提升质量和功能的复杂度，系统越简单越容易改进。"

——SpaceX、Tesla 创始人

埃隆·马斯克

# 第十四章

# 电网企业质量管理
# 未来的发展方向

## 本章重点

- 技术创新与可持续发展

- 管理模式转型

- 环境适应与能源效率

- 多方合作与发展

# 第一节　利用新技术提升质量管理

## 一、智能电网技术的创新应用

在当今电力行业，智能电网技术的创新对于确保电网的高效运行和可靠性至关重要。这些创新技术的集成对于现代电网的可持续发展和智能化管理至关重要。智能电网概念图如图 14-1 所示。

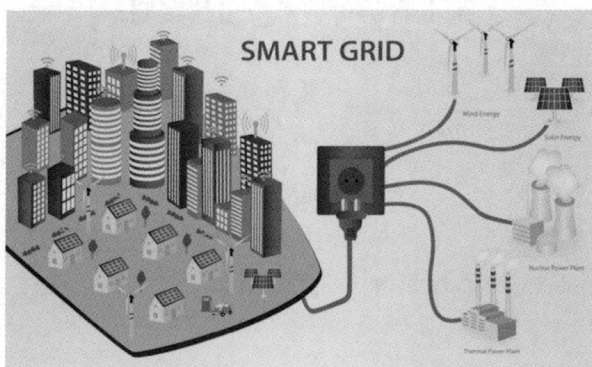

图 14-1　智能电网概念图

针对高级计量架构（advanced metering infrastructure，AMI）、配电自动化技术和储能技术，电网企业可以采取以下措施来提升其质量管理：

### （一）高级计量架构

确保准确性和数据质量：确保计量设备的精准度和可靠性，定期校准并维护计量设备以保证数据准确性。

数据分析与应用：利用 AMI 收集的数据进行高级分析，用于负荷预测、电网运行优化和故障检测。

客户参与和反馈：通过 AMI 提供更详细的能源使用报告给消费者，增强用户参与和满意度。

综上所述，AMI 技术可以提高数据准确性，提高负荷预测和能源使用分析的准确性；还可以增强客户服务，帮助消费者更好地理解和管理他们的能源消费，从而提升客户满意度。

## （二）配电自动化技术

系统可靠性和响应性：确保配电自动化系统具备高可靠性，快速响应电网状态变化，及时调整配电策略。

远程监控和控制：实施远程监控系统，实时掌握配电网络状态，及时处理配电异常。

维护和升级：定期进行系统维护和技术升级，以应对技术演进和运营需求的变化。

综上所述，配电自动化技术可以增加系统响应性和灵活性，提高故障检测和处理速度，减少停电和电网故障的影响；还可以优化资源分配，提高能源分配效率，降低运营成本。

### 配电自动化技术应用的案例

2022 年 11 月 22 日，国网浙江省电力有限公司研发的新一代配电自动化系统正式上线。新一代配电自动化系统包括"运行总览""调度监视""故障处理""经济运行""协同控制"五个模块，应用"5G+量子"通信加密等数字化技术，改造升级了新能源电源接入、主配协同等系统，通过典型场景建设，降低新能源大规模接入对电力系统平衡造成的影响。

## （三）储能技术

储能系统的优化管理：通过高级管理系统有效调度储能资源，平衡电网负荷，提高能源效率。

安全性和寿命管理：关注储能系统的安全运行，定期检查和测试系统安全性，同时优化充放电策略，延长储能设备的使用寿命。

集成与电网互动：确保储能技术与电网其他组成部分（如 AMI 和配电自动化系统）的有效集成，实现协同工作。

综上所述，储能技术可以平衡电网负荷，提升电网稳定性和抗风险能力。还可以提升能源效率，通过高效管理储能资源，减少能源浪费，提高整体能源效率。

### 储能技术应用的案例

2022 年 5 月 16 日，中国天楹股份有限公司与国家电网就重力储能技术研究等达成战略合作。双方将成立协作团队、共同推进建设如东 100MWh 用户侧重力储能示范项目。基于"新能源＋重力储能"的源网荷储一体化技术，持续革新重力储能技术，探索用电、发电、储能、调峰调频组合模式，积极拓宽重力储能技术应用场景，推动储能技术的多元化应用，加快实现储能核心技术自主化，推动储能成本持续下降和规模化应用。

通过实施这些措施，电网企业可以有效提升基于高级计量架构、配电自动化和储能技术的电网质量管理，增强电网的效率、可靠性和灵活性。

## 二、智能数字技术的应用和管理

智能数字技术在电网领域的应用和管理正引领一场关键性的变革，"云大物移智链"示意图如图 14-2 所示。云计算的引入使电网数据管理更高效和安全，为处理庞

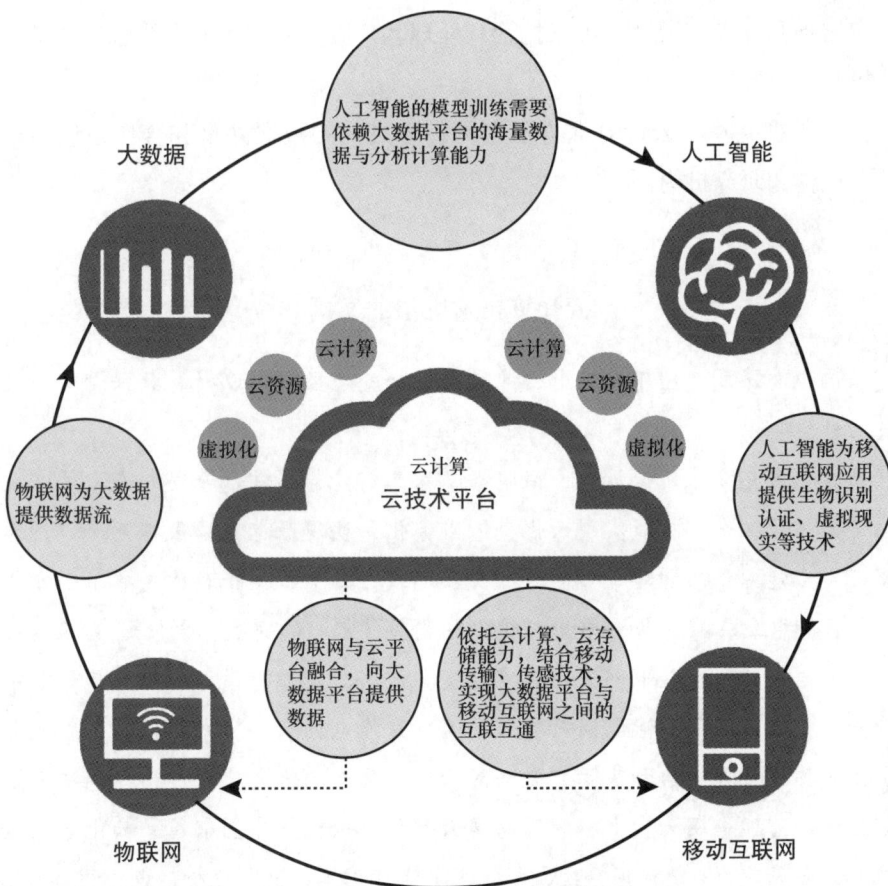

图 14-2 "云大物移智链"示意图

大数据量提供支持。大数据分析的运用优化了电网性能，提高其运行效率和可靠性。物联网技术加强了电网监控与维护，实现精准的远程控制和故障检测。移动互联网技术改进了电网服务和用户互动，提升用户体验。人工智能的实施在电网运营和决策支持中扮演关键角色，优化策略并预测趋势。区块链技术则在电网安全与交易方面开辟新途径，增强数据安全和透明度，确保电网的安全高效运行。

### （一）应用云计算管理电网数据

云计算在管理电网数据方面提供了强大的能力和灵活性，主要应用包括以下方面：

数据存储和管理：云计算为电网数据提供了大规模、安全且易于访问的存储解决方案。这包括来自智能电能表、传感器和其他监测设备的实时和历史数据。

实时数据分析：通过云平台，可以实时分析电网数据，支持负荷预测、故障检测和优化电网运行等功能。

智能电网管理：云计算支持智能电网的高级功能，如需求响应管理、优化配电网和电力市场分析。

客户服务和互动：云平台可以托管和处理客户服务应用，如在线账单查询、能源使用分析和客户反馈。

合作和数据共享：云计算促进了电网各方之间的数据共享和合作，包括电力公司、政府机构和研究机构。

---

### 云计算技术应用的案例

法国电力集团（EDF）应用云计算存储和处理数据，以提高数据管理的效率和灵活性。

南方电网充分采用云计算、微服务、人工智能等新技术开发的南方区域统一电力交易平台，全部功能实现云化、微服务化，实现绿电市场数据互通，打通与国家可再生能源信息管理中心的数据交互通道。目前，该平台已支撑了南方区域90% 中长期电量在线交易，率先实现绿电交易"零"的突破、累计超 32 亿 kWh。

国家电网建成智能电网云仿真实验室。该实验室以建设智能电网云计算中心为使命，重点开展了智能电网云操作平台、智能电网云分布式数据库、智能电网云资源虚拟化管理平台和基于智能电网云操作平台的十大典型应用，包括云资源租赁系统、智能电网云搜索、智能电网云百科、云化数字图书馆、云化专利检索系统、国际合作业务云应用系统、智能用电海量信息存储与分析、电力视频云等。

---

通过利用云计算，电网公司能够更有效地处理和分析大量数据，提高运营效率，降低成本，增强电网的可靠性和可持续性。随着云计算技术的不断发展，其在电网管理中的作用将越来越重要。

## （二）利用大数据优化电网性能

大数据在优化电网性能方面的应用日益增长，为电网运营提供了深入的洞察和更高效的管理方式。以下是一些主要应用：

故障检测和预防：通过分析从传感器和智能设备收集的大量数据，可以及时识别电网中的潜在问题和故障，实现预防性维护，减少停电事件。

资产管理：大数据分析有助于更好地了解电网设备的状态和性能，支持更有效的资产管理决策，延长设备寿命并降低维护成本。

电网安全和风险评估：大数据技术可以用于监控电网的安全状态，评估潜在的风险和威胁，如网络攻击或物理损坏。

配电网管理：大数据分析可以用于优化配电网的运行，如负荷平衡、减少损耗和提高服务质量。

支持智能电网的发展：大数据是智能电网发展的关键，它支持更复杂的电网控制和管理系统，提高电网的适应性和响应能力。

利用大数据分析，电网运营商可以获得之前无法获得的洞察，从而更有效地管理和优化电网运营，提高电网的可靠性、效率和可持续性。随着数据分析技术的进步，这些应用的潜力还将进一步扩大。

### 大数据技术应用的案例

2020 年 2 月，国网浙江省电力有限公司在国内首次推出"企业复工电力指数"，利用电力大数据建立算法，动态监测、直观反映企业的复工复产情况，为政府部门开展疫情防控、组织有序复工复产等工作提供了决策支持。

"云景"平台作为首个大型业务及 IT 数字化全景监控平台，让企业治理线上化，以企业各层级运营数字化管控为导向，以"数据＋算力＋算法"能力聚合为基础，实现了多维计算、全景监控、智能预警、趋势预判和全局管控，为南方电网数字化建设优化和策略制定提供参考和支撑，打造数字管控一体化平台。

南方电网公有云已初步实现了全域数据在数据中心实时统一汇聚、全面融合，日增数据 4TB，目前数据总量已超过了"十三五"规划初期的 100 倍。南方电网的大数据中心基于底座式数据中心目前已汇聚了全网超过 2.42PB 的数据。

### （三）应用物联网技术监测电网状况

应用物联网（IoT）技术监控与维护电网在近年成为电力行业的重要发展趋势。物联网（IoT）技术通过连接各种智能设备和传感器，实现对电网的实时监控和管理。主要应用包括：

智能电能表读取：物联网技术使得智能电能表能够实时传输用电数据，不仅方便了用电量的追踪和计费，也支持更高效的能源使用和需求侧管理。

故障检测和定位：物联网设备可以帮助快速检测电网中的故障，并准确定位故障点，从而加速维修过程，减少停电时间。

微电网管理：物联网技术在微电网的管理中发挥着关键作用，通过实时数据和控制，确保微电网的高效稳定运行。

预测性维护：通过分析从物联网设备收集的数据，可以预测电网设备的维护需求，避免突发故障和损坏。

环境监测：物联网传感器还可以监测电网设备周围的环境条件，如温度、湿度和天气变化，这些信息对于保护设备和优化运行非常重要。

物联网技术提高了电网的智能化水平，增强了电网的可靠性、效率和安全性，同时为电网运营和维护带来了前所未有的透明度和灵活性。随着技术的不断进步，预计物联网技术在电网领域的应用将继续扩大。

### 物联网技术应用的案例

国网北京市电力公司将物联网、可视化、信息化等技术与基建工程安全、质量、进度等管理相结合，为工程施工全过程打造协调、规范、安全、智慧的作业管控方式。

国网上海市电力公司开展电工装备智慧物联应用建设，实现电工装备企业及其设备泛在物联，目前线缆品类物联应用已取得实效。国家电网北京、山东、江苏、浙江、福建电力大力实施多维精益管理体系变革，构建企业信息标准、推进管理流程变革、划小经营组织单元，在经营目标协同方面，实现基建项目全过程、设备运维全成本、一本客户经济账。

### （四）采用移动互联网技术提升电网服务

采用移动互联网技术改善电网服务与互动是电力行业向数字化转型的关键步骤。随着移动互联网的普及和发展，电网服务和客户互动方式正在经历根本性的变革。移动互联网技术在提升电网服务方面发挥了重要作用，主要应用包括：

实时数据访问与监控：通过移动应用，电网运营商和技术人员能够随时随地访问电网的实时数据和监控系统，快速响应电网状态的变化。

远程控制与管理：利用移动互联网技术，工程师和技术人员可以远程控制电网设备，如变压器和断路器，进行故障诊断和维护。

支付与交易处理：移动互联网技术允许用户方便快捷地完成电费支付和其他交易，提升用户体验。

这些应用表明，移动互联网技术对于电力行业来说是一个强大的工具，它不仅提高了运营效率和服务质量，也增强了客户满意度和参与度。随着技术的进一步发展，预计移动解决方案在电网服务中的应用将进一步扩大。

#### 移动互联网技术应用的案例

自 2018 年起，中国移动广东公司携手南方电网，依托国家新基建重点项目"面向智能电网的 5G 新技术规模化应用"，共同在广州南沙和深圳龙岗建立了 5G+ 数字电网示范区，从电力 5G 虚拟专网顶层设计、关键技术研发、技术验证、行标企标、安全论证、业务落地等方面推动 5G 与数字电网融合发展，提出 5G 高精度授时、虚拟专网端到端资源保障、5G 局域网透明传送、1%PRB 资源预留、5G 切片资源自管理等技术，全面孵化验证 54 个业务场景，涵盖电力发、输、变、配、用、综合各个环节，并形成规模化应用重点场景 24 个，已完成 5G 终端上线 6000 多个，形成规模化示范效应。

"95598"掌上助手是国家电网面向社会公众的一款基于移动支付的服务类移动 App 应用，通过掌上助手用户可以直接通过手机进行家庭用电信息的查询及缴费等业务，通过集成的营业网点的位置定位服务，更可以查找到离用户最近的营业网点，给人民群众带来了巨大的便捷性。

### （五）实施人工智能技术支持电网运营与决策

人工智能（AI）技术在支持电网运营和决策方面扮演着越来越重要的角色。这些应用主要包括：

负荷预测：AI 技术可以分析历史和实时数据，以预测电网的负荷需求。这有助于电网运营商更有效地规划资源分配，减少能源浪费。

优化电网运行：AI 算法能够实时分析电网状态，优化电力的分配和输送，提高系统的整体效率和可靠性。

电网安全监控：AI 技术可以用于监控电网的安全状况，检测和响应网络攻击或其他安全威胁。

客户服务与支持：AI 驱动的聊天机器人和自动化服务可以提供 24h/ 周的客户支持，解答用户的查询，提高服务效率。

## 人工智能技术应用的案例

法国电力集团（EDF）应用人工智能技术增强电网的预测和优化能力，提高故障诊断的准确性。

国家电网于 2018 年建立了国家电网有限公司电力系统人工智能联合实验室，充分发挥大数据、先进计算与人工智能在电网领域的应用价值，结合人工智能基础支撑能力与电网业务场景应用成效，促进电网智能化发展。同时，建成了国家电网有限公司人工智能"两库一平台"总部级训练平台，在输电线路缺陷识别技术方面取得了突破性进展。

南方电网人工智能科技有限公司在新一代边端算力设备、边端自组网算力系统等方面取得阶段性成果。据了解，南方电网人工智能科技有限公司正推进重点项目夸克计划（内部代号），开发了超高算力 AI 专用计算模组、智能分布式 AI 算力调度与交易系统，以及全球新能源微网 AI 运行优化与电力资产交易系统。该系统使在公网开展能源网络全面监测、高效实时性能优化成为可能，并进一步实现安全、高效、透明且不可篡改的全球化电力资产（包含但不限于绿证、碳排放指标、电力现货、期货等）交易。

总体而言，人工智能正在变革电网的运营和管理方式，提高效率和可靠性，同时帮助应对可再生能源的集成和电力市场的复杂性。随着技术的进步，预计 AI 在电力行业的应用将进一步扩展和深化。

### （六）应用区块链技术保障电网安全与交易

区块链技术以其分布式账本的特性，在提高电网数据的安全性、透明度和不可篡改性方面发挥着重要作用。区块链技术在电网安全与交易方面的应用提供了创新的解决方案，主要包括以下几个方面：

分布式能源交易：区块链可以使分布式能源资源（如太阳能、风能等）的产生者直接与消费者进行交易。通过智能合约，区块链平台能自动执行交易，确保交易的透明度和效率。

增强电网安全：区块链的分布式和加密特性能显著提高电网数据的安全性。通过去中心化的数据存储，区块链降低了单点故障和篡改的风险，增强了电网的抗攻击能力。

透明度的电网运营：区块链提供了一个不可篡改且透明的记录系统，有助于提高电网运营的透明度，提升消费者和监管机构的信任。

虚拟电厂和微电网的管理：在虚拟电厂和微电网的运营中，区块链可以帮助管理多个分布式能源资源，确保能源的有效分配和使用。

### 区块链技术应用的案例

日本东京电力公司（TEPCO）与康约莱能源科技有限公司（Conjoule GmbH）公司合作，开发区块链技术，以便在不需要传统中介的情况下，让可再生能源的生产者和消费者及电池等灵活性资源的所有者之间进行对等市场交易。

在网络安全防护领域，国网数字科技控股有限公司将网络安全设备、安全系统的数百万条日志数据上链存证，打造了系统告警机制。当日志数据被篡改时，系统立即告警，降低了潜在安全风险和隐患。基于区块链的安全生产实现了更加实时精准的安全隐患监督和排查，将助力完善泛在电力物联网安全管理体系建设，推动安全管理水平再上新台阶。

通过这些应用，区块链技术不仅提高了电网的安全性和效率，而且还为电力市场带来了更大的透明度和灵活性。随着技术的成熟，预计区块链将在电网和能源领域中发挥更大的作用。

### 三、能源管理与优化技术的前沿应用

能源管理与优化技术的前沿应用正在塑造着电力行业的未来。数字化革命将能源管理系统带入新时代，实现实时数据的精确监测和智能决策。电网模拟技术现代化发展提高了电力系统的规划和运营效率。数字孪生技术的最新应用为电力设备提供了虚拟化监测和维护，提高了可靠性。故障诊断技术的创新应用通过数据分析降低了停电

风险。能源管理与优化技术的前沿应用如图 14-3 所示，这些创新将共同推动电力行业向更可持续、智能化的未来迈进。

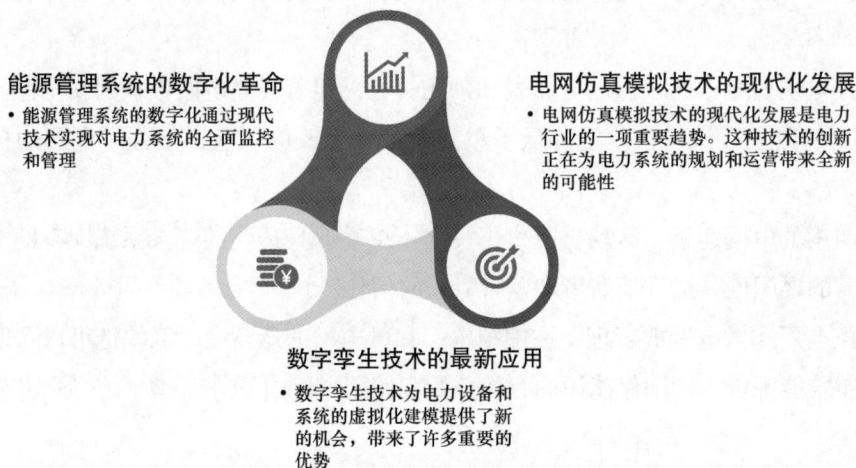

**能源管理系统的数字化革命**
- 能源管理系统的数字化通过现代技术实现对电力系统的全面监控和管理

**电网仿真模拟技术的现代化发展**
- 电网仿真模拟技术的现代化发展是电力行业的一项重要趋势。这种技术的创新正在为电力系统的规划和运营带来全新的可能性

**数字孪生技术的最新应用**
- 数字孪生技术为电力设备和系统的虚拟化建模提供了新的机会，带来了许多重要的优势

图 14-3　能源管理与优化技术的前沿应用

### （一）能源管理系统的数字化革命

能源管理系统的数字化通过现代技术实现对电力系统的全面监控和管理。以下是能源管理系统在电网领域的数字化发展方向：

实时数据监控与分析：通过安装先进的传感器和智能计量设备，EMS 能够实时监控电网状态，包括电力流动、电压水平和系统频率。这些数据支持高级分析，帮助运营商更好地理解和控制电网。

自动化控制和优化：EMS 通过自动化控制系统优化电网的运行，包括自动调节电网负载、优化发电和分配，以及快速响应电网故障。

电网安全与保护：EMS 提供了增强的安全特性，包括实时监控电网异常和潜在的安全威胁，如黑客攻击和物理破坏。

虚拟电厂和微电网管理：EMS 支持虚拟电厂和微电网的管理，允许多个分布式能源资源作为一个单一的优化实体来操作，提高能效和可靠性。

用户参与和能源效率：EMS 不仅提高了电网运营商的效率，还通过用户界面和应用程序，使消费者更加积极参与能源管理，如通过需求响应程序和实时能源使用数据。

这些数字化发展标志着电网从传统的、以供应为导向的模式转向更智能、高效和以需求为导向的系统。EMS 的进步对于电网的可靠性、灵活性和可持续性至关重要。随着技术的进一步发展，预计这些系统将继续发展，引领电网领域的更多创新。

## 能源管理系统应用的案例

太平洋煤气电力公司（Pacific Gas and Electric Company，PG&E）实施的智能电网项目旨在利用先进的 EMS 技术来优化电网运行，特别是在提高可再生能源利用率方面。太平洋煤气电力公司的 EMS 系统监控和控制电网，以适应可再生能源的间歇性和不可预测性。系统还提供高级数据分析，用于预测电力需求和优化电力分配。通过这个项目，太平洋煤气电力公司能够更有效地管理电网，提高了对太阳能和风能等可再生资源的依赖，同时也增强了电网的可靠性和效率。

德国的电力公司利用 EMS 实施需求响应管理。该策略旨在通过调整电力用户的用电模式来平衡电网负荷。EMS 系统预测高峰时段的电网负荷，并通过价格激励或其他措施鼓励用户在低负荷时段使用电力。此策略帮助德国电网减轻高峰时段的压力，提高了整体电网的效率和稳定性。

### （二）电网仿真模拟技术的现代化发展

电网仿真模拟技术的现代化发展是电力行业的一项重要趋势。这种技术的创新正在为电力系统的规划和运营带来全新的可能性。以下是电网仿真模拟技术在电网领域的最新发展方向：

智能电网的设计与评估：仿真模拟技术使得工程师能够在实际部署前设计和评估智能电网的不同方案。这包括对电网的自动化、数字化和互联互通功能的测试和优化。

负荷预测和管理：利用仿真技术，可以更准确地预测电网负荷，帮助运营商优化电力分配和需求响应策略，提高能源效率。

故障分析和应急预演：仿真模拟技术可以模拟电网在极端条件和故障情况下的行为，帮助运营商制订更有效的应急响应计划和故障修复策略。

电网安全与保护系统的测试：仿真模拟可以用于测试和验证电网的安全和保护系统，包括短路分析、继电保护协调和系统稳定性评估。

微电网和分布式能源资源的管理：仿真技术有助于优化微电网的设计和运行，特别是在融合分布式能源资源（如太阳能面板、风力涡轮机和储能系统）方面。

总之，电网仿真模拟技术是电网现代化的核心组成部分，它帮助电网运营商和规划者作出更明智的决策，提高电网的整体性能和可持续性。随着技术的不断进步，这些仿真工具将变得更加强大和普遍。

### 电网仿真模拟技术应用的案例

国家电网开展重大科技项目"新能源高占比大型交直流电力系统仿真技术及工程化应用"技术攻关，准确研判电网发展新形势，对仿真技术进行持续创新。项目历经 10 余年研发，建设了新能源高占比大型交直流电力系统仿真平台，包含数模仿真、数字仿真和数据管理等部分，构建了结构完整、功能完备、技术先进的仿真体系，实现了电力系统高度电力电子化"仿得了"、复杂控制保护设备"仿得准"、海量运行工况"仿得快"的技术突破。

为满足新型电力系统建设和运行面临的海量仿真需求，南方电网电力调度控制中心率先在行业内将电力仿真软件上线调度云平台，仿真计算提速 360 倍，有效解决了传统硬件上电力仿真软件"跑不动"的问题。目前，云上仿真计算已大规模用于南方电网 2022 年度运行方式计算。此前，需要一个团队花一周时间才能完成的任务，现在，一个员工一天内就能完成。节省出的人力是基于仿真计算的结果，对异常故障进行更精细的判别分析，更加充分地掌握电网安全稳定特性，制定好保障电网安全的控制措施。

### （三）数字孪生技术的最新应用

数字孪生技术为电力设备和系统的虚拟化建模提供了新的机会，带来了许多重要的优势。以下是数字孪生技术在电网领域的最新应用和产生的成效：

故障检测与预防：数字孪生允许运营商在出现实际故障之前模拟和识别潜在的问题，从而实施预防性维护。这有助于减少停电时间和提高电网的可靠性。

集成可再生能源：随着越来越多的可再生能源并入电网，数字孪生技术可以帮助优化这些资源的集成。通过模拟不同天气条件下的能源输出，电网可以更有效地管理来自风能和太阳能等可再生能源的波动性。

灾难模拟和应急响应：数字孪生可用于模拟自然灾害（如风暴、地震）对电网的影响，帮助电网运营商制订应急响应计划，以及优化恢复服务的策略。

客户服务和交互：电网公司可以使用数字孪生技术来提升客户服务。例如，通过模拟家庭或企业的能源使用，帮助客户更好地理解他们的能源消耗，并提供节能建议。

智能电网和自适应控制：数字孪生技术与人工智能和机器学习算法相结合，可以实现更智能的电网管理。这包括自动调节电网负荷、优化发电和分配，以及预测和响应电网状态的变化。

这些应用表明,数字孪生技术正成为电网现代化和智能化的关键驱动力,有助于提高效率、可靠性和可持续性。随着技术的进步和数据分析能力的增强,预计这一领域将继续发展和扩展。

---

### 数字孪生技术应用的案例

变电站数字孪生系统是 2021 年国网安徽省电力有限公司安徽省电力科学研究院与国网安徽省电力有限公司铜陵供电公司合作开发的示范应用项目,通过为物理对象搭建虚拟模型,寻求以数字化、立体式呈现电气设备运行状态,从而实现对变电站设备的全域和全生命周期管理。基于此技术,孪生的两个变电站跨越现实与虚拟的界限,通过后者对变电站设备运行状况进行实时监控,发现潜在故障点。

为响应国家 5G 战略和新型电力系统建设内在需求,2022 年,国网山东省电力公司泰安供电公司结合泰山区域电网高可靠性要求,联合南瑞集团有限公司共同打造“5G+数字孪生泰山区域智慧电网示范工程”,进一步提升泰山景区供电可靠性,推动数字赋能基层业务。泰安供电公司充分运用 5G、数字孪生、AR 等信息新技术,积极构建各环节可感可查、直观呈现的泰山区域电网智能管控平台。

---

## 第二节　实施新理念改善质量管理

在当今的电力行业中,创新的管理理念正引领着电网的现代化和可持续发展。特别是,分布式能源和微电网的应用、智慧城市与智能电网的融合,以及需求侧管理(DSM)的创新实践,正在彻底改变我们管理和使用电力的方式,实施新理念改善质量管理如图 14-4 所示。这些进展不仅提升了电网的效率和可靠性,还大大促进了环境保护和能源可持续性。随着技术的不断发展和政策的支持,这些领域的应用将继续扩展,为我们的电网和城市带来更多的革新和可能性。

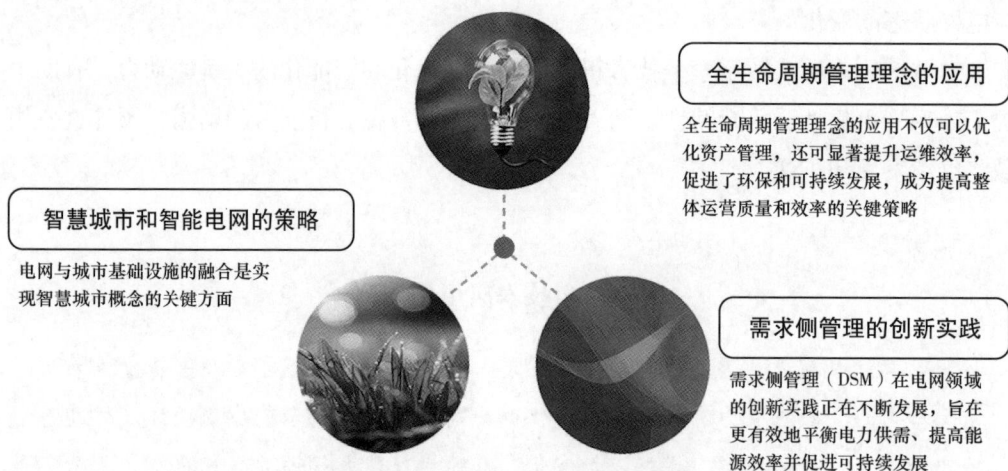

图 14-4　实施新理念改善质量管理

## 一、全生命周期管理理念的应用

在电网企业中，全生命周期管理理念的应用不仅可以优化资产管理，还可以显著提升运维效率，促进了环保和可持续发展，成为提高整体运营质量和效率的关键策略。以下是这些应用的具体内容：

资产全寿命周期管理：电网企业通过实施全生命周期管理，可以更有效地监控和管理其资产，从采购、安装、运营到维护和退役各个阶段。这种管理方法有助于优化资产的使用效率和寿命，减少不必要的支出。

低碳供应链建设：全生命周期管理鼓励电网企业在其供应链中实施低碳策略。这包括采用低碳设计、材料、制造工艺，并将碳成本纳入生命周期成本采购考量，从而推动供应链的低碳转型。

碳足迹监测和管理：电网企业利用全生命周期管理对其工程建设和运营活动的碳足迹进行监测和管理，实现更加环保和可持续的发展。

技术和管理创新：全生命周期管理理念鼓励电网企业在技术和管理方面进行创新，如采用新型的能源存储技术、改进电网布局设计等，以提升整体运营效率和质量。

风险管理和策略优化：电网企业通过全生命周期管理，可以更好地识别和管理各阶段的风险，制定更有效的策略以应对可能的挑战。

在电网企业质量管理中应用全生命周期管理理念，能显著提升资产效率、延长寿命、优化成本控制，并促进环保与可持续发展。通过智能化技术，提高运维效率和质量，确保电网稳定运行。此外，该理念有助于更好地进行风险管理和策略制定，提升运营质量和效率。全面的末端管理也使企业在退役设备处理上更负责任，减少对环境的影响。综合而言，这为电网企业提供了一个全面、高效的质量管理框架。

**全生命周期管理理念应用的案例**

2023 年，国网江苏省电力有限公司以资产全寿命周期管理提升三年行动计划为主线，基于 PMS3.0 架构，打造了资产管理数据底座，完成了 PMS3.0 项目管理、资产管理、成本管理应用部署推广，支撑业务协同向数据协同、设备管理向资产管理、评价驱动向策略驱动的"三个转变"。

2021 年以来，国网河北省电力有限公司聚焦价值创造，着眼资产运营质效提升，深化"三位一体"评价方式，加强部门业务协同，深度融合设备状态评估、健康管理、技术监督、项目投资等，完善设备资产管理策略，深入实施资产全寿命周期管理三年行动。

## 二、智慧城市和智能电网的策略

电网与城市基础设施的融合是实现智慧城市概念的关键方面。这种融合利用智能电网技术与城市的多种基础设施系统相结合，包括但不限于交通、建筑、水务和公共服务，旨在实现更高效和可持续的能源和资源管理。以下是这种融合的具体内容：

建筑自动化和能源管理：将智能电网技术与建筑管理系统相结合，可以实现建筑内能源的高效使用。这涉及使用智能恒温器、自动化照明系统、能效优化的供暖、通风和空气调节（HVAC）系统等，以减少能源浪费并提高整体建筑的能效。例如，建筑可以在电力需求低时自动调节能源使用，从而减轻电网负担并降低运营成本。

智能交通系统：在交通管理中融入智能电网技术，可以优化交通流量，减少能源消耗，降低排放。这包括智能交通信号灯、电动车充电基础设施的整合，以及交通数据的实时分析。智能交通系统能够减少拥堵，提高交通效率，并支持电动车的广泛使用。

智能水务管理：通过将智能电网技术应用于水务管理，可以优化水资源的分配和使用，减少能源消耗。例如，利用先进的传感器和控制系统，可以在供水系统中检测泄漏，自动调节水泵的运行，从而提高水资源的效率利用。

应急响应和灾害管理：融合智能电网和城市基础设施有助于提高应对紧急情况和自然灾害的能力。例如，在极端天气或其他紧急情况下，智能电网可以确保关键设施如医院和应急服务中心有稳定的电力供应。

这些应用展现了电网与城市基础设施融合的巨大潜力,不仅提高能源效率和可持续性,还为居民提供了更高质量的生活和服务。随着技术的发展和城市化进程的加快,这种融合的应用将继续扩大和深化。

---

### 智慧城市与智能电网案例

国网河北省电力有限公司与国网信息通信产业集团有限公司创新打造了城市智慧能源管理系统,融合雄安新区数字孪生城市的理念,首次在雄安第一座标志性建筑市民服务中心中应用,实现了园区内综合能源的监测、分析和控制,成功打造"绿建三星"标准能源示范样板。目前,已成功运行超800天,提升能效约10%,并成功推广至盈家公寓家庭级,高质量建设试验区社区级,雄安三中校园级实践应用。

在服务智慧城市建设方面,国家电网通过促进能源电力系统与政务、交通、电信等领域深度融合,建设城市能源大数据中心,推出产业用能分析、园区活跃度分析等能源大数据应用,打造"城市智慧能源大脑",提升城市统筹管理和协同治理能力。

在2019届"互联网之光"展览展示区,国家电网展位主要对外展示宣传在"泛在电力物联网"方面的技术、成果、应用等。在展示区乌镇智慧城市发展中所应用到的每项"电网黑科技",如子夜路智慧路灯、电动汽车智慧车联网、智慧物联小库、全感知配电房、配电物联网、不停电作业体验、新能源云平台等技术引起众人关注。

---

## 三、需求侧管理的创新实践

需求侧管理(DSM)在电网领域的创新实践正在不断发展,旨在更有效地平衡电力供需、提高能源效率并促进可持续发展。以下是一些主要的创新实践:

智能电能表和家庭能源管理系统:智能电能表和家庭能源管理系统允许消费者更好地监控和控制他们的能源使用,提高能源效率,并参与需求响应程序。

动态定价机制:实施基于时间的电价策略(如高峰时段定价和实时定价),鼓励消费者在电力成本较低的时段使用电力,从而减少高峰时段的电网负荷。

需求响应(DR)程序:通过激励措施鼓励工业和商业用户在电力需求高峰期间减少电力使用,帮助平衡电网负荷。

预测性维护和负荷管理：利用大数据和人工智能技术预测电网和设备的维护需求，实现更高效的负荷管理。

这些创新实践不仅有助于减少电网运营成本和提高能源效率，还支持了环境保护和可持续发展目标的实现。随着技术进步和政策推动，需求侧管理在电网领域的作用将日益增强。

**需求侧管理实践案例**

2023 年 5 月，国家发展和改革委员会等部门正式发布《电力需求侧管理办法（2023 年版）》《电力负荷管理办法（2023 年版）》，办法中指出将需求响应作为电力负荷管理的重要措施，按照"需求响应优先，有序用电保底"的原则，发展新型电力负荷管理系统，强化电力负荷调控管理能力，提高电力资源利用效率，确保能源安全，保护环境，促进清洁低碳能源的发展。

2023 年 12 月 4 日，国网湖北省电力有限公司牵头指导编制的基于电力需求侧响应碳普惠方法学——"武汉市基于电力需求侧响应的居民低碳用电碳普惠方法学"获武汉市生态环境局批准发布。该方法学量化研究了武汉市居民客户产生的电力碳减排量，助力居民形成低碳用电习惯，实现减少碳排放的目标。

在需求侧响应发展的市场基础层面，欧洲鼓励电力市场创新商业模式，通过放松零售价格管制，促进电价品种的创新，提高需求侧响应的能力，进一步发挥市场在资源配置中所起的决定性作用。成功案例为法国的坦波（Tempo）项目，其创新地从分时电价到实时电价，再到两者结合的关键峰荷电价（critical peak pricing，CPP），超过 1000 万消费者参加了这一项目。在需求侧响应发展的技术层面，欧洲改善系统级别的数据交换和协调，加速采用网格响应系统和设备，如欧盟智能生态电网项目，其允许小容量的分布式电源和终端用户参与，设置无报价的实时市场，实时市场运营商设定 5min 间隔的实时电价，小容量分布式电源、终端用户将会根据接收到的实时电价而作出提供平衡资源的响应，这被誉为未来欧洲智能电网发展的典范。❶

❶ 中国赴欧洲电力需求侧管理培训团. 欧洲电力需求侧管理对中国的启示（上）——来自中国赴欧洲电力需求侧管理的培训报告［J］. 电力需求侧管理，2007（02）：1–6.
钟鸣，赖威敏. 国内外需求侧响应的研究与实践现状［J］. 贵州电力技术，2016，19（10）：21–24+54.
李国栋. 欧洲与美国需求侧管理创新与发展趋势（上）［J］. 电力需求侧管理，2012，14（05）：59–62.

# 第三节　应对可持续发展带来的挑战

　　面对可持续发展带来的挑战，增强电网的气候适应性、实施高效能源管理策略及优化电网治理和提升社会参与成为当务之急，应对可持续发展带来的挑战如图 14–5 所示。这不仅涉及提高电网对极端天气的抵抗力，还包括通过智能技术和创新管理手段提高能源使用的效率与可靠性。同时，加强公众参与和透明化管理，确保电网发展与社会需求和环境保护目标相协调，是实现电力行业可持续发展的关键。

**实施高效的能源管理策略**
实施高效的能源管理策略不仅减少能源浪费，还有助于降低运营成本和减少环境影响

**增强电网的气候适应性**
随着全球气候变化的影响日益显著，电网企业需要采取措施增强电网对极端天气和气候变化的适应性

**优化电网治理与提升社会参与**
优化电网治理结构和流程主要涉及到确保决策过程的透明性、增强企业社会责任、促进多元化和包容性及与社区和相关方的有效沟通

图 14–5　应对可持续发展带来的挑战

## 一、增强电网的气候适应性

　　随着全球气候变化的影响日益显著，电网企业需要采取措施增强电网对极端天气和气候变化的适应性。加强电网的气候适应性不仅能提高其对极端事件的抵抗力，还能确保在各种气候条件下的可靠运行。以下是增强电网气候适应性的措施和策略：

　　加固和升级基础设施：为应对极端天气事件如飓风、洪水和极端高温，电网企业需要加固和升级其基础设施。这包括使用更耐候的材料建造输电塔和电缆、提高电网设施的防洪能力及增强整个电力系统的物理韧性。

　　建立先进的天气预测和响应系统：利用高级气象预测技术和模型可以帮助电网企业更准确地预测极端天气事件，从而及时采取预防措施。结合自动化系统和实时数据分析，可以快速响应天气变化，减少极端天气对电网的影响。

　　提升电网弹性：电网企业可以通过多种方式提高电网的弹性，如建立冗余电力路径、增加分布式发电资源和储能设施，以及实施微电网技术。这些措施能够在主电网受损时保持关键区域的电力供应，减少停电时间。

发展新技术和解决方案：研发和采用新技术是增强电网气候适应性的关键。例如，开发更高效的冷却系统以应对高温条件、改进电网管理软件以适应不断变化的气候条件，以及利用机器学习和人工智能来优化电网运行和维护。

制订灾害恢复计划及组织培训：电网企业还需要制订全面的灾害恢复计划，并对员工进行相关培训，以确保在极端天气事件发生时能够迅速有效地响应，这包括建立紧急通信系统、备份关键数据和资源，以及制定快速修复和重建的程序。

总而言之，随着气候变化给电网带来的挑战日益增多，增强电网的气候适应性变得至关重要。通过加固基础设施、建立先进的天气预测系统、提升电网弹性、发展新技术，以及制订有效的灾害恢复计划，电网企业能够确保在各种极端气候条件下的稳定运行。这不仅是对现有电力系统的升级，更是对未来可持续发展的重要投资。

### 增强电网气候适应性的案例

2023 年 7 月底 8 月初，华北、黄淮等地出现极端降雨，引发洪涝和地质灾害，重建成为头等大事，解决供水、供电等公共服务问题是重中之重。国网河北省电力有限公司积极配合政府出台促进电力设施恢复发展六条措施，制定山区、蓄滞洪区电力设施重建标准，绘制河北南网洪涝灾害电力设施设防图，优化山区、蓄滞洪区电力设施布局。坚持差异化设计，制定"一线一策""一站一策"针对性治理措施，着力增强电网抵御灾害能力，全力以赴推进电网恢复重建。在保定、邢台等地区，国网河北省电力有限公司全力推进受损电力设施修复重建，组织施工力量跨区域帮扶，调配骨干技术人员开展灾后重建，完成 122 项"煤改电"配套电网恢复工作。

## 二、实施高效的能源管理策略

实施高效的能源管理策略不仅减少能源浪费，还有助于降低运营成本和减少环境影响。以下是具体措施和做法：

采用智能化技术：智能化技术如智能电网、智能电能表等可以提供实时能源使用数据，帮助电网企业更有效地管理电力供应和需求，这些技术还可以支持更准确的负荷预测，从而减少不必要的能源生产和消耗。

优化能源配送和使用效率：通过升级电网基础设施，如改进输电线路和变电站，可以减少能源在传输过程中的损失。同时，通过实施更有效的电网调度和管理策略，如采用动态电网平衡技术，可以进一步提高能源使用效率。

使用可再生能源：积极推广太阳能、风能等可再生能源，不仅有助于减少对化石燃料的依赖，还可以降低碳排放。电网企业可以通过建立更多的可再生能源发电项目或与可再生能源生产者合作，来增加电网的绿色能源供应。

减少运营成本和环境影响：高效的能源管理策略有助于减少电网企业的运营成本，因为提高能源效率意味着减少了能源的购买和产生成本。此外，减少能源浪费和增加可再生能源的使用有助于降低整体的环境影响，尤其是减少温室气体排放。

### 实施高效能源管理策略的案例

2022年，南方电网在全国率先开展工程项目ESG试点评价实践，构建具有南网特色的现代工程管理体系；构建基于ESG体系的绿色供应商评价标准；广东电网有限责任公司佛山周转仓获得碳中和认证；"西电东送"送电量2156亿kWh，清洁能源占比达80.7%；首创绿色电力认购交易机制，绿电交易达38.3亿kWh；建成清洁能源消纳比重最高的世界级湾区电网，全年新投产光伏1354万kW；打造国内最大的中央企业零碳总部基地。❶

2021年，国家电网适应新型电力系统构建需要，电网薄弱地区大规模新能源通过特高压直流和柔性直流送出的协同控制、"特高压直流＋柔性直流电网"混合级联输电技术研发及可控自恢复消能装备、高参数绝缘栅双极型晶体管（insulated gate bipolar transistor，IGBT）等关键设备器件研发取得重要进展，为支持大规模新能源安全友好接入创造了条件。同时，组织实施100个示范项目和10个典型微场景，打造形成一批服务"双碳"行动和新型电力系统建设的样板示范。❷

## 三、优化电网治理与提升社会参与

优化电网治理结构和流程主要涉及到确保决策过程的透明度、增强企业社会责任、促进多元化和包容性及与社区和相关方的有效沟通。此外，电网企业应通过教育

❶ 中国南方电网有限责任公司.社会责任报告［R］.2022.
❷ 国家电网公司有限公司.社会责任报告［R］.2021.

和参与活动来提升公众对可持续能源和电网运营的意识，从而建立更加稳定和持久的社会支持。以下是具体的策略和方法：

提高决策过程的透明度：定期发布决策相关的信息，如运营报告、财务报告和未来发展计划。开展公开的相关方咨询和听证会，使公众可以参与重要决策的讨论和反馈过程。

加强企业社会责任：在环境保护、社区发展和教育方面采取积极行动，如投资清洁能源项目、支持当地社区服务和提供教育奖学金。与非政府组织和社区团体合作，共同推动可持续发展和环境保护项目。

促进多元化和包容性：在招聘、培训和晋升过程中实行多元化政策，确保不同背景和文化的员工拥有平等机会。培养包容性的企业文化，鼓励员工表达多样化的观点和创意。

与社区和相关方建立有效沟通：定期举行社区会议，讨论电网项目的进展和社区关切的问题。建立反馈机制，如热线电话、社交媒体平台和客户服务中心，以便收集和响应公众意见。

提升公众意识和参与：举办教育活动、研讨会和公开日，提高公众对可持续能源和电网运营的了解。发起参与式项目，如社区太阳能计划或能源效率提升项目，直接让公众参与可持续能源的实践。

通过这些策略，电网企业不仅优化了治理结构和流程，还成功地提升了社会参与和公众意识。这种开放、包容和互动的方式加强了社区的联系，促进了可持续发展的共同目标。最终，这些努力将使电网企业更加负责任、透明和受欢迎，为建设一个绿色、高效的未来奠定坚实基础。

## 优化电网治理与提升社会参与的案例

2011 年 8 月，国家电网下发了《关于加强公司社会责任工作的指导意见》，要求各省公司在 2011 年底之前选择至少一家地市公司开展试点，并要求所有省公司于 2012 年 5 月底前向社会发布年度社会责任实践报告，公司全面社会责任管理进入全面试点阶段。作为全面试点阶段的标志性成果，公司于 2012 年 6 月印发了公司全面社会责任管理推进工作方案，在每一家省公司都确定一家地市级供电企业作为国家电网的试点单位，并要求试点单位深入开展"15333"工程。

2023 年，南方电网累计建成南网知行书屋 360 间，覆盖 57 个县市区，直接受益人数超 36 万人，为改善乡村教育提供了"南网样本"。此外，南方电网将实施乡村学生身心健康提升行动，每年为听障儿童提供人工耳蜗植入救助，持续跟踪听障儿童后续康复情况和复诊复检。在南网知行书屋项目学校开展儿童心理健康诊疗，为有需要的学生建立诊疗档案，开展心理疏导，南方电网知行书屋如图14-6所示。

图 14-6　南方电网知行书屋

# 第四节　满足多个相关方的需求

在平衡和满足多个相关方的需求方面，关键在于从多个角度出发：优化客户服务和提升满意度，通过改进服务流程和提供个性化体验来实现；主动适应并引导政府政策与标准，确保合规性和可持续性；增强员工发展和福利保障，提升员工的工作积极性，提高企业效益；加强与供应商的合作关系，寻求共赢策略，以建立更强大的业务网络和提升市场竞争力，满足多个相关方的需求如图14-7所示。

**优化客户服务与提升满意度**
电网企业致力于提升客户服务质量和满意度，不仅是企业成功的关键，也是构建长期客户关系的基石

**增强员工发展与福利保障**
在电力行业不断演进的背景下，为了吸引和保留人才，同时提升员工的工作满意度和生产效率，企业正在采取一系列创新措施增强员工发展与福利保障

**适应并引导政府政策与标准**
在动态变化的政策环境中，电网企业面临着适应和引导政府政策与标准的挑战。为了保持行业领先地位并确保可持续发展，企业必须采取一系列积极策略

**加强供应商合作与共赢**
在当今日益紧密相连的商业环境中，电网企业认识到与供应商及合作伙伴建立强大合作关系的重要性

图 14-7　满足多个相关方的需求

## 一、优化客户服务与提升满意度 ❶

电网企业致力于提升客户服务质量和满意度，不仅是企业成功的关键，也是构建长期客户关系的基石。电网企业优化客户服务和提升满意度的措施主要包括：

改善客户沟通渠道：建立多元化的沟通渠道，如在线客服、社交媒体、热线电话和移动应用，确保客户可以轻松、快速地获取信息和帮助。

提供个性化服务：基于客户数据分析提供个性化服务，如定制的账单解读、节能建议和优化的定价计划。

增强服务响应速度：提升对客户问题和故障的响应速度，包括快速修复停电和其他技术问题。

客户教育和参与：通过研讨会、社区活动和教育材料，教育客户关于电力使用和节能的知识，鼓励他们参与能源管理。

建立客户反馈机制：建立有效的客户反馈系统，收集并及时响应客户意见和建议，持续改进服务。

实施先进的技术解决方案：运用智能电能表、移动应用和人工智能等技术，提供更有效的服务。

灵活处理紧急情况：在极端天气或紧急情况下，提供及时和灵活的服务支持，确保客户的需求得到迅速解决。

通过实施这些措施，电网企业可以大大提升客户满意度，建立更积极的客户关系，并提高整体服务质量。

### 优化客户服务的案例

南方电网以满足人民群众追求美好生活的能源电力需要为己任，创新提出"解放用户"理念，以用户需求为中心，不断提升基础供电服务质量，为用户提供"可靠、便捷、高效、智慧"的供电服务。累计上线"碳普惠""低碳生

❶ 范佳瑛.国家电网河南省电力公司大客户服务满意度影响因素研究［D］.石河子：石河子大学，2022.
张克钦.DL供电公司居民客户满意度影响因素及提升对策研究［D］.锦州：渤海大学，2021.
丁洁.长沙供电公司大客户服务满意度提升策略研究［D］.长沙：中南大学，2022.
李灿邦.国网西宁供电公司客户服务满意度提升策略研究［D］.兰州：兰州大学，2022.
安娜.供电公司客户满意度评价及服务策略研究［D］.天津：天津工业大学，2020.

活""电力看'双碳'"等69项增值服务产品；建成"网掌微支政"五位一体的"南网在线"智慧营业厅，实现所有用电业务均可线上办理；实现县级供电公司配电网不停电作业全覆盖，减少客户平均停电时间10.27h；通过全网实体营业厅，"南网在线"公示办电信息，通过互联网、短信等主动向客户推送停电计划、故障停电、抢修进度和送电安排等信息。❶

## 二、适应并引导政府政策与标准

在动态变化的政策环境下，电网企业面临着适应和引导政府政策与标准的挑战。为了保持行业领先地位并确保可持续发展，电网企业必须采取一系列积极策略。这些策略不仅涉及监测政策变化、确保合规性，还包括参与政策制定和社会治理标准，并通过技术创新主动适应和影响政策方向。以下是电网企业可以采取的一些主要措施：

积极参与政策制定：与政府部门、行业协会和其他相关方合作，参与政策讨论和制定过程，确保政策的发展能够反映电力行业的需求和挑战。

持续监控政策变化：设立专门团队或委员会，持续监控政策和法规的变化，及时评估这些变化对企业的影响，并作出相应调整。

确保企业运营合规：建立严格的合规体系，确保企业运营符合当前的法律法规，包括环保标准、安全规定和市场准入要求。

灵活适应政策变化：在政策发生重大变化时，能快速调整战略和运营，使对企业的负面影响最小化。

提高企业影响力：通过参与行业论坛、研讨会和政策辩论，影响政策方向，确保电力行业的利益和需求得到充分考虑。

通过这些措施，电网企业可以更好地适应并引导政府政策和标准的变化，同时也能积极地引导政策的发展，支持行业的持续增长和可持续发展。

### 适应并引导政府政策与标准的案例

智能电网标准的制定是一项庞大的工程，非一个组织之力能完成。在美国至少有15家相关机构参与智能电网的实施标准制定。据了解，目前还没有一家中国

---

❶ 中国南方电网有限责任公司.社会责任报告［R］.2022.

企业和机构与这些组织开展合作。而美国电气制造商协会（NEMA）、美国电科院（Electric Power Research Institute，EPRI）等都已在智能电网标准方面有所作为。

### 三、提升员工成长与福利保障

在电力行业不断演进的背景下，为了吸引和留住人才，同时提升员工的工作满意度和生产效率，电网企业正在采取一系列创新措施，包括职业发展计划、竞争性薪酬体系、健康福利和工作生活平衡的策略。通过这些举措，电网企业不仅致力于员工的个人成长，还在构建更加健康、包容的工作环境。以下是可以采取的主要措施：

职业发展和培训：提供综合性的职业发展计划和培训机会，帮助员工提升技能和专业知识，以适应行业发展和技术变革。

竞争性薪酬和福利：确保提供有竞争力的薪资结构，并提供全面的福利计划，包括健康保险、退休金计划和其他福利。

工作环境与安全：建立安全的工作环境，减少职业风险和伤害。同时，提供舒适的工作条件，包括合理的工作空间和必要的设施。

员工健康和福祉：提供健康促进计划，如健康检查、运动设施和心理健康支持。

员工参与和反馈：定期进行员工满意度调查，了解员工的需求和期望，并根据反馈进行必要的调整和改进。

通过实施这些措施，电网企业不仅能提升员工的工作满意度和忠诚度，还能提高整体的工作效率和企业竞争力。

---

**提升员工成长与福利保障的案例**

2021 年，国家电网开展"为职工送温暖""我为群众办实事"活动，累计为基层职工办好事 1783 件；构建多层次保障体系，补助困难职工 2.1 万余名；着力改善边远困难地区基层职工生产、生活条件，竣工项目 1156 个；加强民主管理，开展"我与'一体四翼'"合理化建议活动，30 万余名职工和 2.6 万个班组提出建议 28 万余条；同时，实施人才培养"三大工程"，深化职业教育，创新线上培训，全员培训率达 94.7%。❶

---

❶ 国家电网有限公司. 社会责任报告［R］. 2021.

## 四、加强供应商合作与共赢

在当今日益紧密相连的商业环境中，电网企业认识到与供应商及合作伙伴建立强大合作关系的重要性。为了实现共赢和可持续发展，企业正在采取多种措施加强合作伙伴网络建设，增强整个行业的创新能力和市场竞争力。电网企业加强与供应商合作与共赢的主要措施包括：

建立长期合作关系：与供应商和合作伙伴建立基于信任和相互理解的长期合作关系，而不仅是基于成本或短期利益的交易。

信息共享和透明沟通：定期与供应商和合作伙伴分享重要信息，如市场趋势、技术进展和运营数据，以促进双方的理解和协作。

风险和收益共担：在合作项目中，与供应商和合作伙伴共同承担风险，并公平分享收益，确保所有参与方都能从合作中受益。

定期评估和反馈：定期对供应商和合作伙伴的表现进行评估，并提供建设性的反馈，帮助他们持续改进。

联合研发和创新：与供应商和合作伙伴联合进行研发活动，共同探索新技术和创新解决方案。

合作伙伴能力建设：提供技术培训和知识共享，帮助供应商和合作伙伴提升能力和效率。

优化供应链管理：通过采用先进的供应链管理工具和策略，提高供应链的透明度和效率，降低成本并减少延迟风险。

通过实施这些措施，电网企业不仅能加强与供应商和合作伙伴的合作，还能在市场中建立更强大的竞争优势，并推动整个行业的可持续发展。

### 加强与供应商合作共赢的案例

2022年，南方电网坚持发挥能源电力产业链供应链的引领作用，全力推动产业链供应链上下游企业数据贯通、资源共享和业务协同，打造以供应链共享服务平台为支撑，覆盖上下游企业的能源电力产业链供应链生态圈。基本建成以服务调配中心和数字采购、数字品控、数字物流、数字监督四大业务链为基础的现代数字供应链体系，组建央企首家供应链集团公司。供应商通过质量管理体系认证率100%，供应商通过环境管理体系认证率97.29%，供应商通过职业健康安全管理体系认证率 97.11%，同时向供应商合作伙伴发出《致南方电网供应商的一封廉洁宣传信》，成功举办以"构建数字供应链·畅通产业大循环"为主题的第二届供应链合作伙伴大会。另外，提升绿色采购比例，将绿色环保生产环境和产品相关条款纳入供应商资格预审和资质能力评价中。❶

---

❶ 中国南方电网有限责任公司.社会责任报告［R］. 2022.